MADONNA

DU MÊME AUTEUR

Le Matignon de Jospin, Flammarion, 1999.

La Dame de Rangoon, Flammarion, 1998.

Getting Away With Murder, Simon and Schuster, 1997.

Voice of Reason : Hanan Ashrawi and Peace in the Middle East, Harcourt Brace, 1995.

Coriandre, Jean-Claude Lattès, 1993.

La Passion Gédéon, Stock, 1991.

Chassé croisé, Stock, 1990.

Femmes sur tous les fronts, Stock, 1988.

Terrorisme, Stock, 1986

Barbara VICTOR

MADONNA

Traduit de l'anglais (États-Unis)
par Robert Macia et Florence Bouzinac

Flammarion

Titre original : *Goddess*
Éditeur original : Harper*Collins*Publisher

ISBN : 2-08068266-0

Pour Gérard

Avant-propos

En 1993, un magazine parisien me demanda d'écrire un article sur Madonna à la suite de la double sortie de son livre *Sex* et de son album *Erotica*, à l'automne 1992. Mon intérêt pour elle s'était jusqu'alors limité à la lecture occasionnelle de papiers dans la presse et à l'écoute fortuite de ses chansons sur mon autoradio. Alors que je cherchais un angle original pour aborder mon article, j'appris que Madonna possédait une collection impressionnante d'œuvres d'art du XXe siècle, parmi lesquelles plusieurs peintures importantes de Tamara de Lempicka et de Frida Kahlo. C'est lorsque je découvris les photos de ces toiles que Madonna commença à m'intriguer.

Une chose me fascina dans sa collection d'art. La ressemblance était frappante entre plusieurs peintures de Lempicka et de Kahlo et certaines photographies de la star au cours des différentes étapes de sa carrière, à tel point qu'elle aurait très bien pu en avoir été le modèle. Non seulement Madonna donnait corps à ces portraits peints sur la toile des décennies auparavant – que ce soit dans les diverses scènes de bondage ou quand elle flirte avec le lesbianisme –, mais ces peintures rappelaient aussi les différentes images que Madonna avait adoptées au cours de son ascension vers la gloire. Les œuvres de Lempicka par exemple montrent une femme libérée avant l'heure. Dans un de ses autoportraits, Lempicka conduit une voiture de sport, un casque de course art-déco sur la tête. Cette garçonne fascine comme Madonna et sa cravache dans la vidéo

Erotica. Dans *Printemps*, Lempicka emprisonne dans son étreinte une autre femme, image guère différente de celle de Madonna embrassant sa petite amie dans le livre *Sex*. Dans une peinture de Frida Kahlo accrochée dans l'appartement de Madonna à New York, l'artiste apparaît avec un corset de métal clouté maintenant sa colonne vertébrale endommagée. De même, Madonna pose avec un corset de Jean-Paul Gaultier en latex noir garni de dentelle.

Mais la ressemblance ne s'arrête pas là. Madonna et Frida Kahlo abordent leurs modes d'expression artistiques respectifs de manière très concrète, très littérale, sans détours métaphoriques. Pour communiquer la tristesse, l'artiste se peint en train de pleurer, pour montrer la souffrance, elle se peint saignant, et pour représenter la mort, elle peint des cadavres. Les peintures de Frida Kahlo sont autobiographiques. Ses tableaux racontent précisément ses terribles souffrances (séquelles d'un accident de la circulation qui la laissa infirme) qu'elle endura toute sa vie, ainsi que son mariage malheureux avec le célèbre peintre Diego Rivera, qui passa son temps à la tromper. Madonna évoque de la même façon des événements précis de sa vie dans ses chansons. Ses clips vidéos montrent en détail ses sentiments érotiques pour le Christ ou son obsession de la mort. Madonna, comme Frida Kahlo, est l'une des rares artistes qui réussit dans ses compositions à nous apitoyer sur son sort. Le public a l'impression d'entrer dans les secrets les plus intimes de sa vie.

La question que je me posais était de savoir si les choix de Madonna en matière d'art indiquaient l'existence d'un modèle. Est-ce que ses goûts en matière de littérature, de musique ou de cinéma étaient tributaires de son aptitude à s'identifier ou à se fondre dans le personnage ou le sujet des œuvres de ceux qu'elle admirait ? Et si c'était le cas, quel rôle avait joué son manque d'objectivité culturelle dans son propre succès ?

L'histoire qu'elle raconte est toujours plus ou moins autobiographique. Ses rapports conflictuels avec le catholicisme sont omniprésents dans ses chansons. Dans ses clips, la trame de l'histoire renvoie généralement à un événement de sa vie. Dans ses spectacles, elle emprunte souvent l'identité de personnages historiques ou de stars de cinéma. Ainsi, en dépit de toutes ses réussites et malgré ses tentatives pour apparaître comme une femme sexuellement libérée dotée d'une formidable intelligence, les souvenirs douloureux d'une enfance difficile restent particulièrement prégnants. Pour surmonter le traumatisme de ses jeunes années, Madonna a recours à l'imaginaire afin de préserver son équilibre mental, mobiliser son énergie et se hisser en haut de l'échelle. Autodidacte, elle est la cible idéale des livres pratiques, des médecines alternatives, des enseignements spirituels et de la philosophie New Age. Vingt-deux ans après avoir quitté Bay City, dans le Michigan, Madonna garde un pied dans la classe moyenne du Middle West dont elle est issue. Avec ses nouveaux jouets et ses nouveaux accessoires, elle constitue un curieux mélange de féministe du XXIe siècle mentalement apaisée et de petite catholique tourmentée des années 50, autre variante de la dualité Madone/Putain.

Pendant plus d'un siècle, le succès dans l'industrie du spectacle s'est défini comme un cocktail d'ambition, de talent, d'occasions et de rêves. Pour Madonna, cette définition mérite d'être reconsidérée. Elle est effectivement ambitieuse, talentueuse et a certainement saisi toutes les occasions qui se présentaient à elle, mais elle n'a jamais été une rêveuse. Plutôt que des rêves, Madonna a des buts. Pragmatique, exigeante, disciplinée et déterminée, elle ne perçoit le monde de l'imaginaire qu'à travers sa propre vision subjective, de même qu'elle ne saisit les œuvres des autres qu'à travers leurs similitudes avec sa propre vie. Son génie pour les métamorphoses consiste à transformer et adapter à son style de vieilles idées et des concepts éculés. Son originalité tient à sa capacité à convaincre ses fans que l'histoire qu'elle leur raconte est la sienne. En se livrant à son public, elle lui demande de s'identifier aux mots qu'elle chante ou aux paroles qu'elle écrit. Elle les encourage à suivre son exemple : si elle a survécu, ils le peuvent aussi. Les inconditionnels de Madonna pensent que sa musique illustre son évolution, et que plusieurs générations des deux sexes, toutes tendances sexuelles réunies, s'y retrouvent. Ils sont convaincus que la musique de Madonna est un baromètre des transformations de l'époque, des années 80 à aujourd'hui, et que son succès tient à l'éclectisme de ses compositions et à sa capacité à passer d'un style à l'autre sans perdre son public.

Depuis sa première apparition sur la scène musicale en 1984 avec l'album *Madonna*, un recueil d'innocentes chansons populaires plutôt guillerettes enchaînées à l'envi sur une rythmique répétitive, jusqu'à la sortie aujourd'hui, dix-sept ans plus tard, de *Music*, un mélange de *house music*, influencée par des groupes comme Air ou Daft Punk et de chansons folk, Madonna a prouvé qu'elle pouvait survivre à tous les styles et vendre plus que les nouvelles générations. Plus que sur un concept musical quelconque, Madonna s'appuie avant tout sur elle-même et sa capacité à saisir les pensées et les désirs secrets de ses fans. Tout au long de sa carrière, les paroles de Madonna n'ont pas seulement exprimé son humeur, ses looks et ses styles, mais elles ont aussi permis à son public, qui continuait à s'identifier aux thèmes de ses chansons, de traverser avec elle les nouvelles tendances musicales. Il n'y a donc pas eu de hasard dans sa décision de collaborer avec Mirwais Ahmadzai, un Français d'origine arménienne de trente-neuf ans, doté d'une énorme expérience dans l'univers du disco punk. Mirwais, qui a produit *Music*, est un musicien non conventionnel, il a sorti de l'oubli la pop-folk des années 70 et a réussi à l'allier aux percussions et aux basses de la musique électronique. « Le gros problème de la musique électronique, explique Mirwais, c'est que vous pouvez faire de la très bonne musique, mais si vous voulez faire passer des sentiments complexes, quelquefois trois mots font plus que trois heures de techno. Je crois que la musique électronique est arrivée à ce stade où les gens sont avides de chansons – nous n'avons pas peur des chansons. Il y dix ans, la plupart des gens qui aimaient la pop ou le rock refusaient d'écouter de la techno ; ils trouvaient ça atroce ou détestable. Maintenant, elle fait partie de notre culture. Cette musique a trouvé son public. Le problème, c'est que le format est trop contraignant, trop étroit. J'ai envie de communiquer des sentiments plus complexes. »

Mirwais a trouvé en Madonna une partenaire idéale, une chanteuse dont la voix ne supplante pas la partie instrumentale et dont les paroles couvrent un vaste spectre émotionnel, tout en n'étant ni trop absconses ni trop bavardes.

Madonna parle d'inceste, de bisexualité, de religion, d'amour, de mort, de maternité. Elle n'est jamais meilleure que quand elle fait croire au monde qu'il n'y a aucune différence entre Madonna sur scène et hors de la scène. Bien qu'elle écrive toutes les paroles et certaines des mélodies de ses chansons, la majorité de ses disques sont le fruit d'une collaboration avec d'autres auteurs-compositeurs. Son succès lui vient de cette facilité qu'elle a à passer sans effort de la musique disco à la « dance », de la musique pop à une musique nettement influencée par les années 60, sur des paroles qui racontent toujours les tourments et les tragédies de sa vie personnelle. Avec *Erotica*, sorti en 1992, Madonna a opéré la transition entre une chanteuse de singles et celle qui représente une grosse part du marché des albums, exactement comme en 1989 elle fit, avec l'album *Like a prayer*, la transition entre une parolière et une chanteuse objective et une artiste revendiquant le caractère autobiographique de chaque chanson.

Un article de *Vanity Fair* de décembre 2000 faisait remarquer que les compétences de Madonna en tant qu'auteur-compositeur-producteur n'avaient jamais été reconnues à leur vraie valeur. Madonna répondit : « J'ai l'impression qu'on m'a témoigné un certain respect dans le monde de la musique. Bon, peut-être pas. En fait, je n'en sais rien. Je n'y fais pas vraiment attention. Il y a longtemps que j'ai renoncé à courir après le respect des autres. Ce que tu as envie de faire, tu le fais, c'est tout. »

Si elle peut se passer du respect des autres, c'est parce qu'elle a toujours privilégié la forme sur le contenu, mais, paradoxalement, aucun autre artiste aussi connu dans le monde musical n'a fait l'objet d'aussi peu d'articles de fond et généré si peu d'analyses critiques de sa musique.

En 1993, Madonna est une star de la chanson et un compositeur reconnu avec plus de 60 millions d'albums vendus dans le monde, trente-neuf singles sortis aux États-Unis qui, tous, figurent dans le *Billboard Hot 100 Singles Chart.* En fait, de 1984 à 1993 – à l'exception de 1988 où elle n'a pas sorti d'album –, elle se retrouve constamment dans le Top 10. Elle obtient seize disques d'or pour des singles, deuxième record pour les chanteuses, battue seulement par Janet Jackson avec dix-huit titres. La presse l'a traitée de tout et du contraire : d'événement pop pour ado « dont la carrière sera courte », de proféministe, d'antiféministe, d'exhibitionniste, d'ex-catholique hérétique. En 1990, le magazine *Forbes* a estimé son revenu avant impôt à plus de 39 millions de dollars, ses gains depuis 1986 à plus de 800 millions de dollars, avec une valeur nette estimée au bas mot en 1994 à plus de 250 millions de dollars. Elle possède un appartement de neuf pièces sur Central Park West et des maisons à Miami et Hollywood. En 1992, elle a lancé, avec Freddy DeMann, l'ancien manager de Michael Jackson et son manager de 1983 à 1990, sa propre maison de disques, Maverick, qui, après des débuts difficiles, assure maintenant en exclusivité la distribution de ses disques dans le monde entier. Peu de temps après, elle ajoute deux nouvelles divisions à ses actifs, Mad Guy Television et Mad Guy Film, s'occupant de développer des projets pour la télévision et le cinéma. Quand elle prétend qu'elle « court dans tous les sens comme une poule sans tête », elle n'exagère pas. Elle s'implique beaucoup dans la direction de ses sociétés de production avec Guy Oseary, un jeune homme de vingt-cinq ans originaire d'Israël qu'elle a embauché en raison de ses talents d'expert en marketing. Sa vie est méticuleusement organisée et ses journées sont divisées en segments de quinze minutes à une heure, avec un créneau de deux heures réservé, tous les matins, aux appels à ses proches, ses administrateurs, ses avocats, ses publicitaires. Elle n'a pris des vacances que trois fois au cours des quinze dernières années et, même en vacances, programme ses loisirs pour fuir l'angoisse.

Il n'est pas difficile de se sentir écrasé par Madonna. Quand je finis par la rencontrer en 1993, mon premier souci fut de créer une complicité. Presque immédiatement, un accord tacite se créa entre nous, chaque question et chaque réponse devraient comporter des références littéraires ou culturelles. C'était une sorte de jeu et elle se plut manifestement à y participer. Elle évoqua ainsi ses émotions et ses souvenirs à travers les films, les livres ou les poèmes auxquels elle s'était le plus identifiée aux cours des différentes étapes de sa vie.

Enfant, son film préféré était *Du silence et des ombres*, 1963, de Robert Mulligan avec Gregory Peck et Mary Badham, moins par identification avec Scout, l'enfant du film, que pour les ressemblances qu'elle trouvait entre son propre père et Atticus Finch, le personnage incarné par Gregory Peck. Selon Madonna, Atticus Finch, comme son père, était un être moral, qui appliquait des principes d'intégrité et de droiture à tout ce qu'il faisait. Tous deux avaient confiance en la justice et la probité, et étaient prompts à défendre l'opprimé. Madonna ne mentionna pas une différence qui, peut-être, eut un retentissement plus grand sur sa vie. Alors que la morale d'Atticus Finch se fondait sur des relations de bon voisinage, une sociabilité toute provinciale qui faisait de lui une exception dans son environnement, le sens du bien et du mal de son père était puisé dans la religion catholique et dans sa détermination à ne pas s'écarter des règles.

Madonna n'avait que cinq ans quand sa mère mourut à l'âge de trente et un ans d'un cancer du sein. Sa mort marqua profondément la petite enfance de la chanteuse. Elle eut non seulement à subir le traumatisme de la mort de sa mère, mais dut continuer à porter le nom qu'elle lui avait légué, celui de la Sainte Mère, la Vierge, la mère de Dieu. En transgressant l'iconographie catholique et l'image du pécheur, la chanteuse parvint même à métamorphoser l'image passive et asexuée de la Vierge en celle d'une femme chargée d'érotisme, thème que l'on retrouvera tant dans son travail que dans sa vie, dans la fiction comme dans la réalité.

Après le remariage de son père, Madonna opéra sa première métamorphose en un personnage de fiction. Elle devint Cendrillon. Conformément à ce qui allait devenir une habitude, elle façonna l'héroïne de l'histoire à sa personnalité. Contrairement à Cendrillon, Madonna se rebellait. À la différence de la belle-fille maltraitée du conte, elle ne gardait pas sa langue dans sa poche. Elle répondait, manquait de respect. « Je ne souffrais pas tant d'avoir à m'occuper de mes frères et sœurs que d'avoir perdu ma mère », expliqua-t-elle.

Au collège, Madonna tomba sur les œuvres de la poétesse Anne Sexton. Elle découvrit à la lecture du poème *Double Image* un étrange parallèle entre les vers de la poétesse et la mort de sa mère du cancer du sein.

Le premier septembre, elle me regarda, et dit
que je lui avais passé le cancer,
Ils découpèrent ses douces rondeurs et me laissèrent
à jamais sans réponse.

Ces vers éveillèrent le sentiment de culpabilité de Madonna à l'égard de la mort de sa mère. « Le plus ancien souvenir que j'ai de ma mère est celui d'une personne gentille et bonne. Je n'ai jamais compris pourquoi elle fut emportée si jeune. Si ma mère n'était coupable de rien, alors j'ai commencé à penser que c'était moi la coupable et que c'était ma faute si elle était morte. »

Madonna continua d'établir des parallèles entre sa vie et des œuvres littéraires. Elle se rappela qu'après son arrivée à New York pour son vingtième anniversaire, partie à la recherche de la célébrité, elle découvrit *La Cloche de détresse* de Sylvia Plath, dans lequel l'auteur décrit ses expériences traumatisantes de fille fraîchement débarquée :

> Regarde comment ça se passe dans ce pays, qu'ils ont dit, une fille qui vit dans un trou perdu pendant dix-neuf ans... et qui se débrouille avec New York comme si c'était sa voiture. Seulement je ne conduisais rien, même pas moi-même... Je n'arrivais pas à réagir. J'était paralysée et vide, comme l'œil du cyclone se déplaçant lourdement au milieu du tohu-bohu environnant.

Elle confessa aussi, des années après sa rupture avec Sean Penn, ayant perdu l'espoir de recréer l'union heureuse, même si elle fut brève, de ses parents, que le film tiré du roman de Michael Ondaatje, *Le Patient Anglais*, l'avait profondément marquée. Elle était particulièrement émue par la scène où le personnage interprété par Ralph Fiennes traverse un désert afin de chercher de l'aide pour la femme qu'il aime. « Être aimé comme ça, a-t-elle déclaré, ou aimer quelqu'un comme ça... »

Il ne fait aucun doute que les œuvres artistiques qui ont fait la plus forte impression sur Madonna sont celles qui évoquent l'un des six événements essentiels de sa vie : la mort de sa mère, le remariage de son père, sa course vers la gloire et la fortune à New York, son mariage et son divorce, la naissance de ses deux enfants, et, au-delà de tout, son problème récurrent de femme en plein conflit moral.

Après avoir visionné tous les films et toutes les vidéos de Madonna, je remarquai une nette différence de styles. Quand elle joue ou chante dans une de ses œuvres, elle tire de ses expériences, qu'elles soient réelles ou imaginaires, l'inspiration pour façonner ses personnages. Quand elle incarne un rôle créé par quelqu'un d'autre, elle compte immanquablement sur l'imitation et sur son talent en ce qui concerne la transformation physique pour se couler dans le rôle qu'elle doit interpréter. Au lieu de m'interroger sur les limites de Madonna, je me suis demandé si son besoin d'identification aux œuvres qu'elle aime ou aux personnages réels ou de fiction qu'elle interprète n'était pas plus la manifestation d'un pragmatisme forcené que l'expression d'un narcissisme surdimensionné. Madonna ne doit-elle pas effectuer une transformation complète pour être en mesure de donner à ses fans le meilleur spectacle ? Si c'est le cas, comment fait-elle pour devenir cette autre personne ? Où trouve-t-elle cette science et cette énergie ? Est-ce naturel ou soigneusement préparé ?

En 1996, j'étais à Buenos Aires pour le salon du livre. C'est au cours de ce voyage que je commençai à envisager d'écrire sa biographie. J'étais de plus en plus fascinée par Madonna. Après une succession d'échecs au box-office, elle avait obtenu le rôle d'Eva Perón dans le film d'Alan Parker, *Evita*. Je me trouvai par hasard dans la capitale argentine au même moment que Madonna et le reste de l'équipe venue tourner plusieurs scènes essentielles de la vie d'Eva Perón. Parmi les personnes que je rencontrai, beaucoup avaient également croisé Madonna ou l'avaient aidée quand elle avait entrepris de se documenter très méticuleusement sur la vie et l'époque d'Evita. Je fus invitée par une importante personnalité politique à visiter la Casa Rosada où j'interviewai le Président Carlos Menem. Par une autre coïncidence, je me trouvai là au moment même où l'équipe du film préparait la scène où Madonna, comme Eva, chante du balcon de la résidence présidentielle *Don't Cry For Me Argentina*[1].

Tandis que d'autres acteurs se coulent dans un rôle, Madonna devient une sorte de médium qui canalise vers son propre corps l'esprit du personnage qu'elle incarne, endossant cette identité autant pour elle que pour son public. Je fus très impressionnée par son approche du rôle, par les recherches et le travail qu'elle fit pour se métamorphoser en cette femme qu'elle qualifiait d'« âme sœur cosmique ». D'après le témoignage des journalistes, des acteurs, des hommes politiques et des chanteurs de Buenos Aires qui ont aidé Madonna à comprendre Evita, Madonna a passé des heures à visionner d'innombrables cassettes d'actualités filmées des années 50 pour pouvoir imiter les expressions du visage et les gestes d'Evita. Elle s'inquiéta aussi de ses plats favoris et de ceux qu'elle détestait. Elle se plongea dans de vieilles photographies, puis elle fit venir des couturières locales pour reproduire les mêmes tailleurs et les mêmes robes, elle choisit les mêmes bijoux, jusqu'à ce qu'elle ait accompli sa métamorphose en cette femme toujours adorée comme une icône et une sainte. Madonna travailla sa voix pendant six mois pour étendre son registre vocal.

À la fin de mon séjour, un groupe d'acteurs et d'écrivains m'invitèrent un soir dans un club de tango réputé, pour écouter des extraits de *Maria de Buenos Aires* d'Astor Piazzolla. Une bousculade à l'entrée signala l'arrivée de Madonna entourée

1. « Ne me pleure pas, Argentine. »

d'assistants et de gardes du corps. Il me semblait impossible d'être à Buenos Aires sans ressentir le courant mystique et baroque qui imprégnait la ville, comme le faisait Madonna. Quand on parlait à ceux qui avaient survécu aux bouleversements politiques de la « sale guerre », qui vit la junte militaire arrêter et assassiner nombre de dissidents innocents, il était tout simplement impossible de ne pas percevoir la présence spirituelle d'Eva Perón. La plupart du temps, la période Perón des années 50 est invoquée soit comme point de comparaison, comme référence, soit pour définir l'âme de l'Argentine. En écoutant le tango ce soir-là, ma fascination pour Eva Perón et mon tout nouvel intérêt pour l'actrice qui paraissait avoir capté l'âme et l'esprit d'Evita m'autorisèrent à l'aborder pour lui faire évoquer ses impressions sur la ville et son rôle dans le film. À l'évidence dévorée par son personnage, Madonna commença par relever les similitudes entre sa vie et celle d'Evita. Elle parla de la mort d'Evita à trente-trois ans d'un cancer des ovaires et de celle de sa propre mère, à peu près au même âge, d'un cancer du sein. Toutes deux avaient perdu un parent très jeune, souffert du même rejet de leur entourage et de leur famille, et n'avaient pas hésité à prendre des amants pour parvenir à leurs fins. Elles avaient aussi réussi à fuir une petite bourgade pour rejoindre une grande ville où, contre toute attente, elles avaient chacune obtenu une reconnaissance internationale.

Bien des mois plus tard, je me rendis compte qu'il existait d'autres ressemblances étonnantes entre les deux femmes, ce qui me permit de mieux comprendre Madonna. L'une comme l'autre font rêver les gens en les faisant témoins d'une belle histoire, d'une vie réussie, des succès d'une petite fille pauvre. Toutes deux existent dans un espace quelque part entre le rêve et la réalité. Chacune excite le désir sans nécessairement le satisfaire. Et enfin, ce qui les rapproche le plus, c'est peut-être leur désir ardent, malgré tous les succès et l'adoration, toute la dévotion et la gloire qu'elles ont connus, d'être considérées comme de véritables actrices.

En 1999, quand je commençai mes recherches en vue de mon

livre sur Madonna, je rencontrai les membres de sa famille, les amis de sa mère, ses propres amis, ses collègues, ses associés ainsi que des gens qui avaient travaillé avec elle. Je m'aperçus que les éléments biographiques étaient moins révélateurs par eux-mêmes que par ce qu'ils indiquaient du contexte des événements, des gens qui l'avaient le plus influencée et qui avaient contribué à son succès. Certes, Madonna a inventé certains détails biographiques mais les articles de presse qui lui sont consacrés soit répètent inlassablement les mêmes choses, soit n'offrent que des informations contradictoires. Les journalistes ont systématiquement inventé des histoires pour satisfaire le vif intérêt du public pour la star.

Les artistes puisent souvent dans leurs expériences personnelles pour exprimer leur art, bien qu'ils aient tendance à édulcorer et à censurer certains sentiments ou certains faits pour rendre leurs œuvres plus conformes au goût du public. Madonna, au contraire, a exagéré et dramatisé les expériences qui l'ont le plus touchée ou traumatisée. Être interviewée l'ennuie, aussi, pour se distraire, lance-t-elle des rumeurs qu'elle finit par démentir. La durée de son attention est brève, mais son sens de la discipline et sa ténacité sont évidents quand elle se trouve en mouvement, en train de danser, de chanter ou de répéter un de ses spectacles. Le fruit de ses efforts, une musique ou une image, lui donne une motivation et une assurance qui lui permettent de continuer à créer encore et toujours.

Au XIXe siècle, talent et originalité étaient les ingrédients qui faisaient une star. Phineas T. Barnum, le plus grand imprésario de cette époque, était un homme de spectacle rusé dont le génie reposait sur sa capacité non seulement à reconnaître le talent mais aussi à faire croire au public qu'il répondait à sa demande et à ses désirs, plus qu'il ne lançait les modes. Nous vivons maintenant à une époque où l'image plus que le talent est décisif et où l'aberration plus que l'originalité est vitale au succès. S'il y a une superstar dans les vingt dernières années qui a utilisé l'image et l'aberration, c'est bien Madonna. Caméléon autodidacte, elle sait, comme Barnum, anticiper les modes et les tendances qui vont en définitive retenir l'attention du public. Elle a toujours réussi à recycler les idées et à les adapter à ses métamorphoses successives.

Alors que la rébellion contre son père et l'Église catholique fut le leitmotiv qui l'a catapultée vers la célébrité, la révolte contre elle-même et les différentes images qu'elle s'est créées représentent maintenant sa *raison d'être*. La célébrité est devenue un vieil amant dont elle connaît par cœur chaque mot, chaque geste et chaque habitude. Malgré le caractère rassurant d'une telle familiarité, elle semble toujours désireuse d'offrir au public un autre aperçu de sa personnalité. De même qu'elle a orchestré sa carrière depuis le début en s'attaquant aux sujets les plus fondamentaux – religion, Dieu, sexe, mort, vie et naissance –, elle est actuellement en train de faire passer son message du sexe vers la naissance et de la mort vers le développement spirituel.

Ces cinq dernières années, Madonna a entrepris une nouvelle métamorphose. Ce fut particulièrement évident lors de son apparition dans le *Rosie O'Donnel Show* pour la promotion de son nouveau film *Un couple presque parfait*. Cette mère célibataire d'une quarantaine d'année, bientôt enceinte du petit garçon qui naîtra le 11 août 2000, était vêtue d'un élégant ensemble noir d'Issey Miyake, les cheveux blonds flottant sur ses épaules, le visage légèrement maquillé, une attitude plus timide que sensuelle. À un moment au cours de l'émission, Rosie passa un enregistrement de 1984, une des premières vidéos de Madonna, où on la voit arborant la ceinture « boy toy [1] ». Elle se promène et danse sur la scène affublée de crinolines, des douzaines de chaînes, d'amulettes et de crucifix autour du cou, les oreilles percées de nombreuses boucles, des socquettes blanches et des bottines noires. À la fin du clip, Madonna réagit comme un parent effaré devant sa fille adolescente qu'il vient de surprendre en train de faire des siennes. « À quoi je pensais à l'époque ? demanda-t-elle à vingt millions de spectateurs. C'est incroyable de se nouer une paire de vieux collants autour des cheveux ! » La femme adulte demandait à

1. Ceinture dont la boucle portait l'inscription « garçon/jouet ». Comprenne qui veut.

son public de montrer de l'indulgence devant ses anciens débordements, sa révolte. Du coup, nous devenions sa famille, des gens dont elle attendait un amour inconditionnel, des fans qui avaient assisté à son mûrissement à travers toutes les phases de l'adolescence, colère, frustration, bravade, jusqu'à ce qu'elle ait fini de grandir et qu'elle soit devenue une mère responsable. En fait, plus que ses fans ou son public rempli d'adoration, nous sommes tous cette mère qui lui a été enlevée alors qu'elle avait à peine six ans.

Cette évolution a conduit Madonna à s'installer à Londres et à y entamer cette nouvelle phase de sa vie. Célibataire, toujours blessée par l'échec de son mariage avec Sean Penn, ne s'intéressant plus au mâle soumis trop désireux de la servir, ou, dans le cas de Carlos Leon, de la féconder, elle est alors déterminée à exceller dans un autre registre, et par-dessus tout, à avoir un autre enfant. Madonna s'est donné d'autres objectifs, tant professionnels que privés, qu'il s'agisse de musique ou de goûts personnels. Une fois encore, son sens des réalités et son instinct de survie l'ont poussée à prendre cette décision. Sur le plan professionnel, lorsqu'elle participa à l'émission de Rosie O'Donnell, les critiques du film étaient déjà catastrophiques. Le mauvais accueil de la presse l'avait profondément blessée, plus qu'elle ne l'avait jamais été auparavant. Douloureusement consciente qu'elle ne rajeunirait pas, ni pour la maternité ni comme star, Madonna savait qu'il lui faudrait à nouveau se réinventer. Un de ses conseillers spirituels, un prêtre catholique défroqué de Los Angeles, décrivit ainsi son état d'esprit : « Madonna pensait que l'Europe révérait et admirait les femmes plus âgées. Catherine Deneuve, Charlotte Rampling ou Isabelle Adjani, par exemple, y étaient toujours adulées et poursuivaient une carrière florissante. Il lui serait difficile, à la quarantaine, de continuer à se balader sur scène en petite tenue. Elle était en outre très sensible au syndrome du gigolo. »

Un de ses nouveaux amis londoniens se souvient d'une conversation téléphonique transatlantique avec Madonna, bien avant que Guy Ritchie n'entre dans sa vie. Madonna confessa avec des larmes dans la voix qu'il lui était « de plus en plus difficile de trouver un homme avec qui elle ait envie de poursuivre une relation ». « Elle a dit que c'était comme au lycée, poursuit cet ami, quand elle avait cette mauvaise réputation avant même d'avoir perdu sa virginité. Aux États-Unis, elle avait cette image de fille légère, vulgaire et facile dont elle ne pouvait se débarrasser, et à cause de ça, le genre d'homme qui précisément l'intéressait ne la prenait pas au sérieux. »

Peu après son arrivée à Londres avec sa fille Lourdes, Madonna donna une conférence de presse où elle expliqua qu'elle était une femme transformée. Elle attribuait son ancienne attitude rebelle au traumatisme qu'elle avait subi à la mort de sa mère. Avoir un enfant lui avait permis de se réconcilier avec son passé. Elle avait l'intention de tomber amoureuse et par la suite d'avoir un autre enfant. Sa rencontre avec Guy Ritchie, le réalisateur de cinéma, leur liaison, la naissance de leur fils Rocco et leur mariage en Écosse sont autant d'éléments de la métamorphose de Madonna en parfaite épouse et mère britannique. Difficile pourtant d'imaginer que son tout nouvel accent anglais, sa garde-robe Prada, ses mules Manolo Blahnik et sa maison de 6 millions de dollars dans le très chic West End signifient que sa vie s'est figée.

Déjà passée de la Vierge à Cendrillon, de Marilyn à Evita, de la provinciale à la star qui captive l'attention de millions de personnes au point de devenir une image culte des deux dernières décennies, on peut s'attendre à ce que Madonna nous surprenne une nouvelle fois.

Après la fin du tournage d'*Evita* à Buenos Aires, un coursier de la Casa Rosada déposa un paquet pour elle à son hôtel. C'était un cadeau du Président Menem, l'autobiographie d'Eva Perón intitulée *La Razon de mi vida*, (Pourquoi j'ai vécu). Se trouvait joint un mot en anglais, signé du Président, expliquant que la lecture de ce livre avait été pendant de nombreuses années obligatoire dans les écoles primaires et que, pour beaucoup d'adultes, il était aussi sacré que la Bible. Si une phase était susceptible de frapper l'imagination des gens, continuait le mot, elle figurait à la fin. « Je reviendrai, écrit Evita, et je serai légion. »

De nouveau, les phrases d'Eva Perón reflétaient les sentiments de Madonna.

PREMIÈRE PARTIE

DON'T CRY FOR ME ARGENTINA

CHAPITRE 1

Le 13 octobre 1995, Madonna atterrit à l'aéroport d'Heathrow à bord du Concorde de nuit, sous un nom d'emprunt. Elle venait à Londres pour travailler sur l'une des étapes essentielles de la production du film *Evita*, rôle qui serait son plus grand succès à l'écran et qu'elle convoitait depuis plus de dix ans.

Vêtue de sombre, des lunettes noires masquant son visage, elle s'avançait rapidement vers le contrôle des passeports. Aucune publicité n'avait entouré son arrivée à Heathrow, pas de foule hurlante, pas de flash de photographes pour l'accueillir. Un unique fan muni d'un jetable Kodak l'attendait sagement dans la zone de retrait des bagages. Madonna l'autorisa à prendre plusieurs photos avant de s'éclipser.

Alan Parker, le réalisateur d'*Evita,* rendu célèbre par *Fame*, avait fait venir Madonna, qui devait tenir le rôle d'Eva Perón, et les deux acteurs principaux – Antonio Banderas qui allait jouer le Che et Jonathan Pryce, l'acteur de théâtre britannique qui incarnerait Juan Perón – pour enregistrer la bande originale du film. Ils devaient passer environ quatre mois à enregistrer des versions différentes des trente et une chansons, passant de l'emphase théâtrale à la sobriété la plus retenue, avant même qu'une seule bobine du film ait été tournée. Alan Parker choisirait l'interprétation qu'il préférerait quand il tournerait les scènes correspondantes. C'était un énorme défi pour Madonna. *Evita*, plus qu'une simple comédie musicale, était un opéra tant dans son écriture que dans son style. Ce serait la première fois qu'elle chanterait sans pouvoir s'appuyer sur ses jeux de scène, ses tenues extravagantes et ses pas de danse sexy pour faire oublier la faible qualité de sa voix. En 1995, elle ne fit pas de tournée promotionnelle pour la sortie de *Bedtimes Stories*. Elle préféra travailler le chant pendant six mois avec Joan Leder, l'un des meilleurs professeurs de Broadway. Madonna réussit à dominer les difficultés de la partition d'Andrew Lloyd Webber et de Tim Rice. Elle parvint à étendre son registre vocal dans les aigus, registre que sa voix n'avait encore jamais exploré. Du coup, elle écrivit, pendant cette même période, deux chansons, *One More Chance* et *You'll see*, pour son album *Something To Remember*, exploitant ses nouvelles capacités vocales. Alors qu'Alan Parker avait maintenant pleinement confiance en elle, Andrew Lloyd Webber se demandait toujours si Madonna serait capable d'oublier son statut de star pour se concentrer sur sa musique. Alan Parker la défendit en ces termes : « Elle était farouchement déterminée à chanter *Evita* exactement comme Andrew l'avait écrit. J'étais certain qu'elle allait les étendre raide. Et j'avais raison, cette fille est vraiment incroyable. »

Curieusement, Joan Leder trouva Madonna « étonnamment timide ». « Je mets mes clients en concurrence, expliqua-t-elle. Madonna avait toujours l'impression que Patti LuPone, qui avait tenu le rôle à Broadway, ou Roberta Flack, une autre de mes élèves, avaient leur oreille collée à la porte. »

Le travail sur sa voix ne fut pas le seul défi que Madonna eut à relever en débarquant à Londres. Parker attendait également d'elle qu'elle se pénètre de l'atmosphère de chaque chanson et qu'elle soit capable de la restituer à volonté. Plus d'une fois, dans les studios de West End, Madonna fit éteindre les lumières et allumer des bougies pour créer l'atmosphère « éthérée » propice à exprimer « la souffrance, la frustration ou la joie d'Evita ». Le résultat dépassa ses propres espérances, bien qu'elle qualifiât l'expérience d'« humiliante ». Ce n'était un secret pour personne, Webber et Rice auraient préféré travailler avec Patti LuPone ou Elaine Paige, qui avaient interprété Evita dans les comédies musicales de Broadway et de Londres.

Pendant ce temps, alors que Madonna surmontait les difficultés de la partition, Alan Parker remportait, lui, une victoire tout aussi difficile. Le 24 décembre 1995, il parvenait enfin à conclure l'accord qui lui permettrait de porter *Evita* à l'écran. Mis sous option par de nombreux réalisateurs de renommée internationale, Ken Russell, Franco Zeffirelli, Herb Ross, Richard Attenborough, Alan Pakula, Hector Babenco, Francis Ford Coppola ou Oliver Stone, *Evita* avait erré dans l'enfer des projets « en développement » pendant plus de quinze ans. Malgré la diversité de leurs styles et les différences dans leurs conceptions du film, tous ces réalisateurs avaient considéré que Madonna était le choix évident pour incarner la petite actrice de second plan parvenue au sommet du monde politique argentin. Ils n'avaient pas pu convaincre la production d'accepter les prétentions de Madonna en matière de cachet, ni d'accéder à son désir de voir le compositeur et le parolier lui écrire des chansons additionnelles. Ils n'avaient pas non plus été capables de garantir que le gouvernement argentin autoriserait le tournage des extérieurs à Buenos Aires, pour des raisons financières. Le gouvernement entendait être largement dédommagé par le studio pour sa coopération. Les producteurs s'y étaient toujours refusés, jugeant déraisonnables les exigences du gouvernement argentin.

Le style d'Alan Parker est reconnaissable entre mille. Le réalisateur de *Fame* et de *Midnight Express* a commencé sa carrière en faisant des spot télévisés. À l'époque où il pilotait le projet, Andrew Lloyd Webber et Tim Rice estimaient que Madonna présentait un gros risque pour le box office. À l'exception de son premier film en 1984, *Recherche Susan désespérément*, elle n'avait enchaîné qu'une série de navets : *Shanghaï Surprise*, *Who's That Girl*, et surtout *Body Of Evidence*, qui avait fait l'objet d'une interdiction aux mineurs. Mais Madonna, qui cherche toujours à obtenir ce qui lui échappe, en amour comme en affaires, s'acharna à décrocher le rôle de l'ancienne Première Dame argentine quand elle apprit qu'il risquait de lui filer entre les doigts. Elle envoya une lettre à Alan Parker en y joignant la vidéo de *Take A Bow* qui, selon elle, avait été inspirée par Eva Perón et « la façon dont elle s'habillait ». Réalisée en 1995, la vidéo tournée en sépia était truffée de références à l'iconographie latine : doigt piqué par une aiguille, goutte de sang tombant dans un verre d'eau. On voit Madonna dans les tribunes d'une arène en train d'assister à une corrida. Vêtue d'un ensemble des années 40, une voilette lui couvrant le visage, elle établit un parallèle entre les étapes de son propre habillage et celui du toréador, ajustant son étroite veste de brocart et ses pantalons de satin avant d'entrer dans l'arène. Le clip se termine sur une image de Madonna au lit, en sous-vêtements sexy, se tordant dans une frénésie masturbatoire.

« Je me souviens m'être assise pour écrire une lettre exaltée à Alan Parker, se rappelle Madonna. Je lui faisais la liste de toutes les raisons pour lesquelles j'étais la seule à pouvoir incarner Eva. » Elle lui écrivit qu'elle était la proie d'une « force surnaturelle » qui la poussait vers le rôle. « Je peux dire honnêtement, conclut-elle, que je n'ai pas écrit cette lettre de ma propre volonté. C'était comme si une autre force guidait ma main sur la feuille. » Elle terminait la lettre en révélant qu'une cartomancienne lui avait prédit des années auparavant qu'elle interpréterait un jour Eva Perón à l'écran.

Alan Parker rappela Madonna dans la semaine pour organiser une audition avec Andrew Lloyd Webber et Tim Rice. Même s'ils furent agréablement surpris par la ressemblance physique de Madonna avec Evita, ils retournèrent l'argument en exprimant la crainte de voir la star éclipser la personnalité d'Eva Perón. « Est-ce qu'elle va accepter d'être dirigée ? demanda Webber. Après tout, il faut tenir compte des budgets et des délais qui laissent peu de place aux humeurs ou aux caprices d'une star. » Andy Vajna, le producteur d'*Evita* du temps de Robert Stigwood, et maintenant d'Alan Parker, se souvient de ses doutes : « Nous étions face à cette pop-star et nous n'étions pas certains de vouloir nous engager là-dedans. » Vajna appela Penny Marshall, qui avait dirigé Madonna dans

Une équipe hors du commun, 1992, et lui demanda comment elle se comportait dans le travail. Selon Vajna, Marshall lui répondit : « Pas de problèmc. »

Mais Webber et Rice n'étaient toujours pas convaincus. Parker fit alors valoir que Madonna était l'une des rares stars féminines capables d'attirer un très large public sur son seul nom. Il ajouta que, de toute façon, les films musicaux produits par Hollywood, à part *Grease* qui remontait à 1978, avaient presque toujours été des entreprises déficitaires. Ils finirent par se laisser fléchir et Parker emporta l'affaire. Madonna serait la vedette d'*Evita* pour un cachet d'un million de dollars. Madonna triomphait, bien qu'elle admit devant ses proches qu'elle avait l'impression de s'embarquer dans un projet avec « tous les jeux contre elle ». D'un côté, elle était persuadée que ce rôle lui permettrait d'accéder à une respectabilité qui manquait à sa carrière, de l'autre, elle pressentait que tout le monde l'attendait au tournant. Ce n'est qu'après avoir terminé l'enregistrement de la bande originale, quand elle se trouva enfin devant les caméras, à chanter en play-back, qu'elle s'aperçut à sa plus grande joie que ce n'était pas bien différent du tournage d'un clip. Des mois plus tard, une fois le film en boîte, Madonna poussa un profond soupir de soulagement.

« Je crois que c'est la volonté de Dieu que je fasse *Evita* », dit-elle à Parker. Ce qu'elle ignorait à l'époque, c'étaient les difficultés que rencontrait Alan Parker, comme ses prédécesseurs d'ailleurs, pour obtenir du gouvernement argentin l'autorisation de filmer en extérieur à Buenos Aires. En tournant en studio, il ne réussirait pas à restituer pleinement l'atmosphère mystique et baroque de l'Argentine péroniste. Parker ne dit pas à Madonna qu'il pensait comme elle que, si le film finissait par se faire, ce serait à la seule grâce de Dieu.

Alan Parker, qui souhaitait que la star se sente à l'aise, avait demandé à Tim Rice de la chaperonner et de la présenter à tout ce qui compte à Londres. Tim Rice était au sommet de sa gloire. *Evita* allait enfin entrer en production et il avait quatre comédies musicales à l'affiche à Broadway et à Los Angeles : *Jesus Christ Superstar*, *Joseph and the Amazing Technicolor*

Dreamcoat, *Chess Moves* et *Beauty and The Beast*. Encore mieux, il collaborait avec Elton John à la production de *Aïda* à Broadway.

Il appela Madonna dès le lendemain. À sa grande surprise, la star lui annonça qu'elle ne souhaitait pas se présenter en public pour le moment. Après avoir déballé sa garde-robe Jean-Paul Gaultier, Madonna s'était mise en tête de se transformer en ce qu'elle imaginait être la Britannique type. Pour cette nouvelle métamorphose, et avant de devenir Eva Perón, elle téléphona à Gianni Versace à New York et lui demanda de lui dessiner, pour son « incarnation londonienne », un austère tailleur en tweed de couleur sombre avec une jupe tombant sagement aux genoux. Madonna se terra dans sa suite du Claridge à 3 000 dollars la nuit jusqu'à l'arrivée du tailleur deux jours plus tard.

Lorsque Madonna reçut enfin Tim Rice à son hôtel, ce fut pour découvrir que l'intérêt qu'ils portaient tous deux à Evita avait une origine commune. Vers la fin de sa première année de lycée, Madonna écoutait tranquillement une de ses radios préférées de musique rock quand l'animateur se mit à parler d'une femme qui s'appelait Eva Perón. Madonna fut fascinée d'apprendre le destin de l'épouse de Juan Perón, qui, après s'être arrachée de la pauvreté, était devenue un exemple pour son pays, et qui demeurait, longtemps après sa mort, une figure spirituelle et religieuse pour son peuple. Tim Rice raconta à Madonna que la première fois qu'il avait entendu parler d'Evita, c'était, lui aussi, à la radio. À l'époque, il travaillait sur *Jeeves* pour une scène londonienne (en collaboration avec Andrew Lloyd Webber et Alan Ayckbourne) quand il entendit sur son autoradio une émission consacrée à Eva Perón, « la petite fille pauvre issue d'une minable banlieue de Buenos Aires qui était parvenue à se hisser au sommet de la politique et de la bonne société argentines ». L'idée d'*Evita* avait commencé à prendre forme et il s'était mis à se documenter sur Eva Perón. En février 1974, Rice se rendit une première fois à Buenos Aires pour s'imprégner de la couleur locale et de l'atmosphère, qu'il réussirait si bien à restituer sur scène.

À Londres, Rice escorta Madonna dans toute la ville, soucieux tout autant de son livret que de sa star. Il était convaincu que son rôle de baby-sitter serait de courte durée. Il suffirait à Madonna de se montrer pour qu'elle soit invitée partout. Malheureusement, l'agenda que Madonna avait posé sur la table en verre de sa suite restait désespérément vide. Elle était venue pour conquérir Londres et malgré son tailleur en tweed très collet monté, personne ne se précipitait pour la recevoir. Tim Rice se montra de moins en moins disponible, il devait terminer les arrangements de la bande originale. Madonna se retrouva de plus en plus seule. Alors qu'il ne restait que trois semaines avant le début de l'enregistrement, elle décida de faire venir à Londres Carlos Leon et Ingrid Casares.

En 1993, Madonna sortait tout à la fois avec Sean Penn, son ancien mari, Harvey Keitel, John Enos, un propriétaire de boîte de nuit, et une star mineure de la pop, Louie Louie. Elle vivait avec Ingrid Casares dans sa maison de Hollywood qui avait autrefois appartenu à Bugsy Siegel, personnage que son ex-petit ami Warren Beatty avait interprété l'année précédente dans son film *Bugsy*. À l'époque de sa relation avec Ingrid Casares, Madonna avoua à ses proches, et même à un journaliste italien, qu'elle avait « enfin trouvé le grand amour ». Même si elle était discrète sur sa maîtresse magnifique, on les avait pourtant vues à plusieurs reprises s'embrasser dans divers restaurants. Quand elle arriva à Londres, Ingrid Casares ne tenait plus maintenant dans la vie de Madonna que le rôle de meilleure amie, de confidente et d'associée à toute épreuve. Plusieurs années plus tard, Madonna investirait dans une boîte de nuit, Liquid, avec Ingrid Casares et Chris Pacello, un type de Staten Island, qui se révéla finalement être lié à la Mafia, (il fut condamné pour meurtre et bénéficia par la suite du statut de témoin protégé).

Carlos Leon, beau ténébreux né à Cuba, fut remarqué une première fois par Madonna lors d'une soirée à New York en 1993, bien avant le début de leur liaison. Dan Cortesi, qui travailla pour Madonna entre 1992 et 1997 comme responsable de la sécurité, assure avoir été à l'origine de la première rencontre entre la chanteuse et le beau prof de gym. Cortesi a quarante-deux ans. Petit, les cheveux noirs et bouclés, il parle avec animation. Au cours d'un entretien à New York le 16 juin 2001, il a accepté de raconter ses souvenirs de l'époque où il travaillait pour la star. Selon Cortesi, Madonna lui demanda un jour de se débrouiller pour savoir quand Carlos faisait son jogging à Central Park, de l'aborder et de lui faire passer le message qu'elle voulait lui parler. « Madonna avait rencontré Carlos bien des années avant, se souvient Cortesi, mais, à cause de son emploi du temps, elle ne se brancha pas avec lui avant 1994, époque où ils étaient tous les deux à New York. »

À cette époque, Carlos Leon travaillait chez Crunch, une chaîne franchisée de centres de remise en forme à Manhattan. Il vivait dans un appartement dans le même immeuble que ses parents sur Broadway et Quatre-vingt-quinzième Rue, non loin du célèbre restaurant italien Carmine. « Madonna savait que j'aurais du mal à courir après Leon. Je n'avais pas la super forme, sans compter que Leon n'a que trois pour cent de graisse dans le corps. Alors elle s'est foutue de moi. Elle m'a dit que je n'avais qu'à sauter dans une de ces petites voitures de police qui patrouillent dans le parc. Jc pouvais faire ce que je voulais mais il fallait que je lui mette la main dessus », raconte Cortesi.

Cortesi, sans l'aide des voiturettes, réussit à rattraper Carlos Leon et à lui transmettre le message : "Une certaine personne serait heureuse de vous rencontrer plus tard dans la journée au manège de chevaux de bois de Central Park..." Carlos éclata de rire, continue Cortesi, mais il savait exactement qui était cette personne. »

Quand Cortesi vint faire son rapport à Madonna, il lui dit que le message avait été transmis et que Carlos Leon l'attendrait à l'endroit convenu. « Elle est descendue dans le parc et ils se sont assis tous les deux, tout seuls, près du manège, poursuit Cortesi. Moi, j'attendais derrière un banc. Ils papotaient et ils riaient. Carlos a fini par s'en aller, et j'ai appelé la voiture pour qu'elle ramène Madonna à son appartement. Quand on s'est retrouvés dans l'auto, elle m'a dit qu'elle l'aimait bien et qu'elle voulait le revoir. »

Madonna invita Carlos à des soirées, des manifestations sportives et des réceptions dans le monde du spectacle. Bien sûr, il était intimidé par sa nouvelle petite amie et il était impressionné par son univers, mais il était aussi troublé de se trouver mêlé à des gens dont il ne connaissait le visage qu'à l'écran ou par les journaux. Projeté dans un monde qui lui semblait irréel, Carlos Leon réussit à maintenir son équilibre grâce aux très forts liens l'unissant à sa famille, qui ne manquait jamais de lui rappeler qu'une liaison avec une star internationale ne pouvait être qu'éphémère. En même temps, sa mère était fière de son fils et l'encourageait à ne rien négliger pour favoriser ses ambitions d'acteur.

Cortesi se sentit instantanément des affinités avec le jeune Cubain. Il venait lui aussi d'une famille modeste, il vivait dans le Bronx et devait se battre pour gagner sa vie. Il ne lui fallut pas beaucoup de temps pour comprendre que lui et Carlos étaient deux enfants de la rue qu'on autorisait simplement à venir jeter un œil sur la façon dont vivent les riches. Cortesi, qui savait bien que rien ne durait jamais, pas même une aventure avec Madonna, se prit vraiment d'affection pour Carlos et adopta même une attitude protectrice envers lui. « Nous étions tous les deux de pauvres gars, des gamins qui triment, qui cherchent juste à se faire une petite place, chez des gens qui gaspillaient d'énormes sommes d'argent sans broncher. Mais Carlos ne se laissait pas avoir par tous ces trucs-là, raconte Cortesi. Voilà ce môme, ce petit prof de gym, qui se retrouve tout d'un coup au septième ciel. Il était un peu effrayé. Il avait l'habitude de venir me voir avant une soirée pour me demander qui il y aurait. Parce que finalement il détestait tous ces gens qui passent leur temps à s'envoyer des baisers, ajoute en riant Cortesi. Et il détestait tous ces petits sandwichs et ces *hors-d'œuvre.* Mais, au fond, il se sentait à l'aise avec Madonna. Je crois qu'il est tombé amoureux d'elle dès le premier jour, en s'éloignant du manège. »

Le couple resta ensemble quelques mois à New York puis la

liaison fut mise entre parenthèses quand Madonna partit pour Los Angeles. Ce ne fut qu'à son retour, quelques mois plus tard, que leurs relations prirent un tour beaucoup plus sérieux. Madonna était douce et à l'écoute de Carlos. Comprenant combien il pouvait se sentir mal à l'aise dans sa somptueuse résidence de Central Park, elle venait passer la soirée chez lui, dans son petit appartement, loin des quartiers chics. Elle s'en allait le matin avant le lever du soleil et se glissait dans la voiture où Cortesi l'attendait pour la reconduire chez elle. D'après les confidences que lui faisait Madonna dans la voiture, ces nuits passées chez Carlos lui rappelaient l'atmosphère sereine et sans prétention de Bay City. Madonna n'avait pourtant jamais connu une telle paix et un tel calme à Bay City où elle était obligée de se battre pour attirer l'attention de ses parents au milieu de ses sept frères et sœurs. Enfin, qu'elle fût ou non sincère sur ces réminiscences du passé, le fait est qu'elle s'amusait beaucoup. Elle passait ses nuits chez son amant et s'ingéniait à berner les paparazzi. Une fois, Dan Cortesi gara sa vieille Pinto déglinguée, son « tape-cul » comme il l'appelait, devant l'immeuble de Madonna sur Central Park. Elle fut si amusée par l'étrange tas de ferraille qu'elle lui ordonna de la conduire dans son épave jusqu'à l'appartement de la Quatre-vingt-quinzième, et d'oublier la grosse Lincoln. « Quand Liz Rosenberg, l'attachée de presse de Madonna, a découvert que Madonna circulait dans mon tape-cul, dit Cortesi en riant, elle était furax. C'est une femme qui s'occupe de tout ce qui touche à Madonna vingt-quatre heures sur vingt-quatre. Si on avait un accident avec ma bagnole au lieu d'être dans une des voitures de Maverick ou de la Warner, elle avait peur que les assurances ne jouent pas. »

Jusqu'à ce que Liz Rosenberg la prive de son plaisir, Madonna adora se promener dans la Pinto, avec les poubelles sur le siège arrière, un seul essuie-glace, et la radio sur laquelle il fallait taper une fois pour qu'elle se mette en marche.

Lorsque Madonna rentra de Los Angeles, Dan Cortesi reprit ses activités de messager et de chauffeur. « Madonna a rencontré la famille de Carlos environ une semaine après son retour, rapporte Cortesi. La première fois qu'elle y est allée, elle a emmené avec elle Rosanna Arquette, l'une de ses meilleures amies, pour montrer à la famille de Carlos qu'elle avait aussi des amis présentables. »

Selon Cortesi, Madonna avait beaucoup de plaisir à se retrouver autour de la table de la cuisine de Maria et Carlos Senior pour boire le café cubain bien fort que madame Leon préparait. « Il y a une chose qui me plaisait vraiment dans cette famille, poursuit Cortesi, c'est qu'ils n'étaient pas éblouis. Ils traitaient Madonna exactement comme n'importe quelle amie de leur fils, et ça mettait Madonna très à l'aise. »

Mais si Maria Leon ne faisait pas de manières avec Madonna, elle n'était pas rassurée à l'idée de voir son fils amoureux d'une femme qui avait la réputation de ne pas s'engager durablement avec les hommes. Maria Leon fit clairement comprendre à Madonna que Carlos était son « bébé ». Peu lui importait la célébrité de Madonna, ce qu'elle voulait, c'est que son petit dernier ne soit pas trop malmené et qu'il ne se retrouve pas à la fin blessé et déçu. « Elle a dit à Madonna que son fils était un être sensible, rapporte Cortesi, et elle lui a bien fait comprendre que ce qu'elle voulait avant tout, c'était qu'il ne souffre pas. »

Madonna était sous le charme de Carlos pour des raisons évidentes mais elle était aussi émue par son innocence, son sens moral et surtout par son caractère entier et désintéressé. Douée d'une grande intuition, Madonna était constamment sur ses gardes, même avec ses amis les plus proches. Elle décelait le moindre changement d'attitude à partir d'un mot, d'une expression ou d'un simple geste. Son instinct de survie extrêmement développé de la survie et sa détermination à se protéger lui firent un jour douter des vraies motivations de Carlos. Il suffit d'un banal incident pour que la méfiance se glissât dans leurs relations. Un soir, Madonna posa une question à Carlos et obtint une réponse qui, apparemment, ne lui donna pas satisfaction. « C'était une fois où nous étions tous ensemble, se souvient Cortesi. Madonna demanda à Carlos, un peu par jeu, “Maintenant que tu sors avec moi, qu'est-ce qui va se passer si tu deviens une super star ? Est-ce que je vais devoir te lécher le cul ?" » D'après Cortesi, la réponse de Carlos Leon mit Madonna sur la défensive. « Il lui a répondu de ne pas s'inquiéter, si jamais il devenait une super star, elle n'aurait pas besoin de lui lécher le cul. »

C'est à partir de ce jour-là, toujours d'après Cortesi, que Madonna lui demanda de suivre Carlos. Elle voulait tout savoir sur ses activités, s'il passait des auditions, s'il s'entretenait avec des photographes ou avec des journalistes, pour favoriser sa carrière. « Tout le monde savait qu'il voulait être acteur, continue Cortesi. Ce n'était pas un secret. En fait, Madonna n'était pas jalouse d'autres femmes, elle voulait juste savoir ce qu'il faisait, ou disait aux autres. Si quelqu'un était jaloux, c'était plutôt Carlos. »

Même si Madonna avait parfois des doutes sur Carlos et même si lui, pour sa part, se sentait souvent mal à l'aise avec ses amis à elle, leur relation n'en était pas moins florissante. Ils se voyaient de plus en plus souvent. Il devenait évident pour tous ceux qui connaissaient bien Madonna qu'elle s'engageait avec Carlos Leon dans une relation durable. Et tout le monde se sentait un peu menacé par l'influence grandissante de Leon. « Madonna avait deux points faibles à l'époque, affirme Cortesi. Elle voulait un bébé et elle avait besoin de quelqu'un qui lui serve de maman. Elle voyait dans Liz Rosenberg cette figure maternelle. »

Rosenberg, que les millions de membres du fan club de Madonna surnomment le *« validator »*, a géré tous les aspects tant professionnels que privés de la vie de Madonna jusqu'en septembre 2001, date à laquelle elle a cessé de travailler pour elle. Malgré les signes évidents de l'amour de Madonna pour Carlos, Liz Rosenberg n'avait pas à craindre que son illustre cliente et amie n'abandonne son mode de vie antérieur, change ses habitudes avec ses proches. Même au plus fort de la romance avec Carlos, Madonna, d'après Cortesi, trouva toujours quelques moments pour l'envoyer porter des messages à d'autres hommes. « Une nuit, alors que Carlos et Madonna revenaient d'un match de l'équipe de basket des Knicks, raconte Cortesi, elle m'a dit de déposer Carlos chez lui, de contacter Sam Cassals, le joueur de basket, et de le lui ramener à l'appartement. Pour éviter les paparazzi, dit en riant Cortesi, j'ai pris Cassals dans mon "tape-cul" et je l'ai ramené à Central Park. Madonna était complètement obsédée par lui. »

Si Carlos Leon savait que Madonna avait de temps en temps des aventures avec d'autres hommes, il était assez malin pour le garder pour lui. Mais il ne cachait pas que la présence continuelle d'Ingrid Casares dans l'appartement de Madonna l'ennuyait. Un incident le contraria plus que les autres. Cela se passa le soir des Fashion Music Awards à New York, à l'Armurerie de la Vingt-troisième Rue. Ce soir-là, Casares, comme d'habitude, accompagnait Madonna et Carlos. Il y avait aussi Chris Pacello, l'associé de Casares. Quand le chauffeur de la Mercedes les déposa devant l'Armurerie, Liz Rosenberg vint à leur rencontre et s'arrangea pour que Carlos rejoigne immédiatement sa place dans la salle. Excellente idée, puisque Sean Penn et John Enos attendaient Madonna dans les coulisses. Sean la prit dans ses bras et l'embrassa. Il l'informa qu'il lui remettrait l'Award de la femme la plus élégante de l'année. Selon Dan Cortesi, Liz Rosenberg était hors d'elle. Elle craignait qu'un journaliste ou un paparazzi se glisse discrètement dans les coulisses et prenne des photos de Madonna et Sean, en compagnie d'Ingrid et de John Enos. Carlos, qui se trouvait dans la salle, resta sagement assis pour regarder l'ancien mari de Madonna lui remettre son prix. Au lieu de continuer la soirée avec les autres, Carlos déclara qu'il était fatigué et qu'il voulait rentrer. « Après, affirme Cortesi, j'ai amené Madonna au St-Regis, où elle a retrouvé Sean Penn au bar. Elle m'a dit qu'elle m'appellerait quand elle serait prête à partir. Je l'ai reprise deux heures après. Carlos devait sentir qu'elle était avec Sean, parce qu'il m'a appelé pendant que j'attendais. Il m'a demandé pourquoi j'étais encore au boulot. Il voulait soi-disant savoir à quelle heure on avait rendez-vous le lendemain pour aller au Cirque du Soleil avec Madonna. »

Peu de temps avant de signer son contrat pour interpréter *Evita* dans le film d'Alan Parker, Madonna était obsédée par l'idée d'avoir un enfant avec Carlos. D'après Cortesi, elle consulta le Dr Stanley T. West, un obstétricien très réputé, qui avait deux cabinets, un dans l'Upper East Side et l'autre dans Lower Manhattan. « La première fois que Madonna y est allée, je l'ai amenée au cabinet du Dr West, Uptown, soutient Cortesi. Une autre fois, j'ai pris Carlos à son appartement et je l'ai déposé à l'autre cabinet de West, Downtown. Il transportait un petit récipient. J'ai d'abord cru que c'était de l'urine mais il m'a dit que c'était du sperme. Il ne voulait pas faire ce qu'il avait à faire dans les locaux du médecin. Alors, il l'a fait chez lui, mais du coup, il fallait que le colis soit livré dans l'heure. Je l'ai conduit avec son récipient plusieurs fois. Une fois, Madonna l'attendait sur place. »

Après la signature du contrat pour *Evita*, elle alla régulièrement suivre des cours de chant à Londres et Carlos lui rendit visite à plusieurs reprises. Elle n'était toujours pas enceinte de lui à l'époque où elle se préparait à enregistrer la bande originale et avant les débuts du tournage proprement dit. Pourtant leur liaison durait depuis plus de quatorze mois. Quand Carlos vint la voir à Londres, Madonna lui imposa encore une fois Ingrid Casares. Pour Madonna, c'était le trio parfait. Pourtant, elle précisa tout de suite à Carlos et à Casares que, s'ils étaient les bienvenus pendant les week-ends, elle ne voulait pas d'eux à Londres au cours de la semaine. Elle expliqua que ses raisons étaient strictement professionnelles et qu'elle avait besoin de rester seule pour se concentrer et se préparer « émotionnellement » à son rôle.

Tous les week-ends, le programme était sensiblement le même. Tandis que Carlos Leon et Madonna restaient ensemble des heures dans la suite de la star ou dans le gymnase de l'hôtel, Ingrid Casares passait son temps au téléphone à essayer de décrocher des invitations aux diverses soirées en vue. Comme on pouvait s'y attendre, elle eut encore moins de succès que Tim Rice. Quand elle renvoya ses amis aux États-Unis, la vie mondaine de Madonna devint plus active. À plusieurs reprises, elle demanda à son chargé de communication de lui organiser des dîners avec des rock stars ou des acteurs anglais qui l'intéressaient. Hugh Grant accepta une invitation à dîner mais il changea d'avis à la dernière minute et lui posa un lapin. Un autre rendez-vous arrangé tomba à l'eau, celui avec Henry Rollins, un chanteur de rock. Madonna décida alors que l'acteur Rufus Sewell était encore plus attirant. Sewell fut l'un des rares hommes qu'elle pourchassa sans intermédiaire. Il était la vedette de *Rat In The Skull* au théâtre Duke of York. Elle se glissa dans la salle au lever de rideau et vint dans les coulisses à l'entracte pour inviter Sewel à dîner au Caprice, un petit restaurant très réputé de Londres. Sewell accepta l'invitation de Madonna, mais, juste avant le dessert, il s'esquiva pour rejoindre sa petite amie. L'acteur donna plus tard une explication à son départ soudain. Il prétendit qu'il se sentait extrêmement mal à l'aise avec des gens comme Madonna ou d'autres célébrités du même genre, parce qu'il se méfiait d'eux. Dans sa tête, il était toujours resté un ado empoté. Une fois Sewell hors course, Madonna jeta son dévolu sur Antonio Banderas qui s'empressa de faire venir à Londres sa jeune femme Melanie Griffith. Apparemment, Griffith estima que Madonna représentait un danger suffisant pour modifier son emploi du temps et rester avec Banderas en Angleterre, en Argentine et en Hongrie.

Madonna eut plus de chance avec Tim Willocks, un écrivain britannique qu'elle rencontra lors d'un dîner donné en son honneur chez Julie Baumgold, la femme du directeur d'*Esquire*. Willocks, psychiatre de formation et catholique non pratiquant, était l'auteur de *L'Odeur de la haine*, livre que l'on avait comparé à son avantage au *Silence des agneaux*. Willocks commit l'erreur de se répandre dans la presse. Sa mère fit même des déclarations sur son optimisme quant à la durée de la relation de son fils avec la pop star. Comme on pouvait s'y attendre, Madonna se lassa vite de lui mais ils restèrent en contact après la fin de leur liaison. Elle prit une option pour les droits cinéma de son livre, pour jouer Juliet Devlin, le seul personnage féminin.

Les préoccupations mondaines de Madonna cessèrent quand

il fallut se mettre sérieusement au travail. À partir de ce moment, il n'y eut plus de dîner se prolongeant tard dans la nuit avec des Anglais allumés, plus de Marlboro Light ni de Martini de temps à autre, et plus de week-ends avec des amis importés des États-Unis. Le tailleur en tweed fut remisé dans la penderie, et Madonna commença sa métamorphose en Evita.

CHAPITRE 2

Pendant que les acteurs principaux d'*Evita* passaient plusieurs semaines éreintantes à travailler sur la bande originale du film, Alan Parker n'arrivait toujours pas à obtenir de Carlos Menem, le Président argentin, l'autorisation de tourner les extérieurs à Buenos Aires. Mais si le temps filait à toute vitesse pour le réalisateur, pour le Président les temps étaient plutôt difficiles.

La chaleur ralentit en général l'activité de la presse de Buenos Aires en novembre et décembre, mais cette année-là, en 1995, elle n'eut pas grand effet sur l'hystérie collective qui s'empara de la ville. Les journalistes avaient publié une série d'articles sur les liaisons hors mariage du Président, ses frasques sexuelles et ses bévues politiques. La dernière histoire à avoir captivé le public racontait comment Carlos Menem avait sorti de force sa femme, nue, de la Casa Rosada, quand les avocats de celle-ci étaient venus lui apporter les papiers du divorce. Encore plus grave, les enquêtes sur l'implication possible de Menem dans un scandale des narco-dollars qui mêlait sa sœur et son beau-frère à des opérations de blanchiment de l'argent colombien de la drogue *via* des banques argentines en contrepartie de substantielles commissions. Une autre révélation suivit immédiatement cette histoire. Un de ses plus proches conseillers aurait vendu vingt-cinq tonnes de lait contaminé à des supermarchés dans tout le pays, entraînant la mort de douzaines d'enfants et de personnes âgées.

Même si les Argentins sont toujours friands d'un bon scandale au cours de ces paresseux mois estivaux, il fallait plutôt chercher la vraie raison de ces attaques dans une inflation à son plus haut niveau depuis dix ans et un taux de chômage à deux chiffres. On peut alors comprendre qu'avec un tel climat politique et économique, sans oublier que le peuple argentin ne s'était toujours pas remis de la défaite des Malouines, le Président Menem n'était pas disposé à subir la pression d'un réalisateur britannique voulant débarquer dans la capitale argentine avec toute son équipe pour faire un film sur une femme que le peuple continuait de considérer comme un trésor national. Malgré les assurances données par Alan Parker que son film présenterait Evita sous un jour favorable, le Président argentin doutait qu'il en soit de même au moment du tournage. Comme d'habitude, Eva Perón serait vue comme une femme parvenue au sommet de la société argentine en couchant, et qui, une fois en place, avait pillé les coffres pour satisfaire ses désirs narcissiques. Même s'il était tenté de prendre le risque, le sentiment anti-Madonna s'était révélé si violent quand la presse argentine avait fait état du projet qu'il craignait de contrarier ses électeurs et, particulièrement, les plus ardents partisans d'Evita. L'hystérie autour d'Eva Perón n'était pas un phénomène nouveau. Le Vatican avait reçu pendant les deux années qui avaient suivi sa mort plus de quarante mille lettres faisant état de différents « miracles » réalisés au cours de sa vie et exhortant le pape à la béatifier. L'écrivain argentin Tomas Eloy Martinez raconte dans son best seller *Santa Evita* que, dans les villages de son enfance, les gens restaient persuadés qu'Evita était un émissaire de Dieu, et que les paysans continuaient de voir apparaître son visage dans les nuages.

L'hystérie Evita atteignit son point culminant à Buenos Aires le jour même où, dans le studio du West End, Madonna devait enregistrer la chanson-titre *Don't Cry for Me Argentina.* Ce jour-là, une des anciennes secrétaires d'Evita, Clara Marin, menaça la star devant un groupe de reporters lors d'une manifestation près de la Casa Rosada. « Nous voulons Madonna morte ou vive, criait Marin dans un mégaphone. Si elle vient ici (en Argentine), je la tuerai... Evita est notre mère, notre drapeau, notre mère patrie. » Ce soir-là, la une de *Clarin*, le principal journal argentin, titrait « Vive Evita, Dehors Madonna ».

Le jour suivant, Carlos Menem apparut à la télévision et déclara à des millions de téléspectateurs : « Je suis particulièrement conscient que les Argentins, qui considèrent Evita comme une martyre et une sainte, ne toléreront pas que quelqu'un comme Madonna l'incarne à l'écran, une femme qui est la personnification de la vulgarité. » Quelques jours plus tard, tous les journaux locaux rapportaient une histoire selon laquelle un acteur argentin, ami intime du Président, avait l'intention de tourner une version concurrente d'*Evita*, avec comme vedette, Andrea del Boca, une star de feuilleton télévisé.

Alan Parker, qui avait passé un Noël morose à Londres, reçut finalement un courrier officiel de Carlos Menem fin décembre 1995. Le Président écrivait qu'il lui paraissait très difficile que le rôle d'Eva Perón soit interprété par une femme qui avait récemment publié un « livre vulgaire et pornographique sous le titre *Sex* ». Ce soir-là, Parker convoqua les acteurs et l'équipe du film pour leur déclarer qu'il allait sans doute renoncer à se rendre en Argentine.

« Même maintenant, dit-il, ce projet continue de rencontrer obstacle sur obstacle. Si jamais il aboutit, ce sera un miracle. »

La troupe réagit avec un mélange d'indignation et de déception, sauf Madonna qui resta imperturbable. Très sereinement, elle dit à Parker que, quelle que soit sa décision, elle comptait toujours se rendre à Buenos Aires pour rencontrer les gens qui avaient connu Evita à l'époque où elle était actrice pour la radio, et après, une fois mariée à Juan Perón. Elle ne souhaitait pas se contenter d'interviewer les gens mais elle prévoyait aussi de consigner ses observations et ses expériences personnelles dans un journal de bord, qui serait finalement publié dans le numéro de novembre 1996 de *Vanity Fair*. Elle était persuadée qu'en retraçant la vie d'Evita à Buenos Aires, elle trouverait la clé de son interprétation, la profondeur et l'intensité qui lui permettraient de donner toute sa dimension pathétique, sa douceur et sa vulnérabilité au personnage. Elle était convaincue qu'Eva Perón, tout comme elle, était plus fragile qu'on ne pouvait le soupçonner et qu'elle avait porté en elle, tout au long de sa vie, une blessure secrète et une souffrance de son passé vécu dans la pauvreté.

Parker fut impressionné. Il fut, en fait, encore plus impressionné quand Madonna se proposa de jouer, lors de son séjour à Buenos Aires, l'émissaire des bons offices après du Président Menem pour le convaincre que le film serait un hommage à l'ancienne Première Dame, un film qui emplirait le pays de fierté. Il donna son accord sans hésiter. Mais en privé il confia aux autres qu'il avait peu d'espoir que la star réussisse.

Le 20 janvier 1996, Madonna arriva à Buenos Aires en compagnie de son assistante – qui deviendra plus tard son manager –, Caresse Henry-Norman. Elle comprit dès son arrivée que sa mission ne serait pas de tout repos. Des manifestants, retenus par un cordon de police, brandissaient des pancartes et des banderoles. Le message était clair. Madonna n'était pas la bienvenue à Buenos Aires. Dehors, où l'attendait une Mercedes avec un chauffeur pour la conduire à son hôtel, des manifestants encore plus nombreux brûlaient son effigie. La scène rappelait de façon sinistre les innombrables films d'actualités qu'elle avait visionnés où Eva Perón était la cible de monstrueuses manifestations au cours desquelles elle aussi était brûlée en effigie. Au lieu de se décourager elle fut plus convaincue que jamais que, d'une façon ou d'une autre, un lien mystique unissait définitivement sa destinée à celle d'Evita.

L'hôtel Plaza, en plein centre de Buenos Aires, est célèbre pour abriter le séjour des altesses royales et des chefs d'État. Dans cet hôtel, décoré à la française, la suite de Madonna était de style Napoléon III, avec des canapés surchargés, un mobilier pesant orné à la feuille d'or, des rideaux de velours et de lourds lustres de cristal. Elle trouva à son arrivée un message d'un proche conseiller du Président Menem qui lui assurait qu'il s'occupait d'organiser une entrevue avec le dirigeant argentin. Il l'encourageait, en attendant le rendez-vous, à visiter la ville et à apprendre le maximum de choses sur Evita. Ce que Madonna ignora toujours, c'est que le problème ne fut jamais de savoir *si* le gouvernement argentin donnerait son autorisation mais *combien* cela coûterait aux producteurs. À cette époque, le gouvernement se rendait compte que ses précédentes demandes avaient été trop ambitieuses. Il était prêt à négocier un accord raisonnable.

Le 21 janvier, le lendemain de son arrivée à Buenos Aires, Madonna reçut son premier visiteur. Il s'agissait de Tuco Paz, un diplomate argentin depuis plus de quarante ans, qui avait personnellement connu Eva Perón aux débuts de son ascension politique. Elle n'avait alors que vingt-neuf ans. Paz avait toujours trouvé Eva timide et il attribuait sa réputation d'agressivité au fait qu'elle ne parlait que de politique, sa grande passion. Il lui raconta aussi une histoire qui toucha particulièrement l'âme romantique de Madonna. Juan Perón entraînait Eva à la discipline des débats publics. Il s'asseyait derrière elle sur une chaise et tirait une série de sujets au hasard. Il voulait tester la capacité d'Eva à répondre rapidement aux journalistes et aux adversaires politiques. Elle devait apprendre à parler de n'importe quel sujet, sans préparation et sans avoir répété. Cette attitude aimante, ce soin que prenait un homme occupé comme Juan Perón à former sa femme, rappela à Madonna l'attention dont l'avait entourée son ex-mari lors du tournage de *Shanghai Surprise*. Elle se souvenait de la façon dont Sean Penn pouvait arrêter une scène en plein milieu pour la prendre à part et lui expliquer comment mieux la jouer. « Je ne me suis jamais sentie plus aimée que quand Sean prenait le temps de me montrer comment m'améliorer », dit-elle. À la fin de sa visite, Paz indiqua à Madonna que le plat préféré d'Evita était l'escalope de veau panée avec un œuf à cheval, accompagnée de frites. Madonna en fit son menu quotidien les jours suivants.

Madonna fut peut-être lente à saisir les subtilités politiques qui permirent à Eva Perón de conquérir le cœur des gens, mais son sens du tempo et de la mise en scène ne fut pas pris en défaut quand il s'agit d'incarner Evita. Une des chansons qu'elle avait enregistrées à Londres racontait la métamorphose d'Eva Perón en Première Dame séduisante et raffinée. Cette chanson, c'est *Rainbow High*. Eva prépare sa tournée des capitales européennes, surnommée la tournée *Rainbow*, et chante « Eyes, Face, Hair, Image » tout en choisissant sa garde-robe pour le voyage, fouillant nerveusement parmi les bijoux et les vêtements. « Christian Dior-me » chante Madonna/Eva en rejetant un chapeau pour en essayer un autre. Juan Perón avait eu cette idée d'utiliser sa femme comme ambassadeur de charme auprès des dirigeants européens pour les amener à modifier leur appréciation sur son régime politique, considéré comme peu fréquentable. Quand Madonna enregistra cette chanson, il lui revint immédiatement à l'esprit l'un de ses meilleurs clips, celui de *Vogue* · *« Don't just stand there, Let's just do it, Strike a pose, There's nothing to it*[1]. »

Tournée en 1990 en noir et blanc dans des décors art déco de Shep Pettibone, la vidéo de *Vogue* est l'une des plus raffinées de la Madonna première période. L'atmosphère « chic des années 30 » s'inspire des photographies que Horst P. Horst avait prises pour *Vogue* et de ses portraits pour le cinéma. Dans le montage du début, on aperçoit une peinture de Tamara de Lempicka et de nombreux renvois explicites ou hommages aux travaux de Horst, comme cette femme, vue de dos, assise sur un lit, portant un corset à lacet. Madonna enchaîne les métamorphoses, de l'austère silhouette en complet noir qui danse avec des boys habillés comme elle à un enchaînement de gros plans soigneusement éclairés et aux poses très étudiées, où elle apparaît en Marlene Dietrich, Carole Lombard et Rita Hayworth, qu'elle cite dans la chanson.

Il n'avait pas échappé à Madonna qu'autant elle qu'Evita utilisaient les vêtements, les accessoires, le maquillage, les coiffures très élaborées et les bijoux pour attirer et séduire les foules. Pour toutes les deux, c'était un exemple de l'intoxica-

1. « Reste pas planté là, Vas-y, fais le, Prends la pose, C'est facile. »

tion des masses par la célébrité et par l'argent. D'autres paroles de *Rainbow High* racontent comment Evita se justifiait de dépenser autant d'argent en vêtements et en bijoux pendant que le peuple souffrait de la pauvreté et du chômage. Elle affirmait qu'elle ne s'habillait pas seulement pour l'image de l'Argentine mais aussi pour distraire les gens et leur faire oublier leur vie sinistre. « *They need their escape and so do I*[1] », chante-t-elle. On voit bien là la ressemblance avec la philosophie de Madonna qui, quand elle se promène sur scène en tenues suggestives et chante des textes explicitement sexuels, le fait pour permettre à ses fans de s'évader d'un travail pénible, des contraintes des parents, de l'école et de l'église.

Plutôt que d'arriver à Buenos Aires en parfaite réplique de la femme qu'elle interpréterait, Madonna préféra affecter un changement progressif, comme si, en parcourant la ville, elle s'imprégnait mystérieusement des traits physiques de l'ancienne Première Dame. Elle commença par ramasser ses cheveux sur la nuque dans un chignon bien net. Quelques jours plus tard, elle mit des lentilles de contact marron et porta une jaquette en porcelaine pour cacher l'espace entre ses deux dents de devant. Les lentilles lui donnaient le vertige et le morceau de porcelaine, qui butait sur sa langue, gênait son élocution. Elle ne s'y habitua que progressivement.

À la fin de la première semaine, elle ne portait plus que des bijoux de style art déco, de petits clips aux oreilles, de grosses broches et une montre Tiffany ancien modèle ornée de petites pierres et montée sur une fine bande de tissu, réplique exacte de la montre que Juan Perón avait offerte à Evita pour son vingt-huitième anniversaire. La ressemblance était presque parfaite. Un soir, deux esthéticiennes de l'hôtel furent convoquées dans la suite de la star. Pendant que l'une épilait à la cire ses épais sourcils en un arc fin comme un trait de crayon, l'autre lui faisait les ongles, les coupait court et les recouvrait d'un vernis rouge foncé assorti au rouge à lèvres.

Deux gardes du corps avaient été affectés en permanence, par tranches de huit heures, à la sécurité de ses déplacements

1. « Ils ont, comme moi, besoin d'évasion. »

en ville. Le service de la police de Buenos Aires, en charge de la sécurité des voyages officiels, s'occuperait également de la protection de Madonna. Tous les matins, ses gardes du corps personnels et son assistante, Caresse Henry-Norman se réuniraient et travailleraient sur le programme de Madonna pour la journée. L'agenda établi, ils le transmettraient à un représentant des forces spéciales de sécurité. Toute apparition de Madonna en quelque lieu que ce soit à Buenos Aires serait encadrée par la police, des barrières seraient posées, et des agents en civil se mêleraient à la foule.

Lorsque sa métamorphose en Evita fut presque complète, Madonna fit sa première apparition publique. Elle portait un tailleur des années 40, serré à la taille, la jupe à mi-mollets, complété par des bas couture et des talons aiguille. Elle était littéralement cernée par d'imposants policiers en civil. Les forces de sécurité s'attendaient au pire. Parce que c'était Madonna, bien sûr, mais aussi parce qu'elle avait réussi à devenir Eva Perón. Pour sa première sortie à Buenos Aires, une voilette noire dissimulait le haut de son visage, et elle avait emporté un magnétophone et un petit carnet de notes. Partout où elle se montrait, la réaction était à prévoir. Les gens avaient le souffle coupé, étaient abasourdis par une telle ressemblance avec leur bien-aimée Evita. Les admirateurs se poussaient, se bousculaient pour s'approcher d'elle, quelques-uns tentaient d'arracher des bouts de tissu de son tailleur comme souvenir, d'autres voulaient lui embrasser les mains. Étrangement, ses détracteurs étaient plus calmes et les manifestations se déroulaient paisiblement dans d'autres quartiers de la ville. Le plus gros problème pour les responsables de sa sécurité, ce n'était pas la foule mais plutôt les paparazzi. Ils avaient leurs propres sources d'information et suffisamment d'expérience pour rester embusqués, bondir sur elle au moment opportun et la mitrailler de photos.

En plus de son escorte de gardes du corps et de policiers, Madonna était toujours accompagnée par un jeune étudiant en histoire qui lui servait de traducteur. Elle tomba sous le charme d'un quartier de Buenos Aires, La Boca, qui borde le canal

Riachuelito, où les maisons en tôles peintes de couleurs vives sont entourées d'une galerie ouverte dans le style Nouvelle-Orléans d'autrefois, des cages à oiseaux suspendues au-dessus des portes. Célèbre à la fin du XIXe siècle, à l'époque où les marins génois hantaient ses docks, La Boca est aujourd'hui connue pour les peintures murales qui ornent ses rues. Le célèbre artiste argentin Benito Quinquela a peint des silhouettes penchées, noires, courant comme des fourmis qu'on aurait lâchées dans ce quartier coloré. Madonna tomba amoureuse de ce coin atypique et des œuvres de Quinquela. Elle fut déçue d'apprendre qu'il n'avait pas peint sur toile. Même pour Madonna, un mur entier était trop difficile à transporter !

C'est à La Boca que Madonna eut sa première révélation dans une petite église le long du canal. Elle se glissa à l'intérieur et regarda une procession d'habitants du quartier s'ébranler et remonter lentement la nef latérale. Des hommes portaient sur leurs épaules une statue grandeur nature du Christ. Madonna fut fascinée par la représentation du Christ. De lourdes chaînes et des médailles pendaient sur sa poitrine, sa chair était creusée de profondes entailles, les plaies saignaient. Des couleurs vives faisaient ressortir les stigmates sanguinolents sur le corps de plâtre. Madonna aurait pu se servir de cette image dans son clip controversé *Like a Prayer*. L'étudiant en histoire se souvient que Madonna fouilla dans son sac et en sortit un chapelet bleu turquoise, cadeau de sa grand-mère maternelle qu'elle gardait comme un trésor. Elle commença à prier. Elle suivit la procession hors de l'église, et la regarda remonter le long du canal. Elle se tourna alors vers son interprète et lui dit : « Il fallait absolument que je remercie Dieu pour m'avoir permis de découvrir Buenos Aires et mieux connaître cette femme qui a donné tant d'amour à son peuple. Je suis sûre que le Président Menem nous donnera l'autorisation de filmer *Evita* ici. »

Malgré les réactions hostiles qu'avait provoquées sa présence à Buenos Aire, Madonna se sentait en harmonie avec les libertés que prenaient les Argentins avec le catholicisme. Elle se sentait proche de ce mysticisme latent et de cette foi en l'astrologie très répandus dans le pays. Des classes les plus huppées de la société aux quartiers les plus ravagés par la pauvreté, de l'ouvrier au médecin, du chef militaire jusqu'au Président lui-même, pratiquement tout le monde portait sur soi des images pieuses, des amulettes porte-bonheur, des médailles consacrées et toutes sortes de gris-gris pour repousser les mauvais esprits. Rendez-vous d'affaire, rendez-vous galants, décisions professionnelles ou politiques, tout dépendait des prévisions favorables des astrologues. Les paroles mêmes des tangos étaient empreintes d'un mysticisme obscur, violent et théâtral. Les partenaires étaient choisis en fonction de leur thème astral. Madonna passa beaucoup de temps à apprendre le tango, d'abord parce qu'elle était avant tout une danseuse, mais aussi parce qu'Evita avait commencé dans une boîte à tango comme taxi-girl, pour après devenir modèle de calendrier, vedette de la radio, et enfin célébrité. En fait, la voie choisie par Evita confortait Madonna dans son idée qu'elles avaient suivi le même chemin vers la gloire.

Une fois, un journaliste de Buenos Aires fut autorisé à assister à l'un de ses cours de tango. À l'issue du cours, il demanda à Madonna si elle comprenait les paroles. Il traduisit : « Vous pouvez tuer ma femme, tuer ma compagne, mais ne touchez pas à ma mère ou à ma sœur. » Il lui demanda si elle ne trouvait pas ça misogyne. « Les hommes dansaient le tango entre eux quand ils attendaient leur tour dans les bordels, dit-elle, répétant ce qu'elle avait lu dans les guides. Alors, vous savez, les mecs disent des choses et jouent les machos quand ils sont ensemble, mais ils ne le pensent pas nécessairement. »

Le journaliste insista : « Avez-vous l'impression que cette société est machiste ? »

En parfait émissaire des bons offices, Madonna répondit sans hésitation : « Les femmes sont bien traitées en Argentine parce qu'Evita a combattu pour leurs droits, et c'est quelque chose dont je me sens proche.

— On a souvent traité Eva Perón de putain et d'opportuniste, provoqua le journaliste.

— Soit une sainte, soit une prostituée, répliqua Madonna,

et c'est ce que tout le monde a dit de moi. À cause de mon nom et parce que je vis ma sexualité. C'est facile de rabaisser une femme en la traitant de pute et, comme ça, de laisser entendre qu'elle n'a pas de moralité, pas d'intégrité et pas de talent. Et Dieu sait que de ça aussi je me sens proche. »

Un peu plus tard, quand on lui demanda quelles étaient ses impressions sur Madonna, le journaliste réfléchit un instant avant de répondre : « Elle est fascinante parce qu'elle ramène tout à elle-même. Tout est "moi" ou "je". Tout ce dont elle "se sent proche" est basé sur sa propre vie. Dans l'esprit et dans l'âme, elle est l'incarnation d'Eva Perón. »

CHAPITRE 3

Même si Madonna se montrait pleinement confiante dans ses capacités à interpréter le rôle d'Eva Perón et se sentait parfaitement à l'aise dans le symbolisme religieux, mystique et astrologique de Buenos Aires, elle éprouvait une certaine difficulté à appréhender les différences essentielles qui caractérisent l'Argentine par rapport aux autres pays de langue hispanique. Se fondant sur son penchant pour les natifs de Puerto Rico et de Cuba et son attirance instinctive pour tout ce qui était latin, elle pensait comprendre la mentalité et la culture argentines. Pour Madonna, l'Argentine était comme les autres pays possédant de fortes racines espagnoles, où les mœurs sont plus relâchées et l'amour est parfois un fantasme de sexe débridé. Madonna n'avait pas compris que malgré la similitude de la langue, l'Argentine restait amarrée à la culture européenne, un mélange de puritanisme et de sophistication. La blague la plus répandue à Buenos Aires raconte d'ailleurs que le *porteno*, c'est-à-dire le natif de Buenos Aires, c'est quelqu'un qui « s'habille français, parle italien et pense en anglais ». Son incapacité à percevoir ces disparités culturelles était en réalité le fruit de son ignorance de certains faits historiques qui avaient conduit une large frange de la population à s'opposer violemment à Juan et Eva Perón. À cette époque, Buenos Aires était une société de classes où la reconnaissance sociale et politique dépendait de son appartenance à l'une des dix plus grandes familles. L'ancienne Première Dame était issue de la classe inférieure, enfant illégitime d'une pauvre servante et d'un homme marié. Rien d'étonnant à ce qu'elle ait passé sa vie entière à essayer de se faire accepter par la société argentine. Madonna, petite fille issue de la classe moyenne du Middle West, se mettait de même toute la bonne société à dos. Si Madonna s'était elle-même donné l'image de la « pauvre gamine qui a réussi », Evita avait fait l'impasse sur ses débuts minables dans la vie. Certaines répliques ou paroles du film faisaient véritablement écho au passé de Madonna, ou, plus précisément, aux privations qu'elle s'était inventées pour son public. Autant elle qu'Evita savaient comment séduire et conquérir leur public pour gagner une considération et une reconnaissance internationale.

D'après un célèbre écrivain de Buenos Aires, une fois que Juan et Eva Perón eurent brisé les barrières sociales responsables de l'écart de plus en plus grand entre les riches et les pauvres, ils imposèrent de nouveaux critères de reconnaissance qui permettaient à chacun de tenter sa chance. « J'expliquai à Madonna, poursuit l'écrivain, que c'est à cause de leur ascension au sommet qu'ils devinrent les ennemis de l'aristocratie. »

L'écrivain fut surpris de constater que Madonna voyait dans ses explications une preuve supplémentaire qu'elle et Evita étaient les héroïnes des déshérités. Elle se réjouissait que toutes deux aient « réussi » et se soient lancés à la conquête de leur pays. « Elle s'identifiait complètement à Eva Perón, continue l'auteur, parce qu'elle considérait qu'elle avait eu à surmonter les mêmes handicaps. » Au moment de se quitter, Madonna remercia l'écrivain de « lui avoir rendu les choses plus claires » et termina par ces mots : « Ce que vous dites, c'est que les Argentins ont compris qu'il fallait être plus forts, plus audacieux, plus malins que les autres pour se hisser au sommet. » Aux États-Unis, sans doute. Mais en Argentine, jamais !

Marikena Monti est une chanteuse argentine que l'on compare souvent à Edith Piaf. Elle aussi a rencontré Madonna et se souvient d'une conversation où elle a eu le sentiment que la star était tellement obsédée par Evita qu'elle refusait de considérer le substrat de la ville qui garde la mémoire d'une période sombre de l'histoire du pays. « J'ai essayé de lui expliquer que nous nous sommes fait des choses horribles, ici, en Argentine, commence Monti. Nous avons couché avec les maris ou les femmes des autres, nous avons tué les enfants des autres, et c'était une chose courante. J'ai essayé de le lui expliquer dans le contexte de l'ère Perón et plus tard, dans celui de la tragédie de la "sale guerre", quand des milliers d'Argentins ont tout simplement disparu. J'ai essayé aussi de lui communiquer mon profond pessimisme quant à l'économie et l'avenir des arts sous le régime de Menem. »

Elle évoqua pour Madonna le fort courant intellectuel qui animait Buenos Aires à l'époque où elle chantait sur les problèmes et le sort de l'humanité. « Mais dans la situation du pays aujourd'hui, poursuit Monti, je lui ai avoué qu'il m'était difficile de chanter sur la privatisation de la compagnie de téléphone. » La réponse de Madonna était à prévoir : « Je chante sur le sexe, répliqua-t-elle, et peu importe qu'il soit privé ou public. »

Andrés di Tella est un réalisateur argentin qui a remporté un prix, l'équivalent des Emmy Awards, pour son film sur l'aile gauche du parti péroniste. À l'époque où Madonna était en Argentine, Di Tella réalisait un documentaire sur les débuts de la télévision et de la radio dans son pays. « Lorsque je filmais, explique Di Tella, le gens que j'interviewais et qui avaient connu Evita me disaient tous qu'elle était merveilleuse. Mais dès que je coupais la caméra, ils me révélaient sur elle les détails les plus horribles. Les gens avaient une peur bleue de dire du mal d'elle. Même aujourd'hui, personne ne veut la dénigrer en public, on ne la traite pas comme le commun des mortels. Madonna, malheureusement, n'a fait que renforcer le mythe. »

Si Madonna était vue par certains comme l'incarnation du blasphème et de la débauche sexuelle, beaucoup d'intellectuels avaient de Buenos Aires l'image d'une ville dont le passé pouvait rivaliser avec elle sur le plan de l'immoralité. Alicia Sternberg, célèbre écrivain féministe, prit la défense de

Madonna. Dans les interviews qu'elle accorda à la presse sur le refus de Carlos Menem d'autoriser Madonna à chanter *Don't Cry for Me Argentina* au balcon de la casa Rosada, elle accusa le Président, qui venait de gracier les militaires de la junte qui avaient mené la « sale guerre » dans les années 70, d'être un hypocrite.

« Quel mal fait Madonna en comparaison de ce qu'a fait ce monstre de Videla[1], qui court aujourd'hui libre dans les rues de Buenos Aires ? », s'étonna Alicia Sternberg.

Elsa Osaria, une autre journaliste indépendante, auteur entre autres du scénario de *La Leçon de tango*, dirigé par Alberto Fisherman, prit elle aussi la défense de Madonna, ou pour être plus exact, profita de l'occasion de ce débat pour critiquer le Président Menem. « Avec la grâce des généraux et le coup de balai qu'il vient de passer sur toute cette période de l'histoire de notre pays, s'indigna-t-elle, le Président donne à la société l'autorisation d'oublier. Le peuple développe des anticorps pour se protéger, avant que le pays entier ne souffre d'insomnie. »

Une des femmes les plus érudites et cultivées de Buenos Aires proclama que Madonna, plongée dans un environnement étranger et plutôt bizarre, n'avait tout simplement pas les moyens ni les références pour prétendre avoir le dernier mot. « Les gens que je reçois, expliqua-t-elle, ont généralement une stature internationale, ils sont riches et ne se sentent pas particulièrement impressionnés par qui que ce soit. Je me sentais désolée pour Madonna, parce qu'elle paraissait dépassée et douloureusement consciente de ses limites. La plupart du temps, elle se contentait d'acquiescer et faisait semblant de comprendre et ça suffisait, mais lorsqu'elle posait une question ou exprimait son opinion, elle tombait toujours à côté, c'était sans intérêt, banal. Les gens étaient embarrassés. On avait l'impression qu'elle n'était à l'aise que quand elle parlait de sexe ou de l'impact qu'avait pu avoir Eva Perón sur le pays de ce seul point de vue. »

---

1. En 1976, une junte militaire prit le pouvoir en Argentine, avec à sa tête le général Videla, s'ensuivit une féroce période de répression.

La même femme se souvient de la surprise que manifesta Madonna en découvrant que les Argentins s'embrassaient pour se saluer au lieu de se serrer la main. « Elle m'expliqua qu'elle avait peur d'attraper des germes et de ne pas pouvoir remplir sa mission. » La femme éclata de rire. « Lors d'une réception que je donnai en son honneur, elle se glissa dans une des chambres et on la surprit en train de se faire peloter par un des plus célèbres payboys de Buenos Aires ! » En repartant avec cet homme, Madonna demanda à son hôtesse si ce qu'il prétendait sur son amitié avec le Président Menem était vrai.

José Camaro*, un proche de Carlos Menem, était en congé d'un poste diplomatique en Europe et se trouvait à Buenos Aires en même temps que Madonna remplissait sa mission de bons offices. Le Président Menem saisit l'occasion et demanda à son ami de se renseigner sur ce que Madonna pensait de Buenos Aires et d'Eva Perón. Camaro était ravi de lui rendre ce service, non seulement par loyauté à l'égard de Menem, mais aussi parce qu'il aurait l'occasion de rencontrer la femme qu'il considérait comme son égale en matière sexuelle. Grand, ténébreux, la crinière blanche et romantique, Camaro était un représentant mineur de la littérature argentine. Il avait écrit un roman à clef qui avait mis en rage le plupart de ses plus proches amis et de ses alliés politiques. Par ailleurs, Camaro était la risée des cercles littéraires européens pour avoir un jour affirmé que, chez lui, les gens le considéraient comme le « Marcel Proust argentin ».

En plus de ses prétentions en matière de littérature, Camaro s'était aussi taillé la réputation du parfait *latin lover*. D'après ce qu'en disaient ses multiples conquêtes, combien séduisantes et combien mariées, qui avaient succombé à ses charmes, il leur jouait et les régalait, après l'amour, de mélodieux airs de tango à la guitare. Une de ses anciennes maîtresses, qui avait subi le pot-pourri de ses chants susurrés et passionnés, parlait ainsi de son expérience postcoïtale : « C'était une parodie du

* Les noms suivis d'un astérisque sont des pseudonymes inventés par l'auteur pour protéger l'identité des personnages cités.

latin lover. Après avoir vu *Evita*, je me suis dit qu'il aurait été parfait dans le rôle de ce chanteur de tango de seconde zone dans le film. Il aurait été mieux que l'acteur. » Elle faisait, évidemment, allusion au rôle de Maguldi, l'homme qui tire Eva Perón des bas-fonds où elle est née, rôle interprété à l'écran par Jimmy Nail.

Longtemps après que Madonna eut quitté l'Argentine et alors que le film était à l'affiche des cinémas du monde entier, Camaro écrivit un petit roman dans lequel il décrivait, n'omettant aucun détail scabreux, la nuit torride que son personnage, un homme considéré comme étant le meilleur amant du monde, avait passé avec une vedette de cinéma américaine, une femme réputée pour être la grande prêtresse du sexe. Bien que tous les noms de personnes et de lieux aient été modifiés, le livre ne fut jamais publié.

Buenos Aires était comme une boutique de bonbons, pleine de son type d'homme, le *latin lover* romantique, raide comme un piquet, capable de danser le tango en lui parlant d'Eva Perón. Ce fut l'un des aspects positifs de sa visite.

Peu de temps après la métamorphose de Madonna en Eva Perón, Camaro débarqua à l'hôtel pour déjeuner avec elle dans sa suite. Alors qu'il s'approchait de la star pour lui baiser la main, il recula brusquement en s'étreignant la poitrine. La ressemblance avec Eva Perón était époustouflante. Il n'en croyait pas ses yeux. C'était exactement comme si elle était là, devant lui, vivante, en chair et en os. Pour lui, confessa-t-il, le temps s'était arrêté. Madonna n'aurait pas pu se sentir plus flattée. Assis en face d'elle dans le grand salon de la suite, Camaro ne cessait de répéter, au cas où elle l'aurait oublié, qu'il travaillait à convaincre le Président d'autoriser que le film soit tourné à Buenos Aires.

« Vous devez vous montrer patiente, disait-il.

— Combien de temps ? demanda Madonna.

— Nous aurons à passer quelques semaines ensemble », dit-il de façon suggestive.

En réponse, Madonna se rapprocha, s'installa dans le canapé et le fixa droit dans les yeux. « Écoute, José, dit-elle sur le même ton. Je suis d'accord pour passer du bon temps pendant mon séjour ici. J'aime Buenos Aires et tu m'as l'air de quelqu'un qui pourrait donner du piment à la vie. Mais je n'ai pas fait tout ce chemin jusqu'à ce trou paumé pour finir par enregistrer *Evita* en studio en Angleterre. »

Confiant en sa capacité de séduire n'importe quelle femme au monde et particulièrement conscient d'être en possession de ce qu'elle désirait le plus, un accès direct à Carlos Menem, Camaro ne parut pas plus troublé que ça devant l'ultimatum de Madonna. À la place, il lui proposa une visite à la tombe d'Eva Perón. Depuis son arrivée à Buenos Aires, Madonna essayait d'organiser ce pèlerinage à La Recoleta, le célèbre cimetière situé en plein cœur de la ville. La presse lui faisait une telle chasse que la moindre excursion demandait l'élaboration de plans compliqués, incluant une voiture leurre et des tas de détours. Madonna réussit à convaincre son assistante de mettre une perruque, des lunettes noires et de prendre sa voiture, alors qu'elle, Madonna, couchée sur le plancher de la voiture de Camaro, aurait quitté l'hôtel une demi-heure plus tôt. La presse suivrait Caresse Henry-Norman jusqu'au cimetière, où Madonna, arrivée un peu auparavant, pourrait se recueillir seule quelques minutes sur la tombe d'Evita. Avec José Camaro au volant, ils parvinrent à La Recoleta sans avoir été malmenés par des meutes de paparazzi perchés sur des motos ou entassés dans des voitures aux pneus crissant sur la chaussée. En arrivant, Madonna s'exclama qu'elle venait de « pénétrer dans un autre monde ».

C'est un cimetière insolite, une collection de petites maisons de style gothique, chacune moins ornée que la suivante, décorées de statues, d'images pieuses et de photographies. Chaque année, des milliers de personnes venues du monde entier visitent le mausolée des Duarte où repose Evita, plus qu'il n'en vient à West Wood Memorial Park pour rendre hommage à Marilyn Monroe ou au Père-Lachaise sur la tombe d'Edith Piaf. Alors que Madonna s'approchait de la sépulture en marbre rose, une horde de chats s'égailla dans les allées en miaulant et crachant.

Camaro lut à haute voix l'inscription gravée dans le marbre : « Repose en paix ». L'ironie était qu'il avait fallu presque deux décennies à l'ex Première Dame d'Argentine pour qu'elle repose enfin en paix, son corps ayant disparu pendant des années avant d'être retrouvé en Espagne et renvoyé à Buenos Aires. Madonna écoutait, captivée, Camaro raconter que beaucoup de gens avaient perdu leur tête dans cette histoire. L'histoire s'était terminée tristement, emportant avec elle, peut-être, tout le charme fané de cette époque tumultueuse.

En se penchant pour déposer un bouquet de violettes à l'entrée du caveau, elle remarqua une épitaphe gravée dans la pierre : « Ne me pleure pas, Argentine » (*Don't Cry for Me Argentina*). « Ça doit évoquer un tas de souvenirs, dit-elle avec nostalgie, et même tirer quelques larmes. »

Pendant que Madonna errait parmi les ruines gothiques de La Recoleta, Caresse Henry-Norman, comme convenu, avait pris place à l'arrière de la voiture de la star. Sur le chemin du cimetière, deux jeunes, recrutés par les paparazzi, s'étaient jetés sur le passage de l'auto, l'obligeant à s'arrêter brusquement. Ils pensaient photographier Madonna lorsqu'elle surgirait de la voiture pour voir ce qui s'était passé. Mais ce fut Caresse qui sauta sur la chaussée. Les paparazzi comprirent alors qu'ils s'étaient fait rouler dans la farine. Madonna avait réussi à leur échapper. Ils étaient furieux. Des badauds s'étaient rassemblés. Pendant que les journalistes insultaient Caresse, la foule tentait de s'approcher de la voiture. Le chauffeur parvint de justesse à ramener la pauvre fille terrifiée à l'arrière du véhicule et à démarrer en trombe pour aller se mettre à l'abri à l'hôtel. Ils n'y parvinrent jamais. Ils furent arrêtés en chemin par la police et accusés de délit de fuite. Caresse et le chauffeur se retrouvèrent en garde à vue. Ce n'est que plusieurs heures plus tard, alors que Madonna avait déjà regagné son hôtel, qu'elle apprit d'un de ses gardes du corps ce qui s'était passé. Le brave homme, qui avait quelques relations dans la police, put les faire libérer. Madonna était indignée. Comment des gens chargés de veiller à sa sécurité et à celle de son entourage avaient-ils pu commettre une si grave erreur ? Ça aurait pu lui coûter la vie. À la suite du coup de téléphone furibond qu'elle passa au ministre de l'Intérieur, deux officiels débarquèrent à l'hôtel. Dans son journal publié dans *Vanity Fair*, Madonna décrit ainsi cette rencontre : « Nous avons discuté du péronisme, écrit-elle, et évidemment d'Evita. Du fait que ses ennemis se partageaient entre l'aristocratie et les communistes. »

Après quelques échanges de politique générale, l'un d'eux expliqua à Madonna que, même s'il n'était pas péroniste, il n'en admirait pas moins Evita pour ce qu'elle avait fait pour le pays. « C'est alors, rapporte Madonna dans son journal, qu'il dit un truc étonnant. Il déclara que les gens, à l'époque, n'aimaient pas Evita pour les mêmes raisons qu'ils ne m'aimaient pas aujourd'hui, parce que nous étions toutes les deux des femmes de pouvoir. »

Pour Madonna, ce n'était qu'une preuve supplémentaire qu'elle et Evita étaient les victimes des hommes, pour qui il n'était possible de s'entendre avec des femmes ayant accédé au pouvoir qu'en les discréditant. Elle en vint à remettre en cause le scénario et les chansons du film qui, sous cet angle, pouvaient laisser entendre qu'Eva Perón n'était qu'une prostituée qui avait atteint les plus hautes marches en couchant. Elle dit à Alan Parker, lors de leur conversation téléphonique hebdomadaire, que son projet était « d'un machisme parfaitement ridicule ». Parker ne répondit pas. Il avait autre chose à faire que de se préoccuper des analyses du personnage d'Evita par la star.

Quand Madonna alluma la télévision ce soir-là, elle tomba sur des images d'Eva Perón au sommet de sa gloire se portant au secours des pauvres, alternant avec un choix de ses clips les plus obscènes. C'est Hugo Rodriguez Cananilla de la fondation Eva Perón, l'un des plus féroces opposants au film d'Alan Parker et à Madonna en particulier, qui avait eu l'idée de ce rapprochement peu favorable à la star.

Furieuse, Madonna appela le plus grand journal de Buenos Aires et demanda à faire une déclaration. Consuela Stamos*, une jeune journaliste qui parlait couramment anglais prit l'appel. Madonna commença en disant que la réaction du peuple argentin l'avait « profondément blessée ». « Attendez la sortie du film pour vous faire une opinion, poursuivit-elle. J'ai une profonde admiration pour cette femme. Partie de rien, elle a fini en exerçant une énorme influence sur le pays. »

Stamos prit note puis elle demanda à Madonna pourquoi elle pensait que le Président Menem serait bien inspiré d'autoriser le tournage à Buenos Aires. « Pour la simple raison, répondit Madonna, que ça peut stimuler l'économie. » Puis ménageant son effet, elle ajouta avec emphase : « Pourquoi croyez-vous que je ne puisse pas dormir la nuit ? À cause de mes fans qui hurlent dans la rue. Et pourquoi ne vont-ils pas se coucher ? Parce qu'ils sont sans emploi et qu'ils n'ont pas à se lever le matin. »

Stamos fit semblant de compatir. « Écoutez, avec tout ce chômage, poursuivit la star, les gens devraient être contents qu'une grande compagnie de cinéma vienne à Buenos Aires leur offrir des centaines d'emplois de figurants. Trente dollars par jour plus le déjeuner, c'est plus qu'ils ne gagnent aujourd'hui. » L'interview s'acheva sur cette dernière note.

Quand Madonna recouvra son calme et repensa à ses déclarations, elle convoqua immédiatement Hans*, son garde du corps, un géant blond d'origine allemande. Une des scènes qui amusait le plus Buenos Aires, c'était de voir ce brave Hans courir après Madonna quand elle se montrait en public, portant le petit sac à main en dentelle d'Evita entre ses grosses paluches. Madonna demanda à Hans d'appeler le journal et de persuader, en espagnol, la journaliste de ne pas publier son papier. « Dis-lui que j'étais épuisée, à bout de nerfs », invoqua-t-elle.

C'était trop tard. Le lendemain, *Clarin* publiait une interview exclusive de la star sur trois colonnes qui ne fit pas beaucoup avancer sa cause à Buenos Aires.

Le surlendemain, un membre de la fondation Perón faisait cette déclaration à la presse : « ... le rôle de la femme de l'ancien président argentin ne saurait être joué par une femme qui se fait appeler du nom de la mère du Christ et qui chante la luxure dans des concerts de rock en petite tenue ». Ce soir-là, Madonna vira son garde du corps.

Malgré tous les efforts de Madonna pour séduire les Argentins, les opinions négatives ne cessaient d'augmenter. Marta Rivadera, une députée de La Rioja, fief de Carlos Menem, alla jusqu'à proposer un décret déclarant Madonna et Alan Parker *persona non grata*. Lors d'une autre conversation téléphonique avec Alan Parker, Madonna reprit la phrase employée par Rivadera, expliquant que ça voulait dire quelque chose comme : « sales petites merdes ». Il est à parier qu'Alan Parker n'avait jamais entendu cette expression latine traduite de cette façon.

CHAPITRE 4

Madonna n'avait toujours pas décroché son rendez-vous avec le Président quand, le 1er février, Alan Parker et Antonio Banderas débarquèrent à l'aéroport de Buenos Aires. Madonna avait du souci à se faire. Alan Parker venait en repérage, comptant que les négociations aboutiraient bientôt. Madonna emmena directement ses visiteurs à un cocktail dans une ambassade étrangère. Là, un message d'un des adjoints de Menem les attendait, précisant que le président rencontrerait Madonna le 7 février.

Madonna passa la semaine à lire tout ce qu'elle put trouver en anglais concernant Menem. Il se présentait lui-même comme un « homme du peuple », un dirigeant passionné et vulnérable qui aspirait à être, suivant ses propres termes le *caudillo* du Nouveau Monde, le représentant de cette nouvelle génération d'Argentins qui s'étaient faits tout seuls. Pour Madonna, c'était un nouveau signe du destin. Elle reconnut d'étonnantes similitudes entre Carlos Menem et son propre père. Le président Menem était issu d'une famille d'émigrants arrivés de Syrie sans argent et ne pouvant compter que sur eux-mêmes ; Silvio « Tony » Ciccone, le père de Madonna, appartenait lui à cette première génération d'Américains d'origine italienne dont les parents avaient fait la traversée entre l'Europe et les États-Unis sans la moindre ressource. Comme Menem, Tony Ciccone avait réussi au-delà des espérances des siens.

Le jour de la rencontre arriva enfin. Le dîner avec le Président devait avoir lieu sur une île au beau milieu du Tigre, uniquement accessible par bateau ou par hélicoptère. C'était habituellement là que le Président conduisait ses négociations les plus délicates. Les mesures prises pour emmener Madonna sur l'île étaient dignes d'un James Bond. Deux agents des services secrets, chargés de la conduire jusqu'à Menem, la firent descendre par l'ascenseur de service, traverser les cuisines avant de la pousser dans une voiture banalisée. Elle dut rester couchée à l'arrière du véhicule le temps de sortir de Buenos Aires, et ne fut autorisée à s'asseoir que quand ils furent sur l'autoroute. Ils arrivèrent sur une petite base militaire des faubourgs de la ville et furent directement conduits sur le tarmac. La voiture s'arrêta près d'un hélicoptère dont les pales brassaient une douce brise estivale. Sans un mot, la star suivit ses deux anges gardiens hors du véhicule avant de s'engouffrer dans l'appareil.

Après quarante minutes de voyage au-dessus de l'eau, Madonna vit se dessiner, à travers la vitre de l'hélicoptère, un petit morceau de terre couvert de pins en plein milieu du Tigre. Alors que le pilote entamait sa descente, elle remarqua un minuscule terrain d'atterrissage au centre d'une accueillante pelouse. L'engin, se balançant doucement au gré du vent, se posa à une dizaine de mètres d'une imposante maison blanche, des parterres de fleurs bordant les larges baies du rez-de-chaussée. Un des agents des services secrets sauta de l'appareil, puis un garde en uniforme poussa une passerelle jusqu'à la porte de l'hélicoptère. Madonna sortit en s'appuyant fermement au bras de l'autre agent de sécurité. Le bruit était assourdissant. Madonna, vêtue d'une longue robe du soir et d'une étole en vison, se tenait penchée en avant pour se protéger du vent qui tourbillonnait. Marchant rapidement pour s'éloigner de l'appareil et osant à peine regarder autour d'elle, elle suivit son ange gardien jusqu'à la maison.

Des portraits de famille, sûrement pas ceux des ancêtres de Menem, ornaient les murs du hall d'entrée en marbre. Deux commodes en acajou étaient posées de chaque côté. Un énorme lustre en cristal, dont chaque bras s'agrémentait d'une bougie, répandait dans la pièce une douce lumière chatoyante. Une petite femme brune, à l'aspect sévère dans son tailleur strict, vint officiellement accueillir Madonna. La star était dans ses petits souliers, sentant qu'on la jugerait d'emblée sur sa réputation sulfureuse. De fait, la femme en face d'elle, qui devait servir d'interprète, était mal à l'aise à la perspective de rencontrer quelqu'un qu'elle devait décrire par la suite comme « de triste notoriété ». Elle fut d'emblée frappée, comme elle le raconta plus tard par la « troublante » ressemblance de la star avec Eva Perón. Sans s'étendre davantage, elle indiqua à Madonna deux grandes portes en bois sombre habillées de miroirs puis la précéda dans la salle à manger. Les murs étaient recouverts de boiseries, une longue table rectangulaire occupait le milieu de la pièce. Elle était décorée de ravissantes compositions de fleurs bleues et blanches, les couleurs du parti péroniste de Menem. La nappe aussi était bleu pâle. Trois places à table, devant chacune un alignement de verres en cristal et, de chaque côté, des assiettes en plaqué or, une panoplie de couverts en argent.

À l'époque, Carlos Menem se remettait de sa troisième transplantation de cheveux. Avec sa peau décolorée par des années de teinture bon marché, il avait plutôt l'air d'un don Juan miteux que d'un vénérable chef d'État. Peu importe, Carlos Menem avait mis les petits plats dans les grands. Il voulait que tout fut parfait. L'un des ses plus proches collaborateurs se souvient que « *el presidente* » était « plus nerveux ce soir-là que lors de la visite du pape ». Mais méfiance, Carlos Menem, savait presque aussi bien que son illustre invitée jouer de son pouvoir de séduction. Célèbre pour ses frasques sentimentales, il était passé maître dans l'art de jouer de son charme pour déstabiliser ses visiteurs.

De son côté, Madonna ne se sentait pas très bien. Depuis son arrivée en Argentine, elle souffrait du manque de sommeil, de troubles gastriques et de nausées qu'elle attribuait à son nouveau régime alimentaire. Elle était pourtant éblouissante, véritable hommage vivant à son illustre sosie, et résolue à réussir ce qu'elle considérait comme la plus importante affaire de sa vie.

Carlos Menem fit son entrée. Si par hasard elle ignorait que le président de la République argentine ne mesurait qu'un mètre cinquante-cinq, elle ne laissa rien paraître de sa surprise. Après lui avoir serré la main et l'avoir détaillée de la tête aux pieds, il dit en espagnol : « L'Argentine traverse aujourd'hui une grave crise. Je dois à mon peuple de protéger la mémoire de notre sainte Evita. »

Oubliant sa nervosité, Madonna répondit du tac au tac : « C'est quelque chose que je comprends parfaitement, je me sens le même devoir envers mes fans. » Elle hésita un instant, ayant remarqué l'étonnement qui se lisait sur le visage de Menem. « Vous voyez, poursuivit-elle, comme Evita, mon public m'aime parce qu'il connaît mon passé. Moi aussi, je suis partie de rien et, comme elle, j'ai aussi eu le cœur brisé quand j'étais enfant, à la mort de ma mère. »

Le rapprochement n'était pas pour plaire au président, une femme révérée comme une martyre comparée à une artiste de variété qui passait son temps à dénigrer l'Église catholique en exhibant ses fantasmes sexuels. Carlos Menem ne répondit pas, se contentant d'afficher son célèbre sourire énigmatique. Il fit un geste en direction de la table pour signifier que le repas était servi, mais sans toutefois négliger en passant de caresser gentiment la joue de Madonna avec son index.

De tout le repas, Carlos Menem ne quitta pas un seul instant Madonna des yeux, sauf à un moment où il s'absorba dans la contemplation de sa bretelle de soutien-gorge qui avait glissé de sa robe. Pendant l'entrée, Madonna considéra qu'il était de son devoir sacré de combler le pesant silence. Elle commença en expliquant à quel point elle se sentait proche d'Evita, énumérant un à un leurs multiples points communs. La traductrice traduisait à toute vitesse, le président acquiesçait, encourageant Madonna à poursuivre. Elle raconta sa propre histoire, la mort de sa mère quand elle n'était encore qu'une enfant, une perte qui l'avait déterminée, à l'instar d'Eva Perón, à ne plus jamais avoir à dépendre de qui que ce soit. À son crédit,

Madonna connaissait aussi bien les détails de la vie d'Eva Perón que Menem.

« Evita, c'est la pauvre petite fille qui a réussi, exactement comme moi, continua Madonna. Elle est arrivée à Buenos Aires à l'âge de quinze ans pour faire du cinéma. Je suis arrivée à New York à l'âge de vingt ans pour faire de la musique. Nous avons toutes les deux eu des aventures avec des hommes qui pouvaient nous aider à atteindre notre but. »

Menem écoutait attentivement, ses yeux rivés aux siens.

Alors qu'une flopée de maîtres d'hôtel en livrée desservaient la table avant d'amener la suite, Madonna passa la vitesse supérieure. Elle dit au président Menem avec quel dévouement elle veillerait à préserver la mémoire sans tache d'Evita. A quel point elle se sentait proche de cette femme. Et surtout parce qu'elle avait été en butte à l'opinion, aux rumeurs sans fondement. À quel point elle se sentait engagée dans ce projet, comme jamais elle ne l'avait été. Menem continuait à écouter, sans la quitter un instant des yeux.

Enfin, achevant ce qui n'avait été qu'un long monologue, elle dit en conclusion : « L'essentiel, c'est que nous avons toutes les deux atteint les objectifs que nous nous étions fixés. Tant pour nous que pour les autres. Evita a élevé la classe ouvrière, aidé les pauvres en leur offrant du travail et l'égalité des chances, moi, je donne aux femmes le courage de se libérer sexuellement. »

Après le dîner, Madonna demanda au président s'il voulait écouter l'enregistrement de sa version de *Don't Cry for Me Argentina.* Menem était aux anges. Confortablement installé dans un fauteuil aux motifs floraux blancs et bleus, le président écouta la voix de Madonna envahir le salon. À la fin de la chanson, Menem se leva et rejoignit la star. Il prit son visage entre ses mains et l'embrassa gentiment sur les deux joues, puis il la serra dans ses bras et lui donna une affectueuse chiquenaude sur le nez. « *Suerte niña !*[1] » murmura-t-il.

Il se tournait déjà pour repartir quand il s'arrêta. Il sortit de sa poche une petite figurine et la pressa dans la main de

1. « Bonne chance, petite ! »

Madonna. Il expliqua dans un anglais hésitant qu'il s'agissait d'un fétiche africain en ébène, un porte-bonheur représentant le dieu de la Fertilité. Puis, sur ces mots, il sortit solennellement de la pièce.

L'audience était terminée. Les deux agents de la sécurité l'entouraient à nouveau. Elle fut entraînée vers la sortie, traversa le hall d'entrée puis la pelouse en direction du terrain d'atterrissage. Les pales de l'hélicoptère tournaient dans l'attente d'un départ immédiat.

Quelques jours plus tard, Alan Parker reçut l'autorisation du Président Menem de tourner dans divers bâtiments publics, y compris la Casa Rosada, la résidence officielle du président, où, depuis le balcon, Eva Perón s'adressait à ses admirateurs. Parker était sur les dents. *Evita* devait être tourné en quatre-vingt-deux jours chaotiques et dans trois pays différents – l'Argentine, l'Angleterre et la Hongrie – pour un coût total de 60 millions de dollars.

La fille de Bay City, Michigan, avait accompli sa mission.

DEUXIÈME PARTIE

WHO'S THAT GIRL ?

CHAPITRE 1

D'après la petite histoire, aujourd'hui devenue un mythe, Madonna débarqua à l'aéroport La Guardia de New York en provenance de Detroit, le 16 août 1978, le jour de son vingtième anniversaire. C'était la première fois qu'elle sortait du Michigan, et la première fois qu'elle prenait l'avion. Vêtue d'un manteau dans l'étouffante chaleur d'août, portant une petite valise et son nounours, avec seulement trente-cinq dollars en poche, elle demanda au chauffeur de taxi de la déposer « là où ça bouge ». Gonflée d'optimisme, de soif d'en découdre et brûlant du désir de devenir « plus célèbre que Dieu », elle se retrouva à Times Square, avec nulle part où aller, pas d'amis, pas de famille et pas de travail.

Déjà à cette époque, elle pensait que si on n'était pas prêt à prendre des coups ou même à mourir pour atteindre ses buts, mieux valait renoncer, rentrer à la maison, et se fondre dans la médiocrité ambiante d'où on avait essayé de s'extraire. Le verbe « échouer » ne faisait pas partie de son vocabulaire Depuis qu'elle avait pris conscience de l'ambition qui la dévorait, elle n'avait plus pensé qu'à fuir sa petite ville du Michigan où Dieu et les murs recouverts de moquette hantaient depuis toujours son existence petite-bourgeoise. Mais plus que tout, Madonna avait besoin de prouver à tous ceux qui doutaient d'elle que sa décision de tout quitter n'était pas un simple caprice, mais bien la preuve de sa force et de sa détermination à réussir.

L'ironie de tout ça, c'est que cette fille si bravache à l'extérieur, qui intimidait ses camarades de classe, se battait avec ses frères et ses sœurs, défiait son père et sa belle-mère, était en réalité un être très sensible, d'une grande fragilité. Dès qu'elle se sentait attaquée, trahie ou qu'elle avait peur, elle était prise de crampes d'estomac et vomissait. C'était d'ailleurs ce qui lui arrivait alors qu'elle se retrouvait seule dans l'immense métropole. Après plusieurs heures passées à arpenter le même trottoir, serrant sa valise, Madonna rassembla enfin tout son courage pour demander à un passant de lui indiquer l'auberge de jeunesse la plus proche. Elle avait juste assez d'argent pour prendre une chambre pour la nuit. Des années plus tard, Madonna aura oublié le nom de celui qui fut son premier bienfaiteur new-yorkais.

Quand Lionel Bishop* tomba sur Madonna à Times Square, il vivait à Manhattan Towers, un ensemble monstrueux géré en partie par la ville et qui occupait tout un pâté de maisons entre la Quarante-deuxième et Quarante-troisième Rues à l'angle de la Dixième Avenue. Les gens qui vivaient là appartenaient en grande partie au monde du spectacle, chorales diverses ou artistes confirmés comme Théodore Bikel, Gower Champion et Gwen Verdon, mais il y avait aussi des familles sans ressources et quelques personnes âgées. À trente-trois ans, Bishop était danseur. Au moment de sa rencontre avec Madonna, il se remettait d'une blessure au genou. Pour boucler ses fins de mois, il était aussi serveur au Curtain Up, un restaurant à la mode juste au pied de Manhattan Towers. Après sa convalescence, Bishop dansa dans de nombreuses revues de Broadway dont *Evita*, à l'affiche du Broadway Theatre depuis le 25 septembre 1979. Elle n'en sera retirée qu'en 1991. « Quand je vis Madonna sur Times Square, raconte Bishop, je revenais du syndicat où j'étais allé retirer mon chèque. Je marchais avec une canne à cause de ma blessure. Je devais même boiter. Elle s'est approchée de moi. Elle m'a demandé où elle pouvait trouver à louer une chambre pas chère avant de m'inonder de questions sur New York. Elle avait quelque chose. Elle était adorable et vraiment couillue. »

Bishop se décrit comme le New-Yorkais typique, blasé et pas franchement enclin à se préoccuper d'autrui

« Elle piqua ma curiosité, poursuit-il, et je me retrouvai à lui demander ce qu'elle faisait à New York, d'où elle arrivait, vous voyez, ce genre de questions dont je me fous en général. Ne me demandez pas pourquoi, mais lorsqu'elle m'a raconté qu'elle venait de débarquer et qu'elle voulait être danseuse, je l'ai invitée à s'installer chez moi. » Bishop éclate de rire. « Elle était aux abois, mais avant d'accepter, elle m'a scruté un bon moment sur toutes les coutures avant de me balancer : "T'es homo ?" » Bishop s'esclaffe à nouveau : « Il aurait été quand même plus indiqué de me demander si je n'étais pas un serial killer. »

Les deux semaines qui suivirent, Bishop partagea son deux pièces avec Madonna. Mais Madonna, bien que reconnaissante d'avoir trouvé un toit, n'avait pas l'intention de rester là indéfiniment. Elle était impatiente de se débrouiller seule. Elle dénicha rapidement un boulot et un autre logement. « Un jour, elle arriva à l'appartement et m'annonça qu'elle déménageait, explique Bishop. Elle avait dégoté une piaule sur la Quatrième Rue, dans East Village, et un job de serveuse au Dunkin' Donuts sur la Cinquante-septième Rue. » Bishop se souvient qu'elle commença à travailler dès le lendemain matin et déménagea la semaine suivante, emportant tout ce qu'elle possédait au monde. Depuis, pas un coup de téléphone. Elle avait pourtant promis d'appeler, de garder le contact et de lui donner des nouvelles. Il n'entendit plus jamais parler d'elle. « Environ deux mois plus tard, je me présentai au Dunkin' Donuts, se souvient Bishop, en espérant la voir, mais elle ne travaillait plus là. » Il hausse les épaules. « Je ne l'ai revue qu'à la télévision dans son clip de *Material Girl.* »

En fait, vingt ans après son arrivée à New York, Madonna est toujours restée une petite-bourgeoise du Middle West.

Aujourd'hui, après sa dernière métamorphose britannique, elle vit dans le West End à Londres, dans un imposant hôtel particulier de dix millions de dollars, avec son mari anglais, le réalisateur Guy Ritchie, leur fils Rocco, sa fille Lourdes, issue d'un autre lit, bien loin de la modeste bicoque de Bay City. C'est pourtant là, dans cette petite ville au cœur du Michigan, située à environ deux cents kilomètres de Detroit, où elle est née, où est née sa mère et où vit encore sa grand-mère, qu'elle a appris à transformer l'angoisse, la colère éprouvées à la mort de sa mère en cette rage de réussir, qui l'a conduite bien au delà de ses plus folles espérances.

Du début des années 1900 jusqu'en 1960, Bay City fut un important centre de l'industrie du bois (construction navale et bois de charpente). C'est pendant cet âge d'or que furent construites pour les magnats du bois, les énormes bâtisses de style géorgien ou victorien que l'on peut encore y admirer aujourd'hui. En 1952, le premier yacht présidentiel, commandé par Eisenhower, le tout nouveau Président républicain, fut conçu et assemblé à Bay City. En 1960 le navire, rebaptisé *HoneyFitz*, revint aux chantiers pour être réparé et réarmé à la demande de Joseph Kennedy, qui venait de l'acquérir pour son fils John F. Kennedy.

Pendant les deux décennies qui suivirent, Bay City sombra à nouveau dans l'oubli, redevenant la petite ville typique du Middle West, patrie de l'industrie automobile, où les hivers sont rudes, les étés caniculaires et où le revenu annuel d'une famille de quatre personnes s'élève en moyenne à quinze mille dollars.

En 1978, Bay City revint à nouveau sous les feux de l'actualité quand quatre Écossais donnèrent le nom de Bay City Rollers à leur groupe. Considéré comme le premier « boy's band » de l'histoire, le groupe popularisa les pantalons en tartan et connut la gloire avec ses compositions simplistes dont *Sha La La* et *Shang-a-Lang*. En vérité les quatre « chanteurs de charme » n'avaient jamais fichu les pieds à Bay City. C'est en cherchant un nom accrocheur qu'ils tombèrent dessus en lançant une fléchette sur une carte. Ce ne fut qu'avec les premiers succès de Madonna en 1984 que Bay City trouva sa légitime représentante en la personne d'une jeune femme que la presse locale s'empressa de qualifier de la « Reine du funk sensuel ».

Malgré tous les changements qui avaient bouleversé le monde depuis la fin de la Dernière Guerre, Bay City est restée figée dans les années 50. L'atmosphère de la ville, la mentalité de ses habitants sont le reflet des mœurs et des valeurs que l'on retrouvait dans les programmes télé de cette époque. Ces jours bénis où les mamans de sitcom étaient sages et indulgentes, rachetant la balourdise de leurs bonshommes sans pour autant les faire passer pour de parfaits crétins. À Bay City en 2001, les hommes continuent à appeler « chérie » les serveuses dans les bars et ne se privent pas généralement de leur coller une petite tape sur les fesses quand elles repartent passer leur commande. L'attitude des femmes, lesquelles sont loin de s'offusquer, est plutôt du style : « Ah ! les garçons, on ne les changera jamais. » Elles paraissent d'autant moins concernées par le « politiquement correct » et plus radieuses qu'elles prennent tout en charge, la maison, les enfants, le budget. Les hommes vivent sur leur argent de poche de la semaine.

Les rues sont larges, plantées de chênes qui jettent leurs ombres sur de petites maisons d'allure rurale, la plupart construites dans le style « boîte à sel » de Cape Cod, dans le Massachusetts. Dans les zones plus aisées, elles se sont agrandies d'une ou deux ailes, les garages continuent à jouxter la maison, pas de télécommande mais une clé ou un simple fil de fer pour les fermer ou les ouvrir. Les magnats du bois sont partis depuis longtemps et leurs grandes demeures ont été morcelées en appartements ou en pensions de famille.

Dans le West Side, plus sélect, les pelouses devant les maisons s'agrémentent de flamants roses et autres nains de jardin, bordant les éternelles allées dallées conduisant jusqu'à l'entrée. Les réverbères sont rares, l'éclairage est assuré par de pâles copies de lanternes en cuivre accrochées sous les porches, flanquées des incontournables rubans de papier tue-mouches. À Noël, les maisons se parent de guirlandes d'ampoules multicolores, les fenêtres de neige artificielle. Des Père Noël en plastique, avec rennes et traîneaux, ornent la plupart des toits.

Chaque partie de la ville vit repliée sur elle-même, refermée autour de son épicerie, son cimetière, sa salle de bingo, son bowling. On peut passer toute son existence sans sortir de son quartier, dépasser le coin de la rue pour faire ses courses ou croiser de nouveaux visages. Et encore, suivant l'endroit où l'on réside, on est considéré comme des nouveaux venus si l'installation de sa famille ne remonte pas au moins aussi loin que la fin de la Seconde Guerre mondiale. Ce qui fait appartenir à l'élite de cette société, ce n'est pas tant une quelconque aisance financière ou un statut social particulier que l'appartenance à une sorte de communauté ethnique, un même rattachement à l'Église catholique. Parmi toutes les nationalités représentées à Bay City, Allemands, Polonais, Italiens ou Irlandais, les Français représentent l'excellence et leur église est tenue dans la plus haute estime.

Quand Madonna est devenue célèbre, elle aimait à raconter qu'elle avait grandi dans un quartier à majorité noire. En vérité, Rochester Hills, où elle vécut après la mort de sa mère et le remariage de son père, n'était quasiment habité que par des Blancs issus de la petite-bourgeoisie. Ce petit mensonge s'explique sans doute parce qu'être fille d'émigrés italiens à Bay City, lorsqu'elle rendait visite à sa grand-mère maternelle, était une position aussi peu enviable que celle des Noirs à Rochester Hills. Pour Madonna, se considérer italienne comme son père et non française, comme la famille de sa mère, était un geste de rébellion. Elle se sentait, par ailleurs, plus proche des milieux catholiques italiens de Bay City. Elle aimait leurs coutumes ancestrales venues de l'Ancien Monde, leur mobilier baroque, leur côté passionné, leur amour de la musique qui explosait à travers les fenêtres ouvertes sur leurs tourne-disques ou leurs radios, même pendant les rudes mois d'hiver. Madonna trouvait ces vieilles femmes, ces veuves, touchantes, gentilles, faciles d'accès, quasiment mystiques ; ces femmes tout en noir jusqu'à leurs gros bas, leurs souliers à lacets. Elle aimait regarder les hommes jouer à la pétanque tous les soirs, après le travail, dans le grand parc de la ville. Madonna était en outre intriguée par la pratique religieuse des Italiens. À part les vieilles femmes, les gens n'allaient à l'église que pour se marier, baptiser leurs enfants ou se faire enterrer. Les Français ressemblaient plus sur ce point aux Irlandais. Ils allaient à la messe tous les matins et leur foi était triste.

Mais il pourrait y avoir une autre explication à l'invention de cet épisode biographique. D'abord le fait que les deux premiers titres de Madonna furent à l'origine diffusés sur des radios noires. Ce ne fut qu'avec le clip de *Borderline* que son public mais aussi les patrons de sa maison de disques découvrirent qu'elle était blanche.

Les habitants de Bay City parlent facilement de Madonna dont ils suivent attentivement la carrière. Chacun a son opinion ou un souvenir à évoquer au sujet de la star. Carl Jacobson, par exemple, l'ancien directeur de la bibliothèque, reconnaît que lorsqu'il pense à Madonna, il pense d'abord à *Sex*, « le bouquin » s'empresse-t-il d'ajouter. Jacobson se souvient qu'à l'époque de la sortie de *Sex*, en octobre 1992, la bibliothèque décida de ne pas l'acheter.

« Si quelqu'un venait à le demander, explique Jacobson, on essaierait de s'en procurer un. Après tout, ce qui est ordurier pour les uns ne l'est pas forcément pour les autres. » Dans leur grande majorité, les fans de Madonna à Bay City ne furent pas particulièrement impressionnés par *Sex*. À leurs yeux, c'était moins un truc vulgaire qu'une « grossière entreprise commerciale ». « Madonna fit l'erreur, explique une femme, de matérialiser ses fantasmes en les fixant sur le papier. D'abstraits, ils devenaient visibles. Une image figée est moins suggestive que Madonna lorsqu'elle bouge, joue, provoque ou grimace. Dans les vidéos, il y a plus de fantaisie et moins de sexe. La grosse bourde dans *Sex*, c'est l'absence d'humour. Pour les uns, c'est de la pornographie, pour les autres, c'est du pur enfantillage. »

Une autre femme de Bay City, qui continue à acheter tous les disques et les vidéos de Madonna, se souvient de sa réaction lors de la parution de *Sex*. « J'étais en pleine adolescence quand Madonna a surgi sur la scène musicale. Pour moi, c'était quelqu'un qui n'avait pas peur de vivre sa sexualité, et qui n'hésitait pas à l'exhiber. Vous voyez, quand on est une jeune adolescente, c'est justement ce que l'on vous interdit de faire. Pour moi, elle représentait une aube nouvelle, on pouvait revendiquer sa propre sexualité, la conduire comme on l'entendait. Là, je l'admirais vraiment. Quand *Sex* est sorti, c'est *$ex* qu'il aurait fallu écrire, parce ce n'était qu'une affaire de gros sous. Le livre ne nous concernait pas, nous les femmes ou les gamines qui cherchions encore nos marques pour nous libérer, justement sur les traces de Madonna. Ces trucs biscornus n'avaient aucun intérêt. On commençait à peine des relations à peu près normales avec les garçons, ou avec les filles suivant les cas. Madonna est allée trop loin. C'était trop tôt pour nous. »

Un autre fan pense lui que Madonna est « à côté de la plaque quand il s'agit de sensualité ». « Peut-être, ajoute-t-il, parce qu'elle confond érotisme et pornographie. »

D'autres personnes de Bay City, comme Frank Whalen et Ron Volders, se souviennent des photos de la chanteuse nue parues dans *Penthouse* et *Playboy*. Whalen, le patron du 7-Eleven store, fut submergé de coups de téléphone de gens lui demandant de leur réserver un exemplaire. Vodlers, qui dirige Unkle Milty's Party Store, se souvient avoir vendu « cinq *Penthouse* et six *Playboy* dans la même journée », alors qu'en temps normal il n'en vend que cinq ou six par semaine. Rien de surprenant : *Playboy* tira pour l'occasion à 5,9 millions d'exemplaires, 350 000 de plus qu'à l'accoutumée. Quant à *Penthouse*, il fut tiré à 5,2 millions au lieu des 4,9 millions habituels.

En fait, malgré tous les efforts déployés par Madonna, la majorité des habitants de Bay City s'intéressent moins à ses exploits sexuels, ou même à la controverse que suscitent ses chansons et ses clips mettant en scène la religion qu'à ses commentaires livrés lors de *Today show* il y a une quinzaine d'années. En tout cas, même si les mentalités n'ont pas beaucoup évolué, les habitants de Bay City ont la mémoire longue et ils font preuve d'un solide bon sens quand ils parlent de la réussite de leur compatriote.

Au printemps 1986, Madonna fut invitée par Jane Pauley dans son émission *Today* diffusée sur NBC. À l'époque, elle baignait en plein succès, elle venait de sortir l'album *True Blue*, dédié à son mari, Sean Penn. Sa chanson *Papa Don't Preach* était numéro un dans les charts et faisait l'objet d'un débat acharné entre féministes et hommes politiques à propos des adolescentes qui se retrouvent enceintes. Le sujet était sensible et Madonna ne pouvait ignorer que la polémique se déchaînerait. Elle était pourtant loin de se douter que sa chanson deviendrait pour certaines âmes conservatrices un brûlot anti-avortement. Comme toujours, Madonna avait provoqué la controverse. Pauley lui demanda d'où elle venait, ce à quoi Madonna répondit : « Je viens d'une petite ville puante pas loin de Detroit. »

Ça ne rata pas, la phrase suscita un véritable tollé parmi les élus et ses concitoyens. Ils appelèrent les journaux, les radios, les télévisions pour clamer leur mécontentement.

Madonna garda un mutisme absolu. Elle ne revint sur l'incident qu'un an plus tard, lors de son passage au Silverdrome de Detroit, le 7 août 1987, pendant la tournée de *Who's That Girl ?*. Là, devant quarante-deux milles personnes, devant les siens, sa famille, ses amis, une brochette de représentants locaux, elle consentit enfin à s'expliquer : « J'ai dit que Bay City puait, lança-t-elle d'un ton embarrassé, mais je voulais parler de l'odeur de Bay City, pas de celle de ses habitants. Il y avait une usine chimique, la Dow Chimical, juste derrière chez ma grand-mère, je sais de quoi je parle. » En fait, pendant l'enfance de Madonna, il n'y avait pas que la Dow Chimical qui envoyait ses fumées nauséabondes dans l'atmosphère, la ville comptait aussi une raffinerie de sucre. C'est vrai qu'avec ces deux entreprises, la « ville avait de quoi puer ». Elle passa alors à la chanson suivante, *Causing a Commotion*, titre de circonstance, mais le mal avait été fait.

Timothy Sullivan, alors maire de Bay City, est un de ces hommes politiques dont les prises de position contre l'avortement sont en parfaite contradiction avec les déclarations où il se prétend « le champion à Bay City des droits de la femme ». Il annonça après le concert qu'il renonçait à offrir les clés de la ville à Madonna, comme il avait été prévu. Elsie Fortin, la grand-mère maternelle de la star, raconte que Sullivan, malgré l'affront public fait à sa petite-fille, l'appela au moins « sept ou huit fois par jour », et cela pendant des mois pour qu'elle persuade Madonna de donner un concert à Bay City. La ville en tirerait le plus grand bénéfice. Avec l'accord de la chanteuse, il espérait en outre faire de Bay City une sorte de haut lieu du rock and roll comme Elvis l'avait fait de Tupelo dans le Mississippi.

Sur un des murs de l'église St-Joseph à Saginaw Valley, on peut lire : « Il y a des gens qui renforcent la communauté parce qu'ils sont ce qu'ils sont. » Sur le mur opposé, en face de la chapelle de l'Eucharistie, on peut voir la liste des paroissiens qui ont rejoint la communauté au fil des ans. Une petite croix est apposée à côté des noms de ceux qui sont morts. La famille Fortin est celle qui compte le plus de noms, elle fut la première à rejoindre la communauté dans les années 1949-1950. En face de ces noms, une main a écrit au feutre noir : *Dieu aime Madonna.*

CHAPITRE 2

Elsie Fortin, la grand-mère maternelle de Madonna, a aujourd'hui quatre-vingt-neuf ans. Pour tous, c'est « la » chef de la famille. Elle est née à Standish, Michigan, un petit hameau à une cinquantaine de kilomètres plus au nord. Mrs Fortin s'est installée à Bay City en 1932 quand elle s'est mariée avec l'un de ses habitants, un homme d'affaires ambitieux de plus de quinze ans son aîné. Pendant les vingt-cinq ans de leur mariage, jusqu'à la mort de Williard Fortin en 1957 à l'âge de soixante et un ans, ils formèrent un couple aimant et prospère, preuve vivante qu'un dur travail et une foi religieuse profonde étaient récompensés non seulement au ciel mais aussi sur terre.

Peu après leurs noces, les jeunes mariés emménagèrent dans un modeste pavillon situé 87 State Park, à Bangor Township, un quartier de Bay City. Là, au cours des dix premières années de leur mariage, Elsie Fortin donna naissance à huit enfants : six garçons, Dale, l'aîné, Michael ou Mickey, David, Gary, Earl et Carl, et deux filles, Madonna Louise, l'aînée, et Marilyn. La famille pratiquait un catholicisme fervent et Williard était l'une des étoiles montantes du milieu des affaires de Bay City. Il travailla tout d'abord pour la société H. Hirschfield et Fils, spécialisée dans les métaux de récupération, où il gravit les échelons jusqu'aux postes de direction, avant de rejoindre l'entreprise de construction Derocher comme vice-président exécutif. C'est ainsi que les enfants Fortin bénéficièrent de tout ce qu'une famille de la classe moyenne pouvait s'offrir dans ces années d'avant-guerre. La famille fut la première à avoir un lave-linge et un sèche-linge, et Elsie était très fière de dire que sa progéniture ne portait jamais que des vêtements neufs. Tous les dimanches, elle les faisait parader à l'église dans leurs nouveaux habits de confection. En 1947, les judicieux placements en bourse de Williard Fortin lui avaient rapporté assez d'argent pour que la famille puisse emménager dans une maison plus grande, située dans un meilleur quartier, The Banks. Il avait choisi une propriété au 1204 Smith Street qui avait autrefois appartenu à un magnat du bois. Elle était entourée d'un terrain de deux mille mètres carrés à l'arrière bordé par des bois et de mille mètres carrés sur le devant. Au lieu de s'installer dans la maison, Williard décida de la démolir pour faire construire à la place une superbe bâtisse dotée de tout le confort moderne. Il dessina lui-même les plans en tenant compte de sa nombreuse famille : cinq chambres pour les enfants, une grande cuisine, où la famille prendrait ses repas quotidiens, une vaste chambre pour les parents, un salon, une salle à manger, une serre pour les plantes d'Elsie et enfin, un sous-sol aménagé.

Pendant toutes les années de leur mariage, Williard s'occupa des finances de la famille et ne songea jamais à expliquer à Elsie comment faire quand il ne serait plus là. Williard protégeait et couvait tellement Elsie qu'elle savait à peine remplir un chèque et qu'elle n'eut jamais, tout au long des années qu'ils passèrent ensemble, une idée précise des avoirs dont disposait son mari. À sa mort en 1957, Williard laissa une veuve de quarante-six ans incapable de gérer la fortune qu'il lui avait léguée. Une série de mauvais investissements démontra qu'Elsie Fortin était peu douée pour les affaires. En 1975, à soixante-quatre ans, alors qu'elle aurait pu être une veuve vivant dans une aisance confortable, elle dut vendre la maison de Smith Street et emménager dans un petit pavillon à deux niveaux, au 404, North Dean Street. La maison fut vendue facilement pour 42 000 dollars à Jerry et Grace Trojan. Les nouveaux propriétaires étaient ravis. « C'était comme un château pour nous, raconte Grace Trojan. Les pièces étaient très spacieuses et la maison fourmillait de petits détails et d'aménagements originaux, comme cet éclairage encastré dans la cuisine et la lumière qui s'allumait quand on ouvrait la porte des placards. »

En 1977, ils partirent s'installer au Nouveau-Mexique et ils revendirent la maison pour 52 000 dollars à la famille Przygocki, qui y resta dix-neuf ans « Quand Madonna est devenue célèbre, se souvient Mrs Przygocki, les gens venaient constamment frapper chez nous pour visiter la maison et prendre des photographies. Il y en a qui venaient de loin, même du Japon ou d'Allemagne. »

À l'époque des Przygocki, la maison passa à la télévision dans une séquence consacrée à Madonna dans l'émission de Robin Leach *Comment vivent les gens riches et célèbres*. La maison fut revendue en 1996 à Michelle Campau, qui la transforma en résidence pour personnes âgées.

Pendant plus d'un quart de siècle, et bien que Madonna eût souvent proposé à sa grand-mère de lui offrir une demeure plus luxueuse, Elsie Fortin préféra vivre seule dans sa petite maison à deux niveaux impeccablement tenue. Elle ne put toutefois empêcher sa petite-fille de lui faire des virements tous les mois pendant les quinze dernières années sur son compte en banque, ce qui l'a plutôt embarrassée. « Je me suis efforcée de ne pas y toucher, raconte Mrs Fortin, comme ça, quand je mourrai, tout ira à mes petits-enfants. »

Le salon d'Elsie Fortin a les sols recouverts de moquette et donne, à l'arrière de la maison, sur un petit jardin tout aussi impeccablement tenu. Plusieurs Madonnes sont posées sur la cheminée de brique noire et une Vierge de céramique blanche est accrochée au mur, à droite de la cuisine. Curieusement, aucune photo de famille, aucune de sa célèbre petite-fille. Selon Mrs Fortin, quand les photos étaient dans le salon, elles disparaissaient régulièrement après le passage de certains visiteurs peu scrupuleux. « C'est arrivé quelques fois, explique Mrs Fortin, alors j'ai décidé de mettre toutes les photos de famille en lieu sûr. Je les regarde quand je suis toute seule, et, après, je les remets dans leurs boîtes. »

La décoration du salon répond plus à un souci de confort

que de style. Un fauteuil inclinable recouvert d'un tweed marron jouxte une table surmontée d'un imposant téléphone équipé de plusieurs lignes, d'un bouton de mise en attente, et d'un amplificateur. La télévision à écran extra-plat dernier cri et le magnétoscope sont tous deux des cadeaux de Madonna.

Mrs Fortin adore écouter les disques de sa petite-fille et regarder ses clips et les vidéos de ses concerts. « Quand je vois tout ça, raconte-t-elle, j'ai du mal à croire que c'est ma petite-fille. Je reconnais qu'elle a eu beaucoup de mérite. Elle a vraiment travaillé dur. »

Mais Mrs Fortin avoue qu'elle a un peu de mal avec l'aspect sexuel. « J'ai souvent prié pour que toutes ses singeries ne finissent pas par entacher un si beau nom », dit-elle.

Mais d'un autre côté, Elsie Fortin estime que l'image de sa petite-fille comme personnification du sexe est plus un « truc marketing » qu'un reflet de sa vraie personnalité. « Je crois que c'est délibéré. Elle recherche cette image de mauvaise fille. C'est l'impression qu'elle donne. Pour ma part, je n'ai jamais eu le sentiment qu'elle était comme ça. »

La Buick de 1988 qui dort dans le garage de Mrs Fortin sert rarement. Au printemps 2000, la grand-mère la plus célèbre du Michigan a subi sa seconde opération de la hanche. Depuis, elle ne conduit plus. Quand elle a besoin d'aller faire des courses ou quand elle doit se rendre à l'hôpital pour des séances de kinésithérapie ou à l'église pour assister, chaque matin, à la messe de sept heures, elle se fait toujours accompagner. Bien que la plupart de ses trente-trois petits-enfants soient éparpillés dans tous les États-Unis, du Colorado à la Californie et du Nevada à New York, ses cinq enfants encore vivants habitent tous dans les environs. Deux fois par mois, son plus jeune fils, Carl, fait le trajet de Detroit où il réside à Bay City pour y passer le week-end, et le fils de Carl, Andrew, qui est le seul de ses petits-enfants à vivre à Bay City, l'aide à faire ses courses. Earl, un autre de ses fils qui habite aussi la ville, lui sert de chauffeur. Ses deux autres fils, David et Mickey, et sa seule fille encore vivante, Marilyn, accueillent en alternance leur mère les week-ends. Pendant de nombreuses années,

Mrs Fortin a passé beaucoup de temps avec Carolyn Davis, sa cousine et meilleure amie, qui habitait juste en face de chez elle. Carolyn Davis est morte en juin 2000.

En général, on trouve l'octogénaire assise dans la véranda en train de bavarder avec des voisins qui passent régulièrement prendre de ses nouvelles. Les gens la surnomment « Mamie », moins pour lui témoigner l'honneur d'avoir une petite-fille aussi célèbre que pour rendre hommage au rôle de grand-mère sage et avisée qui a toujours été le sien dans le quartier. Que quelqu'un ait un problème dans son couple ou avec ses enfants, et Mrs Fortin est consultée. Elle prodigue alors ses conseils avec ce solide bon sens dont elle a toujours fait preuve.

Tracey Horne est une femme imposante aux cheveux courts et bouclés. Elle a connu Madonna au lycée et vit maintenant en face de chez Elsie Fortin. Adossée à une Cadillac Eldorado silver de 1966 garée dans l'allée à coté d'une voiture de sport flambant neuve et d'un camping-car démesuré qui ressemble à un motel sur roues, Tracey Horne se souvient de la dernière fois où elle a vu la chanteuse. C'était en 1990 quand Madonna était venue rendre visite à sa grand-mère. « Une énorme limousine s'est arrêtée devant la maison de Mamie, raconte-t-elle, et, bien sûr, tous les enfants, les miens aussi, se sont précipités. Ils n'avaient jamais vu une aussi grosse voiture de leur vie. Les gamins étaient vraiment excités. Quand Madonna est sortie, tout le monde s'est jeté sur elle pour lui parler, lui demander des autographes. Ce qui m'a vraiment fichue en colère, c'est ce gros garde du corps qui repoussait les mômes. »

Tracey Horne s'arrête un instant. Elle se décide finalement à dire ce qu'elle a sur le cœur. « Merde, c'est mon quartier. De quel droit cette grosse brute bouscule les gamins ou m'empêche de traverser la rue pour aller chez Mamie ? Je suis toujours là, moi, plus que Madonna en tout cas. Ça m'a vraiment foutue en rogne. » Tracey Horne réfléchit encore un instant. « Si vous voulez savoir, la seule chose qui a changé quand Madonna est devenue célèbre, c'est l'argent. S'il y a bien une chose qui m'a frappée quand on était petites, c'est qu'elle s'est toujours comportée comme une star. »

Au cours de toutes ces années passées à Bay City avec sa grand-mère, pendant les vacances ou les week-ends, Madonna s'est aperçue par ailleurs qu'au sein de la famille Fortin si appréciée et respectée, c'était sa mère, Madonna Louise, dont les gens se souvenaient avec le plus d'affection. On la considérait presque comme une sainte. Ils racontaient invariablement à sa fille quelle femme exceptionnellement belle elle avait été et comme elle portait bien son nom. Du plus loin qu'elle s'en souvienne, Madonna a toujours entendu qu'elle était le clone parfait, la réplique exacte de cette jeune femme morte tragiquement. En grandissant, elle apprit des choses plus pénibles. Sa mère, disait la rumeur, serait morte épuisée par la kyrielle d'enfants que lui avait faits son Italien de mari. Dur à entendre pour la jeune Madonna...

Une femme qui travaille aujourd'hui à St-Joseph a été au lycée avec la mère de Madonna. Elle se souvient que tous les garçons, à un moment ou à un autre, s'entichaient de la fille aînée des Fortin. « C'était la fille la plus appréciée de l'école, se rappelle-t-elle, et c'est étrange parce qu'elle ne se mêlait jamais à personne. Tout le monde la trouvait différente, un peu comme si elle nous était supérieure. Il y avait quelque chose d'intouchable, de saint en elle. »

Un autre condisciple de Madonna Fortin, Jim Brennan, a organisé en juillet 2000 une réunion des anciens de St-Joseph pour le cent cinquantième anniversaire de la paroisse, le 18 mars 2000. Il se souvient de la mère de Madonna comme d'une personne qui ne cherchait jamais les ennuis et qui n'avait pas d'ennemis. « Madonna sortait vraiment du lot, raconte-t-il. Et pourtant, personne ne la taquinait ou ne l'embêtait sur ça, sur le fait qu'elle était différente. On était tous un peu intimidés par elle. »

Un ancien petit ami de Madonna Fortin est aujourd'hui un commerçant unanimement apprécié, c'est le « Monsieur Vin » de Bay City. Roy « Jay » Crete a maintenant la soixantaine, le crâne dégarni et un rire sonore. Très avenant, il tient un magasin de vins et spiritueux où l'on trouve de tout : des crus les plus rares aux petits vins produits dans les vignobles du nord du Michigan. Il se souvient de Madonna avec tendresse et affirme avoir été son premier « vrai petit copain » au lycée. « Nous étions toute une bande, raconte-t-il. Tous les jours on se retrouvait sur le chemin de l'école. À l'arrivée, on était bien une vingtaine à débarquer ensemble à St-Joseph. Madonna, c'était Madonna, et son nom lui allait à merveille. Elle était douce, belle, gentille et adorable. »

Un autre homme de Bay City affirme avoir été brièvement fiancé à Madonna Fortin. Il a conservé un autre souvenir de la jeune femme. « Je ne dirais pas que c'était une sainte, soutient l'ex-petit ami, parce qu'on a fait tout ce que font en général les jeunes couples. Mais je dirais plutôt qu'elle était entourée d'une aura, un peu comme les stars de cinéma, comme si elle était au-dessus de tout le monde, mais sans que ce soit du snobisme ou quelque chose comme ça. Non, je n'appellerais pas ça de la sainteté, parce qu'elle riait aux plaisanteries un peu salées et qu'elle adorait danser. En fait, elle était très mûre pour son âge, très féminine et d'une dignité étonnante pour quelqu'un d'aussi jeune. » Leurs projets d'avenir ne se réalisèrent pas. « Quand vous êtes jeune et que vous vivez dans une petite ville, vous croyez toujours que votre première petite amie deviendra votre femme et la mère de vos enfants. C'est comme ça que j'étais avec Madonna. À l'époque, je me souviens que je croyais vraiment que ça se passerait comme ça pour moi, et qu'on passerait toute notre vie ensemble ici à Bay City. »

Tous ceux qui ont connu Madonna s'accordent pour dire qu'elle était féminine d'instinct. Elle était bien plus futée et astucieuse qu'elle ne le laissait paraître. Elle avait l'esprit vif et elle était capable de réparer n'importe quoi, une voiture comme une prise électrique. Mais ce qu'elle préférait, c'était chanter et danser, et tout le monde pensait qu'elle finirait par en faire son métier. Une amie très proche décrit la chambre que Madonna partageait avec sa sœur, Marilyn. « Je me souviens d'une chose. Madonna avait une coiffeuse recouverte d'un tissu à fleurs inondée de fards et de produits de beauté. Elle adorait s'habiller et faire ses essais de maquillage. »

L'ancien fiancé de Madonna se souvient aussi qu'elle aimait beaucoup changer de look, de coiffure, adapter ses tenues aux circonstances, s'habiller en vert pour la Saint-Patrick ou mettre de petites boucles d'oreilles « sapin de Noël » pour la messe de minuit. « Une fois, elle est venue en danseuse de flamenco lors d'une soirée à thème à l'école, dit-il. Elle avait une imagination débordante. »

Pour Madonna Fortin, la beauté signifiait le bonheur éternel, et grandir voulait dire tomber amoureuse, se marier et avoir beaucoup d'enfants. Elle ne manifestait aucune ambition professionnelle même si elle travailla quelque temps après ses études. « C'était le genre de fille à cacher ses problèmes, explique son ex. Elle ne se plaignait jamais et elle n'aimait pas les geignards. La vie était faite pour être vécue et pour s'amuser. »

En apparence, Madonna Louise Fortin était la jeune fille parfaite, bonne catholique, qui ne s'écarte jamais du droit chemin et qui ne donnera jamais le moindre sujet de mécontentement à ses parents ou au prêtre de la paroisse. « Elle avait de la classe, continue l'ancien petit ami. Elle était extrêmement bien élevée. Elle ne parlait pas beaucoup, mais elle avait un don pour écouter. »

Mais sous ces dehors, Madonna savait parfaitement se rendre irrésistible et en même temps inaccessible. Très déterminée, elle était particulièrement consciente de ses atouts et ses faiblesses.

Madonna et sa mère se ressemblent beaucoup. Surtout dans leur conception de l'amour, romantique et éternel. Ce qui valut à Madonna nombre de désillusions après une série de ruptures, et à sa mère de défier sa famille pour lui imposer l'homme qu'elle aimait. Mais il y a aussi de profondes différences entre la mère et la fille. Alors que Madonna senior incarnait la Cendrillon à qui il suffit de se rendre au bal pour conquérir le cœur du prince charmant, sa fille s'identifia à la pauvre Cendrillon victime de sa cruelle marâtre. Contrairement à sa mère qui attendait le prince charmant pour qu'il l'emmène sur son cheval blanc, Madonna, après le remariage de son père, alors qu'elle s'occupait de ses frères et sœurs, décida de prendre sa destinée en main. Madonna Louise Fortin avait grandi entourée de parents aimants, ce ne fut pas le cas pour sa fille puisqu'elle-même disparut alors que sa petite Madonna n'avait que cinq ans. Le monde non seulement lui devait réparation, mais Dieu Lui-même lui devait des explications. Madonna n'eut dès lors aucun scrupule à se battre et à défendre sa place dans sa nouvelle famille. Moins par fierté, que parce qu'elle s'imaginait plus futée que sa belle-mère. Elle employa toute sa ruse pour survivre et aller de l'avant. Tony Ciccone reconnaît, dans une discussion à bâtons rompus, que sa fille aînée possède la ténacité de ses parents, cette force qui leur fit quitter leur pays, leurs proches, pour recommencer une nouvelle vie en Amérique.

CHAPITRE 3

En 1988, Walter Pugni, un sculpteur italo-américain, réalisa une statue de Madonna en bikini de quatre mètres cinquante de haut, dans une de ces poses lascives qu'elle adopte sur scène. Il offrit son œuvre à la municipalité de Pacentro, un petit village italien près de Rome, dans les Abruzzes, à condition qu'elle soit exposée sur la grand-place. Les habitants, dont certains étaient des parents éloignés de Madonna, signèrent une pétition pour rejeter la proposition de Pugni. Le maire Raphaele Santini, plus pragmatique que sentimental, lança une campagne pour faire changer d'avis ses administrés. Il pensait que la statue attirerait des hordes de touristes. Pendant que les habitants reconsidéraient leur position, Santini fut contacté par Thomas E. Bock, représentant de la mairie de Bay City, qui l'informa que si Pacentro refusait la statue de Madonna et l'hommage qui était ainsi fait à ses grands-parents paternels, Bay City quant à elle serait heureuse de rendre cet hommage aux grands-parents maternels de la chanteuse. Bock avait fait le même calcul que Santini. La statue de Pugni attirerait des touristes du monde entier à Bay City. Les habitants de Bay City, au contraire de ceux de Pacentro, étaient favorables à l'installation de la statue. En fait, Bock avait même déjà choisi l'emplacement qu'il lui réservait. Il avait pensé la mettre à l'entrée de la Sage Library, à côté de la statue du général Black Jack Pershing. En définitive, les habitants de Pacentro revinrent sur leur décision, et la statue fut installée Piazza San

Marcello, dans l'alignement du clocher de San Marcello et pratiquement sous les fenêtres du maire. Ainsi s'acheva l'odyssée de la Madonna en bikini ; mais les autorités de Pacentro et de Bay City n'en restèrent pas là. Elles demandèrent le jumelage des deux villes. L'affaire a duré de 1988 à nos jours. Les autorités du Michigan, en accord avec les représentants de la région des Abruzzes, ont fini par rejeter le projet.

En 1928, Gaetano Ciccone, un paysan de Pacentro, sa femme Michelina et ses cinq enfants s'embarquèrent pour les États-Unis. Silvio Tony, que tout le monde appelle Tony, surnommé Sucho par ses frères à leur retour de Corée, fut le seul enfant du couple à naître de l'autre côté de l'Atlantique, le 1er juin 1931.

À l'époque du départ de la famille Ciccone, Pacentro était une jolie petite ville de la Renaissance italienne aux beaux marbres blancs et aux paysages enchanteurs. Des monuments religieux, des statues, des églises aussi célèbres que Santa Maria Maggiore, San Marcello, la Immacolata, autant de signes évidents de l'influence de la religion sur la petite ville. Pour les Ciccone, Pacentro, avec ses montagnes environnantes et ses hivers rigoureux, représentait surtout la menace constante d'être coupé du reste du monde. Les hivers étaient très froids, la nourriture et les vêtements chauds étaient rares. De longues journées à parcourir les dangereux chemins de montagne à dos de mulet : voilà en quoi consistait le travail de Gaetano. Aujourd'hui, Pacentro est l'un des plus importants centres de l'industrie des sports d'hiver et l'une des plus belles stations de ski d'Italie. Des touristes de toute l'Europe viennent en masse admirer ses magnifiques sommets, le Corvo, le Pizzo Interme, le Corno Grande, le San Franco, l'Ienca, le Pizzo di Camarda et le Pratello.

Tony Ciccone, aujourd'hui âgé de soixante-dix ans, ne paraît pas son âge. C'est un bel homme, grand, tout en muscles, les jambes légèrement arquées, les sourcils broussailleux et le cheveux grisonnant. Ses yeux bleu-vert expriment un mélange d'ouverture et de défiance. Toujours sur la défensive derrière son large sourire et ses excellentes manières, il semble penser que le monde qui l'entoure est bien superficiel. Père d'une star internationale très controversée, il doit se méfier de tout le monde. « Il faut toujours rester sur la défensive, explique-t-il, ce qui préserve des désillusions. » Il est traqué depuis des années par des paparazzi sans scrupules qui ne reculent devant rien pour voir s'ouvrir les portes de sa maison.

Les relations qu'il entretient avec Joan, sa seconde femme avec laquelle il vit depuis trente ans, sont empreintes d'une grande tendresse. Ce qui fait dire aux gens qu'il s'est assagi avec le temps et que son mauvais caractère s'est émoussé. Récemment, alors qu'il inspectait en tracteur son vignoble dans le nord du Michigan, Joan, qui l'accompagnait et ramassait du bois mort, a failli perdre un œil en heurtant une branche basse. De retour à la maison, quand Tony vit sa femme sortir de la cuisine avec un sac de glaçons sur la joue, il s'exclama, inquiet mais non sans humour : « Vous savez, ma femme est une fleur des villes. La nature est son ennemi naturel. »

Tony avait toujours rêvé de devenir vigneron. Ce fut chose faite, il y a huit ans, quand il prit sa retraite d'ingénieur (il travaillait chez Chrysler). Il avait d'abord pensé s'installer dans le nord de la Californie, où vivent déjà quatre de ses enfants, à Napa Valley, une région de grands vins. Mais il y renonça rapidement en découvrant le prix de la terre et de la main-d'œuvre. Il se rabattit sur le nord du Michigan. Contrairement à ce qu'ont affirmé certains journaux, Madonna n'a jamais investi un centime dans la propriété de son père. Homme fier, Tony a systématiquement refusé les somptueux cadeaux, les superbes voitures que sa fille voulait lui offrir pour Noël ou pour son anniversaire. Toute sa vie, attaché à ses principes, il a inculqué à ses enfants la même éthique, insistant pour qu'ils ne gaspillent pas leur argent.

En 1995, Tony et Joan achetèrent vingt-cinq hectares de vignobles à Suttons Bay, juste en face de Grand Traverse Bay et des collines de Leelanau Peninsula, non loin de Traverse

City, la station balnéaire des grandes familles de Chicago. Les Ciccone eurent à débourser 80 000 dollars l'hectare nu, plus 40 000 dollars par hectare pour préparer la terre à la culture de la vigne. Détail amusant, Tony et Joan venaient souvent camper dans le coin quand les enfants étaient petits, à l'époque où Traverse City était réputé pour ses cerisiers, la bière qui y coulait à flots, ses vacanciers en T-shirts et pas encore pour ses riches et ses puissants. Dans les dernières années, la région s'est fortement urbanisée pour accueillir la gentry, mais malgré ses restaurants à la mode, ses luxueuses villas d'été, ses dizaines de vignobles, Traverse City reste une petite ville. Aucune activité culturelle, à part le festival de musique d'Interlochen qui a lieu tous les étés, ce qui déprime la seconde Mme Ciccone. Elle n'a accepté de quitter la ville pour s'installer dans une propriété viticole qu'à la condition que son mari la laisse aller, deux fois par mois, à Taylor, au sud de l'État, pour rendre visite à sa mère restée seule, à ses amies et à sa fille (qu'elle a eue avec Tony) qui y enseigne. « Ces voyages à Detroit ou à Taylor, ce sont mes bouffées d'oxygène, dit Joan. Toutes les trois semaines environ, je retrouve mes proches, je fais mes courses ou j'assiste à un opéra ou un concert. »

À la saison des vendanges, Joan et Tony reçoivent de nombreuses visites. Ses frères à elle avec leurs enfants, quelques-uns de leurs sept petits-enfants, tous font le voyage à Suttons Bay pour leur prêter main-forte.

En fait, Tony, même si c'est la première fois qu'il commercialise son vin, n'en est pas à son coup d'essai. Il possédait déjà un petite vigne de plants californiens à Rochester Hills qui produisait suffisamment de vin pour la consommation familiale. La maison de Rochester Hills, où a grandi Madonna en compagnie de ses frères et sœurs, n'a pas trouvé d'acquéreur. De temps à autre, Melanie, la cadette issue du premier lit, y retourne pour soigner les vignes. Tony est convaincu, comme l'était son père, que le vin est un produit naturel et qu'il n'a besoin que de la terre pour s'épanouir. Inutile d'y ajouter quoi que ce soit pour augmenter la qualité des grappes, le goût ou la couleur du vin. « J'ai grandi avec l'amour du vin et seule la nature est capable de donner du bon vin », explique-t-il.

Chaque prospectus du vignoble Ciccone porte cette dédicace aux parents de Tony : « Tony ainsi que ses cinq frères sont éternellement reconnaissants à leurs parents pour les sacrifices qu'ils ont consentis et l'amour du vin qu'ils leur ont légué. »

En fait, malgré le climat rigoureux, le travail dur, et le délai de trois ans qu'impose la nature, ni Joan ni Tony ne regrettent leur décision. Faire du vin est pour eux une manière d'occuper leurs vieux jours.

Chaque année, Tony et Joan se rendent à Pacentro pour visiter les parents restés au pays. En 1985, lors de leur premier voyage, Tony s'est attaché à préparer la branche italienne de la famille à ce qu'ils pourraient entendre sur sa fille aînée. Quand Madonna arriva à Turin en septembre 1987 pour un de ses concerts de la tournée *Who's That Girl ?* au stade de la Juventus devant soixante-cinq mille personnes, Amelia Vitucci, une de ses cousines au second degré, fit le voyage de Pacentro pour rencontrer sa célèbre parente. À la fin du concert, Vitucci emmena sa famille dans les coulisses. Elle offrit à Madonna une carte encadrée de Pacentro, qui se trouve aujourd'hui dans le salon des Ciccone. D'autres parents plus âgés n'avaient pas pu faire le pèlerinage à Turin, comme la grand-tante de Madonna, Bambina di Guilio, quatre-vingt-deux ans, qui fit passer par les Vitucci un message disant qu'elle regrettait de ne pas pouvoir venir voir sa célèbre nièce et de « la serrer dans ses bras et de l'embrasser » de sa part. Plus de dix ans plus tard, lorsque je rencontrai Mme di Guilio chez elle à Pacentro, la vieille dame exprima de tout autres sentiments envers sa petite nièce. « Cette fille, c'est une chanteuse, dit brutalement la signora, rien qu'une chanteuse. À mon époque, jamais on aurait fait un truc comme ça. »

En me promenant dans Pacentro, j'eus l'explication de ce retournement de la bouche d'un des clients d'un bar du centre ville : « Cette fille danse, chante et montre ses seins. Rien d'étonnant à ce que sa vieille tante la considère comme une *malafemmina* ! »

Depuis 1995 et l'achat du vignoble, les visites de Tony et Joan Ciccone ont aussi pour but de se perfectionner dans les techniques de vinification ancestrales des Abruzzes. « Quand il a quelque chose en tête, dit Joan de son mari, rien ne peut l'arrêter. Il veut tout savoir pour que tout soit parfait ! »

Apparemment, Madonna n'a pas seulement hérité de son père ses yeux bleu-vert et ses épais sourcils, mais aussi cette détermination, acquise dès le plus jeune âge, à vouloir faire quelque chose de sa vie.

En quittant Pacentro, Gaetano et Michelina Ciccone avaient décidé de se fixer à Pittsburgh où, d'après la rumeur, il y avait du travail dans les aciéries. Débarquant à New York, la famille gagna directement la Pennsylvanie. Elle s'installa dans un immeuble bondé, peuplé en majorité d'Italiens, à Aliquippa, une banlieue de Pittsburgh. Pour eux, l'Amérique était un pays où il était toujours possible de gagner suffisamment d'argent pour avoir un toit au-dessus de sa tête, quelque chose dans son assiette et des vêtements chauds pour se protéger des hivers rigoureux.

Gaetano et Michelina Ciccone moururent à quelques mois d'intervalle en 1968. Madonna se rappelle la « grande place qu'ils occupaient pendant [mon] enfance ». Elle se souvient : « Ils parlaient à peine anglais et, de mon côté, je ne parlais pas italien. J'ai conservé d'eux d'agréables souvenirs de chaleureuses réunions de famille, particulièrement animées. Si je devais comparer la mère de mon père, Michelina, à la mère de ma mère, Elsie, je dirais que la première représentait la grand-mère italienne typique, alors que l'autre avait des vues plus terre à terre sur la vie et sur l'amour. »

À l'époque où Madonna et Sean Penn avaient de violentes disputes, Elsie Fortin, la plus pragmatique des deux, appela sa petite-fille pour la mettre en garde. « Je lui ai dit, rapporte Mrs Fortin avec un léger sourire, que la vie était trop courte. Qu'elle devait réagir à cette situation au lieu de prolonger l'agonie. »

Bien des années plus tard, Tony Ciccone déplore la décision de son père de s'installer en Pennsylvanic. « Étant donné sa passion pour la vigne et le vin, explique-t-il, il aurait mieux fait de poser ses valises en Californie. La vie y aurait sans doute été différente. »

Ce qui n'empêchait pas Gaetano Ciccone, malgré la rigueur des hivers et la piètre qualité de la terre, de cultiver sa petite vigne dans son petit jardin d'Aliquippa.

Les Ciccone étaient une famille d'émigrants parmi des centaines d'autres qui avaient fait le voyage en quête d'une meilleure qualité de vie dans ce pays d'aciéries. Mais, à la différence des autres, ils restèrent fidèles à cette culture européenne qui faisait leur fierté, et ils n'essayèrent jamais de s'intégrer vraiment à leur nouveau milieu ni, d'ailleurs, d'apprendre l'anglais.

Sans doute parce qu'il était le petit dernier, Tony, né après l'installation des Ciccone en Amérique, fut le seul enfant qui ne dut pas quitter l'école pour aider les siens. Dès qu'il fut en âge d'apprendre à lire, Tony montra sa détermination à devenir quelqu'un. Il savait d'instinct qu'il n'y avait qu'un seul moyen de s'arracher à la pauvreté et de se faire une place dans la société : passer son bac. « Mon père, explique Madonna, n'avait pas honte de ses parents mais il voulait un avenir meilleur pour ses enfants. Il a été le seul à fréquenter le lycée. Contrairement à ses parents, il aspirait au modèle américain. »

Après la fin de ses études secondaires, Tony Ciccone multiplia les petits boulots pour se payer ses études d'ingénieur à l'université d'État de Pennsylvanie. Tout comme la rumeur avait couru parmi les candidats au départ de Pacentro qu'ils trouveraient du travail dans les aciéries de Pittsburgh, dans les années cinquante, les ingénieurs fraîchement diplômés, furent attiré à Detroit par la promesse des bons salaires de départ offerts par l'industrie automobile. Tony n'eut aucune difficulté à trouver un emploi à la fin de ses études. Il commença sa carrière en tant qu'ingénieur dans une filiale de General Motors qui construisait des chars et des missiles, à Warren dans le Michigan. Travaillant pour l'armée, Tony n'avait pas à craindre d'être envoyé outre-mer accomplir son service militaire, encore obligatoire à l'époque. Son frère aîné, qui servit en Corée comme d'ailleurs tous les garçons de la famille à l'exception de Tony, raconte qu'il fut incorporé dans la réserve de l'Armée de l'air. Il put ainsi servir son pays en travaillant sur des projets de haute technologie. Tony fut envoyé en Alaska puis au Texas où il se lia d'amitié avec une autre recrue, Dale Fortin, un garçon de Bay City. Dale lui demanda d'être témoin à son mariage ; cet événement devait à jamais bouleverser la vie du jeune Ciccone.

Lors de la cérémonie qui eut lieu à Dallas, Tony fit la connaissance de la jeune sœur de Dale. C'était une belle brune aux yeux de braise portant un drôle de prénom : Madonna. Ce fut le coup de foudre pour Tony. Mais la jeune fille était déjà fiancée à Bay City. Dale, malgré l'engagement qui liait sa sœur à un autre homme, l'encouragea pourtant à sortir avec Tony. Pendant tout le séjour de Madonna, qui dura une semaine, le couple ne se quitta plus. D'après Elsie Fortin, sa fille entama, dès son retour à la maison, une correspondance avec cet ingénieur qu'elle avait rencontré au Texas. « C'était évident, raconte-t-elle, que Madonna était tombée amoureuse de Tony. Tony en était fou. Ce qui se comprend. C'était une très belle fille. Tout le monde en était amoureux. Elle pouvait avoir qui elle voulait. »

Elsie trouva d'emblée qu'il y avait une forte disparité culturelle entre les Ciccone et les Fortin. À part les petits-enfants, elle ne pensait pas que les deux familles auraient jamais autre chose en commun. Peu importait que les Ciccone aient un sens inné de la grande musique, de l'opéra ou qu'ils aient grandi parmi les fastes du XIXe siècle italien. Elsie Fortin avait d'autres ambitions plus terre à terre pour sa fille que de la voir épouser le fils d'émigrants sans le sou. Elle aurait rêvé pour Madonna une vie semblable à celle que lui avait offert Williard – belle maison, cuisine dernier cri. Heureusement pour le couple, Elsie Fortin était assez fine pour comprendre que ce qu'elle réprouvait chez Tony, c'était exactement ce qui attirait Madonna vers lui.

Pour Madonna, Tony était quelque part entre le prince charmant et le journalier ; l'émigrant sur son échafaudage, qui sous la saleté et la crasse, porte dans son âme l'héritage des siècles passés. Il était différent des autres garçons de Bay City. Il n'avait pas eu une vie facile. Madonna adorait l'énergie et le charme qui émanaient de sa personne. Elle avait toujours désiré un homme qui comblerait son appétit de vie, quelqu'un qui flirterait avec le danger et les marges. Au fond, elle avait toujours rêvé de ramener un Italien à la maison. Tony était la personne idéale. C'était un bagarreur qui avait su mettre son énergie, sa colère au service de son ambition. Il aimait s'amuser et passer du bon temps mais sans jamais perdre de vue ses objectifs. Il voulait réussir. Pour lui, Madonna incarnait une bonne part de tout ce dont il avait toujours rêvé.

C'était l'Américaine type, suffisamment solide pour suivre son mari là où sa carrière l'exigerait. Elle n'avait aucun mal à se faire de nouveaux amis. Madonna Fortin était pour Tony Ciccone le ticket gagnant pour l'ascension, la garantie qu'il ne serait plus à l'avenir trahi par un pays qui prétend bien accueillir les émigrés et qui se moque d'eux par derrière. Il aimait sa simplicité. Madonna, qui mourut à trente et un ans, avant d'avoir pu mener à bien d'autre tâche que de lui donner six enfants, était ce genre de femme qui, comme on dit : « fredonne en repassant ». À l'époque de leur mariage, Tony était déjà un Américain de la seconde génération, résolu à tirer un trait sur la tradition. Il refusait tout ce qui était ancien, qui révélait un caractère ethnique, tout ce qui n'était pas américain à cent pour cent. Il voulait une femme qui ne se plaigne pas.

À l'époque de leur rencontre, Madonna Fortin venait d'achever un court semestre à l'université et travaillait comme préparatrice pour deux radiologues de Bay City, G. L. Heaelshaw et A. L. Ziliac. Comme ça se pratiquait dans les années cinquante, les jeunes qui entraient dans les cabinets médicaux étaient formés par les médecins eux-mêmes, sans autre nécessité de diplôme ou de formation spécifique. Des années plus tard, lorsque Madonna voulut connaître les causes du cancer qui avait emporté sa mère, elle fit tout ce qu'elle put pour retrouver les sept femmes qui avaient succédé à sa mère chez les mêmes praticiens et qui avaient dû être exposées à des radiations quotidiennes sensiblement identiques. Les recherches de Madonna révélèrent qu'aucune de ces sept femmes, qui vivent toujours à Bay City – Joan Behrman, Betty Vil, Kitty White, Marlene Alavie, Nina Dajet Suanton, Marian Harris et Carol Rupp – n'avait eu de cancer. Six mois après le décès de Madonna Fortin Ciccone, sa meilleure amie, Jane Fournier, qui habitait la porte à côté, mourut elle aussi d'un cancer du sein.

En 1955, Madonna Louise Fortin épousait Silvio Tony Ciccone à l'église de la Visitation de Bay City. Sa sœur Marilyn était son témoin, son frère Dale, celui qui avait présenté le couple, le témoin de Tony. Après le mariage, les jeunes mariés partirent s'installer à Alexandria en Virginie, où Tony venait d'être affecté par la General Motors à un nouveau projet de la défense nationale. Le 3 mai 1956 naissait leur premier fils, Anthony. L'enfant était âgé de trois mois quand Tony fut rappelé dans le Michigan par son employeur.

Les Ciccone s'installèrent dans un petit pavillon en brique au 443 Thors Street à Lincoln, une banlieue à une quarantaine de kilomètres de Detroit. Ce fut là que naquit leur second fils, Martin. Quatre autres enfants suivirent de près : Madonna, née le 16 août 1958 ; puis Paula, à peine un an plus tard, Christopher en 1960 et enfin Melanie en 1962. La tragédie survint alors que Melanie était tout juste âgée de six mois. C'est pendant un examen de routine que le gynécologue découvrit la tumeur. Les examens qui suivirent révélèrent qu'elle était cancéreuse. À l'époque, la maladie laissait peu de chance de survie. Les médecins lui conseillèrent de commencer la radiothérapie sans tarder, l'avertissant toutefois que le traitement l'empêcherait de s'occuper de sa dernière-née. Avec un bébé nourri au sein, cinq enfants en bas âge et un mari à s'occuper, Madonna décida de remettre le traitement à après le sevrage de Melanie. Tony, conscient des risques que prenait sa femme, du peu de chance qu'elle avait d'en réchapper, appuya, avec la bénédiction du curé, le choix de Madonna. Pour les médecins c'était se condamner à mort. Ils avertirent le couple que le changement hormonal provoqué par l'allaitement pouvait accélérer l'extension du mal. Mais de toute évidence le curé de la paroisse avait plus d'influence sur le couple que les médecins. Deux mois après le premier diagnostic, Madonna accepta de commencer une chimiothérapie. Il était déjà trop tard.

Tony Ciccone sombra dans un profond désespoir. Cette tragédie devait marquer à jamais sa vie, ainsi que celle de ses six enfants. Madonna était tout pour lui, la seule femme qu'il ait jamais aimée, l'être qui partageait ses profondes convictions religieuses, qui riait à son humour. Cet homme si résolu à réussir, qui y mettait toute sa volonté, sa force, sa foi, cet homme était condamné à l'impuissance de voir mourir sa femme. Elsie Fortin, qui ne réussit à surmonter cette terrible épreuve qu'avec l'aide de Dieu, fit de son mieux pour soulager la peine de son gendre et de ses petits-enfants. Mais trop affaiblie physiquement et moralement, elle ne put se résoudre à garder les petits auprès d'elle. Obligé de travailler à plein temps, Tony Ciccone répartit les enfants parmi ses proches. Tous les soirs après le travail, Tony allait visiter sa femme à l'hôpital avant de passer voir chacun des petits dans leurs différentes maisons d'accueil.

Madonna resta environ un an au Mercy Hospital de Bay City. Son état se dégradait continuellement. Elle supportait mal la chimiothérapie. Les médecins décidèrent d'arrêter le traitement, qui faisait plus de ravages que de bien. Elle rentrait de temps à autre à la maison, mais elle était trop faible pour s'occuper des enfants et de son mari. L'histoire raconte qu'un jour la petite Madonna se jeta sur sa mère pour la frapper par derrière, à un moment où la pauvre femme était trop affaiblie pour jouer avec elle. Quand Madonna vit sa mère s'effondrer en larmes, elle comprit que son manque d'entrain n'était pas dû à un manque d'amour mais plutôt à un épuisement de ses forces. Depuis ce jour, Madonna affirme que c'est l'étonnante force de caractère, la foi indéfectible de sa mère qui l'empêchèrent de sombrer dans le drame.

« Ma mère m'a donné une incroyable leçon de vie, explique Madonna. Elle m'a appris à mettre les choses en perspective, à savoir distinguer ce qui est primordial pour l'avenir de ce qui n'est qu'un simple ennui passager. »

Les amis, la famille qui traversèrent ces temps difficiles aux côtés des Ciccone, assurent que les convictions de la mère de Madonna se trouvèrent renforcées dans l'épreuve.

« Elle avait une mission, se souvient l'un de ses proches, elle était déterminée à se battre et à sauvegarder sa dignité. C'était un défi qu'elle se lançait à elle-même. »

Un autre ami se souvient que le cancer n'avait fait que conforter le sentiment religieux de Madonna. Elle acceptait le mal, qu'elle considérait comme l'expression de la « volonté divine ». « Elle ne s'est jamais révoltée contre Dieu, n'a même jamais considéré qu'il était injuste, poursuit-il. Madonna y voyait le signe que ses enfants étaient d'une nature particulière, faits pour s'adapter, sinon Dieu ne leur aurait pas envoyé une telle épreuve. »

Même quand elle perdit ses cheveux, quand ses gestes devinrent incertains, sa parole malhabile, elle continua à se montrer charmante, feignant une éternelle bonne humeur, allant de l'avant comme si de rien n'était. Une fois qu'elle avait de la visite, alors que les enfants jouaient à ses pieds, elle se tourna vers ses invités, les larmes aux yeux « Nous avons de beaux enfants, n'est-ce pas ? Ça, au moins, personne ne pourra me l'enlever. »

Lors de son dernier séjour à la maison avant qu'elle ne retourne à l'hôpital, elle demanda à emmener ses produits de beauté, serrés dans une petite valise, ainsi qu'un appareil photo. De retour à l'hôpital, elle se maquilla devant l'infirmière, lui recommandant de regarder attentivement comment elle faisait. Quand l'infirmière lui demanda pourquoi elle

« s'apprêtait » comme ça, Madonna lui répondit : « Je veux que vous preniez une photo de moi pour que les croque-morts sachent comment ils devront me maquiller pour l'enterrement. »

Le 22 novembre 1963, alors que le pays entıer pleurait l'assassinat du Président John Kennedy, la famille Ciccone veillait la malade sur son du lit de mort. Le 30 novembre 1963, les médecins déclarèrent à la famille qu'il n'y avait plus d'espoir. Miraculeusement, dans les derniers jours de sa vie, Madonna connut une sorte de rémission. Assise dans son lit, plaisantant avec les siens, elle annonça subitement qu'elle avait envie d'un hamburger. Elsie et Tony se réjouirent de la transformation, pensant sincèrement qu'elle allait se remettre. Par malheur, ils annoncèrent aux enfants que leur mère allait mieux.

Cette même nuit, au moment d'aller au lit, la petite Madonna eut la vision de sa mère venant dans sa chambre pour l'embrasser et lui souhaiter bonne nuit. Évoquant cette scène des années plus tard, Madonna raconte qu'elle savait, au plus profond d'elle-même, que sa mère était en train de mourir. « Je crois que les enfants sont plus sensibles à la mort que les adultes le pensent », affirma-t-elle.

Aux premières heures du 1er décembre 1963, sa main dans celle de son mari, Madonna Louise Fortin sombra dans le coma. Elle mourut quelques heures plus tard.

Quand Madonna se leva ce matin-là, elle trouva sa grand-mère, ses oncles, ses tantes pleurant autour de la table de la cuisine. Elle ne comprit pas immédiatement ce qui se passait. Pourquoi tous ces gens pleuraient-ils alors que sa maman était guérie ? Le miracle n'avait pas eu lieu, lui répondit-on. Sa mère était au paradis avec Dieu. La pauvre enfant piqua une colère, poussant des cris de plus en plus déchirants. Ils mentaient, hurlait la petit fille, ils se trompaient, sa mère allait très bien ! S'arrachant aux bras qui cherchaient à la consoler, elle se rua dans la maison, cherchant désespérément sa mère, claquant les portes, regardant sous les lits. Ce n'était qu'un jeu, pensait-elle, ou un rêve, un mauvais rêve. Elle tomba finalement d'épuisement, se sentant horriblement seule, perdue, ne sachant que faire. Elle refusa pendant très longtemps d'admettre que sa mère était partie.

« Martin et Anthony ont beaucoup souffert, se souvient un parent. Parce que c'étaient des garçons, ils devaient cacher leurs émotions. Ils ont tout gardé à l'intérieur, et je ne suis pas étonné que Martin rencontre aujourd'hui de gros problèmes avec l'alcool. » D'après cet oncle, Melanie, Paula et Christopher, qui étaient trop petits à l'époque de la disparition de leur mère, acceptèrent plus facilement l'idée que leur mère était saine et sauve au paradis. « Ils se sentaient mieux, poursuit-il. Même si Christopher n'y croyait pas trop. »

De l'avis de tous, Christopher était un enfant extrêmement sensible, pleurant facilement et très craintif. « Il était terrifié à l'idée de rester seul, raconte un de ses anciens professeurs de l'école primaire. Il n'était pas aussi proche de sa mère que Madonna. Il avait peur, après sa mort, que personne ne s'occupe de lui. »

Madonna, au dire de tous, avait toujours été la plus expansive, la plus maligne de tous, la plus liée à sa mère. « De tous les gamins, c'est celle qui a le plus mal pris le remariage de son père. Je crois qu'elle ne l'a jamais accepté. D'une certaine façon, ce fut un traumatisme aussi grand que celui causé par la mort de sa mère. »

À la différence de Christopher, qui craignait avant tout de ne pas s'en sortir tout seul, Madonna se persuada qu'elle n'avait besoin de personne pour prendre soin d'elle. De ce jour, elle devint sa propre famille.

La mort de leur mère produisit un profond sentiment de colère, de révolte chez tous les enfants Ciccone, à l'exception peut-être de Melanie, le bébé, dont le traumatisme se manifesta ensuite différemment. Madonna répondit à la perte qu'elle avait subie par la furieuse détermination de ne plus jamais laisser quoi que ce soit la blesser à nouveau. Contrainte de grandir plus vite que prévu, Madonna prit en charge les tâches domestiques et devint une mère de substitution pour ses plus jeunes frères et sœurs.

CHAPITRE 4

L'ascension de Madonna vers la gloire fut fulgurante. Six ans seulement séparent le moment où elle arrive à New York et sa première apparition sur la scène internationale en 1984, où vêtue d'une robe de mariée en tulle, elle chante *Like a Virgin*. Devenue star, Madonna se plaignit que le chemin avait été dur, qu'elle avait rencontré la misère et parfois la faim.

« Je me suis bougé le cul pour être là où je suis, a-t-elle toujours dit. J'ai même fait les poubelles pour survivre. »

La vie ne dut pas être facile lorsqu'elle débarqua à New York, passant d'un petit boulot à l'autre, squattant, dans les débuts, un studio de musique abandonné dans le West Side. C'était pourtant ce qu'elle avait choisi. Elle n'avait pas grandi dans le faste et la sophistication, mais elle n'avait jamais manqué de rien. Elle avait quitté le lycée pour se lancer à la conquête de New York, contre l'avis de son père, se privant donc de son soutien financier. Contrairement à ce qu'elle prétend, ce n'est pas pour échapper à la faim et à la misère qu'elle s'est tellement démenée, mais bien plutôt pour accomplir la promesse qu'elle s'était faite de plus jamais avoir à dépendre de qui que ce soit à l'avenir. Pourtant, là encore, nous tombons sur une contradiction. Pendant ces premières années, Madonna s'arrangea toujours pour dénicher quelqu'un qui avait foi en son talent, ou bien que son charme intriguait, ou encore qui la trouvait attirante, des gens qui passeraient à la caisse quand elle serait riche et célèbre.

Quelques années plus tard, quand elle se démenait pour décrocher le rôle d'Eva Perón, Madonna se convainquit d'autant plus qu'elle était « née pour jouer » Evita qu'elle reconnut dans l'itinéraire de l'ancienne Première Dame d'Argentine sa propre ascension vers la gloire. Madonna se persuada qu'à l'instar d'Eva Perón, elle avait souffert du même rejet de la part des siens, de sa famille ; qu'elle aussi n'avait pas hésité à se servir des hommes pour atteindre ses buts. Enfin, tout comme Evita, elle avait quitté une petite ville de province pour conquérir la grande ville, sans aucun argent ni promesse d'embauche. D'ailleurs, l'essentiel de la fameuse lettre qu'elle écrivit à Alan Parker pour plaider sa cause est consacrée à l'énumération de tous ses points communs avec Eva Perón.

« Nous suscitons autour de nous les débats les plus passionnés. On nous adule ou on nous déteste, on est soit des saintes, soit des putes opportunistes qui se sont servies de l'image qu'elles s'étaient forgées et de la publicité pour accéder à une reconnaissance internationale. »

Elle concluait en ces termes : « C'est mon destin de l'incarner. J'ai d'étranges affinités avec la culture latine, dans ma musique, dans le choix de mes amis, de mon entourage, dans mes choix culinaires, artistiques. »

Une fois que Madonna eut décroché le rôle, Alan Parker fut assez fin pour rajouter deux scènes qui, au moins de façon inconsciente, laissent entendre que Madonna et Evita avaient traversé le même genre d'épreuves.

Une des premières scènes du film représente un cortège funéraire dans une petite ville rurale en Argentine. L'atmosphère est lugubre. La troupe endeuillée remonte lentement vers une église dans laquelle attend le cercueil ouvert du défunt. La caméra s'arrête sur une enfant qui se tient à l'écart de la foule. Elle est vêtue de loques et tient un pitoyable bouquet de fleurs à la main. Subitement, elle s'arrache à sa mère et aux siens et se précipite vers l'église. Le sens est transparent. Ni l'enfant ni sa famille ne sont bienvenus aux funérailles. La petite fille connaît l'homme que l'on enterre aujourd'hui. Elle cherche désespérément à atteindre le cercueil. Une fois dans l'église, elle se jette sur le cadavre, le couvre de baisers en criant « Papa ! » La foule la repousse, des voix s'élèvent : « Bâtarde. » Le public comprend alors que l'enfant est la fille illégitime de cet homme respecté que sa famille et ses amis sont venus accompagner jusqu'à sa dernière demeure.

Saluons le talent d'Alan Parker qui rend cette scène d'autant plus émouvante que la petite fille ressemble de façon stupéfiante à une Madonna enfant, avec ses cheveux noirs, ses sourcils, son visage en forme de cœur et sa farouche détermination.

Marie Lujan Hidalgo, la jeune actrice qui incarnait Evita enfant, entretint d'étroites relations avec la star tout au long du tournage. Le lien fut « immédiat » et réciproque. « La première fois qu'on s'est rencontrées, raconte Marie, Madonna voulait tout savoir sur moi et ma famille. Si je m'entendais bien avec mes parents, comment j'étais devenue actrice, à quoi ressemblait ma vie. De l'avis de tous, elle ne se comportait pas avec moi de la même façon qu'avec les autres membres de l'équipe. »

Marie raconte encore que Madonna était à ce point immergée dans son rôle qu'elle est venue la réconforter après la scène de la mort du père d'Evita, comme s'il s'agissait de son vrai père. « Madonna croyait qu'elle était Evita et qu'elle avait vraiment perdu son père. Du coup, moi qui jouais le rôle de l'enfant, je ne pouvais que souffrir de cette perte. »

Mais Alan Parker ne se contenta pas de jouer sur l'étonnante ressemblance de Madonna et de la jeune Marie pour donner l'impression que la star et le personnage qu'elle interprétait n'étaient qu'une seule et même personne. En choisissant une enfant qui ressemblait davantage à Madonna qu'à Eva Perón, il accréditait la thèse selon laquelle l'une comme l'autre étaient des marginales, des enfants nées du « mauvais côté ». Ce qui en fait ne correspondait pas à la réalité, ni pour Madonna ni pour Evita.

Même si Eva Perón était une enfant illégitime, elle portait – comme ses trois sœurs et son frère – le nom de son père, Duarte, et entretenait avec lui les plus étroites relations. Pendant les quinze années que dura sa relation avec la mère d'Eva, jusqu'à sa mort en 1920 dans un accident de voiture, ce riche propriétaire partagea sa vie entre sa femme, dont il avait eu trois filles, et sa seconde famille. Tout soutien financier cessa avec sa disparition. Duarte ne laissa à ses descendants illégitimes que l'héritage de son nom. La vie devint difficile pour Eva. Elle n'oubliera jamais qu'elle fut obligée, tout comme sa mère et ses sœurs, de travailler en tant que domestique dans les riches maisons de la ville. Ce fut la première rencontre d'Eva Perón avec l'inégalité sociale, expérience qui devait l'inciter plus tard à faire tout ce qui était en son pouvoir pour améliorer le sort des pauvres.

Madonna, après la disparition de sa mère, ne connut jamais l'exclusion sociale ; au contraire, elle bénéficia des soins attentifs de tous les siens, fut parfaitement entourée par les religieuses qui prirent en charge son éducation. Tout au long de sa scolarité, l'appréciation de ses professeurs resta bienveillante « Se montrer patient. Sa mère est morte. »

Alan Parker établit un second parallèle entre la vie d'Eva Perón et celle de Madonna à la fin du film. Madonna fait une remarquable composition d'Evita sur son lit de mort, lorsque la Première Dame d'Argentine refuse d'admettre devant son mari qu'à trente-trois ans son corps puisse la lâcher. Madonna est formidable lorsqu'elle traduit l'angoisse qui étreint Evita dans ses derniers instants, les larmes, l'échec de la volonté, la bataille perdue contre le cancer des ovaires qui l'emporte. C'est l'un des rares moments où l'actrice va puiser au plus profond d'elle-même la vérité du personnage qu'elle incarne. C'est une scène étonnante dans laquelle Madonna convoque ses propres souvenirs, ses sentiments les plus intimes, pour se glisser dans la peau de sa mère vaincue à trente et un ans par le cancer. Mais là encore, la réalité est différente de la fiction. Les deux femmes n'ont pas connu la même mort.

Dans *Evita* d'Alan Parker, un Juan Perón éploré, rôle tenu par Jonathan Pryce, parvient finalement à articuler les mots que ni lui ni sa femme ne voulaient entendre : « Tu vas mourir, Evita. » Dans le film, la dévotion de Juan Perón à sa femme pendant les dernières semaines de sa vie est bouleversante.

Dans les faits, le vrai Juan Perón répugnait à entrer dans la chambre de sa femme, ne supportant pas les râles, l'odeur de mort qu'il jugeait intolérables et qui révoltaient ses sens. Madonna, lorsqu'elle se documentait à Buenos Aires sur la vie d'Eva Perón, apprit aussi que Juan Perón avait interdit aux médecins de délivrer des antalgiques à son épouse. En bon politicien, envisageant toujours l'avenir, il refusait qu'on détériore la peau de sa femme dans la perspective prochaine de l'exposition du cadavre à la foule.

Madonna, longtemps après la mort de sa mère, a vécu avec l'idée que son père lui avait tenu le même genre de discours, l'obligeant à se convaincre de sa prochaine disparition. Dans les derniers jours, lorsqu'elle demanda un hamburger, tant son mari que sa mère crurent au miracle ou au moins à un rémission temporelle. D'après le témoignage d'Elsie Fortin à l'époque, ce fut sa fille qui leur ôta leurs dernières illusions. Elle s'assit bien droite dans son lit pour leur annoncer : « Je vais mourir. Je veux voir mes enfants une dernière fois. »

En août 1989, Madonna fêta ses trente et un ans, âge auquel sa mère s'était éteinte. Ce fut un tournant dans sa vie et dans sa carrière. Alors que d'autres auraient subitement craint d'avoir atteint l'âge fatidique, la réaction de Madonna fut toute différente. Rien à voir avec une quelconque peur que l'histoire ne se répète. Non, Madonna se sentit soudainement trop vieille pour être la fille de sa mère. Inversement, sa mère était à jamais trop jeune pour devenir un jour la grand-mère de l'enfant que la star espérait bien avoir un jour. Ce fut l'année de *Like a Prayer*, album dédié à sa mère en ces termes : « Je dédie ce disque à ma mère qui m'a appris à prier. » Les chansons sont plus autobiographiques que jamais et passent pour beaucoup parmi les meilleures qu'elle ait jamais composées. Coécrit et coproduit par Madonna, Patrick Leonard, Steve Bray et Prince, *Like a Prayer* aborde non seulement les thèmes de l'amour, de la perte, de la mort d'un proche, de la révolte, mais constitue l'un des meilleurs exemples de la capacité de Madonna à jouer sur différents registres, à mêler les styles, passant de rythmiques très « dance » à la ballade sophistiquée interprétée au piano. Il y en a pour tous les goûts dans cet album dont elle a dit elle-même « qu'il peut être mal compris si on ne l'aborde pas par ses divers points de vue, sociaux, politiques ou religieux ». Et de fait, *Like a Prayer* paraît tout droit sortir d'un sondage réalisé par Madonna auprès d'une tranche représentative de femmes et d'adolescentes. Madonna ne s'est pas contentée d'y projeter ses propres angoisses, chaque chanson est construite pour que son public puisse s'y reconnaître, tous les titres abordent des questions, parlent de traumatismes que chacun est en mesure d'identifier, même s'il n'en a pas une expérience directe. Au lieu de changer simplement d'image, Madonna joue sur les intonations, les sentiments propres à chaque chanson. Dans *Oh Father*, elle a des larmes dans la voix en confessant à son père à quel point elle s'est sentie mal aimée à la mort de sa mère. Dans *Keep It Together*, elle chante l'importance de la famille, *Cherish* est en revanche d'un optimisme très années cinquante. *Till Death Do Us Part* revient sur l'échec de son mariage avec Sean Penn. Le titre le plus émouvant est sans conteste *Promise to Try*.

Madonna a suffisamment les pieds sur terre pour savoir que l'on attribue souvent aux disparus des qualités qu'ils n'ont jamais possédées. « Il faut faire attention, explique Madonna. Au fur et à mesure que les années passent, on est porté à transformer la personne morte en quelqu'un qu'elle n'était pas. »

Promise to Try est tout à la fois un hommage à sa mère et une violence qu'elle s'inflige à elle-même pour en finir avec la souffrance. C'est une chanson sur la séparation, sur la quête maternelle de Madonna et, en même temps, parce qu'elle s'oblige à reconnaître que sa mère est partie pour toujours, c'est aussi le récit du combat que livre la chanteuse aux fantômes de sa mémoire. « *Don't let memory play games with your mind / she's a faded smile frozen in time*[1] », chante-t-elle.

Madonna reconnaît qu'elle parle souvent à sa mère, sans savoir si elle l'entend ou pas. D'après ses propres termes, elle

1. « Ne laisse pas la mémoire se jouer de ton esprit / elle n'est plus qu'un sourire évanoui figé dans le temps. »

lui raconte des choses « qu'une fille ne peut dire qu'à sa mère. D'ordre strictement privé ».

Depuis ce tournant dans sa vie d'artiste, Madonna a fait de la scène son confessionnal. Sa musique lui a permis de régler ses comptes avec ses vieux démons mais aussi de créer une intimité toute particulière avec ses fans.

Noël 1963 fut une période de deuil pour les familles Fortin et Ciccone. Elsie Fortin était inconsolable. Elle ne pouvait admettre que Dieu lui ait pris sa fille débordante de vie qui laissait six enfants en bas âge. Dix ans plus tôt, Elsie avait déjà enterré son fils Gary, lui aussi terrassé par un cancer. Mrs Fortin priait de toute la puissance de son âme pour ne pas perdre cette foi qui l'avait aidée à traverser tant d'épreuves. C'était un lourd fardeau. Elle confia à plusieurs reprises à son confesseur qu'elle n'était pas sûre de résister. Sa foi allait être à nouveau ébranlée. Trois ans après la disparition de sa fille, son fils Dale, celui qui avait présenté Madonna à Tony lors de son mariage au Texas, mourrait aussi d'un cancer. Ils reposent tous les trois au cimetière de Calvary à Bay City.

En 1968, quand Rose Kennedy porta en terre Robert Kennedy, son quatrième enfant, les habitants de Bay City comparèrent le sort d'Elsie Fortin à celui de la mère emblématique du clan Kennedy.

Après la disparition de sa mère, les relations de Madonna et de sa grand-mère se resserrèrent. Elle était obsédée par le besoin de tout savoir sur sa mère. Elsie Fortin se souvient qu'elles passaient des heures ensemble et que Madonna était insatiable, lui posant d'innombrables questions. « J'essayais de lui répondre du mieux que je pouvais, poursuit Mrs Fortin. Je ne voulais pas que ma petite-fille se fasse une mauvaise idée de sa mère à cause de moi, parce que j'aurais négligé un détail. »

Souvenirs douloureux mais qui entretenaient l'image de l'enfant trop tôt disparu. « Madonna a le nez et la bouche de sa mère, affirme Mrs Fortin. Son sourire aussi, sa physionomie, petite et délicate. Elle en a les gestes. En grandissant, en devenant femme, elle a aussi pris certaines de ses expressions de visage. C'est comme si une partie de ma fille était encore avec moi. »

Elsie Fortin affirme que les dons musicaux de Madonna lui viennent de sa mère. « Ma fille aimait le chant et la danse. Je les revois toutes les deux danser et chanter sur des disques ou en écoutant la radio. Quoi qu'entreprenne la petite Madonna, sa mère applaudissait et l'encourageait à poursuivre. »

D'après Elsie Fortin, sa fille aimait tous ses enfants sans distinction, mais elle avait une préférence pour l'aînée de ses filles, celle qui avait reçu son prénom. Elles étaient très proches l'une de l'autre. « J'aurais dû intervenir de temps à autre pour lui dire qu'elle montrait trop d'attachement à Madonna, poursuit Mrs Fortin. J'avais l'impression que les autres se sentaient exclus. »

Mais si Madonna était la préférée, sa mère ne se montrait pas moins patiente et aimante avec ses cinq frères et sœurs. Elle les punissait rarement quand ils faisaient une bêtise, préférant les serrer contre elle, les embrasser. « Elle m'a dit une fois qu'ils ne resteraient pas longtemps enfants, raconte Elsie Fortin. Qu'elle ne voulait pas gâcher une seule minute de ce précieux temps à les disputer ou les voir pleurer. »

Madonna a toujours dit, au cours de sa carrière, que c'est la mort de sa mère qui l'avait motivée à vouloir réussir dans sa vie. La célèbre pédopsychiatre Melanie Klein assure que ce sont les soins et l'amour dispensés par la mère, plus que par le père, pendant les cinq premières années et demie de la vie de l'enfant qui vont modeler son caractère pour le reste de ses jours. La théorie de Klein du « bon sein » et du « mauvais sein » décrit la façon dont une mère traite différemment chacun de ses enfants, câlinant l'un, ignorant l'autre, dépréciant un troisième, et comment celui qui a reçu le « bon sein » développera une plus grande confiance en soi. Évidemment, les orphelins de mère ou les petits chouchous ne réussissent pas tous dans la vie.

Une actrice qui a travaillé avec Madonna sur *Un couple presque parfait* se montre moins généreuse avec la star.

« Madonna est, pour paraphraser Somerset Maugham, “au premier rang de la seconde travée”. Sa mère lui a peut-être donné cette confiance en elle qui fait les stars, mais elle ne lui a certainement pas légué l’autre ingrédient essentiel : le talent ! »

C’est certain, le talent, la discipline, la chance et le sens du rythme sont autant sinon plus importants que l’amour des parents. Mais Madonna a quelque chose en plus. Après la mort de sa mère, elle a pris en charge son destin. Un peu plus tard, elle est devenue sa propre mère à la scène, réalisant ce que celle-ci sans doute n’aurait jamais accompli. Si sa mère avait survécu, Madonna se serait peut-être contentée de ce qu’elle avait au lieu de se lancer à la conquête du monde.

CHAPITRE 5

Dans son ouvrage *La Psychanalyse des enfants*, Melanie Klein souligne « l'importance qu'a l'image "protectrice" de la mère pour une fille, force qui décuple l'attachement qu'elle lui porte... La fille a besoin de positif pour contrebalancer le négatif, et ainsi trouver son équilibre intérieur. Dans son imaginaire, le corps de sa mère représente une sorte de magasin où elle trouve les moyens de satisfaire tous ses désirs et d'apaiser toutes ses peurs. »

Melanie Klein parle également de l'intérêt pour l'enfant de développer dans sa vie une autre image, en plus de celle de ses parents, pour se constituer un soutien contre le monde extérieur. « Comme une nounou, un frère, une sœur, un grand-parent, une tante ou un oncle, qui peuvent, dans certaines circonstances, tenir le rôle de la "bonne mère" ou du "bon père". »

À l'approche de la puberté, les plaies ouvertes par la mort de sa mère se ravivèrent. Madonna se sentait coupable. Claude Delay-Tubiana, éminente psychiatre, spécialiste du développement sexuel de l'enfant est l'auteur de *Chanel solitaire*, un portrait intime de Coco Chanel dont elle fut très proche. Claude Delay-Tubiana raconte les chagrins d'amour, les traumatismes et les tragédies que Chanel connut tout au long de sa vie et qu'elle réussit à surmonter pour devenir l'étoile de la haute-couture parisienne. Un peu comme Madonna, Coco Chanel eut beaucoup d'amants influents qui l'aidèrent sur sa route vers le phénoménal succès qu'elle remporta. Elle aussi eut une enfance difficile. Le Dr Delay-Tubiana relève certaines ressemblances entre les deux femmes. « La relation d'une jeune fille à sa mère n'est jamais exclusive, explique-t-elle. Celle-ci trouve sa limite dans les pulsions œdipiennes. L'anxiété et le sentiment de culpabilité qu'elle ressent dans son rapport à sa mère affectent le cours de ces mêmes pulsions. Si une fille a peur de sa mère ou, dans le cas de Madonna, perd sa mère avant l'âge de treize ans, elle est privée d'un élément fondamental dans sa relation affective avec son père. La qualité et la durée de son lien avec sa mère sont déterminantes. Dans le cas de Madonna, le cours normal de son développement a été interrompu prématurément, ce qui a complètement perturbé ses instincts œdipiens naturels mais aussi son développement sexuel ultérieur. »

Dans des circonstances normales, une saine relation œdipienne avec son père s'équilibre avec le lien puissant et prolongé de la jeune fille avec sa mère. Dans le cas de Madonna, cette relation prit fin prématurément quand sa mère mourut. Madonna grandissant, son père adopta une attitude plus mesurée, plus prudente face à ses jeux de séduction et ses ruses féminines. Les comportements que Tony avait autrefois trouvés adorables, quand Madonna était petite, étaient devenus inopportuns. Il était mal à l'aise, manifestait de la gêne quand sa fille grimpait sur ses genoux ou se glissait dans son lit au milieu de la nuit. Il devint plus strict, plus froid, plus distant avec sa fille aînée.

La plupart des personnes qui ont travaillé avec Madonna confirment qu'elle réagit bien au stress, qu'elle sait garder son calme « au milieu de la tempête ». John Schlesinger l'a dirigée dans *Un couple presque parfait*. Il a constaté avec étonnement qu'en dépit de son manque d'expérience d'actrice, elle ne doutait jamais un instant de sa capacité à maîtriser son rôle. Le film était difficile, même pour un professionnel aguerri, ajoute Schlesinger. Ce fut l'une des « pires expériences » de sa vie. Les problèmes s'accumulèrent dès le début. Les producteurs, effrayés par le sujet du film, la paternité homosexuelle, n'arrêtaient pas d'appeler pour que l'on réécrive le script.

Dans le film, Madonna est Abbey, une femme célibataire, professeur de yoga, prenant subitement conscience que son horloge biologique a commencé son compte à rebours. Après une aventure d'une nuit, bien arrosée, Abbey tombe enceinte de son meilleur ami, homosexuel.

« Madonna a des défenses terriblement développées contre la critique et l'échec, raconte John Schlesinger. On dirait qu'elle a grandi dans un environnement extrêmement aimant. C'est un étonnant cocktail d'inné et d'acquis. Elle est indomptable. Difficile pour un metteur en scène, malgré ses carences en tant qu'actrice, de négliger le fait qu'elle se prend pour "le centre de l'univers". Madonna a cette énergie qui fait les stars. »

En apparence, Madonna est à l'épreuve des balles. Elle a cette qualité rare, surtout pour une interprète, de ne jamais se laisser paralyser par ses échecs. Au contraire, toute mauvaise critique, toute appréciation négative semblent la motiver à aller de l'avant. « Je crois que j'ai un moteur à l'intérieur de moi qui fait que je ne m'effondre jamais, dit-elle. Quelque chose qui me pousse. Parfois, c'est simplement plus fort. Mais, quoi qu'il arrive, c'est le travail qui me donne la force de lutter contre tous ces démons que j'ai en moi. »

D'après une de ses proches amies (une associée), il est pourtant arrivé à Madonna de se sentir profondément blessée par un mauvais article ou des critique injustifiées. « Elle a toujours dit que les gens avaient des préjugés parce qu'elle était riche et célèbre, raconte cette amie, et que tout ce qu'on écrivait de désagréable sur elle, c'était, en quelque sorte, le prix à payer. Je l'ai déjà vue pleurer quand la critique massacrait un film ou un clip dans lequel elle s'était totalement investie. La seule chose qui la maintienne debout, qui la fasse avancer, c'est sa discipline, sa volonté de ne pas céder au découragement. Elle minimise toujours ses problèmes en les comparant à ce qui est arrivé à sa mère. J'ai beaucoup d'estime pour elle. »

L'amour inconditionnel que Madonna Louise Fortin a offert

à sa fille n'est probablement pas étranger à l'extraordinaire confiance que sa fille a en son talent. D'après Schlesinger, au début du tournage, Madonna discutait constamment ses indications. « Elle voulait diriger le film, poursuit-il, et ce au détriment de son travail de comédienne. Les premières semaines, elle n'arrêtait pas de me dire qu'elle ne comprenait pas ce que j'essayais de lui expliquer, ce que je lui demandais de faire. Alors j'ai changé ma manière de la diriger, comprenant que je ne pouvais pas la traiter comme n'importe quel acteur professionnel. Je ne lui donnai qu'un minimum d'indications, espérant que les choses lui viendraient naturellement. Pas de chance. Je découvris en réalité une artiste qui avait bâti son succès sur un jeu très superficiel et fortement connoté. En fait, je m'en veux. C'était moi le réalisateur et, malheureusement, j'ai fait l'erreur de croire que le talent dont elle faisait preuve dans son univers musical suffirait à faire d'elle une actrice. Le plus incroyable, c'est qu'avec son énorme confiance en elle, elle m'avait presque convaincu. »

Rupert Everett, son partenaire dans *Un couple presque parfait*, se montre plus indulgent sur la prestation de Madonna. « Son principal problème, c'est que sa “Madonnité” supplante tout le talent d'actrice qu'elle pourrait avoir, déclare Everett. Ce que je veux dire par là, c'est que cet art d'être Madonna, cette personne dont les fans attendent toujours le meilleur, qui ne cache jamais rien, qui ne les déçoit jamais, qui leur livre toujours l'émotion qu'ils attendent de ses spectacles, tout ça se met en travers de son talent. Le fait est, à l'évidence, qu'elle ne nous a pas assez bousculés dans le bon sens. À sa décharge, il faut reconnaître qu'elle n'avait pas suffisamment d'expérience pour savoir ce qu'il aurait fallu modifier. Par exemple, être bon dans un film dépend énormément de la qualité du rôle que vous avez à interpréter. Si un acteur doit mettre le feu à ses cheveux en allumant une cigarette, c'est une bonne scène, peu importe la façon dont vous la jouez. Mais si on coupe juste avant le moment où les cheveux s'embrasent, tout ce que fait l'acteur, c'est allumer une cigarette, et dans ce cas on se fiche que vous l'allumiez bien ou mal, ce n'est jamais qu'une cigarette qu'on allume. Ce qui s'est passé, c'est que les gros poissons avaient peur de coller une image antipathique, un peu bizarre à Madonna. Ce fut son malheur. S'ils avaient laissé les scènes comme elles avaient été écrites, Madonna aurait pu se composer une autre image, plus drôle, plus excentrique. En fait, on l'a laissée tomber. Nous, toute l'équipe. Elle a dû se débrouiller avec un rôle complètement fade qui ne lui offrait pas beaucoup de possibilités de jeu. »

Elsie Fortin, la grand-mère de Madonna de quatre-vingt-neuf ans, dit de sa petite-fille : « C'est difficile pour elle de jouer dans des films. Quand elle sort de son propre rôle, ses fans ont du mal à retrouver celle qu'ils aiment. »

C'est en discutant avec sa grand-mère quand elle était enfant que Madonna découvrit que sa mère, enceinte d'elle, avait absolument voulu que ce soit le médecin qui l'avait mise au monde, vingt-six ans plus tôt, qui l'accouche de son troisième enfant. Madonna Fortin Ciccone fit en voiture les cent trente kilomètres qui séparent Pontiac, où elle habitait, de Bay City. Ce fut la seule et unique fois. La petite Madonna y vit une nouvelle preuve qu'elle était la préférée. Elle adorait écouter sa grand-mère lui raconter les dernières semaines de la grossesse de sa mère passées dans la maison de son enfance. Elle avait dormi dans son lit de jeune fille, blottie sous sa couverture blanche et bleue. Le 16 août 1958, Elsie Fortin conduisit sa fille au Mercy Hospital de Bay City. Le Dr Abraham H. Jacoby, le médecin qui avait mis au monde les huit enfants d'Elsie Fortin chez elle au 2002 Neuvième Rue, accoucha la fille aînée de Tony et Madonna Ciccone. C'est un des grands regrets de Madonna de ne pas avoir pu lui parler. Âgé de soixante-deux ans à l'époque, il avait depuis longtemps disparu quand Madonna en exprima le besoin.

Elsie Fortin confia aussi à sa petite-fille que c'était elle qui avait persuadé sa fille de lui donner son prénom. Tony était contre. La demande d'Elsie allait en fait contre la tradition des familles catholiques d'origine française où l'on ne donne jamais à un enfant le prénom d'un membre vivant de la famille, et encore moins celui d'un de ses parents. Mrs Fortin avait pourtant insisté. Elle avait toujours eu la terrible prémonition que sa fille ne ferait pas de « vieux os ». La vieille dame de quatre-vingt-neuf ans a encore aujourd'hui du mal à expliquer ce qu'elle avait éprouvé à la naissance de Madonna, le pressentiment que sa petite-fille aurait un destin hors du commun. « Quand Madonna est née, se souvient-elle, j'ai eu l'impression qu'il se passait je ne sais quoi d'irrévocable. C'est inexplicable. Je suis très croyante. Je me disais que si ma fille donnait son nom au bébé, son nom au moins continuerait à vivre, au cas où mon sentiment se révélerait juste. »

Madonna trouva à cette histoire des accents presque mystiques. Elle y vit un nouveau signe du lien sacré qui l'unissait à sa mère décédée.

Après la mort de sa mère et le remariage de son père, Madonna se sentit mal aimée et délaissée par son père. L'enfant, qui était autrefois la préférée de sa mère, fut contrainte d'accepter qu'une autre femme investisse la figure maternelle. Face à ce qu'elle ressentait comme une trahison, Madonna développa un redoutable esprit de survie qui lui permit de se développer. Elle savait quand elle devait se mettre en colère pour attirer l'attention de tous et obtenir ce qu'elle voulait. Quand la situation lui échappait, elle avait l'intelligence de se fondre dans le décor. Madonna possède un art consommé du contrôle de soi. C'est son principal atout. Elle est discrète, effacée dans des circonstances qu'elle ne domine pas ; terrible, dominatrice avec son entourage, qu'elle terrorise et humilie quand la situation lui appartient.

Lors de la première d'*Evita* en Angleterre, Sting, un bon copain de Madonna, donna une soirée en son honneur au Ivy, un restaurant chic de Londres. Il y avait tout le gratin britannique du cinéma, du théâtre et de la scène rock. Madonna était la star la plus en vue du moment. Tout ce petit monde était venu la féliciter pour sa prestation dans le film. Au lieu de savourer son succès, Madonna arriva en retard, avec un indescriptible pantalon noir, un tee-shirt blanc, sans maquillage, ses cheveux blonds tirés en arrière en queue de cheval. Alors que les invités attendaient son arrivée, Madonna se glissa discrètement dans la salle du restaurant et s'assit sagement à un coin de table près du bar faiblement éclairé. Une actrice très connue se souvient de sa stupéfaction quand elle finit par la remarquer. « Tout le monde se demandait où elle était, se rappelle-t-elle avec amusement. Et tout d'un coup, je tourne la tête, et elle était là. Sting s'est précipité, l'a serrée dans ses bras. On était tous autour d'elle en train de lever nos verres et de l'applaudir. » Elle éclate de rire. « Quand on s'est étonnés qu'elle ne se soit pas manifestée en arrivant, poursuit-elle, elle a répondu d'une petite voix timide qu'elle ne voulait pas nous déranger, on avait l'air de si bien s'amuser. Incroyable, non ? C'était sa soirée, et elle était là, tapie dans son coin comme une petite fille. »

Un autre invité, un réalisateur américain qui avait dirigé Madonna dans un film précédent, se souvient lui aussi de l'événement. Pour lui, c'est un « acte d'humilité », assez caractéristique du comportement de Madonna quand elle est intimidée. « Il ne faut pas être dupe, ajoute-t-il. Elle est mal à l'aise avec les vrais acteurs, parce qu'elle a une peur bleue que l'on découvre qu'elle n'est qu'un imposteur. Il y a un peu de ça. Mais c'est aussi une manière, en s'effaçant, en se rendant invisible, d'attirer l'attention. »

Le prodigieux instinct de survie de Madonna et sa parfaite maîtrise de soi, quelles que soient les circonstances, lui ont souvent permis de tirer les leçons des erreurs des autres acteurs sur un film. Une de ses amies qui se chargea, lors du tournage d'*Un couple presque parfait*, de lui amener tous les jours sa fille Lourdes sur le plateau, décrit sa façon de faire. « Pour Madonna, c'était comme au lycée. Elle observait en silence comme une brave petite élève de l'enseignement catholique. Quand quelqu'un se faisait engueuler par le metteur en scène pour avoir mal fait quelque chose, elle se disait "ne fais pas comme lui". C'est une vraie sainte nitouche sur un plateau de cinéma. Elle est comme ça depuis le remariage de son père, quand sa belle-mère était constamment sur son dos. C'est une manière de se protéger. »

Madonna s'est toujours vu décerner des bons points pour son comportement sur les plateaux de cinéma, dans chacun de ses films, quels que soient la qualité du scénario, le talent de ses partenaires ou la sensibilité du réalisateur. Pendant le tournage, la diva reste sur la défensive. Quand le film est terminé, que les critiques sont mauvaises, elle se défend généralement en disant qu'elle ne sait pas jouer dans les films des autres, interpréter des personnages, des dialogues qui ne sont pas les siens. En bref, que l'expérience est vouée à l'échec dès lors que la production est assumée par un tiers. « Je suppose que je ne suis pas très douée pour rester assise en attendant qu'on vienne me donner des ordres, a-t-elle déclaré. Je n'ai pas eu beaucoup de chance avec mes films parce que je trouve difficile de n'être qu'un coup de pinceau sur la toile d'un autre. »

Dans son subconscient, l'obsession de la mort et la prise de conscience de son impuissance à empêcher la mort de sa mère l'ont poussée à concentrer ses efforts sur les seuls aspects de sa vie qu'elle peut maîtriser de bout en bout : sa carrière et les gens qui la servent.

Madonna est foncièrement différente quand elle travaille dans son domaine. « Je ne fais pas un disque, un concert ou un clip sans avoir mon mot à dire sur la conception de l'ensemble », répète-t-elle souvent.

Quand Madonna a lancé son propre label, Maverick, c'était moins pour des motifs financiers que pour se donner les moyens d'assurer son succès de chanteuse. Dès le début, elle a compris qu'un artiste, une fois son disque, son livre ou son tableau terminé, dépend entièrement de sa maison de disques, de son éditeur ou de sa galerie pour son budget de promotion et donc finalement pour sa réussite. Madonna n'a pas voulu prendre le risque de confier sa carrière à des gens qui s'en souciaient probablement moins qu'elle. Nile Rogers, qui a produit la plupart de ses disques, l'explique ainsi : « Ce côté arrogant, c'est juste qu'elle est accrocheuse, qu'elle ne veut pas lâcher le morceau. On a souvent cette attitude quand on grandit dans une famille nombreuse. Vous savez, il faut toujours se battre et crier, ne serait-ce que pour faire respecter son tour à la salle de bains. »

Alek Keshishian a réalisé *On the Road, Behind the Scenes*. Il a aussi filmé le *Blond Ambition Tour* depuis les coulisses, projet qui devait aboutir au documentaire sorti sous le titre *In Bed with Madonna*. Keshishian était en deuxième année à Havard quand il prit la direction du Harvard's Experimental Theater, poste qu'il devait occuper jusqu'à son diplôme. Pendant cette période, il monta un opéra-rock s'inspirant des *Hauts de Hurlevent* d'Emily Brontë, illustré avec des chansons de Billy Idol, Sting, Kate Bush et Madonna. Les musiques de Kate Bush et de Madonna éclairaient le personnage de Cathy, respectivement, avant et après son mariage avec Lutton. La production eut un tel succès que Keshishian en fit, en accord avec ses professeurs, le sujet de sa thèse de doctorat. La pièce fut en outre montée à l'American Repertory Theater. Très impressionné par le résultat, son agent de la Creative Artists Agency, décida de faire visionner la vidéo par Madonna. Elle fut immédiatement conquise. En mars 1990, elle invita Keshishian à la rejoindre au Japon en pleine tournée du *Blond Ambition Tour*. Elle voulait qu'il filme son spectacle et quelques plans de coupe insolites, matériel qui pourrait être utilisé pour une émission spéciale à la télévision. Quand Keshishian découvrit ses premiers rushes, il proposa à Madonna de travailler sur un documentaire, plaidant que, contrairement à ce qui se pratiquait sur les plateaux de cinéma, ça ne s'était jamais fait dans le cadre d'une tournée. Elle accepta. Alek Keshishian mit en boîte plus de cent cinquante heures, filmant Madonna sur le vif tout au long de sa tournée à travers l'Europe et l'Amérique du Nord.

Si Keshishian avait suivi Miss Ciccone dans les coulisses du tournage de l'un de ses films, il est à parier que Madonna serait apparue moins arrogante, moins narcissique. Le public aurait au contraire découvert une Madonna humble, toujours à l'heure, coopérative, travaillant dur, généreuse.

Derrière cette façade tapageuse et insolente se cache toujours la petite fille sans maman. L'enfant qui a perdu ses repères familiaux, qui recherche inlassablement l'amour inconditionnel de ses parents.

Après la mort de sa mère, Madonna traversa une période où elle se sentait invisible. Elle avait l'impression que les gens ne la voyaient pas, qu'elle avait cessé d'exister puisque le seul être qui lui avait prêté une attention sans limites avait disparu. Sa mère ne saurait jamais ce qu'elle allait devenir, quel serait l'avenir de sa fille. C'était insupportable, inacceptable pour Madonna. Ce vide, ce manque, est devenu le moteur de son ambition. Les louanges mais aussi les critiques de son public, de la presse, les regards qu'elle attire sur elle, sont la preuve qu'elle existe réellement. Madonna comme Eva Perón, et c'est sans doute sur ce point qu'elles se ressemblent le plus, ont toutes les deux constamment manifesté ce désir insatiable d'atteindre la célébrité et par là d'être reconnues dans le moindre domaine de leur vie. Malgré les millions que Madonna a gagnés, malgré les millions de personnes qui ont adulé Eva, même longtemps après sa mort, l'une comme l'autre ont désespéré d'être un jour considérées comme de vraies actrices. Cependant, si les deux femmes partagent ce même besoin d'être remarquées, appréciées, elles restent foncièrement différentes dans leurs façons de captiver l'attention de leur public pétri d'admiration. Le public d'Evita s'extasiait du spectacle que la Première Dame lui donnait. Chacun de ses discours, chacune de ses apparitions s'apparentait à un film. C'était une diversion bienvenue aux dures réalités de la vie que les Argentins subissaient. Ils n'ignoraient rien du passé d'Eva Duarte avant qu'elle n'épouse Juan Perón. Ils savaient que son incarnation en grande dame n'était rien d'autre qu'une brillante composition. Sous Perón, la politique était un théâtre, avec ses intrigues et ses rebondissements. Le peuple venait s'y divertir tout en ayant l'impression de participer à sa propre destinée.

La majorité des gens savaient que la biographie d'Evita n'était qu'une invention, mais ça leur était égal. En revanche, le public de Madonna a, lui, besoin de croire qu'elle lui ouvre complètement son cœur et son âme, qu'il a un accès direct à son intimité la plus secrète. Si Madonna jouait un rôle, elle ne serait pas Madonna. Si ses fans n'étaient pas convaincus que toutes les paroles de ses chansons s'inspirent réellement de sa vie, que ses clips sont essentiellement autobiographiques, elle ne serait jamais pour eux qu'une artiste de plus. Dans les deux cas, c'est le public qui a façonné les mythes que sont devenus Evita et Madonna, pour se distraire d'une réalité par trop difficile. Vivre par procuration à travers des stars de cinéma et des hommes politiques était un moyen de supporter la terrible pauvreté qui régnait en Argentine au tournant des années 40. Aux États-Unis, des années 80 jusqu'à aujourd'hui, voyeurisme, télé-réalité, violation de la vie privée des personnages publics, biographies non autorisées, détails intimes sur la vie sexuelle de nos hommes politiques sont autant de façons de retenir l'attention des masses. L'opposition entre le besoin de savoir des Américains et le besoin de croire des Argentins explique sans doute les chemins différents empruntés par Madonna et Evita pour atteindre à une reconnaissance universelle.

Elsie Fortin se souvient que Madonna était une « petite fille très jolie et très indépendante qui avait un grand besoin d'attention et qu'en général elle l'obtenait. Elle était tellement attachante et résolue qu'il était difficile de ne pas la remarquer. »

D'autres membres de la famille à Bay City ont le souvenir d'une petite fille photogénique qui aimait bien qu'on l'emmène au Bay City State Park et au Tony's Amusement Park, et qui ne se risquait dans les jeux les plus dangereux que si on lui promettait de la « regarder ». Pour son oncle Earl, c'était une « artiste née "qui jouait instinctivement" pour la foule ». D'après un autre de ses oncles, elle « "revivait" dans un ascenseur bondé ou dans un autobus, dès qu'elle s'apercevait qu'on l'écoutait. Quand les projecteurs se braquaient sur elle, rapporte cet oncle, elle devenait subitement adorable. Elle se mettait à poser toutes ces questions d'enfant précoce qui font rire tout le monde et attirent les compliments. »

C'est dans l'enfance que Madonna acquit cette manie de l'organisation et du détail qui la caractérise aujourd'hui. Son obsession de la mort de sa mère, le fait qu'elle n'ait rien pu faire pour l'empêcher, ont certainement joué un grand rôle dans son besoin de contrôler chaque aspect de sa carrière.

Don Davis, qui interprétait le rôle d'un entraîneur dans le film de Penny Marshall *Une équipe hors du commun*, se souvient avoir été très impressionné par la conscience professionnelle de Madonna. Elle arriva sur le plateau avec son propre professeur de base-ball. « Elle bossait plus que n'importe qui, raconte Davis. Jusqu'à ce qu'elle maîtrise complètement les règles du jeu et sache se servir d'une batte. Elle était complètement immergée dans le rôle. »

Au cours du tournage, Madonna fit la rencontre de Rosie O'Donnell, la comédienne et animatrice de talk-show, qui interprétait un rôle secondaire dans le film. Les deux femmes devinrent immédiatement amies. À l'époque, des rumeurs coururent sur la nature de leur relation. La vérité, c'est qu'une complicité immédiate et profonde s'était installée entre elles quand Madonna découvrit que Rosie avait perdu sa mère d'un cancer du sein à l'âge de dix ans. « Quand vous perdez si jeune un parent, explique Rosie O'Donnell, vous êtes littéralement assoiffé de souvenirs. Madonna et moi, nous passions notre temps à parler de nos mères, et ça nous aidait vraiment. C'était comme si elles étaient encore avec nous. Madonna et moi avons partagé ces moments. »

CHAPITRE 6

Accompagnée toute sa vie par l'obsession de sa mère, Madonna a tout naturellement cristallisé pour toujours son idéal féminin sur la femme au foyer américaine typique des années 50. La conception maternelle de l'épanouissement personnel se définissait par ses relations avec son mari et avec Dieu, comme pour les autres femmes de cette époque. Madonna a ajouté une nouvelle dimension à cette définition, un aspect plus cru, plus proche du sexe hard que de l'amourette.

Tout au long de sa carrière, dans chacune de ses métamorphoses, de la « material girl » à Marilyn, de Dita la Dominatrice à la paysanne russe à la dent de devant couronnée d'or, sans oublier ses rôles au théâtre et au cinéma, où elle aura tout interprété, de la missionnaire (*Shanghai Surprise*) à la femme qui se sert de son corps comme d'une arme mortelle (*Body of Evidence*), de la joueuse de base-ball de seconde classe courageuse et généreuse (*Une équipe hors du commun*), à la petite secrétaire timide et effacée dans la pièce de théâtre *Speed the Plow* de David Mamet, de la poule de gangster dans *Dick Tracy* à *Evita*, et, jusqu'à aujourd'hui où elle élève, dans sa dernière composition en mère qui allaite son enfant, le tire-lait au rang d'accessoire de mode ; dans toutes ces représentations, un seul point commun : le sexe. Au-delà de la simple volonté de choquer, Madonna a soulevé le problème de la sexualité féminine, sujet un peu perdu de vue dans l'effervescence de la lutte pour l'égalité des droits dans d'autres domaines de la vie sociale.

Si on doit reconnaître à Madonna une contribution importante au féminisme, c'est bien pour avoir permis aux femmes ignorées par le courant féministe majoritaire de s'exprimer. C'est la sainte patronne du féminisme des campings. Elle a donné une légitimité à ces femmes frustrées par ce qu'elles sont, ce qu'elles vivent et avec qui elles vivent. Ces femmes qui ne luttent pas pour une égalité théorique, une reconnaissance professionnelle, mais qui tentent simplement d'échapper dans leur vie quotidienne aux brutalités et au harcèlement. Ces femmes des campings, des lotissements, des bungalows, des HLM. Celles qui fréquentent les centres commerciaux, s'habillent bon marché et suivent les recettes au dos des paquets de céréales. En immortalisant l'humble ménagère des années 50, Madonna rend hommage à sa mère.

Pat McPherson, écrivain féministe, a cosigné avec Michelle Fine, professeur au département d'études féminines de la City University de New York, un article paru sous le titre « Soif d'un Nous : Race, sexe, classe et différence, négociation du territoire des femmes, adultes ou adolescentes ». Pat McPherson s'est beaucoup consacrée à l'analyse critique de l'hétérosexualité au cinéma et prépare actuellement un livre sur ce sujet, qui couvre la période des années 30 à nos jours. Selon elle, Madonna a offert à la femme confinée dans son foyer un espace où déployer son imagination et se sentir des droits. « Les femmes blanches constituent l'essentiel du public de Madonna, explique McPherson. Il s'agit principalement de femmes adultes, employées ou ouvrières appartenant à la classe moyenne inférieure. Madonna a prouvé qu'elle pouvait toucher ces femmes oubliées par le féminisme dogmatique. En fait, Madonna a atteint le sommet de sa popularité au plus fort du mouvement doctrinaire. Elle a proposé une autre façon d'être féministe à ces femmes issues de milieux modestes, qui n'étaient pas du tout des intellectuelles et qui se sentaient peu concernées par les théories abstraites. »

Une amie et voisine de Madonna Fortin Ciccone se souvient que la jeune épouse et jeune maman « se remaquillait et se recoiffait toujours avant le retour de Tony ». « Parfois je surveillais les enfants pendant que Madonna se refaisait une beauté avant qu'il n'arrive, raconte-t-elle. C'était rituel. C'était l'image même de la parfaite épouse qui attend son mari sur le pas de la porte entourée par ses enfants bien lavés, bien propres, prêts à recevoir le baiser paternel avant de partir se coucher. Elle n'a jamais éprouvé la moindre difficulté pour passer de la mère à la femme. Elle mettait des trucs sexy au lit et ne se montrait jamais en bigoudis devant son mari, comme la plupart d'entre nous. C'est ce qu'elle me racontait. » Elle s'arrête un instant et poursuit : « Ils avaient une sexualité épanouie. Du moins, c'est ce qu'elle me disait. »

Elsie Fortin confirme que sa fille et son gendre eurent un mariage heureux. « Ils étaient toujours très amoureux, très tendres entre eux, dit-elle. Mon gendre était fier de la façon dont sa femme s'occupait de la maison et des enfants. Il n'a jamais voulu qu'elle travaille à l'extérieur ou qu'elle gagne sa vie. »

Une voisine des Ciccone, qui vit toujours à Pontiac, se souvient que Madonna était « accro » aux magazines féminins et dévoraient les articles qui expliquaient aux ménagères modèles comment rester attirantes pour leurs maris. « C'était une autre planète à l'époque, raconte-t-elle. Les femmes n'avaient pas peur de servir leurs bonshommes. De toute façon, elles ne vivaient que pour ça. Je me souviens d'un article que nous avions lu toutes les deux. Le sujet était : "Comment savoir si votre mari a une aventure ?" Madonna dit qu'elle n'avait même pas besoin de ce genre d'enquête pour savoir que Tony ne la tromperait jamais. Je lui ai demandé comment elle pouvait en être si sûre. Elle m'a répondu qu'elle savait être une dame au salon et une putain dans la chambre à coucher. »

Plusieurs personnes qui connurent Madonna quand elle se préparait pour son rôle dans *Recherche Susan désespérément* se souviennent qu'elle passa énormément de temps à visionner des feuilletons des années 50. « Elle les étudiait pendant des heures, affirme un vieil ami. Elle cherchait quelque chose qu'elle pourrait piquer, un geste, un style de vêtement, une expression. Ce n'est pas tellement son personnage qu'elle cherchait à comprendre, mais plutôt celui de Roberta, le rôle tenu par Rosanna Arquette, son alter ego dans le film. »

Dans *Recherche Susan désespérément*, Rosanna Arquette incarne une femme au foyer frustrée par son mari qui cherche à échapper à son train-train quotidien. Un film de Frank Perry de 1970, *Journal intime d'une femme mariée*, avec Carrie Snodgrass, traitait un sujet similaire. Le film de Perry met en scène une ménagère mariée à un arriviste. Elle s'ennuie et prend un amant. Mais cette aventure ne fait que mettre en exergue ses problèmes de couple. Susan Seidelman, la réalisatrice de *Recherche Susan désespérément*, tisse, elle, un scénario pratiquement shakespearien. Au lieu de se contenter de prendre un amant, le personnage de Rosanna Arquette vit par procuration à travers Susan, la jeune citadine effrontée que Madonna incarne. Leur relation donne naissance à des sentiments bien plus intenses que ceux qui interviennent dans l'aventure de Rosanna Arquette avec un homme, joué par Aidan Quinn, avec lequel elle finit par coucher. Madonna apparaît comme la libératrice de la ménagère prise au piège dans son milieu. Non seulement elle lui découvre une hétérosexualité en dehors du mariage mais lui révèle son homosexualité latente.

En regardant ces feuilletons des années 50, Madonna a pu constater que les rôles de ménagères se partageaient en deux catégories bien précises. Soit elles étaient drôles, comme dans *I love Lucy*, soit elles représentaient l'archétype d'une existence saine et salutaire, comme dans *Father Knows Best* ou *Leave It to Beaver*. Mais dans un cas comme dans l'autre, il n'était fait aucune référence au potentiel érotique de ces femmes. *Recherche Susan désespérément*, avec son scénario subtil soutenu par l'intelligente interprétation de Madonna, fait passer l'idée que les femmes peuvent vivre leurs fantasmes sans nécessairement modifier ou mettre en péril leur statut social.

Madonna reprendra ce thème dans ses chansons et dans ses clips, ce qui fera d'elle un symbole d'espoir pour la femme au foyer Un autre ami qui a connu Madonna à l'époque où elle travaillait le rôle de Susan ajoute : « En fin de compte, le personnage de Rosanna a représenté ce qu'aurait été la mère de Madonna si elle avait vécu. Ça peut sembler bizarre mais c'est ce qui a frappé Madonna pendant le tournage et ça lui est resté. »

Pour Madonna, une femme libérée peut exercer le pouvoir sans sacrifier sa féminité et peut avoir du plaisir sexuel sans avoir à en payer le prix. Elle s'est clairement efforcée, que ce soit dans ses chansons ou dans ses clips, d'en finir avec le mythe qui veut que, pour une femme, sexe soit synonyme d'amour. « La grande erreur des féministes, explique Madonna, ça a été de croire qu'il fallait s'habiller comme les hommes et se comporter comme les hommes pour arriver quelque part. Elles étaient convaincues que pour être respectées et avoir de l'autorité il fallait agir comme des hommes. Les femmes ont toujours eu le pouvoir. En fait, elles n'ont simplement jamais compris qu'il n'était pas incompatible avec la féminité. » Madonna a aussi déclaré qu'elle préférait les hommes qui restaient à l'écoute de leur côté féminin. « Ce sont eux les plus forts, a-t-elle affirmé. Exactement comme mon père. Il était amoureux de ma mère, il la désirait, ce qui ne l'empêchait pas de montrer ses émotions. Il ne voyait aucune faiblesse à se montrer attentif aux désirs de ma mère. »

Le clip *Express Yourself* offre un autre exemple de la conviction de Madonna que le féminisme n'est rien de plus que la liberté de choix pour les femmes. Dans cette vidéo, on voit Madonna enchaînée à un lit. Scène qui provoqua les protestations d'Andrea Dworkin, l'une des plus virulentes militantes féministes contre la pornographie. Madonna répliqua que c'était elle qui en avait eu l'idée et qu'en plus elle avait tout payé de sa poche. Dans une atmosphère surréaliste inspirée de *Metropolis*, le film de Fritz Lang, le clip raconte l'histoire d'une femme raffinée et solitaire qui n'a pas réussi à trouver le bonheur malgré sa fortune et ses succès. Dans une scène parodique de domination, elle s'imagine en souveraine régnant sur une cinquantaine de mâles qui triment comme des forcenés. Mais Madonna préfère ignorer toute référence aux classes laborieuses ou à la libération des femmes. Son point de vue est exclusivement sexuel. Le personnage féminin de *Express Yourself* invite l'un des travailleurs dans son somptueux appartement. Alors qu'ils commencent à s'ébattre dans des draps de satin, des images sado-maso de Madonna en robe de latex noir apparaissent fugitivement. Coproduit par Steve Bray, qui signa aussi la chanson avec Madonna, le message du clip est on ne peut plus simple : on ne risque rien dans des relations sadomaso si les partenaires gardent la parfaite maîtrise d'eux-mêmes. « Je crois que le monde serait plus agréable si les gens pouvaient se débarrasser de leurs inhibitions », a-t-elle déclaré.

Dans l'univers de Madonna, la vie donne le plaisir sans la douleur. Mais dans la rue, c'est très différent.

Toujours vêtue de vêtements provocants, tant à la ville que sur scène, Madonna vit constamment sous la protection de gardes du corps, de systèmes d'alarme. Elle vit derrière de hauts murs à l'abri du monde extérieur. « Il y a tout simplement trop de choses négatives dans le monde aujourd'hui pour perdre son temps avec les apparences, poursuit-elle. Tout ce que j'essaie de faire, c'est d'apporter aux gens ordinaires, aux gens de la rue, un peu de soulagement par rapport à tout ça, à cette réalité. »

À la différence des adolescentes qui achètent ses disques, Madonna peut s'habiller et se comporter comme ça lui plaît sans risquer de se faire insulter, importuner ou violer. À la différence de son public d'adultes, Madonna, avec une fortune estimée à environ 500 millions de dollars, peut prétendre à une variété de choix pratiquement illimitée en matière d'amour, de maternité, de mariage ou de divorce. Madonna, dans son environnement privilégié et hyperprotégé, jouit d'une liberté que ses fans n'ont pas.

La vidéo de Madonna *Papa Don't Preach* a, elle aussi, suscité la polémique. Coïnterprété par Danny Aiello dans le rôle du père en colère, le clip raconte l'histoire d'une jeune fille,

Madonna, qui vient demander à son père sa bénédiction en lui annonçant qu'elle est enceinte et qu'elle a l'intention de garder le bébé. On a accusé Madonna de se faire l'avocat des mères célibataires, de prôner la sexualité chez les adolescents et de faire l'apologie de la misère ; d'autres y ont vu une prise de position contre l'avortement. Anita Harris, professeur invité à la City University de New York, spécialiste de la sexualité des adolescentes, pense que le clip était dangereusement irréaliste. « Madonna n'a jamais pris la précaution de prévenir son public d'adolescentes contre le manque de réalisme du personnage qu'elle joue dans *Papa Don't Preach*, explique Harris. En fait, la plupart des jeunes filles qui se retrouvent dans cette situation ont bien peu de chances d'obtenir la bénédiction de leur père, et encore moins la garantie de pouvoir assumer normalement leur enfant. Madonna oublie en outre que, dans la plupart des cas, ces adolescentes qui se retrouvent enceintes ne peuvent pas compter sur le soutien de leur petit ami, ni espérer une proposition de mariage. » Anita Harris reconnaît aussi que l'idée propagée par Madonna, qui consiste à penser que s'habiller et agir de façon provocante fait partie de la lutte pour la libération de la femme, lui pose problème. « Que Madonna fasse comme ça et que ça lui réussisse n'implique pas nécessairement que les autres filles puissent faire la même chose et s'en sortent aussi bien. Vous prenez un risque quand vous avez quatorze ans et que vous vous promenez dans la rue habillée comme Madonna. Si vous n'êtes pas violée ou agressée, on vous collera au minimum une sale réputation. Vous n'êtes pas comme Madonna à l'abri de vos gardes du corps. C'est un point essentiel. Les jeunes filles avec lesquelles j'ai discuté aimeraient bien pouvoir se promener dans la rue habillées comme ça leur chante sans être la proie de prédateurs sexuels. Elles revendiquent aussi le droit à une sexualité, et le droit de ne pas être importunées par les hommes. Mais malheureusement, la réalité est tout autre. »

Madonna défend aussi une approche très différente de la pornographie mettant en scène des femmes. « D'une façon générale, je ne pense pas que la pornographie soit dégradante pour les femmes, dès lors qu'il s'agit d'un choix, a-t-elle déclaré. Personne ne leur met un pistolet sur la tempe. » Madonna a tendance à oublier que la misère matérielle et la drogue peuvent tenir lieu de pistolet sur la tempe.

Dans la plupart de ses clips érotiques, Madonna ne montre jamais l'homme dans un rôle actif et la femme dans le rôle passif d'objet et de moyen de plaisir pour le mâle. Elle va souvent négliger le partenaire masculin unique au profit d'une succession d'hommes et de femmes, qu'elle finit, elle, la protagoniste, par congédier. Quand elle simule la masturbation, elle ne fait que reprendre pour son public féminin le vieux slogan des féministes américaines : « La femme a autant besoin d'un homme qu'un poisson d'une bicyclette. »

Reste pour Michelle Fine, qui enseigne à la City University de New York, que les jeunes femmes n'ont le plus souvent aucune conscience du plaisir féminin. Le message de Madonna leur passe souvent au-dessus de la tête. « J'ai participé à un grand nombre de classes d'éducation sexuelle, explique-t-elle. Et ce qui m'a frappée, c'est que le désir masculin prend systématiquement le dessus. On ne parle que de reproduction, d'éjaculation et du plaisir de l'homme. Le désir de la femme n'est jamais pris en compte. Du coup, le discours sur la sexualité féminine se concentre entièrement sur la victimisation, le danger et la morale, mais jamais sur le plaisir. »

Like a Virgin offre un autre exemple intéressant de la façon dont Madonna joue sur les mots et les doubles sens. Dans le clip, elle ne dit jamais vraiment qu'elle est vierge, au sens où on l'entend généralement. Elle laisse simplement entendre qu'elle l'est au sens affectif, romantique du terme : le garçon dont elle parle a réussi à pénétrer cet endroit secret de son esprit et de son cœur qu'elle n'avait jamais ouvert à personne. Le clip *Burning Up* a pour objet d'illustrer la volonté d'indépendance des femmes. Il montre Madonna discutant vivement avec son petit copain pour qu'il la traite en égale. Mais, quand il accepte enfin de lui confier le volant, il s'évanouit dans le décor et Madonna se retrouve seule sur le siège du conducteur. Dans *Borderline*, vidéo censée affirmer les droits de la femme,

Madonna est en train de danser avec son petit ami de type latin quand elle est remarquée par un photographe de mode. Elle se lance aussitôt dans sa nouvelle carrière. Le petit ami devient amer, jaloux de cette indépendance naissante. Mais la morale de cette histoire est à double ressort. Le personnage de la fille prend soudain conscience que sa vie superficielle de top model ne vaut pas le véritable amour. Elle laisse tomber le photographe et sa carrière et retourne dare-dare retrouver son amant, qui, lui aussi, semble-t-il, a réfléchi. À la fin du clip, on les voit tous les deux dans une salle de billard où il lui apprend patiemment à jouer, lui manifestant tout le respect et l'attention qu'elle mérite. Et quand on regarde les images du concert qu'elle a donné au Radio City Music Hall, en 1985, on a très nettement l'impression qu'elle s'adresse en priorité à la portion féminine de son public. Quand elle se touche ou prend des poses lascives sur scène, elle adresse clairement aux femmes le message qu'elles n'ont pas forcément besoin d'un homme pour prendre du plaisir.

Madonna n'est ni la première ni la seule femme à être devenue l'idole de l'Américaine moyenne. Mae West, en son temps, a symbolisé tout ce qu'une femme *ne devait pas* être. Elle était impertinente, sexuellement agressive, indépendante et originale. « Tous les hommes que je rencontre veulent me protéger, a-t-elle dit une fois. Je ne sais vraiment pas de quoi... »

Elle était l'antithèse de la star hollywoodienne. Sa révolte touchait le cœur de ses fans. Son pouvoir, c'était sa force, et sa force, c'était sa sexualité. Elle a violé les règles et n'a pas eu à en payer le prix, du moins à l'écran. Elle voulait le plaisir et ne s'en est jamais excusée. Comme Madonna, Mae West évoluait sur l'étroite frontière qui sépare ce qui est autorisé de ce qui est interdit. Elle obligeait les gens à réfléchir aux limites soi-disant morales que la société impose aux femmes.

Des femmes comme Roseanne Barr[1] et Martha Stewart[2] contribuent aujourd'hui à leur façon à la libération de l'Américaine moyenne, même si elles ont une approche différente du sujet. Madonna, contrairement à Roseanne Barr ou à Martha Stewart, ne parle pas des réalités quotidiennes. Mais elle atteint le même public, en insistant sur le potentiel érotique de ces femmes, de ces épouses, de ces mères, chose que les feuilletons des années 50 ne faisaient pas.

Roseanne est le type même de la survivante qui redonne espoir à toutes les femmes maltraitées, rabaissées, humiliées ou abandonnées par leurs parents ou par leurs maris. Martha, quant à elle, élève les corvées domestiques au rang de beaux-arts. Roseanne regarde sous les lits, tire les meubles en évoquant l'indicible des violences familiales ou d'une sexualité au rabais. « Ce qu'il n'a pas en taille, il le rattrape en vitesse », dit-elle par exemple de son futur ex-mari, Tom Arnold. De son côté, Martha se fait la grande prêtresse des services consommateurs, prouvant une fois pour toute que Truman Capote avait tort quand il déclarait que la seule différence entre les riches et les pauvres, c'est que les riches ont de meilleurs légumes. Roseanne compatit avec ces femmes, tout en leur délivrant implicitement le message qu'étant supérieures aux hommes, elles devraient se rebeller. Suffisamment réaliste pour savoir qu'elle est davantage une exception qu'une règle, elle captive les femmes en leur faisant comprendre que, même si aucune d'elles n'atteindra jamais sa célébrité ni son aura, elles partagent quand même un secret monstrueux, à savoir que les hommes sont risibles. Elle réserva une de ses répliques les plus acerbes à un groupe de lesbiennes militantes qui lui reprochait de ne jamais parler d'elles. « Je ne vois pas pourquoi les lesbiennes détestent tant les hommes, répondit-elle, elles ne sont pas obligées de coucher avec eux. »

Martha apparut sur les écrans au moment où les ménagères

1. Comédienne et vedette de télévision qui, mettant en scène avec humour ses propres expériences traumatiques de l'enfance et du mariage, a redonné espoir à des millions de ménagères trop souvent oubliées.

2. Vedette américaine qui a monté des émissions et des magazines consacrés à conseiller les ménagères, Martha Stewart passe pour être celle qui a élevé la ménagère américaine au rang de génie domestique.

devenaient la cible des publicitaires. Son audience se constitua autour de ce noyau dur de femmes au foyer qui se demandaient quelle lessive lavait plus blanc. Elle s'élargit bientôt à la génération suivante, à ces femmes qui, elles, n'osaient pas reconnaître que, comme leurs mères, elles avaient envie d'apprendre à tenir une maison et à préparer de bons petits plats. Martha leur a démontré qu'elles pouvaient tout avoir, la réussite professionnelle et un bel intérieur. Si Roseanne s'autoproclame « déesse domestique », ce qui est bien plus joli que « ménagère », que Martha est sa grande prêtresse, Madonna, elle, est purement et simplement la déesse. C'est la version moderne de Diane, ou d'Artémis, brandissant un flambeau dans sa main droite, protectrice des vierges, déesse de la chasse et du cœur, mais c'est aussi Aphrodite, la déesse de l'amour, la moins active et la plus traditionnelle des divinités féminines.

Si l'on cherche plus près de nous, Madonna devient Dietrich ou Harlow, Marilyn ou Carole Lombard. En fait, dans les années 70, Madonna aurait été la femme idéale, accomplissant la métamorphose de Marabel Morgan[1], accueillant son mari sur le pas de la porte, nue, un Martini à la main. Quand le livre de Madonna, *Sex*, est sorti dans les années 90, les gens ont fait la connaissance de Dita, la créature imaginaire qui brouillait la frontière des sexes, et proclamait à son public qu'un petit peu de sadomasochisme ne pouvait pas faire de mal. Mais que Madonna tienne un Martini ou une cravache, c'est toujours son rôle qu'elle interprète. C'est moins le plaisir de son partenaire qu'elle recherche que le sien. Changeant constamment d'image, voire d'opinion, Madonna a toujours suscité des réactions contradictoires. Dans certains milieux, on n'est pas loin de penser qu'elle est une remarquable propagandiste pour le célibat des prêtres et la retraite spirituelle, loin des tentations de la chair et du diable. *Rolling Stone* lui fit l'honneur de six couvertures, moins pour ses réussites artistiques que pour son incomparable talent à libérer les fantasmes les plus érotiques de ses admirateurs. Patrick Leonard, ami et collaborateur de

---

1. Dans les années 70, au plus fort de la révolution féministe aux États-Unis, Marabel Morgan s'est singularisée en recommandant aux femmes de se servir de leur pouvoir de séduction pour s'imposer.

longue date, estime que ce qui distingue Madonna des autres artistes, c'est qu'elle sait intimement mêler sa vie et sa sexualité à son art sans que ses chansons soient pour autant à prendre avec des pincettes.

Comme les héroïnes des soap, elle adresse un message de réconfort à ses fans : elle partage les mêmes désirs, les mêmes peurs, les mêmes inquiétudes et les même conflits qu'eux. En fait, elle les motive, elle leur donne du courage, comme sa mère l'avait fait avec elle. Elle s'offre en exemple. Tout est possible. N'importe quelle fille ordinaire, si elle travaille dur, peut devenir une star. Dans le générique du clip *Like a Virgin*, Madonna, avec un fort accent new-yorkais, revient sur le secret de sa réussite : « *I went to Noo Yawk, I din know anybody, I wanted to dance, I wanted to sing, I wanted to make people happy, I wanted to be famous. I wanted everybody to love me, I wanted to be a star. I worked very hard and my dreams came true*[1]. »

C'est ce type de message adressé à son public qui a fait son succès. Elle transcende la distance qui sépare en général le fan de la star et la remplace par une assurance : « Je suis toi, tu es moi, si je l'ai fait, tu peux le faire aussi. »

Madonna reste profondément marquée par quelques souvenirs de sa petite enfance. À l'âge de cinq ans, sa maman la photographia dans sa robe de mariée. Cette image de petite fille enveloppée dans les plis du taffetas blanc allait cristalliser ses tourments les plus intimes, matérialiser sa volonté de remplacer sa mère aux yeux de son père. Après la mort de sa mère, Madonna garda cette photo près de son lit et, pendant des années, elle l'emmena dans tous ses déplacements. Elle devint le symbole de la perte, non seulement de sa mère mais aussi de son père.

À quatre ans, Madonna, qui éprouvait du mal à s'endormir, prit l'habitude d'aller dans la chambre de ses parents et de se glisser entre eux dans le lit. « Mon père était toujours contre,

1. « Je suis venue à Noo Yawk, je connaissais personne, je voulais danser, je voulais chanter, je voulais rendre les gens heureux, je voulais être célèbre. Je voulais que tout le monde m'aime, je voulais être une star, j'ai travaillé très dur et mes rêves se sont réalisés. »

se souvient-elle, alors que ma mère était toujours pour. » Elle se pelotonnait contre la chemise de nuit de soie rouge de sa mère. Pour Madonna, la douceur du tissu et les légers effluves du parfum de sa mère incarneront à jamais la synthèse de la femme idéale.

Peu après la mort de sa mère, alors qu'elle avait à peine six ans, Madonna prit conscience du pouvoir de son corps. « J'étais une enfant flirteuse, a raconté Madonna. Ces petites filles qui montent sur les genoux de tout le monde. Je jouais à séduire tout ce qui passait, mes oncles, mon grand frère, mon père. Je testais mon charme. Je savais que je disposais d'un outil très puissant même si je ne savais pas quoi en faire. J'en avais conscience, c'est tout. »

Depuis ce jour, Madonna se considéra comme la femme qui occupait la première place dans la vie de son père. Dans les mois qui suivirent la mort de sa mère, elle n'eut de cesse d'essayer de se glisser dans la chambre et retrouver sa place dans le lit paternel.

À un moment dans *In Bed with Madonna*, Madonna discute avec Sandra Bernhard. C'est une « conversation entre nanas ». Elle lui raconte les difficultés qu'elle éprouvait à trouver le sommeil quand elle était petite. « Je me glissais dans le lit de mon père, plaisante Madonna, et je m'endormais immédiatement après qu'il m'avait baisée. »

Dans *La Psychanalyse des enfants*, Melanie Klein explique que « la nature de son attachement [la petite fille] à son père [est] fondamentalement affectée par la nature du lien qui l'unit à sa mère. Pour Freud, ces liens se superposent. Beaucoup de femmes reproduisent leur relation à leur mère dans leur relation avec les hommes. » Elle ajoute : « la capacité à maintenir sa position de femme [pour la petite fille] et, à partir de là, sa capacité à projeter une image bienveillante du père, dépendent foncièrement de son sentiment de culpabilité envers ses deux parents. En outre, certains événements comme la maladie ou la mort du père ou de la mère... peuvent contribuer à renforcer en elle l'une ou l'autre détermination sexuelle, suivant la manière dont ils affectent son sentiment de culpabilité. »

La réponse de Madonna à Bernhard était désinvolte, reste que Madonna avait été privée prématurément à la mort de sa mère de la « détentrice du sein nourricier », du parent qui aurait naturellement dû la protéger contre l'angoisse et le mal. Madonna attendait de son père qu'il la nourrisse comme sa mère l'avait nourrie. Devant son refus ou son incapacité à le faire, surtout après son remariage, Madonna en conçut une terrible amertume.

Madonna a toujours regretté que son père ne se soit pas montré plus ouvert et plus communicatif avec elle. Elle aurait pu exprimer ce qu'elle éprouvait au lieu de garder en elle un tel ressentiment. Même aujourd'hui, longtemps après les faits, des années après avoir accepté que son père ait refait sa vie, elle continue à s'escrimer pour que son père reconnaisse sa réussite. Madonna voudrait qu'il admette que son besoin de s'imposer qui l'a menée si loin lui vient de ce qu'elle a enduré quand elle était petite. Non sans une certaine coquetterie, Tony Ciccone refuse de reconnaître que sa fille aînée possède cette même détermination farouche qui l'a poussé lui-même, quelques années auparavant, à lutter contre l'adversité pour se construire un avenir. Il ne semble pas du tout impressionné par le parcours de sa fille, mais plutôt perplexe, plus gêné que fier. Tout en reconnaissant que sa fille est une star, il prend le plus grand soin à ne pas sembler privilégier Madonna par rapport à ses sept autres enfants. « Tous mes enfants ont travaillé dur pour se faire une place, je ne peux pas être plus fier de l'un que de l'autre. Je ne mesure pas le succès en terme d'argent, explique-t-il. En vérité, je considère que ce sont mes parents qui ont fait le plus difficile, quand ils ont quitté l'Italie pour venir s'installer en Amérique. Ça c'était du courage et de la force de caractère. »

Qu'il s'agisse de la fille qui se masturbe avec un crucifix dans *Like a Prayer*, ou qu'elle simule une fellation avec une bouteille dans *In Bed with Madonna*, Madonna ne saurait néanmoins se passer de l'approbation paternelle pour tout ce qu'elle fait. Elle n'est pas moins contradictoire quand elle affirme que son sens du « romantisme » et sa croyance au

« grand amour » lui viennent de son père, ou qu'elle reprend à son compte tout le credo paternel sur le fait que le sexe et l'amour sont inséparables et que faire l'amour est un acte aussi sacré que communier. « C'est quelqu'un qui croit qu'on ne doit pas coucher ensemble avant le mariage, raconte Madonna. Il est toujours resté fidèle à ses convictions. Ça, pour moi, c'est quelqu'un de fort. »

Après la mort de sa femme, Tony Ciccone s'est entièrement consacré à ses enfants. Il a mené une vie de père célibataire et pas d'homme célibataire, jusqu'à son remariage. Madonna peut en témoigner. Elle est profondément attachée à son père, malgré l'ambiguïté de leur relation. Peu avant son mariage avec Guy Ritchie, elle a dit de lui : « Les choses n'ont pas toujours été faciles entre nous. Il y a eu des moments durs. Quand on ne parlait plus. Mais j'aime cet homme. »

L'avertissement en tête de son livre *Sex* est extrêmement révélateur. « Je suis une actrice, écrit-elle, et j'ai considéré le personnage de Dita (l'héroïne dominatrice) comme un rôle auquel je pouvais m'identifier et que j'ai choisi d'incarner pour permettre à mes fans de libérer leurs propres fantasmes sexuels. Rien dans ce livre n'est vrai. Tout est inventé. »

Malgré ses bravades sexuelles, il n'est pas difficile d'imaginer que ces mots ont été écrits par Madonna pour une seule personne, son père.

CHAPITRE 7

Après la mort de sa mère, le 1er décembre 1963, Madonna décida, parce qu'elle avait été sa préférée, qu'elle portait son nom, qu'elle lui ressemblait plus qu'aucun des autres enfants, de devenir la gardienne de sa mémoire. Elle s'intronisa « historienne de la famille ». Après tout, elle était l'aînée des filles et celle qui avait conservé le souvenir le plus vivace, tant des jours heureux que de la lente agonie de sa mère.

Dans les mois qui suivirent le décès de Madonna Fortin Ciccone, les enfants continuèrent à être trimballés de parents en amis, jusqu'à ce que la grand-mère maternelle soit en mesure de les accueillir pour d'assez longues périodes. « J'ai pas mal gardé les enfants l'été qui suivit la mort de ma fille, explique-t-elle. En fait, toute la famille venait me voir régulièrement. »

Mrs Fortin s'occupa aussi, après la disparition de son fils Dale, trois ans plus tard, de ses sept enfants. « En tout, treize petits-enfants se sont retrouvés orphelins de l'un de leurs parents, ajoute-t-elle. Je me sentais le devoir de leur inculquer le sens de la famille. Mais celle dont j'étais la plus proche, c'était, sans conteste, Madonna. »

Son fils, Carl Fortin, qui à l'époque jouait dans les boîtes de nuit avec son groupe de musique, renchérit : « Nous avons toujours formé une famille très soudée. La mort de ma sœur n'a fait que resserrer les liens. Il fallait bien élever tous ces mômes. »

Madonna a toujours exprimé le désir de tout apprendre sur sa mère, pourtant elle n'en a jamais soufflé un mot à ses petits camarades de Bay City.

Wanda McPharlin était la voisine et la meilleure amie de Madonna Fortin Ciccone. Sa fille, Moira McPharlin, était la meilleure amie de Madonna, à l'époque où les deux familles vivaient à Pontiac. Après le remariage de leur père, les Ciccone déménagèrent pour s'installer à Rochester Hills. Les deux copines se virent moins souvent mais restèrent toutefois en relation. Elles se perdirent complètement de vue quand Moira, son aînée de deux ans, abandonna le lycée. Moira quitta ses parents et sombra plusieurs années dans l'alcool et les drogues dures. Dans sa galère, elle travailla un moment comme danseuse *topless*. Madonna était déjà une star quand elles se retrouvèrent. Moira McPharlin avait réussi à remonter la pente. Elle était maintenant mariée, mère de quatre enfants et enceinte du cinquième. Moira entra dans l'histoire du rock en débarquant dans les coulisses du *Blond Ambition Tour* à Detroit. Elle apparaît dans le documentaire de Alek Keshishian, *In Bed with Madonna*. Elle était loin de se douter que ces quinze minutes de gloire allaient être d'une si rare violence.

Moira attend dans les coulisses l'arrivée de Madonna. Alek, caméra au poing, enregistre tout ce qui se passe. Il suit Madonna et son entourage qui rejoint sa loge où elle doit retrouver son amie d'enfance. Tout en marchant, Madonna explique ce qu'elle doit à Moira, c'est elle qui lui a appris « à [se] raser les cannes et à mettre un Tampax ». Mais ce n'est rien encore en comparaison de l'attitude de diva qu'elle adoptera quand les deux femmes seront face à face.

La caméra revient sur Moira qui entend Madonna approcher. Moira est nerveuse et visiblement intimidée quand apparaît la star. Elles se serrent dans les bras, s'embrassent. Moira lui propose de s'asseoir un instant pour discuter tranquillement. Madonna répond qu'elle n'a pas le temps. Montrant son gros ventre, Moira parle de la lettre qu'elle lui a envoyée il y a quelques années pour lui demander d'être la marraine de son fils. Madonna répond qu'elle l'a reçue avec beaucoup de retard. Moira a les larmes aux yeux, elle doit se jeter à l'eau, l'entretien ne devrait pas durer plus de deux trois minutes. Elle se lâche et lui demande à brûle-pourpoint de devenir la marraine de l'enfant qu'elle porte. « Je voudrais que tu bénisses mon enfant, dit-elle pressée par le temps. Prions pour que ce soit une fille. Je lui donnerai ton nom. » Madonna répond qu'elle doit réfléchir, réponse on ne peut plus raisonnable pour quelqu'un qui prend le rôle de marraine au sérieux. Mais ces images sont douloureuses. De toute évidence, la rencontre n'a pas la même valeur sentimentale pour les deux femmes. On imagine facilement Moira McPharlin se torturant la cervelle pendant des mois pour savoir comment aborder le sujet avec sa célébrissime copine, et voilà que Madonna refuse d'emblée d'être la marraine de l'enfant qu'elle porte, anéantissant son rêve en quelques secondes. Pour Madonna, il s'agit surtout de choquer son public. La caméra continue à filmer. Un silence gêné s'est installé après le rapide échange. C'est bouleversant. Madonna se retourne pour partir. Son entourage ne l'a pas quittée d'une semelle. Moira est anéantie. La caméra zoome sur Moira. Elle lance un « petite merde ! » à mi-voix. C'est une femme simple, rien de comparable avec la star. La caméra est revenue sur Madonna qui s'est arrêtée et fixe Moira. Moira est dans le champ de la caméra, dans ses yeux une vague lueur d'espoir. Madonna s'exclame alors à la cantonade : « Est-ce que vous savez que Moira est la première fille que j'ai branlée ?

— C'est faux ! » réplique Moira mortifiée qui ne comprend pas l'attitude de la chanteuse.

Madonna éclate de rire. « Je me souviens parfaitement qu'on était à poil sur le lit, réplique-t-elle en se tournant vers sa cohorte d'admirateurs. Je revois sa chatte sur mon visage comme si c'était hier. »

Moira secoue la tête, sous le choc. « Ah ouais ? » La pauvre fille jette un regard désabusé autour d'elle. « Vous voyez à quoi mènent l'alcool et la drogue. Ça ne t'a pas arrangée ».

Madonna s'est fait photographier à genoux devant la tombe

de sa mère. Elle a écrit des chansons sur elle, ses clips sont hantés par la mort. Elle a donné des tas d'interviews où elle parlait de la perte, du sentiment qu'elle éprouvait d'avoir été rejetée. Elle a déclaré des dizaines de fois que c'était parce que sa mère était morte qu'elle avait voulu devenir célèbre. Mais elle n'est jamais allée au-delà. Elle n'a jamais vraiment parlé de sa mère qu'avec sa grand-mère maternelle, c'est avec elle qu'elle partage ses souvenirs, c'est à elle qu'elle pose toutes ses questions sur cette femme qui a été rayée de sa vie quand elle avait cinq ans. Face à certaines douleurs, certains traumatismes, il y a des gens qui se repassent inlassablement le scénario de la catastrophe, il y en a d'autres qui préfèrent tout mettre dans une case et ne plus y penser. Madonna parvient à faire les deux en même temps.

Les enfants passèrent plusieurs mois chez des proches avant que Tony comprenne qu'ils devaient tous à nouveau être réunis sous le même toit. Il décida d'employer quelqu'un pour s'occuper de la maison et des petits pendant qu'il était au travail. Il fallait reprendre un semblant de vie normale. Il eut toutes les peines du monde à trouver la femme qui convenait aux enfants, peu enclins à se plier à l'autorité d'une étrangère. Rita Cavanagh*, qui avait été recommandée par le curé de la paroisse, resta trois semaines, ce qui constitue une sorte de record de longévité parmi les candidates qui se succédèrent auprès des Ciccone. Elle se souvient : « Une atmosphère de tristesse régnait sur la maison. C'était un foyer sans aucune joie. Il y avait du bruit, des gamins, un certain désordre, mais pas de bonheur. Ce qui m'a le plus frappée, c'est le regard de cet homme lorsqu'il rentrait le soir. Ça lui faisait presque mal de prendre ses enfants dans ses bras. Ils devaient trop lui rappeler leur pauvre mère. »

Rita Cavanagh ajoute que c'était affreusement déprimant. C'est pour cette raison qu'elle est partie et non parce que les petits étaient trop turbulents. « Je pouvais faire n'importe quoi, rien ne soulageait leur cœur gros comme ça. Ces mômes m'ont bouleversée. »

Au printemps 1966, Tony Ciccone embaucha une jolie blonde aux yeux bleus âgée de vingt-trois ans. Joan Gustafson avait accepté la place pour mettre de l'argent de côté et créer un jour sa propre crèche. L'un de ses plus vieux amis, vivant toujours à Taylor dans le Michigan, ville dont Joan est originaire, propose une version légèrement différente. D'après lui Joan, issue d'une famille modeste, unique fille de surcroît, avait toujours rêvé de « monter à la ville » et d'épouser un homme ayant une bonne situation. « Pour Joan, Detroit, c'était la ville, raconte-t-il. Elle a cherché dans la banlieue de Detroit. Elle espérait trouver une maison où il n'y aurait pas de femme pour lui dire continuellement ce qu'elle avait à faire. Joan voulait mener la danse. Elle racontait aux gens qu'elle faisait des économies pour ouvrir une crèche. »

Toujours d'après l'ami de Joan, la nouvelle gouvernante se sentit immédiatement attirée par ce père de six enfants. Tony, quant à lui, ne prit pas immédiatement conscience des sentiments qu'il suscitait chez sa jeune employée. « Joan est une fille très sensible, poursuit ce proche. Pour elle, cet homme vivait un conflit. Lors des nombreuses conversations que nous eûmes ensemble, Joanie me raconta que le deuil de sa femme ne l'empêchait pas d'exprimer certains besoins. »

Au départ, Joan venait chez les Ciccone le matin et repartait après le dîner. Un soir, Tony arriva plus tard que d'habitude, à cause d'une tempête de neige. Il proposa à Joan de rester pour la nuit au lieu de risquer un accident. « C'était dans l'ordre des choses, poursuit l'ami. Il avait besoin de quelqu'un à qui parler, et peut-être davantage... alors de fil en aiguille... » Tony Ciccone demanda la jeune fille, de douze ans sa cadette, en mariage.

Après le mariage, passer de nounou au statut de belle-mère lui parut tout aussi naturel. Ce ne fut pas le cas pour les enfants. Pour Madonna, la transition était trop brutale. Les relations avec son père furent mises à rude épreuve. « Quand ma mère est morte, raconte-t-elle, je n'avais plus rien à perdre. En fait, je venais de perdre ce que j'avais de plus précieux au monde. Je suis devenue agressive. » Malheureusement, Tony entendait bien faire respecter son choix.

Un voisin dit un jour à Tony Ciccone qu'il avait « épousé deux saintes ». Dans le voisinage, Joan Ciccone passait pour un modèle de patience et d'abnégation. Un autre ami raconte : « La première fois que j'ai rencontré Joan, elle avait vingt-trois ans. Il paraissait inconcevable que cette jolie petite femme se retrouve avec six enfants. À l'époque, elle et ma fille, qui avait à peu près le même âge, devinrent amies. D'après ma fille, Joan n'aurait pas hésité un seul instant. Elle avait le sentiment d'accomplir son destin en s'occupant de ces gamins. C'était naturel. » Pour Joan, ainsi qu'elle le raconte dans une récente interview, les choses étaient claires. Elle était tombée amoureuse de Tony, mais aussi de ses petits. Déclaration qui laisse pour le moins les enfants Ciccone circonspects : « Je n'ai jamais compris pourquoi elle avait épousé papa, dit une des filles Ciccone. Elle était très jeune. Prendre en charge six mioches, c'était dur. Pour elle et pour nous. Elle était pas mal, elle aurait pu se marier avec un jeune et fonder sa propre famille. Ça a toujours été un mystère pour moi qu'elle ait choisi papa. »

Une fois mariée, Mrs Ciccone, autant éprise d'ordre que foncièrement incapable de le faire régner durablement, décida qu'il fallait conduire l'éducation des enfants d'une « poigne de fer ». Tâche redoutable surtout pour une belle-mère de vingt-trois ans. Pour compenser sa jeunesse, sa petite taille, son allure juvénile, Joan entreprit de diriger la maison avec une rigueur de sergent major. Décision qui ne l'aida pas à conquérir le cœur des enfants. Elle assigna des corvées à chacun d'eux en fonction de leur âge et de leur capacité. C'est ainsi que Madonna, l'aînée des filles, se retrouva en charge des petits : « C'était encore plus dur après la mort de ma mère, explique

Madonna. J'ai l'impression d'avoir passé mon adolescence à m'occuper de bébés, à changer des couches. Je gardais les mioches pendant que mes copains jouaient dehors. Je crois que c'est à partir de ce moment que j'ai commencé à vouloir me tirer. »

Les voisins qui fréquentaient le couple à l'époque et dont les enfants allaient à l'école avec les petits Ciccone se souviennent que Joan était un vrai « cauchemar », une sorte de procureur qui n'oubliait jamais rien et faisait payer le moindre écart. Une femme raconte qu'elle était particulièrement dure avec Madonna : « Je voyais souvent Joan lorsqu'on emmenait les enfants à l'école. Pauvre Madonna, elle me faisait de la peine. Joan l'envoyait systématiquement s'asseoir à l'arrière de la voiture. Si elle achetait des bonbons pour les enfants, on pouvait être sûr qu'il n'y en avait pas pour Madonna. Elle avait toujours une raison, la petite avait été désobéissante, elle avait fait une bêtise, elle lui avait répondu. Résultat, elle était toujours punie. »

Madonna ne montrait jamais ce qu'elle ressentait, même lorsqu'elle était injustement accusée. Au contraire, elle fixait Joan avec arrogance, comme pour la défier. Madonna sortait généralement gagnante de ce rapport de forces. « Joan a failli devenir complètement dingue, poursuit la voisine. Plus elle en rajoutait, plus Madonna refusait de plier. C'était vraiment terrifiant. J'avais de la peine pour Joan. L'enfant la faisait tourner en bourrique, elle était incontrôlable. De toute évidence, c'était Madonna la plus forte, la plus entêtée. »

Aujourd'hui, malgré tout ce que Madonna a pu lui faire subir, Joan se montre particulièrement fière de la réussite de la petite rebelle. Lorsque Joan Ciccone m'offrit de visiter sa maison, nous commençâmes par le salon dans lequel trône un piano. Il est couvert de photos de famille. Madonna y est en bonne place. Avec sa fille, avec Carlos Leon, le père de Lourdes ; en compagnie de Sean Penn, avec Warren Beatty, entourée des siens. Joan est toujours ravie de rendre visite à la star où qu'elle se trouve, de New York à Los Angeles, en passant par Miami ou Londres, dans une des nombreuses résidences de la chanteuse. Joan, comme Tony, nie catégoriquement avoir jamais accepté de cadeaux trop importants de sa belle-fille, et encore moins de l'argent pour l'achat de la propriété. Et quand lors du mariage de Madonna avec Guy Ritchie, Joan et Tony décidèrent au retour de faire un petit crochet par la France pour visiter quelques vignobles du bordelais, ce fut à leurs frais. Les réservations furent faites par la *Starr Travel Agency* de Montréal. Tony, à qui l'on proposait de luxueuses suites, choisit la chambre la moins chère.

Au fond, peu importait à Tony les déboires que rencontrait Joan dans son rôle de belle-mère. Ce qu'il voulait, c'était quelqu'un pour s'occuper de la maison. Il restait, malgré tous ses efforts pour se couper de ses racines, l'Italien type. Il comptait non seulement sur sa femme, mais aussi sur sa fille pour assurer son confort. « C'était un peu le roi chez nous », raconte Madonna.

Et en ce qui concernait ses fils, il ne tolérait aucune paresse. Il leur inculquait le même sens du devoir et du travail bien fait qu'il avait reçu de son père. Ils étaient chargés des « gros travaux » dans la maison et s'occupaient du jardin. Il se montrait intraitable quand il s'agissait de « parler correctement ». Il était très exigeant sur les règles de grammaire et n'admettait pas que l'on parle sans savoir. Il ne supportait pas la moindre hésitation, les « je crois », les « je n'en suis pas sûr ». L'enfant était sommé de chercher dans le dictionnaire ou de compulser l'encyclopédie qui trônait dans le salon avant de poursuivre. Un ami de la famille se souvient que Joan se retrouva souvent en position délicate en voulant faire comme son mari. Les enfants, en grandissant, la tournaient régulièrement en ridicule. « Quand Tony n'était pas là, raconte-t-il, les gamins lui demandaient exprès d'épeler des mots. Elle se trompait à chaque fois. Quand Tony leur faisait repasser leurs leçons et qu'ils faisaient une faute d'orthographe, ils disaient que c'était Joan qui leur avait dit de faire comme ça. C'était alors la grosse pagaille. Généralement Tony grondait les enfants parce qu'ils auraient mieux fait de consulter le dictionnaire, mais d'autres fois il s'emportait après Joan. »

Une autre connaissance reconnaît que Tony n'était pas vraiment le compagnon idéal : « Il était colérique. Il criait sur les enfants quand ils l'embêtaient. Il criait aussi sur Joan quand il la trouvait trop gourde, ou qu'elle sortait une énormité. »

Un autre ami de la famille et ancien voisin fait une comparaison entre les deux femmes de Tony Ciccone. Entre-temps, Tony avait changé. Quand Tony et Madonna s'étaient mariés, le couple n'avait aucune expérience. L'avenir s'ouvrait devant eux. Ils avaient une vie à construire. Ils avaient déménagé pour une autre ville, loin des Fortin. Ils découvraient ensemble la sexualité. Chaque enfant qui naissait leur procurait une immense joie, c'était une preuve d'amour.

Joan Ciccone, de toute évidence, connut des temps plus difficiles. Elle avait épousé un homme qui avait perdu son élan. Les blessures qu'il avait reçues ne se cicatriseraient jamais. Bien qu'il aimât ses enfants, ils étaient devenus un fardeau pendant ces trois années où il en avait eu seul la charge. Il attendait, en se mariant avec Joan, non seulement qu'elle s'occupe d'eux mais qu'elle compense les épreuves qu'il avait endurées en devenant veuf. Ils avaient en quelque sorte passé un marché. En échange du soin qu'elle apportait à la maisonnée, ce qui permettait à Tony de se concentrer sur son travail, il lui offrait cette vie de petite-bourgeoise dont elle rêvait. Tony gravit rapidement les échelons à la General Motors, Joan ajouta une aile à la maison, où elle aménagea plus tard sa crèche.

Joan apprit rapidement à lui servir son petit verre quand il rentrait du travail, à veiller à ce que les enfants restent sages pendant le repas. D'après l'un des enfants, l'écran du téléviseur devait être parfaitement propre, ni poussière, ni traces de doigts, quand il s'installait devant pour regarder le journal du soir. « Malheur à qui faisait le moindre bruit, se souvient le rejeton Ciccone. Joan avait la main leste. » Après l'émission, il interrogeait les enfants, en commençant par le plus jeune, sur leur journée. « Chaque soir, raconte un des garçons, on était censé lui raconter ce que l'on avait appris de nouveau à l'école ou au catéchisme. »

L'une des filles a conservé le souvenir d'une maison dans laquelle le temps s'écoulait avec la précision d'un horaire de train de l'Italie de Mussolini. « Il fallait tout le temps être à l'heure, pas moyen d'y échapper. Si on arrivait en retard pour dîner, Joan nous privait de dessert. Si on salissait nos vêtements du dimanche, on devait les porter comme ils étaient la semaine suivante. Leur amour de l'ordre à tous les deux allait au-delà des sentiments, des émotions. C'est en tout cas l'impression que j'avais. » Une autre fille Ciccone se souvient avec amusement que le dimanche, au retour de l'église, son père et Joan s'enfermaient dans leur chambre une bonne heure, avant le déjeuner. « On supposait qu'ils accomplissaient leur devoir conjugal hebdomadaire. »

Madonna se souvient que, du temps de sa mère, la maison était en perpétuel désordre, pleine de cris joyeux, de vêtements et de jouets oubliés au hasard. La discipline était plutôt relâchée. Mrs Ciccone passait beaucoup de temps avec ses enfants. Pour Madonna, l'attitude de Joan constituait une sorte de défi à sa volonté d'indépendance. Joan l'avait, en outre, définitivement supplantée dans son rôle de mère de substitution.

Joan Ciccone se souvient que plus d'une fois elle a failli fiche le camp, quand tout ce petite monde, Madonna en tête, la poussait à bout. Dans ces moments-là, elle préférait se confier à ses amies plutôt qu'à son mari : « Tony avait d'autres soucis en tête, raconte-t-elle. Il n'avait pas besoin de ça quand il rentrait du travail. Par chance, j'avais de très bonnes amies qui avaient des enfants du même âge que les miens. Elles me racontaient que les leurs étaient tout aussi insupportables. Ça me rassurait. Au fond, je n'étais pas une si mauvaise mère que je le pensais. »

Née dans une modeste famille luthérienne, austère, s'offrant peu de luxes, Joan avait eu très tôt à s'occuper de l'intendance de la maison, tâche qu'elle faisait maintenant supporter à sa belle-fille. Qu'en plus Madonna soit jolie, qu'elle possède une forte personnalité, qu'elle fasse preuve de talents prometteurs, ne pouvait que compliquer la vie de la future star. Enfin, comble de malchance, Madonna, comme les gens ne cessaient de le répéter, était le « portrait craché de sa mère ».

Joan, qui souhaitait ardemment un enfant de Tony, ne tomba enceinte que deux ans après le mariage. La grossesse fut comme une victoire. Elle allait enfin se trouver sur le même pied d'égalité que la femme qui l'avait précédée. Elle devenait l'héritière légitime de la reine morte.

CHAPITRE 8

Madonna a toujours pensé qu'elle avait été victime du très luthérien sens du devoir de sa belle-mère, personne extrêmement pointilleuse et exigeante. Pour elle, être une bonne mère voulait dire respecter des règles strictes d'hygiène, d'organisation, d'équilibre alimentaire, avoir des selles régulières et bien dormir. Un ami, qui connut bien la famille Ciccone quand les enfants étaient encore petits, estime que Joan était une personne foncièrement honnête et responsable. « Malheureusement, explique-t-il, tout devait être fait selon les règles. Avec elle, c'était noir ou blanc. Si les enfants se tenaient bien, tout se passait bien. S'ils n'étaient pas sages, ils étaient esquintés. Il n'y avait aucune place dans son esprit pour les mauvais souvenirs, les traumatismes ou les problèmes psychologiques. Pour elle, ils avaient tout. Elle faisait la cuisine, le ménage, les habillait et signait leurs bulletins scolaires. Ils vivaient dans une jolie maison et mangeaient à leur faim. Ils n'avaient besoin de rien d'autre. »

Quand Madonna approcha de l'adolescence, Joan estima qu'il était temps de la mettre au courant des choses de la vie. Son style fut comme d'habitude très prosaïque. Elle aborda le thème à brûle-pourpoint un soir alors qu'elles faisaient la vaisselle. Le contenu de la leçon mit Madonna moins mal à l'aise que la façon dont Joan traita du sujet. Rien sur l'amour, les préliminaires, les émotions ou même les hormones, rien en fait qui aurait pu servir de base à une discussion plus approfondie sur la sexualité adolescente. Elle utilisa des mots qu'elle aurait pu trouver dans une notice de jeu de construction, et pas la moindre trace de sentiment.

La discipline rigide et militaire que Joan appliquait en toute chose s'appliquait également à l'habillement des enfants. Elle achetait des coupons de tissus en solde et confectionnait avec sa machine à coudre les mêmes robes pour toutes les filles, y compris pour Jennifer, sa propre fille. Pour Madonna, c'était un supplice, pire encore que d'avoir à s'occuper de ses jeunes sœurs. Ça ne s'arrangea pas quand en plus elle dut porter l'uniforme de l'école catholique où ses parents l'avaient inscrite. Le coup était dur pour son individualisme naissant. Elle décida de marquer sa différence en mettant des chaussettes dépareillées, ou en défaisant les nœuds qui retenaient ses cheveux. Elle aimait aussi porter des petites culottes rouges ou vertes qu'elle s'arrangeait pour exhiber dans la cour de récréation en faisant des pirouettes la tête en bas. Elle fera pire au lycée où pendant son bref passage chez les *pom-pom girls* elle s'amusait à faire la roue en ne portant qu'un slip en dentelle des plus transparents, voire rien du tout. Le refus de Madonna de ressembler aux autres défiait l'imagination de Joan. À la fin, elle en vint à n'acheter pour les enfants que du rouge, du bleu et du blanc, comme ça, si Madonna voulait s'affirmer, au moins les couleurs seraient assorties.

Tony, peu porté à exprimer ses sentiments ou à faire des compliments, ne mâchait pas ses mots quand il était en colère. Joan, au contraire, avait un penchant pour les remontrances évasives, ces généralités fuyantes qui laissaient toujours aux enfants un sentiment de frustration et d'impuissance. Madonna, devenue star, déclara un jour que tous ses frères et sœurs étaient d'une façon ou d'une autre des « paumés » que les éternels « Tu n'es pas à la hauteur » ou « Tu ne réussiras jamais » de Joan avaient fini par briser. Mais Madonna, à la différence des autres, sut tirer de ces piques quotidiennes le désir acharné d'être la meilleure et la volonté de donner toute sa mesure. Elle supportait tout, sachant qu'un jour prochain, elle échapperait à sa famille.

Paula, la sœur de Madonna la plus proche en âge, était souvent la cible des remarques dévalorisantes de Joan, qui s'exclamait souvent : « J'aurais tant aimé avoir unc jolie petite fille. » Elle en souffrait d'autant plus qu'elle s'était toujours sentie moins séduisante, moins dynamique, moins douée que son aînée. Paula avait passé toute son enfance dans l'ombre de Madonna. Madonna était plus jolie. Madonna avait de plus gros seins. Madonna dansait et chantait mieux. Madonna était une *pom-pom girl.* Madonna avait de bonnes notes. Adulte, Paula vécut un moment à New York et essaya de devenir mannequin. Entrée à l'agence Ferrari, elle dut rapidement renoncer à ses espoirs quand ils la laissèrent tomber en lui annonçant qu'elle était trop petite pour les défilés et pas assez photogénique pour la presse. Plus sa sœur enchaînait les succès, plus Paula était perturbée. Il y eut une scène très pénible dans les toilettes des dames, le jour du mariage de Madonna avec Sean Penn à Malibu. Paula s'effondra en larmes devant les lavabos, et se mit à hurler devant deux invitées ébahies : « C'est moi qui aurais dû devenir célèbre. C'est moi qui aurais dû épouser une star de cinéma, moi qui aurais dû faire des disques, moi qui aurais dû être vedette dans les films. Moi, pas Madonna. »

Martin, le cadet, sombra dans l'alcool, comme d'ailleurs le propre fils de Joan, Mario, qui connut un temps un petit succès de mannequin. C'était un peu la version américaine des mannequins vedettes de Fabio, longs cheveux blonds, yeux bleus et muscles. Ses démêlés avec la justice, son usage de la cocaïne, qui ravagea son physique avantageux, amènent à se poser certaines questions sur les conceptions de Joan en matière de mère idéale. Melanie, la benjamine des enfants du premier lit, est celle qui s'en tira peut-être le mieux. Elle n'avait que cinq ans quand son père se remaria. Elle accepta que Joan devienne sa mère plus facilement que les autres. Elle était aussi très proche de Madonna qui reportait sur sa petite sœur son instinct maternel. La ressemblance physique entre les deux sœurs est saisissante, même si Melanie a des traits plus délicats et plus fins, une version moins éclatante et plus pieuse de leur mère. Madonna fut le témoin de Melanie à son mariage, exactement dix ans après son propre mariage avec Sean Penn. Quand le couple décida de quitter le Michigan pour s'installer en Californie, Madonna s'arrangea pour lui trouver du travail à la *Warner Brothers Records*, dans la pub. À trente-huit ans, Melanie est toujours mariée avec le même homme et vit à Los Angeles. Parmi ses sœurs, c'est la seule que Madonna a invitée à son mariage avec Guy Ritchie en Écosse.

Madonna a toujours entretenu une relation particulière avec son plus jeune frère Christopher. Lorsqu'il était tout jeune, elle le protégeait souvent contre ses frères et sœurs plus âgés ou contre ses camarades de classe qui lui cherchaient querelle parce qu'il ne s'intéressait ni au sport ni aux filles. En fait, Chris est un artiste, ce qui explique la qualité des liens qu'il entretient avec sa sœur. Liens, tant personnels que professionnels, qui ne se sont jamais démentis jusqu'à aujourd'hui. Dans les années 70, Chris fut, pendant quelque temps, un des danseurs qui accompagnaient Madonna quand elle débuta dans les night-clubs de New York. « J'ai arrêté quand elle a commencé ses tournées », explique Christopher Ciccone.

Leur collaboration prit alors une autre forme. Il s'occupa de la décoration des résidences de Madonna, y compris celle de son appartement de Central Park West à New York. Il a dirigé des clips pour Tony Bennett et Dolly Parton entre autres, mais il est surtout connu pour avoir conçu et réalisé le *Girlie Show* et le *Blond Ambition Tour* de sa sœur. À quarante ans, Chris Ciccone est un designer et un décorateur reconnu et prospère. Il possédait encore récemment un restaurant réputé à New York. Au printemps 2000, il a dessiné une ligne de mobilier pour Bernhardt, qu'il définit lui-même comme « simple et classique ». Il essaie aussi d'intéresser Hollywood à son scénario original sur une femme torero. Il pense à Penelope Cruz et Sigourney Weaver pour les rôles principaux.

Madonna enfant avait l'impression que Joan ne cherchait jamais à la comprendre. Elle se désintéressait de ses problèmes intimes, même si par ailleurs elle veillait à son confort matériel. Madonna se sentait frustrée par cette éducation simpliste. Une ancienne voisine et amie de la famille, à l'époque de Rochester Hills, se souvient que Joan s'était un jour lancée dans la comparaison entre elle et la première femme de Tony. « Elle a dit quelque chose du genre "Dieu sait comment ces enfants auraient été élevés s'ils ne m'avaient pas eue comme mère. Moi, au moins, je suis organisée et j'ai les pieds sur terre. Je leur ai donné le sens des réalités." »

L'ancienne voisine reconnaît qu'en fait Joan était plutôt livrée à elle-même, surtout quand les enfants ont commencé à grandir. Tony passait beaucoup de temps au travail.

« À cette époque, alors qu'elle avait peut-être encore plus besoin de lui, poursuit-elle, Tony a pris d'autres responsabilités au bureau. En plus, il avait un temps de trajet assez long. Il rentrait souvent après que les enfants avaient été couchés. Joan a élevé les enfants en mère célibataire, ce qui ne manque pas de sel. »

Tony en revanche était intraitable au sujet de l'école et veillait scrupuleusement sur le carnet de notes. Chaque A était récompensé par vingt-cinq *cents*, au début, puis cinquante. Madonna était habituellement celle qui récoltait le plus d'argent, ce qui ne faisait qu'exacerber les tensions avec ses frères et sœurs. Ceux-ci ne lui reprochaient pas tant ses meilleurs résultats à l'école que d'être la « chouchoute » de leur père. Du coup, Tony rappelait qu'il n'avait pas de préféré et que Madonna ne devait ses succès qu'à son QI de 140. « Pas du tout, conteste Madonna, je sais ce que je ressentais à l'époque et je sais pertinemment que j'aurais fait n'importe quoi pour être sa favorite. »

En vérité Tony, qui avait de quoi être satisfait des résultats de Madonna à l'école, était très mécontent de son attitude envers Joan. « Les bonnes notes ne me rendaient pas plus agréables leurs bagarres permanentes », dit-il. Tony soutient qu'en fait, avec tous les problèmes qu'elle créait, Madonna était loin d'être sa préférée. « Vraiment, quand les enfants étaient petits, c'est Madonna qui m'a donné le plus de fil à retordre. Que Madonna soit maintenant devenue "Madonna" ne m'empêche pas de continuer à m'intéresser à tous mes enfants de la même façon. Je suis leurs carrières, leurs progrès, j'écoute leurs problèmes. En fait, je me sens probablement plus proche des autres parce que je les vois plus souvent. »

Joan et Tony étaient très stricts sur la discipline, autant à l'école qu'à la maison. Les enfants étaient rarement récompensés quand ils étaient sages mais systématiquement punis quand ils faisaient une bêtise. « Fille ou garçon, c'était pareil, explique Tony Ciccone. Sauf qu'il serait toujours plus facile pour les garçons de trouver un travail et de fonder une famille. Du coup, je poussais mes filles à réfléchir à ce qu'elles voulaient faire plus tard. Je leur offrais les mêmes possibilités d'apprendre qu'à leurs frères. Elles jouissaient des mêmes avantages, mais il était entendu que ça entraînait les mêmes conséquences pour elles si elles n'obéissaient pas ou qu'elles rapportaient de mauvaises notes. »

Plus d'une fois, la colère de Joan tomba sur la future rock star quand elle répondait mal ou se butait. Un jour, sur le chemin de l'église, alors que Madonna se plaignait comme d'habitude de porter les mêmes robes que ses sœurs, Joan l'attira vers elle et la gifla à toute volée. Madonna saignait abondamment du nez, sa robe était maculée de sang. Joan dut faire demi-tour pour retourner à la maison. Curieusement, Madonna ne se révoltait pas d'être traitée plus durement que ses sœurs mais plutôt de ce que les garçons bénéficiaient d'un traitement de faveur. Dès qu'elle eut voix au chapitre, Madonna fut « libre penseur » et ce, dans une maison où la doctrine de l'église était la règle. Ce n'était jamais dit mais il était entendu que les filles devaient être plus surveillées et moins libres que les garçons parce qu'elles risquaient de tomber enceinte. Madonna eut ses premières règles vers l'âge de dix ans. D'après une camarade de classe, une fois par mois, Madonna venait à l'école avec un sac rempli de serviettes hygiéniques. L'une de ses institutrices se souvient d'un jour où Madonna avait un peu d'avance sur ses règles. La maîtresse avait donné le signal de la récréation mais Madonna était restée sur son siège, affreusement gênée, elle n'avait rien préparé. L'enseignante s'était approchée d'elle et lui avait demandé si elle se sentait bien. « Je me souviens encore de la façon dont elle m'a regardée, avec ses grands et magnifiques yeux bleus pleins de larmes, dit-elle en souriant tendrement. J'ai tout de suite compris quel était son problème. Elle ne savait plus où se mettre. J'ai enroulé mon pull autour de sa taille et on est allées tant bien que mal jusqu'à la salle des professeurs. Là, je lui ai donné ce qu'il fallait. Elle avait terriblement honte. Je me rappelle avoir pensé que c'était une enfant dans un corps de femme. »

L'année même de ses premières règles, Madonna commença à s'intéresser au sexe opposé. Elle jouait à poursuivre les garçons après l'école. Mais ce qui était permis pour ses frères – ils pouvaient se bagarrer tant qu'ils voulaient sans risquer de choquer la conscience catholique – lui était à elle refusé. Elle était censée « jouer » comme une dame. Tant son père que les sœurs l'admonestèrent vertement. Une bonne catholique ne devait pas se comporter de cette façon. Madonna ne voyait pas pourquoi. Tout comme elle ne comprenait pas pourquoi elle devait livrer ses péchés à son confesseur et non pas directement à Dieu, ou ne pas porter de jeans à l'église. Quand elle demandait à son père si on aimait moins bien Dieu en pantalon, ou pourquoi elle ne pouvait pas jouer aux mêmes jeux que ses frères, elle obtenait invariablement la même réponse : « Parce c'est moi qui le dis. »

Sœur Mary Connolly*, qui eut Madonna pour élève à l'école catholique de Rochester Hills, se souvient très nettement que la petite Ciccone redoutait la réaction de son père quand elle recevait un blâme. « Elle était toujours terrifiée par la perspective que son père apprenne qu'elle s'était mal tenue. Ce n'était pas tellement qu'elle avait peur de lui, mais elle était bouleversée à l'idée qu'elle puisse le décevoir ou baisser dans son estime. »

D'après un ami de la famille, Tony Ciccone avait « peu de temps à perdre avec une rebelle, surtout avec huit enfants et une nouvelle femme ». Madonna a fait un jour un commentaire extrêmement significatif sur ses relations avec son père : « Enfant, je me suis parfois demandé à qui je vouais un culte, Dieu ou mon père. » Ce conflit est omniprésent dans toutes ses chansons et ses clips. Un de ses professeurs au collège, le premier établissement laïque qu'elle fréquentait, a déclaré : « Ce qui a été très dur pour Madonna, comme pour n'importe quelle jeune fille issue d'une famille catholique aux mœurs plutôt strictes, c'est qu'elle est dressée à étouffer en elle tout ce qui est d'ordre sexuel ou affectif. Mais alors où va se canaliser toute cette énergie ? Dans le cas de Madonna, c'est allé dans le travail. »

CHAPITRE 9

En 1968, Madonna était alors âgée de dix ans, Joan mit au monde une fille, Jennifer. Mario devait naître l'année suivante. « Les choses ne firent qu'empirer, explique Madonna. Pendant les trois ans qui suivirent la mort de ma mère, mon père était resté seul. Je m'étais cramponnée à lui. C'était une relation très exclusive. Tu es à moi et tu ne vas pas voir ailleurs. Comme toutes les filles, j'étais amoureuse de mon père et je ne voulais pas le perdre. Au moment du remariage, j'ai cessé d'être la mère ou la femme de la maison. C'était assez dur. Quand Joan a mis au monde ses enfants, je me suis dit que personne ne me ferait plus jamais de mal. J'étais résolue à me débrouiller toute seule, à ne compter que sur moi. Je n'appartiendrais plus jamais à qui que ce soit. »

La différence d'âge entre Jennifer et Madonna interdit toute complicité entre les deux filles. Ce qui n'empêche que de nombreux amis de la famille leur trouvent de grandes similitudes de caractère. Jennifer, comme son aînée, est une bûcheuse, une perfectionniste, quelqu'un de foncièrement indépendant. De toutes les sœurs de Madonna, c'est celle, sans doute à cause de son âge et de sa personnalité, qui a le moins souffert du succès de la chanteuse.

Pas de conflit entre elles. Alors pourquoi n'a-t-elle pas été invitée au mariage de Madonna avec Guy Ritchie ? « Martin était en cure, rapporte un ami, il ne pouvait pas venir. Quant à Anthony et Paula, ce n'était pas le grand amour. Mais Jennifer ? Pourquoi n'a-t-elle pas été invitée ? J'avoue que ça reste un mystère. »

Anthony, l'aîné de la famille, va sur ses quarante-quatre ans. Il a longtemps rêvé de devenir acteur ou danseur. Il porte le même prénom que son père et c'est celui qui lui ressemble le plus. À la mort de sa mère, il dut donner l'exemple. Il a beaucoup vécu chez les uns et les autres. Avec Madonna, Anthony était chargé de veiller sur les petits, les garder quand il n'y avait personne. Un ami de la famille confie qu'Anthony est toujours resté « un enfant déguisé en adulte ». Il ajoute : « Tony a toujours considéré Anthony comme son "petit gars", c'est comme ça qu'il l'appelait. Anthony n'a jamais eu un adulte en face de lui à qui il pouvait confier ses problèmes. Il gardait tout en lui. Il faisait d'énormes efforts pour tenir son rôle d'aîné et s'occuper des gamins. »

Martin, qui n'a que dix-huit mois d'écart avec Anthony, était très proche de son grand frère. Leurs relations se sont détériorées au lycée quand Martin a connu ses premiers gros problèmes avec l'alcool. Il s'est marié à dix-huit ans puis a divorçé. Il a une fille qui poursuit aujourd'hui ses études à Cornell University. C'est l'aînée des petits-enfants Ciccone. Pour Madonna, Martin a toujours été un « raté ». Elle désapprouve son manque de rigueur et son peu de loyauté. Elle a refusé de lui parler pendant très longtemps parce qu'il aurait balancé tout un tas d'histoires sur elle à la presse.

En 1969, peu après la naissance de son fils, Joan, encouragée par Tony, adopta les six enfants du premier lit. Pour Madonna, ce fut le coup le plus dur depuis la mort de sa mère. Elsie Fortin, de son côté, était bouleversée. Pour elle, ça signifiait la rupture définitive entre sa fille disparue et les enfants qu'elle avait eus de Tony. On ne sera pas surpris d'apprendre que Madonna fut la seule à recueillir cette confidence de sa grand-mère. Bien des années plus tard, Elsie Fortin révélera que si Tony et Joan avaient attendu que les enfants grandissent, elle n'est pas sûre que tous auraient accepté d'être adoptés par leur belle-mère.

Tony, quant à lui, trouve qu'il était tout naturel que Joan adopte les enfants. « Joan était une mère formidable, explique-t-il. Elle ne faisait aucune différence entre mes enfants et les nôtres. C'était l'aboutissement logique de notre mariage. »

D'après Joan, ce n'était pas pareil que s'il y avait eu « quelque part une autre femme avec laquelle partager l'affection des petits ». « Ce n'était pas une histoire de divorce ou de droit de garde, poursuit-elle. C'est le cœur qui parlait. Pour moi, c'étaient mes enfants et je voulais qu'ils me considèrent comme leur mère. Alors pourquoi ne pas légaliser la situation ? »

Un ami de Joan tient à préciser : « Ce n'était pas tellement pour l'aspect légal mais c'était un symbole pour Joan. Elle devenait la seule Mme Ciccone et les enfants étaient à elle. Elle ne voulait plus de vieilles histoires qui viendraient brouiller sa situation d'épouse, son statut de femme dans la maison. C'était très important pour elle. »

Anthony avait treize ans, Martin, douze, Madonna, onze, Paula, dix, Christopher, neuf, Melanie, sept, quand les Ciccone se présentèrent au tribunal pour régulariser la situation. Joan tenait le petit Mario, âgé de six mois, dans les bras, Tony portait Jennifer, qui n'avait pas encore deux ans. Anthony tenait fermement Melanie par la main. Martin, l'air boudeur, était gauchement planté près de Paula. Madonna et Christopher traînaient à l'arrière. Quiconque aurait assisté à la scène qui se déroulait dans le prétoire aurait remarqué que seuls les deux derniers-nés, aussi blonds que leur mère, arboraient un large sourire. Les autres paraissaient plutôt de pauvres enfants abandonnés.

Le jugement prononcé, Tony et Joan avaient invité leurs voisins et amis les plus proches à déjeuner pour fêter l'événement. L'atmosphère était tout sauf joyeuse. Tony dut séparer Paula et Martin qui avaient commencé à se battre. Ils furent privés de dîner, Anthony se retira dans sa chambre avec de violents maux d'estomac. Melanie était la seule des six à ne pas sembler éprouver le sentiment d'abandon qui submergeait ses frères et sœurs. Toute son animosité se concentrait sur Jennifer qui lui avait volé sa place de « bébé de la famille ». Devenue adulte, Melanie devait se sentir profondément coupable en apprenant les circonstances de la mort de sa mère. Le jour de l'adoption, Melanie passa la journée dans les jupes de Joan. À table, Christopher se tenait raide comme un « soldat de plomb ». Un des invités se souvient que Chris ne laissait rien paraître de ses sentiments. « Il était sage et poli, raconte-t-il. Mais il dormit cette nuit-là dans le lit de Madonna parce qu'il était triste. Madonna elle aussi ne broncha pas de tout le repas, même si elle envoya tout bouler en sortant de table. »

Joan avait toujours veillé à traiter les huit enfants de Tony sans faire de distinction. L'insensibilité apparente du couple aux sentiments des six aînés serait plutôt à mettre sur le compte de l'ignorance que sur celui de la méchanceté. Aucun des deux parents ne comprit que l'adoption pouvait signifier, pour les six enfants du premier lit, que leur mère ne reviendrait plus jamais. Pour eux, il n'était pas imaginable qu'ils puissent passer leur enfance puis entrer dans l'âge adulte en continuant à pleurer leur mère. Les choses se compliquaient d'autant pour les enfants qu'ils devaient vivre suivant les conventions d'une morale petite-bourgeoise qui n'admettait aucune entorse à la règle. Madonna a toujours ressenti la mort de sa mère comme un événement qui l'avait coupée des siens, un tel renoncement étant la conséquence de la perte qu'elle avait subie.

Un autre proche de la famille présent lui aussi ce jour-là pense que Tony aurait dû se montrer plus attentif. « Joan était fondamentalement une étrangère, précise-t-il, Tony n'aurait pas dû s'attendre à ce qu'elle perpétue la mémoire de sa première femme. Dans un sens, je ne la blâme pas. Elle est arrivée dans la vie de ce gars qui n'avait que des problèmes, de grosses responsabilités, et tout s'est éclairé. Dans sa tête, elle était là pour le rendre heureux et il était heureux. D'un autre côté, Tony aurait dû se préoccuper de ce que ressentaient les enfants, surtout les plus âgés. »

Contre la promesse que son nom ne sera pas cité, un des

enfants Ciccone nous raconte le cauchemar récurrent qui a longtemps hanté ses nuits après la mort de sa mère. « Je voyais ma mère qui essayait d'entrer dans la maison, sauf qu'à chaque fois qu'elle essayait d'ouvrir une porte, Joan la refermait. Elle en essayait une autre, mais Joan y était déjà, verrouillant celle-là aussi. Dans mon rêve, on courait tous dans tous les sens. Ma mère essayait d'ouvrir une porte, et Joan la refermait. Je me précipitais pour l'ouvrir mais ma mère était à une autre porte, et on continuait à courir partout, partout... »

Madonna avait onze ans quand la famille déménagea de Pontiac pour la banlieue aisée de Rochester Hills, où Joan put exercer tout son talent dans l'aménagement de son nouvel intérieur. Le résultat provoqua de nouvelles frictions entre la belle-mère et la belle-fille. Madonna avait honte de ramener ses amis à la maison, décorée, d'après elle, dans un style des plus ennuyeux, couleurs fades et motifs conventionnels. C'était la réplique exacte d'une vitrine de meubles du centre-ville de Detroit. Madonna donna à sa révolte une forme nouvelle. Elle se rêvait pauvre, vivant dans une bicoque au mobilier défoncé. Dans la réalité, elle était condamnée à vivre parmi des copies de meubles sans âme, des lampes assorties aux tables sur lesquelles elles étaient posées, elles-mêmes assorties à la grande table, l'ensemble offrant la parfaite démonstration du manque absolu d'originalité de sa belle-mère. Joan avait aussi accroché aux murs des toiles de peintres locaux, quelques affiches des œuvres les plus connues de Manet et de Monet, des posters dans les chambres des enfants. Elle avait pris grand soin que les tableaux ou les reproductions s'accordent avec la couleur des murs, au mépris du goût ou de la fantaisie des bambins. Elle devait y ajouter plus tard quelques touches « personnelles » apprises dans certains cours de travaux manuels où elle s'était inscrite. La maison débordait de pots-pourris de fleurs dans des paniers tressés main. Sur chaque radiateur, des brassées de pétales, à divers stades de séchage, étaient copieusement aspergées de parfum bon marché. Invariablement,

Madonna ouvrait grand les fenêtres, même en plein hiver, pour échapper à l'odeur.

Un voisin se souvient d'une scène qui démontre parfaitement l'obsession de Joan pour l'ordre. Un jour qu'il était venu rendre visite aux Ciccone, Madonna eut l'imprudence de casser une noix qu'elle avait prise dans le plateau qui trônait invariablement au milieu de la grande table du salon. Joan l'envoya immédiatement dans sa chambre sans dîner. En fait peu importe ce que Joan faisait ou ne faisait pas. Elle aurait été tout aussi critiquée si elle ne s'était pas mêlée de rendre la maison agréable. Les enfants de Tony étaient décidés à ne rien lui passer.

Joan, qui s'investissait de plus en plus dans la décoration, en vint à courir les antiquaires et les multiples brocantes de la région. Elle était particulièrement fière de son rouet du XIXe siècle, que Madonna et Christopher jugèrent d'emblée ridicule. Ils s'amusent encore aujourd'hui à entendre Joan parler de sa trouvaille, alors que quasiment toutes les maisons de Rochester Hills possèdent leur rouet.

Notons pour finir que la maison que les Ciccone habitent actuellement au milieu des vignes est décorée dans le même style propret. Le rouet est toujours bien en vue dans un coin du salon. Une seule dissonance dans cette passion de l'ordre de Joan, dans cette détermination à être reconnue comme la seule et unique maîtresse des lieux, la présence sur le piano d'une photo. Perdue entre les portraits de ses enfants et petits-enfants et autres clichés de mariage, la photo de Madonna et Tony en compagnie de leurs six enfants. Les noix dans le plateau sont aujourd'hui en céramique.

Au collège de Rochester Hills, Madonna jouissait d'une liberté inconnue jusqu'à ce jour. Les cours étaient mixtes, l'uniforme n'était pas de rigueur. Les filles de son âge avaient en outre le droit de mettre du rouge à lèvres dans certaines occasions. Pas Madonna. Les jupes étroites et les polos moulants étaient eux aussi tabous. Elle était constamment admonestée pour son air « hautain et arrogant ». « Baisse les yeux, reste humble », la reprenaient sans cesse ses parents.

Pour Tony, « le désœuvrement faisait le lit du diable », tout comme il ne suffisait pas de bien travailler à l'école. « Il fallait toujours être en train de faire quelque chose d'utile, se souvient Madonna, ses devoirs, du ménage, prier. On ne pouvait jamais rester simplement assise ou se reposer trop longtemps. Il fallait continuellement faire travailler son corps ou ses méninges. » Toujours dans le même ordre d'idée, Tony imposa de nouveaux défis à ses trois aînés. Il voulut qu'ils apprennent à jouer d'un instrument. Pas tellement pour cultiver leurs dons musicaux mais pour leur inculquer un certain sens de la discipline et du travail rigoureux. Les leçons de piano commencèrent, mais très vite Madonna se rebella. Elle préférait faire de la danse classique. Elle harcela son père. Tony n'était pas du genre à faire des exceptions mais il finit par céder devant les constantes récriminations de sa fille dès qu'elle s'approchait d'un clavier. Madonna prétexta qu'elle détestait apprendre la « musique des autres ». Il l'autorisa enfin à prendre ses fameux cours, mais uniquement dans le cadre scolaire. Ses professeurs trouvèrent, dès la première leçon, qu'elle avait du talent, la danse était son mode d'expression privilégié. Au lieu de l'encourager dans cette voie, Joan imposa que l'inscription de Madonna soit reconduite de mois en mois, tout dépendrait de sa conduite, tant à la maison qu'à l'école. Joan attribuait tous les jours un bon ou un mauvais point à Madonna. Au bout de cinq mauvais points dans le mois, les cours étaient suspendus. Madonna souhaitait si ardemment continuer à danser qu'elle apprit à ne pas répondre aux provocations de ses frères ou aux coups de gueule de Paula, de plus en plus hargneuse. Le corps de Madonna s'épanouissait et commençait à susciter l'appétit des garçons, alors que Paula, avec sa carrure d'athlète, ses larges épaules, était, quant à elle, plutôt considérée comme un « copain » par le sexe opposé. Une fois, l'anecdote revient souvent, Paula, Anthony et Martin pendirent Madonna par ses vêtements à la corde à linge. En découvrant la scène, Joan, raconte un ex-voisin, loin de se précipiter vers sa belle-fille et de la détacher, rit avec les autres pendant que Madonna continuait à se débattre vainement.

Madonna s'impliquait totalement dans ses cours sans pour autant ne songer qu'aux grands ballets ou n'écouter que de la musique classique. D'après Moira McPharlin et d'autres copines de la même époque, Madonna avait les goûts des gens de son âge. Elle aimait la musique pop, les Monkeys particulièrement, et raffolait des magazines destinés aux ados comme *Seventeen* ou *Glamour*. Même rebelle, elle assistait tous les dimanches à la messe. En fait, Madonna ne pourra jamais se passer du réconfort qu'elle avait trouvé dans la discipline et les pratiques rituelles.

Quiconque a travaillé avec elle sait que l'entreprise « Madonna » ne prend jamais de vacances. Elle tourne vingt-quatre heures sur vingt-quatre, trois cent soixante-cinq jours par an. Elle est ouverte à tous les nouveaux talents, s'intéresse à toutes les idées, les spectacles, les scripts, les musiques, en fait à tous les projets innovants qui passent à sa portée. Madonna se fait un devoir de donner sa chance à n'importe qui si, évidemment, elle croit en son talent, mais surtout si elle est convaincue que cette personne est prête à travailler nuit et jour pour atteindre son but. Même lorsqu'elle ne travaille pas sur un projet, Madonna a du mal à trouver du temps pour dormir. Lorsqu'elle est en tournée ou sur le tournage d'un film, elle s'entraîne comme pour un marathon, et vous pouvez être certain qu'elle prendra sur ses mondanités pour se reposer. Elle répète souvent que si elle veut se « sentir bien », elle dort six heures par nuit, sept heures quand elle veut se « sentir belle », huit heures pour « être au top ». De l'Église, elle a appris deux choses. À travailler en oubliant sa fatigue et le sens de la famille. Même lorsqu'elle partit de chez elle, qu'elle se coupa de ses parents, de ses frères et sœurs, ils restèrent toujours très importants pour elle.

À l'âge de quatorze ans Madonna, comme le veut la tradition, reçut sa confirmation et réaffirma sa foi en l'Église. Elle choisit le nom de Véronique, du nom de cette sainte qui essuya le visage du Christ avec un linge pendant l'ascension du Golgotha. Enfant, Madonna avait été émue par le caractère dramatique de ce geste. Relisant ce passage quelques années plus tard, Madonna se retrouva dans le personnage passionné de Véronique. Véronique sort de la foule pour se jeter au-devant d'un condamné à mort, d'un homme déchu de sa puissance. Madonna, elle aussi, a su prendre des risques qui ont bouleversé le cours de sa vie. « Quand j'ai choisi le nom de Véronique lors de ma confirmation, raconte-t-elle, je commençai à prendre conscience que j'étais différente des autres. Comme Véronique, qui a eu le courage de s'avancer vers Jésus pour le réconforter, j'ai eu, moi, le cran de m'avancer et de montrer mes fantasmes les plus intimes, donnant ainsi le courage à mes fans de se vouloir différents. »

Difficile ici de ne pas parler de l'importance de la figure du père dans les relations qu'entretient Madonna avec la religion, dont le côté gothique, chargé de mystère, empreint de morale, l'attire si particulièrement. Suivant le témoignage d'une des religieuses qui eut Madonna pour élève et qui la suivit tout au long de son adolescence, Église et père devinrent des notions inséparables. Intimement liée à sa vie quotidienne, l'autorité, qu'elle vienne de l'institution ou de son père, qui attendait d'elle une conduite impeccable, entraînait une réaction en retour.

Une autre religieuse, toute petite, robuste, l'œil bleu et alerte, récemment retraitée de St-Andrew après trente-cinq années de bons et loyaux services, témoigne. Elle est convaincue que la « révolution sexuelle » prônée par Madonna devenue star est moins tournée contre l'Église que contre son père. « Dans le catholicisme, explique-t-elle, nous apprenons aux enfants à tendre vers la perfection. On demande à Dieu de nous pardonner et de purifier notre âme pour mieux Le servir. »

Madonna lui confia un jour qu'elle entretenait constamment des relations difficiles avec son père et qu'elle implorait souvent son pardon. « Elle me demanda alors de lui expliquer la différence qu'il y avait entre Dieu et son père, poursuit la religieuse, un léger sourire aux lèvres. Question intéressante pour une petite fille... » Des années plus tard, quand la petite fille devint une star internationale, elle revint sur ce conflit dans plusieurs de ses plus grands succès. Quand Madonna chante *Oh Father* dans le clip *Like a Prayer*, elle est agenouillée sur un prie-dieu et fredonne une prière dont on se demande si elle s'adresse à Dieu ou à son père : « ... *you never wanted to hurt me, why am I running away ? Maybe someday when I look back, I'll be able to say somebody hurt you, too... you can't hurt me now, I got away from you. I never thought I could*[1]... »

Pour Madonna, seules les religieuses surent s'occuper d'elle après le mort de sa mère. Une fois, pour montrer sa profonde gratitude et son affection, Madonna annonça que, quand elle serait grande, elle voulait devenir nonne ou star de cinéma. Le choix était rationnel. Pour Madonna, les religieuses, malgré leurs vœux de chasteté et de pauvreté, représentaient la quintessence monacale de la sexualité. Les religieuses étaient les fiancées du Christ, et le Christ était l'homme le plus érotique qui soit. Reste que cette déclaration d'une enfant est peut-être la première manifestation inconsciente de ce qui allait plus tard devenir le thème obsédant de la contradiction entre le sexe et la religion, l'abstinence et la consommation sexuelle, la « madonne » et la putain. Après tout, quelle meilleure preuve de ce conflit que la métamorphose de l'image que véhicule son propre nom, celle d'un être parfait et sans sexe, en emblème de la femme libérée vivant librement sa sexualité ?

Quand les sœurs lui expliquèrent qu'une fille qui voulait prendre le voile devait cultiver la modestie et se désintéresser des choses du sexe, Madonna décida qu'elle était peut-être plus qualifiée pour se lancer dans la conquête de la gloire. Au vu du résultat, Madonna a démontré que religion et show-business n'étaient pas forcément incompatibles.

---

1. « ... tu n'as jamais voulu me blesser, alors pourquoi ai-je fui ? Peut-être qu'un jour, lorsque je me retournerai, je pourrai te dire que quelqu'un t'a blessé, toi aussi... tu ne peux plus me blesser maintenant, je me suis éloignée de toi. Je n'ai jamais pensé que je pourrais... »

CHAPITRE 10

Mère Dolores vit retirée au couvent de Regina Laudis à Bethlehem dans le Connecticut. C'est l'une des rares religieuses à venir du monde du spectacle. Avant que Mère Dolores n'entre au Regina Laudis, il y a plus de trente-cinq ans, elle était connue sous le nom de Dolores Hart, une actrice qui fut, dans les années cinquante, la partenaire au cinéma d'Elvis Presley. Bien que sa splendeur soit un peu passée et que sa taille de guêpe disparaisse sous ses vêtements flottants, elle est toujours d'une beauté à couper le souffle. Elle a soixante-six ans, le visage nu, sans maquillage, encadré par la guimpe des religieuses. « Ça ne m'étonne pas qu'elle ait hésité entre devenir nonne ou star de cinéma, commente Mère Dolores. Pour Madonna, comme pour la plupart des enfants, une religieuse, c'est déjà une sorte de star. Elle porte un costume et règne sur son petit monde. Elle est mystérieuse et pourtant accessible, lointaine et en même temps disponible pour discuter avec eux. Pour beaucoup d'enfants catholiques, les religieuses incarnent la beauté et la bonté. Je pense que Madonna enfant devait être sensible à l'aspect théâtral du catholicisme. »

Mère Dolores doute pourtant que Madonna ait jamais reçu la vocation du sacerdoce. « La plupart des gens pensent à tort que la décision d'abandonner la vie séculière pour la vie monastique est difficile et douloureuse, poursuit Mère Dolores. Ce n'est pas du tout vrai. Quand j'ai décidé de quitter Hollywood et d'entrer au couvent, je n'ai pas pensé une seconde à ce que je laissais derrière moi, le sexe, les films, les parures ou toutes ces choses excitantes qui avaient fait partie de ma vie. C'était Dieu qui m'appelait pour Le servir. Si Madonna avait été réellement appelée, elle n'aurait pas eu le moindre doute qu'il s'agissait de sa destinée. » Mère Dolores ajoute avec un sourire : « Vous savez, il existe beaucoup de façons de servir Dieu. Madonna fait découvrir les enseignements de l'Église à une quantité de monde, des gens qui n'en auraient jamais entendu parler si elle n'existait pas. Elle touche des jeunes qui sont en conflit avec l'Église. Son approche du catholicisme n'est pas forcément mauvaise. Madonna dit à ses fans qu'elle rencontre les mêmes dilemmes qu'eux, dilemmes qui sont simplement liés à la difficulté de vivre dans le monde d'aujourd'hui. »

Oh Father est sans doute le clip de Madonna dans lequel elle revient le plus clairement sur les traumatismes qui l'ont le plus marquée : le déchirement qu'elle a ressenti lorsqu'elle a décidé de pardonner à son père sa trahison, le souvenir bouleversant de la mort de sa mère, son goût irrépressible pour le travestissement. Une courte scène symbolise la mort de sa mère : un prêtre recouvre un corps d'un drap blanc qui devient une étendue de neige au milieu de laquelle Madonna est assise. Puis la famille accompagne le cercueil du funérarium au cimetière. Sur le côté de la route apparaît un panneau publicitaire vantant les mérites de Coca-Cola. Coïncidence ? Clin d'œil ironique ? C'est Pepsi-Cola qui avait construit toute sa campagne « *Make a Wish* » (« Faites un vœu ») autour du clip controversé *Like a Prayer*. Ce clip de cinq minutes se déroule dans une église. Il regorge de symboles religieux. Des croix en flammes, une chorale de gospel, la statue d'un saint noir qui s'anime quand Madonna lui baise les pieds. La morale de l'histoire aurait pu être tirée de *Mississippi Burning*, un film qui sortit sur les écrans à peu près à la même époque. Dans *Like a Prayer*, Madonna assiste au meurtre d'une femme blanche commis par une bande de voyous. Un Noir est arrêté. Il est innocent. C'est l'homme du début, à qui elle baise les pieds. Suit une longue scène de danse dans un champ de croix en flammes, au terme de laquelle Madonna décide d'aller à la police pour témoigner en faveur de l'homme noir. Devant un tel clip, qui, mélangeant sexe, religion et problèmes raciaux et se positionnait sur des thèmes sensibles, Pepsi prit immédiatement ses distances. Madonna a toujours pensé que les dirigeants de Pepsi avaient été dissuadés moins par l'aspect sacrilège de la vidéo que par le fait que le coup de pub ne rapporterait pas suffisamment d'argent à l'entreprise pour risquer d'être boycotté par les gens choqués par son contenu. Finalement, Pepsi renonça au contrat déjà signé et Madonna garda ses cinq millions de dollars de cachet.

Ce n'était pourtant pas la première fois qu'une création s'inspirant de la Passion du Christ suscitait des réactions hostiles dans le public. En Angleterre, James Kirkoff, parolier de la comédie musicale de Stephen Sondheim *Into the Woods*, avait publié dans les années 70 un poème intitulé *L'amour qui n'ose pas dire son nom*. Homosexuel, Kirkoff raconte l'histoire, tout droit sortie de son imagination, d'un centurion romain qui éprouve du désir pour le Christ alors qu'il est en faction au pied de la croix. La façon dont Madonna décrit ses sentiments érotiques pour le Christ crucifié dans *Like a Prayer* n'est guère différente. À l'époque, Mary Whitehouse, militante (qui sévit toujours) d'une association qui exige l'« épuration » des programmes de télévision, intenta un procès à Kirkoff, l'accusant de blasphème. Il fut condamné en première instance mais la décision fut annulée par la Cour de justice et Mary Whitehouse fut déboutée. Voilà qui aurait pu inciter Pepsi à la prudence. Le principal concurrent de Coca-Cola reçut après le retrait de la publicité contestée de Madonna un nombreux courrier défendant la chanteuse. Les gens disaient en majorité bien comprendre le message que voulait faire passer Madonna dans son clip, et qu'eux-mêmes n'étaient pas toujours d'accord avec certains aspects de la religion. Madonna réagit en faisant la déclaration suivante : « Le message du vidéoclip était une prise de position sociale pour la défense des relations interraciales et mon idée était qu'il fallait promouvoir ce genre de joyeusetés à l'église. »

Ces cinq dernières années, le Père Gary Siebert a exercé son sacerdoce à l'Holy Cross Church au cœur de Times Square. C'est un prêtre catholique formé chez les jésuites à la carrière plutôt éclectique : danseur dans une compagnie dirigée par un disciple de Martha Graham, professeur à la John Jay Criminal College[1], consultant média pour Robert MacNeil de *MacNeil/-Lehrer NewsHour*[2]. Ce fut également le prêtre qui assista spirituellement Martha Graham à la fin de sa vie. Séduisant, s'exprimant avec aisance, ses vues sur l'Église catholique sont souvent commentées et font l'objet de nombreuses controverses. Père Gary avait une opinion positive de Madonna bien avant qu'il ne découvre que la papesse de la danse admirait la chanteuse. Pour lui, Martha Graham et Madonna partageaient la même approche du catholicisme. « Martha, comme Madonna, était fascinée par la théâtralité du culte catholique. L'une des ses premières œuvres avait pour sujet la Vierge. Plus encore, Martha dansait toujours près du sol, elle disait souvent que c'était symbolique de la façon dont les catholiques se jettent à genoux pour prier. Elle adorait quand Madonna jouait près du sol, en se contorsionnant pour simuler une prière ou l'acte de chair. »

Le Père Gary Siebert comprend que l'on puisse se sentir concerné par le message de Madonna en matière de religion. La crainte, le caractère oppressif, l'obsession de la culpabilité qu'elle dénonce dans le catholicisme. « Qu'y a-t-il de plus sexy qu'un homme nu sur une croix ? argumente-t-il. Pourquoi tout le monde, et pas seulement Madonna, ne se mettrait pas à aimer le crucifix ? Vous avez là un fantasme presque parfait, un homme nu, totalement offert et qui ne peut pas s'échapper. Il est littéralement cloué sur place. On devrait rendre obligatoire la diffusion de *Like a Prayer* dans chaque paroisse. L'Église catholique ne peut pas s'attendre à ce que les gens vénèrent cette image sans en intégrer au moins un petit quelque chose dans leur vie personnelle. Que Madonna ait

1. Département de criminologie de l'université de New York.

2. Émission d'information des années 80 et début des années 90, présentée par Robin MacNeil et Jim Lehrer, réputée pour ses analyses et son sérieux.

grandi dans ce genre d'atmosphère rigide et implacable, où le moindre geste de défi est considéré comme un péché, a probablement joué un grand rôle dans son obsession pour les femmes, qu'elles soient vierges ou putains. Madonna présente, comme n'importe quel autre catholique italien un peu désorienté en Amérique, un état affectif, mental et spirituel ambivalent. La différence, c'est que Madonna touche au cœur du conflit qui déchire tout être humain qu'il soit catholique ou non. Chacun d'entre nous souffre en permanence à des degrés divers d'un sentiment de culpabilité. Faut-il croire ou ne pas croire, prendre du plaisir sexuel, ou simplement vivre et essayer de s'amuser quand des millions de personnes dont on entend parler à la télévision ou dans les journaux souffrent et meurent quotidiennement ? »

Le Père Gary pense que Madonna a compris toute petite, de façon intuitive, que la frontière entre l'art et la vie était extraordinairement ténue au sein de l'Église. « Elle a très tôt compris tout ce qu'il y avait de théâtral dans le rite tel qu'elle l'a découvert et fréquenté chez les sœurs, explique-t-il. À commencer par le baptême. L'immersion de cet enfant dans l'eau, c'est comme mettre en scène la noyade d'un bébé et son retour à la vie, sa résurrection. En fait, tous les sacrements sont des expériences limites, mourir avec le Christ et accéder à une nouvelle vie. Pensez à la scène finale du *Parrain* où le baptême se déroule sur fond d'une terrible tuerie. »

Le Père Gary fait remarquer que Madonna célèbre la vie, et donc par définition la religion, Dieu, le sexe, la mort et la naissance, dans toutes ses productions. On ne peut pas la taxer de dénigrer l'Église. « Ce sont des situations et des expériences avec lesquelles tout être humain non seulement peut s'identifier mais aussi avec lesquelles il vit au quotidien. Pour Madonna la vie est fondamentalement ambiguë, ce qui après tout est l'un des piliers de la vie sacramentelle de l'Église catholique. »

Pour le Père Gary, les polémiques autour de l'usage dévoyé de la crucifixion par Madonna ne sont dues qu'au fait que la hiérarchie catholique est tellement éloignée de la réalité qu'ils n'ont tout bonnement « pas pigé » et qu'ils ont été choqués par « la forme plus que par le contenu ». « L'Église a perdu son pouvoir, et quand vous rendez impuissant un système ritualiste il devient violent, ce qui explique l'attitude de l'Église face aux homosexuels et aux femmes. Ce que je veux dire par là c'est que leur attitude est totalement intransigeante et sans pitié parce qu'ils doivent défendre ce qui est devenu une position très impopulaire. »

Ses chansons et ses clips, mettant en scène ses principaux points de discorde avec l'Église catholique, ne sont pas sans rappeler certaines œuvres des « décadents » de la fin du XIXᵉ siècle. La crucifixion y était, que ce soit en littérature ou en peinture, souvent représentée sous un angle sadomasochiste. Madonna, avec son iconographie baroque et ses bravades symboliques, ne fait que s'inscrire dans la lignée de ces artistes dont la vocation était de défier le catholicisme. Comme eux ou d'autres artistes plus récents, Madonna a interprété les rituels de l'Église et les images, pour le moins saisissantes, de la crucifixion, pour dépeindre l'acte sexuel. Mais à la différence de ses prédécesseurs qui, pour ainsi dire, ne prêchaient que pour leur propre paroisse, Madonna a toujours joué avec la sexualité de la crucifixion sur la totalité du spectre érotique, homosexuel et hétérosexuel.

William Burroughs, l'auteur du *Festin nu*, a abordé le fantasme de l'exécution et de l'éjaculation avec le pendu qui délivre son sperme au moment de la mort. Somerset Maugham a écrit sur Le Gréco une suite d'articles publiés sous le titre *Don Antonio.* En étudiant ses représentations des crucifiés et de leurs souffrances – l'homme nu, pénétré, exposé – Maugham estime que le peintre était homosexuel et se servait de l'image de la crucifixion pour peindre ses propres fantasmes. Oscar Wilde, qui fut élevé au sein de l'Église catholique irlandaise, érotisa la personne de Jean-Baptiste, le Précurseur, dans sa pièce de théâtre *Salomé.* Plus la personne est sainte, plus la tentation est grande de l'abaisser au degré charnel de l'humanité pécheresse. Salomé danse pour le Roi Hérode. Celui-ci, subjugué, lui offre ce qu'il lui plaira. Elle choisit la tête de Jean-Baptiste, l'objet de son désir, selon Oscar Wilde, cette « peau blanche » qu'elle a rêvé de caresser « se mordant les lèvres jusqu'au sang ».

Paul Gambacinni est un américain qui vit à Londres. Plus connu sous le pseudonyme de « Monsieur Rock & Roll », il anime une émission sur la musique parmi les plus populaires de la BBC. Il trouve que la position de Madonna sur l'Église catholique est non seulement courageuse mais d'une grande finesse. « J'ai moi-même été élevé dans la religion catholique, explique Gambacinni. Quand j'ai vu pour la première fois *Like a Prayer*, j'ai tout de suite compris qu'elle essayait de nous transmettre quelque chose qu'elle portait en elle. J'y ai retrouvé la même sincérité de sentiments que chez Scorcese dans *La Dernière Tentation du Christ*. Ils savent l'un et l'autre aborder avec beaucoup d'originalité et d'audace les sujets les plus profonds pour toucher un public populaire à travers leur art. »

Pour Gambacinni, Madonna n'utilise pas l'iconographie catholique de façon gratuite ou avec frivolité ou juste pour se donner des sensations. « Je suis convaincu, poursuit Gambacinni, que Madonna s'efforce avec la plus grande honnêteté de résoudre certaines contradictions qu'elle ressent au fond de son cœur. En tant que catholique, pour moi, Madonna, c'est quelqu'un qui tente d'exprimer certains aspects absurdes du catholicisme. Ça me parle beaucoup. »

L'Église, d'après Gambacinni, refuse de considérer la force érotique qui se dégage du Christ crucifié. C'est exactement ce que Madonna a mis en valeur dans *Like a Prayer*, ce désir qu'elle éprouve pour le Supplicié. « En découvrant le clip, poursuit Gambacinni, j'ai été impressionné par le nombre de choses qu'elle arrivait à faire passer. C'est quelque chose que nous avons tous ressenti. En fait, l'Église catholique nous donne en adoration un homme presque nu et qu'on a brutalisé. L'Église catholique refuse d'admettre que cette image est en soi pornographique. Vous vous retrouvez à vénérer le fruit d'une violence physique, une humanité désespérée, une quasi nudité. Je me souviens qu'adolescent, quand j'allais alors encore à la messe, j'allais naturellement vers mes copains qui venaient de se blesser, par exemple. La compassion jaillissait de moi à flots parce que c'était ma formation religieuse. On m'a appris à panser les plaies du Christ. »

Il est impossible, à son avis, que la majorité des gens, à l'exception peut-être d'une poignée de fervents catholiques, ne voie pas dans l'image du Christ en croix des connotations érotiques et sadomasochistes. « C'est inévitable quand vous mettez des enfants en face de cette image écrasante, poursuit Gambacinni. C'est physiquement impressionnant dans une église. On ne peut pas éviter certaines réactions pour ainsi dire déviantes. Notons que les enfants font leur première communion à un âge dont saint Thomas d'Aquin disait : "Confiez-moi un enfant jusqu'à l'âge de sept ans..." »

Madonna n'a peut-être pas suivi consciemment les traces de ces artistes catholiques torturés mais elle a en tout cas ressenti au plus profond d'elle-même les mêmes contradictions qu'ils avaient éprouvées dans l'Église.

J. K. Huysmans, écrivain de la fin du XIXe siècle, est considéré comme le pape de la littérature décadente. Dans *Là-bas*, le narrateur interroge la figure de Gilles de Rais, compagnon d'arme de Jeanne d'Arc, tout à la fois, héros adorateur du diable et monstre qui massacra bon nombre d'innocents. Huysmans met en évidence avec cynisme le fait qu'un homme de riche extraction ayant reçu une bonne éducation, peut se permettre de vivre dans la débauche dès lors qu'il sait se repentir au bon moment, c'est-à-dire sur son lit de mort. C'est ainsi que Gilles de Rais finira au Paradis.

Dans *Act of Contrition*, qui lui valut le qualificatif « d'adoratrice du diable » et les remontrances de la hiérarchie catholique pour avoir galvaudé un sujet aussi sacré, Madonna aborde le sujet du remords. Dans *Sanctuary*, extrait de l'album *Bedtime Stories*, elle chante d'une voix énigmatique des paroles inspirées de la phraséologie des Évangiles : « *Whoever speaks to me in the right voice, Him will I follow*. »

1. « Celui qui me parle vrai, Lui, je le suivrai. »

« Il n'y a vraiment aucune différence entre la vie et l'art dans l'Église catholique, ajoute le Père Gary Siebert. Voyez si la statuaire du XIIe siècle espagnol n'est pas plus pornographique que les clips de Madonna. Et l'auréole n'y change rien. Les œuvres respirent toutes un certain masochisme alors même que les prêtres prêchaient le célibat. »

Bad Girl est sans doute l'œuvre de Madonna la plus représentative de son éternel combat entre le bien et le mal, et de ses tentatives pour se réconcilier avec la mort de sa mère. D'un point de vue esthétique, c'est sûrement l'un de ses meilleurs clips, même s'il ne rencontra pas un énorme succès, sans doute à cause des réactions hostiles que suscita dans le monde entier l'album *Erotica* dont la chanson est extraite. Le refrain donne le ton : « *Bad Girl... drunk by six... kissing someone else's lips... smoked too many cigarettes today... I'm not happy when I act this way*[1]. »

Bad Girl met en scène Louise Oriole (Louise est le deuxième prénom de Madonna, et Oriole le nom d'une rue où elle vécut enfant), une femme à qui le succès et la gloire n'ont pas apporté le bonheur. Elle n'aime pas sa vie ni ce qu'elle est devenue. Elle a appris à être « mauvaise » dès l'âge de « six ans ». Cette précision est significative, Madonna a eu six ans huit mois après la mort de sa mère. *Bad Girl* n'est pas sans rappeler le célèbre *Looking for Mr Goodbar*, film dans lequel Diane Keaton interprétait cette catholique coincée le jour qui passait ses nuits de bar en bar à la recherche d'une aventure. Louise Oriole mène le même genre d'existence. C'est une femme pleine de souffrances, elle n'aime pas se regarder dans la glace parce qu'elle n'y voit que de la tristesse. Louise a un ange gardien qui veille sur elle mais qui ne fait rien pour refréner ses instincts autodestructeurs. Il la laisse apprendre à ses dépens. Dans *Mr Goodbar*, la femme connaît une fin atroce. L'homme qu'elle a ramené dans son lit la tue pendant qu'ils font l'amour. Dans *Bad Girl*, Madonna/Louise lève dans un bar un type franchement inquiétant. Au moment de partir avec lui, son ange gardien l'embrasse. C'est le

1. « Mauvaise fille... saoule dès six heures... embrassant d'autres lèvres.... fumé trop de cigarettes aujourd'hui... je ne suis pas heureuse quand j'agis comme ça. »

« baiser de la mort ». Son sort est scellé. Elle va mourir. Madonna/Louise le sait et pourtant elle n'oppose aucune résistance. Elle est heureuse, enfin en paix, libérée de cette vie qu'elle mène depuis l'âge de six ans.

Dans *Bad Girl* comme dans *Oh Father* Madonna tente d'apaiser sa souffrance. Dans *Bad Girl*, le personnage, créant ses propres démons, est responsable du mal qu'il s'inflige. Dans *Oh Father*, cette souffrance lui a été infligée par son père. Référence transparente à la manière dont la petite Madonna s'est sentie évincée de son rôle de femme après le remariage de son père.

Les images d'*Erotica*, clip tourné en 1992, semblent directement sortir d'une vidéo amateur. Elles tremblent, la lumière est de mauvaise qualité. Mais mis à part ces effets spéciaux, les intentions et le contenu sont parfaitement clairs. Nous plongeons dans l'iconographie érotique des années 20 mâtinée de quelques innovations esthétiques dans le vent. Madonna interprète une chanteuse de cabaret androgyne dans un club du Berlin de l'époque nazi, figure immortalisée par Joel Gray dans *Cabaret*. Les cheveux lissés en arrière, elle tient un jouet, un petit singe portant un masque peint, masque qui n'est pas sans rappeler ceux créés par Wladyslas Benda pour les Ziegfeld Follies, que l'on retrouve dans certaines photos de mode d'Edward Steichen dans les années 30. Quant au décor, ce pourrait être celui du Anvil ou du Mine Shaft, deux célèbres boîtes gay de New York. À un moment apparaît une grand gaillard tout en cuir assis sous l'enseigne « New York Strap and Paddle[1] ». Puis Madonna avec une cravache, en pleine scène sado-maso, entraîne des esclaves sexuels tenus en laisse par un couple de lesbiennes dominatrices dont l'esthétique évoque les photos que Man Ray a prises de Nusch Eluard et de Meret Oppenheim. Les autres corps semblent directement sortis d'un cliché d'Helmut Newton. Le dernier plan du clip montre une Madonna nue en train de faire du stop dans une rue de Hollywood. Le seul problème, c'est qu'on a du mal à se souvenir de la chanson ; mais qu'importe.

1. Fessées et corrections.

CHAPITRE 11

En 1972, Madonna sortit du collège et passa l'été à Bay City en compagnie de Moira McPharlin, chez sa grand-mère Elsie Fortin, avant d'intégrer le lycée à la rentrée. À l'époque, Carl, un oncle de Madonna qui avait créé son groupe de rock, était ravi de sortir en ville avec cette ravissante fille de quatorze ans qui en paraissait plus. Habillée d'un jean et d'un T-shirt, maquillée à outrance, Madonna s'essaya cet été-là aux cigarettes et aux cocktails en jouant les vamps. Elsie Fortin restait sereine, convaincue que sous ces dehors provocateurs, Madonna demeurait une fille bien, qu'elle passait sa crise d'adolescence. « Je n'étais pas inquiète, raconte Mrs Fortin. Les temps avaient changé depuis que ma fille était passée par là. Madonna décompressait. Sa belle-mère et son père étaient trop stricts avec les enfants à la maison. »

Madonna s'affichait peut-être dans des tenues provocantes, mais au fond sa grand-mère avait raison en estimant que sa petite-fille était plus sage que l'image qu'elle se donnait. Madonna avait déjà un instinct de survie très développé et ne perdait jamais le contrôle de la situation. La drogue, assurément, ne lui permettrait pas d'atteindre ses objectifs – gloire, argent, reconnaissance internationale – et encore moins de quitter Rochester Hills.

Si Madonna espérait trouver auprès de sa belle-mère et de son père l'indulgence de sa grand-mère pour ses accoutrements sexy, elle fut pour le moins déçue. Au retour des vacances, Joan lui déclara d'emblée qu'elle avait l'air d'une « petite pute ». Tony, quant à lui, lui interdit de se maquiller et de porter des vêtements trop suggestifs. La situation se dégrada aussi avec ses frères et sœurs ; Paula et Martin se rangèrent du côté des parents. Ils s'en prirent un jour à ses vêtements, lacérant ses robes dos nu et ses salopettes. D'après un proche de Martin, le pauvre garçon se sentait gêné par les remarques graveleuses de ses copains. Pour Martin, Madonna n'était pas une graine de star. C'était seulement sa petite sœur.

Un autre ami de Madonna se souvient qu'à l'époque elle avait une très mauvaise réputation à l'école. Elle ne faisait rien pour se défendre ou démentir les rumeurs, affirment ses anciens camarades de classe. En fait, Madonna a toujours proclamé que les garçons n'avaient « jamais rien compris » à sa sensualité, ce qui faisait redouter aux filles de se montrer en sa compagnie. « Les filles ne voulaient pas sortir avec moi à cause de ma réputation, raconte Madonna, et les garçons refusaient parce qu'ils ne voulaient pas être vus avec la petite pute du lycée. C'est débile, je passais pour une pute alors que j'étais encore vierge. On m'a traitée de tout : de clocharde, de courtisane. »

Si les gens ne sont pas capables de voir au-delà des apparences, tant pis pour eux ! »

Elle a toujours refusé de passer pour un modèle auprès de ses fans et particulièrement auprès des adolescents qui se sentent peut-être plus proches d'elle. « Ce n'est pas de ma faute s'ils cherchent à m'imiter, c'est leur choix. Je n'ai qu'un devoir envers eux. Rester moi-même. Je me bats pour l'affirmation de soi. »

L'auteur féministe Camille Paglia a toujours plus admiré Madonna pour sa contribution au féminisme que pour ses talents de chanteuse. « Dans les années 1950, explique-t-elle, les filles devaient rester vierges. Dans les années 1960, les femmes, qu'elles le veuillent ou pas, furent obligées de sortir.

Ce que Madonna a apporté au féminisme c'est que l'on pouvait relever ce défi en refusant de coucher sans pour autant faire fuir les mecs. »

Au lycée, Madonna sortait avec une bande de motards. Par défi, elle a assisté à une messe nue sous un long manteau. Ses fréquentations et son comportement rebelle ne firent rien pour arranger sa réputation à l'école. En vérité, aussi surprenant que cela puisse paraître, Madonna se montrait plutôt prude en matière sexuelle. Elle était une des rares filles à dire ouvertement que personne ne l'obligerait à faire des choses qu'elle ne voulait pas. Si le mot « échec » n'appartient pas à son vocabulaire, l'expression « faire comme tout le monde » non plus. Gamine, Madonna allait dans les soirées avec ses copines en col roulé pour défendre sa virginité.

Carl Townsend*, qui rêva un jour de rejoindre les Hell's Angels et tient aujourd'hui une quincaillerie à Detroit, se souvient des « années déchirées » de Madonna au lycée. « Elle prenait toujours des poses, raconte-t-il. C'était une allumeuse. Je pense que nous, les motards, on était les seuls à savoir que ce n'était pas une fille légère. On a tous essayé de l'emmener faire un petit tour. On a tous échoué. Les gars du bahut étaient trop nazes pour comprendre que tout ça c'était du vent. Ils la jugeaient sur son comportement, qui était pas mal déglingué, mais au fond c'était une brave petite qui avait peur de son papa. »

Alors que ses copines de classe rêvaient de vedettes de cinéma et de stars du rock, Madonna vibrait déjà pour le personnage d'Eva Perón dont la « détermination et le courage » l'avaient profondément émue. Elle avait entendu par hasard une émission à la radio qui retraçait la vie d'Eva Perón. Son idole argentine avait été, comme elle, une jeune fille qui préférait rester à l'écart des autres adolescentes et n'avait qu'un objectif : quitter son patelin pour rejoindre Buenos Aires où elle était fermement résolue à se faire un nom. En octobre 1933, Eva Perón avait interprété un petit rôle dans un drame patriotique monté à l'école. C'est ce qui devait la déterminer à devenir actrice pour échapper à l'existence misérable qu'elle menait à Junin, petite ville de province, non loin de Buenos Aires. Madonna se souviendra longtemps de cette anecdote.

Fascinée par le personnage d'Eva, Madonna en parla un soir à table pendant le dîner. Tony encouragea vivement sa fille à se documenter sur le contexte politique qui avait favorisé l'ascension de Juan Perón et de sa femme. Madonna suivit le conseil de son père et dévora tous les livres de la bibliothèque qui pouvaient la faire pénétrer plus intimement dans la vie d'Eva Perón et de l'Argentine des années 1940-1950. Comme à chaque fois que quelque chose l'intéressait, elle se donna à fond. C'est avec la même détermination qu'elle abandonna l'université dès la première année pour monter à New York contre l'avis de son père qui voulait la voir continuer ses cours de danse et d'art dramatique encore quelque temps. Il pensait qu'elle n'était pas prête et qu'elle courait au devant des pires désillusions. Madonna répondit qu'il n'y avait qu'un seul moyen de savoir si elle avait l'étoffe d'une star, c'était de prendre le risque d'échouer.

En 1973, Madonna décida qu'elle serait actrice. C'était le meilleur moyen de quitter Rochester Hills. Apprenant qu'il n'y avait pas de club de théâtre dans son école, elle en créa un qu'elle appela The Thespians (les comédiens). Elle y tint plusieurs rôles-titres dans des productions en vogue, dont *Godspell*, *My Fair Lady* et *Le Magicien d'Oz*.

Pour Madonna, il n'était pas question de laisser les problèmes qu'elle rencontrait à la maison interférer sur ses progrès à l'école. Même si elle a reconnu avoir parfois douté d'elle, d'en être quelque fois arrivée à se dégoûter, elle a su éviter les grandes crises autodestructrices de l'adolescence. Elle traquait impitoyablement tout ce qui dans son caractère s'assimilait à de la faiblesse. Les drogues ne constituèrent jamais un recours. Quand son frère Martin sombra dans l'alcoolisme, elle lui fit clairement connaître son désaccord. Ce qui

TROISIÈME PARTIE

LUCKY STAR

ne l'empêcha pas de payer, des années durant, ses multiples cures de désintoxication.

Madonna devint *pom-pom girl*, s'inscrivit au French Club, à la chorale, et suivit la carrière des rock stars à la mode. Vivant dans les faubourgs de Detroit, elle subit tout naturellement l'influence du style « Motown ». Ses chanteurs préférés étaient donc Stevie Wonder, The Supremes, Marvin Gaye et les Jackson Five. Ses racines « Motown » devaient dans les années 1980, alors qu'elle cherchait à New York son inspiration dans ces « petites chansons pop sans prétention », la détourner des tentations heavy metal ou de la soul.

Tony, qui avait déjà voulu mettre ses enfants à la musique, décida qu'ils devaient se trouver des petits boulots après l'école. Une partie de ce temps ou de l'argent gagné devait être employé à une œuvre de charité. Madonna devint bénévole dans une association d'aide aux enfants défavorisés ou vivant dans un foyer monoparental, « Help A Kid », dont la mission consistait à établir des relations personnelles entre ces gamins et de jeunes tuteurs. Très à l'aise parmi ces jeunes, Madonna était une des intervenantes les plus appréciées. Elle était très demandée pour ses conseils et l'affection qu'elle prodiguait à ses protégés, la plupart du temps livrés à eux-mêmes. Elle travaillait pendant les grandes vacances comme monitrice au très chic club d'Avon Hills Club à Rochester. Ses frères distribuaient les journaux ou emballaient les courses des clients dans les supermarchés de la région. Paula et Melanie faisaient du baby-sitting ou travaillaient comme serveuses. Madonna dégota un boulot de vendeuse dans une papeterie. Selon son patron de l'époque, c'était quelqu'un d'organisé, ayant le sens des responsabilités et méticuleuse dans son travail. Elle flirtait avec les clients. « Elle était vraiment jolie et les mecs aimaient badiner avec elle, ce qui ne faisait pas de tort aux affaires », raconte-t-il.

Madonna travailla ensuite dans une boutique de vêtements. Une de ses collègues, aujourd'hui mariée et mère de famille, se souvient que Madonna avait un don pour imiter les clientes. « Elle jouait la comédie avec les clients, explique-t-elle. Elle n'aimait pas décrocher et raccrocher les vêtements, alors on avait pris l'habitude de le faire à sa place. Elle nous faisait rire tout le temps. Elle imitait leur démarche quand ils avaient le dos tourné. Dès qu'ils étaient partis, elle se lançait dans un petit numéro où elle caricaturait leurs attitudes, leurs mimiques. C'était la folie, on avait beaucoup de mal à garder notre sérieux. »

Madonna, se souvient encore cette femme, s'entendait mieux avec les hommes qu'avec leurs femmes ou leurs petites amies. « Il arrivait que les gars s'attardent un peu trop sur elle. Alors on perdait la vente. C'est une des raisons pour lesquelles elle fut renvoyée. »

La fin de l'année scolaire arrivant, et avec elle la fin des cours de danse, Madonna décida qu'elle avait appris tout ce qu'elle pouvait apprendre dans un cadre non professionnel. Elle se mit à la recherche d'une école où elle pourrait entrer en compétition avec des étudiants meilleurs qu'elle. Tony et Joan, témoins des progrès et de l'assiduité de Madonna, acceptèrent qu'elle s'inscrive dans une école privée. Par l'intermédiaire d'un de ses professeurs, Madonna entendit parler d'une apprentie ballerine qui s'entraînait assidûment. Dès leur première rencontre, Madonna se sentit immédiatement attirée par la jeune fille.

Kathy* était menue, de constitution fragile, très gracieuse avec ses cheveux bruns ramenés en chignon sur sa nuque. Une petite fille sage qui travaillait en dehors des sentiers battus. Madonna fut séduite par cette adolescente qui ne faisait partie d'aucune bande. Ce n'était pas la première fois. Madonna avait toujours fui comme la peste les éternels hippies, ces adeptes de la fumette aux cheveux longs. Les rockers, même ceux qui avaient formé leur propre groupe, ne l'avaient pas plus enthousiasmée. Ils passaient leur temps à se saouler à la bière au lieu de jouer ou d'essayer de composer de bons morceaux, de trouver un son original. Les *pom-pom girls* l'avaient amusée un temps, jusqu'à ce qu'elle découvre qu'elles n'avaient que deux passions : les garçons et le sport. Madonna préféra rester à la périphérie des groupes les plus en vue et noua des sympathies avec ces étudiants forts en thème, que les autres considéraient comme des « pauvres mecs », et ces filles plus réputées pour être des rats de bibliothèque que des nanas canons.

Madonna et son apprentie ballerine devinrent inséparables.

Dorénavant, la danse jouerait un rôle charnière dans le destin de Madonna. Elle tomba amoureuse de Kathy. Ce fut sa première liaison homosexuelle. La relation perdura au lycée, puis l'année que Madonna passa à l'université. Elle se prolongea après le déménagement de Madonna à New York, où Kathy vint régulièrement puis partagea l'appartement de la chanteuse dans le Upper West Side.

CHAPITRE 12

Kathy a aujourd'hui quarante-deux ans. Mince, séduisante, les cheveux courts, elle vit avec son second mari et ses deux enfants. Kathy a depuis longtemps renoncé à devenir danseuse. Avant son mariage, elle a été mannequin puis chargée de relations publiques. Sa liaison avec Madonna a duré de quinze à vingt et un ans. Selon Kathy, il s'agissait d'« une vraie histoire d'amour et pas uniquement d'une affaire de sexe ». Elles étaient autant amies qu'amantes.

Confortablement installée dans son salon, Kathy évoque sa relation avec la star. « Au début, raconte-t-elle, on se disait que c'était pour essayer, qu'on s'entraînait, comme ça quand on sortirait avec un garçon on ne serait pas complètement empotées. » Kathy sourit. « Croyez-moi, on n'avait aucune idée de ce qu'était le sexe et encore moins de ce qu'étaient des lesbiennes. Je me souviens que Madonna avait acheté une revue spécialisée où nous avions découvert les différentes positions et les points sensibles de la femme. On a essayé. Personne n'a forcé personne. »

En dépit de l'intensité de leur relation, Kathy affirme que ni elle ni Madonna ne se sont jamais considérées comme des lesbiennes. La philosophie de Madonna en matière sexuelle, c'est que le monde ne se partage pas en hétéro et homosexuel mais, citant sans le savoir Truman Capote, en personnes « sexuelles ou pas ». « Quand j'ai débarqué à New York chez Madonna, poursuit Kathy, on a beaucoup parlé de nos sentiments, on s'étonnait d'être si attachées l'une à l'autre. »

Adam Alter, le patron de Gotham, le premier qui donna sa chance à Madonna dans l'industrie du disque, dit que Madonna était une jeune femme effrontée, très sexy et bourrée de talent. « Est-ce qu'elle m'attirait ? demande-t-il. Qui, homme ou femme, ne l'aurait pas été ? Mais il n'y a jamais rien eu entre nous. Je voulais que nos relations restent strictement professionnelles. »

Madonna donnera plus tard dans sa carrière, lorsqu'elle mettra l'homosexualité féminine à la mode, une fausse image des lesbiennes. Des femmes qui sont toutes belles, qui ont réussi et qui sont foncièrement féminines. D'après Adam Alter, Camille Barbone, qui s'occupa brièvement de Madonna à ses débuts, bisexuelle avérée, se laissa entraîner par ses sentiments pour la jeune chanteuse au-delà de leurs simples relations professionnelles. Camille Barbone était une petite femme noueuse, les cheveux ras, portant des lunettes. Elle était née dans le Queens d'un père policier. Lorsque Madonna devint une star, Camille Barbone, qui ne travaillait plus pour elle, déclara que c'était Madonna qui l'avait séduite.

En 1987, Kathy vivait avec son premier mari. Madonna était déjà une vedette. Elle se souvient que son ancienne maîtresse lui envoya le livre de Shere Hite, *Le Rapport Hite*. « Il y avait dans le bouquin toute une partie consacrée à l'homosexualité féminine qui disait en plus sophistiqué ce que Madonna avait toujours dit. » Ce livre fut à l'origine du premier divorce de Kathy. « Je racontai à mon mari ma liaison avec Madonna. Il péta complètement les plombs. Pour être honnête, notre mariage battait un peu de l'aile, mais ça, ça l'a achevé. Les choses sont allées de pire en pire jusqu'à ce qu'on se sépare. »

Les amours adolescentes de Madonna et de Kathy ouvrirent à la jeune rebelle de nouveaux horizons, tant sentimentaux que déterminants pour l'avenir. Peu après leur rencontre, Kathy emmena Madonna à la Rochester School of Ballet, où elle suivait elle-même des cours, et la présenta à l'homme qui allait devenir son mentor : Christopher Flynn.

Quand Madonna rencontra Christopher Flynn, il avait quarante-deux ans, elle, quinze. Cette rencontre providentielle ainsi que la différence d'âge représentent un nouvel élément de comparaison entre les destins d'Eva Perón et de Madonna.

À la mort de son père, la vie d'Eva Duarte devint franchement difficile, surtout après que sa mère lui eut trouvé un nouveau « papa ». La fillette était âgée d'une dizaine d'années. Toute la famille déménagea, quittant la petite ville déprimante de Los Toldos pour la non moins déprimante localité de Junin où il n'y avait pour toute distraction qu'un cinéma-théâtre. Adolescente, Eva ne pouvait compter que sur elle-même. Étant la cadette et pas encore en âge de se marier, elle aidait sa mère à tenir la pension qui permettait à la famille de survivre. En 1933 Eva, âgée de quinze ans, alla écouter un chanteur de tango qui se produisait en ville. À quarante-deux ans, Augustin Maguldi était une caricature de Latin lover et un piètre interprète. Ce qui ne l'empêchait pas d'avoir une très haute idée de son talent et de son irrésistible charme. À la fin de son spectacle, il trouva l'adolescente qui l'attendait dans sa loge. Ils devinrent amants et le lendemain Eva le suivait à Buenos Aires.

Christopher Flynn était un homme séduisant. Il avait appris la danse au Ballet Arts de New York sous la férule de Vladimir Dokoudovski. Dévoué à la danse classique, travaillant dur, il n'avait pourtant pas réussi à s'imposer dans cet univers impitoyable. Il avait la volonté, la persévérance, mais manquait de force physique pour porter les danseuses à bout de bras ou assurer deux heures de ballet. Kathy avait commencé la danse plus tôt que Madonna, et avait bénéficié d'une meilleure formation. Mais à force d'acharnement et de rigueur, Madonna rivalisa bientôt avec elle. Flynn en fut très impressionné et leurs relations prirent rapidement un tour qui allait bien au-delà de la simple amitié entre un professeur et son élève. D'entrée, Christopher avait remarqué que Madonna suscitait en lui un sentiment inhabituel. Le jour où elle entra dans la vie de Christopher et réciproquement, leur monde, comme ils l'affirmèrent plus tard, « bascula ».

Un proche ami du professeur de danse témoigne que Flynn avait tout de suite senti l'énorme potentiel que Madonna portait en elle. « C'est ce que Chris m'avait affirmé depuis le début, raconte-t-il. Il disait que cette Madonna avait un énorme appétit d'apprendre et de progresser. Il était évident pour lui qu'elle possédait une intelligence innée des choses qui n'avait jamais été exploitée. Il savait, sans jamais avoir rencontré sa famille, que Madonna manquait de références intellectuelles et culturelles. Tout ce dont elle avait besoin, c'était de quelqu'un qui la prenne sous son aile. »

En plus de lui enseigner à bouger et à danser, Flynn donna à Madonna la confiance en elle qui lui manquait. Il lui dit qu'elle était belle, intelligente, qu'elle possédait une personnalité captivante. Flynn était le premier artiste qu'elle rencontrait, quelqu'un avec qui elle était libre et qui savait apprécier sa différence, sans pour autant l'attribuer à un quelconque trouble du comportement. C'était la première fois dans la courte vie de Madonna qu'un être investi de l'autorité ne la considérait pas comme une rebelle simplement parce qu'elle n'avait pas les mêmes engouements que les autres. Au contraire, Flynn encourageait ce qu'il appelait son « excentricité d'artiste ».

En retour, Madonna considérait Flynn comme son maître. Elle se positionnait comme Monroe par rapport à Miller, Bacall par rapport à Bogart, Hellman par rapport à Hammett, absorbant avidement tout ce qu'il avait à lui offrir, tant son expérience dans le monde du spectacle que son bagage culturel. Elle l'adorait, l'appelait « mon mentor, mon père, mon amant imaginaire, mon frère ». Le côté « imaginaire » de l'amant devait s'évanouir quand Flynn suivit Madonna à l'université du Michigan à Ann Arbor où il dégota un poste de professeur invité pendant un semestre. Longtemps après la mort de Flynn, Madonna devait parler de lui en ces termes : « Flynn a pris ce gros morceau de glaise informe et lui a façonné un style bien précis, une forme... c'est à partir de là, insiste Madonna, que j'ai pu m'affiner. »

Les liens se resserrant, Flynn commença à emmener Madonna

à Detroit les week-ends, où il lui faisait découvrir l'univers des musées, des concerts, des opéras, des galeries d'art, de la mode. Il emmenait aussi son élève star dans divers bars ou clubs gay, l'ouvrant à de nouveaux horizons exotiques et sophistiqués. Les clubs gay de Detroit, avant que le sida ne fasse sa mortelle moisson, étaient des endroits de rencontre où l'on venait chercher l'âme sœur pour une nuit ou pour la vie. À quinze ans, Madonna était complètement désinhibée, elle n'hésitait à se lever pour parodier quelques pas de danse. Tout le monde l'aimait bien, non seulement parce qu'elle avait du talent, mais aussi parce qu'elle était originale. En fait, la musique, le mouvement, les attitudes de la population gay nourriront plus tard ses chorégraphies les plus osées. Elle s'en inspirera aussi pour construire son style androgyne. Avec Flynn comme guide, elle regardait les couples s'ébattre dans les canapés en velours. « Chris la poussait à croire en elle, explique Kathy, ce qui lui donnait le courage de s'habiller de cette façon si particulière. Je pense aussi que ça lui donnait le cran d'aborder le thème de la bisexualité dans ses créations. Même si Chris nous rappelait souvent que toutes les lesbiennes ne sont pas ce qu'on appelle des *Lipstick Lesbians.* » Kathy se souvient que Chris disait à Madonna que si elle n'avait pas été si bourrée de talent et si farouchement ambitieuse, elle aurait été un vrai monstre. « Avec du recul, continue Kathy, on comprend mieux ce que les mômes retrouvent en elle. Elle avait l'habitude de dire qu'elle se fichait de l'opinion des gens lorsque ça ne la faisait pas avancer. C'était une bonne leçon pour nous deux. »

Flynn lui apprit aussi à se préoccuper davantage de ses frères, à prendre en compte leur faiblesse, leur fragilité. Il lui fit découvrir le côté féminin de chaque homme et le côté masculin de chaque femme. Quand Christopher, le frère de Madonna, commença à fréquenter le cours, Flynn eut l'occasion de l'observer tout à son aise. Il comprit ce que les autres lui trouvaient de « différent ». Flynn prit sur lui de dire à Madonna que son frère était homosexuel et combien il devait être difficile pour lui de l'assumer dans le contexte d'une petite ville du Midwest, surtout avec un père catholique pratiquant. Des années plus tard, en

1991, Madonna parla de l'homosexualité de son frère dans une interview accordée au magazine gay *Advocate*. Christopher fut profondément indigné. Il accusa Madonna de lui faire son « coming out ». « Ce n'était pas ses oignons, répliqua-t-il à l'époque. J'étais furieux – non pas parce que j'avais un problème avec ça, d'ailleurs je ne m'en suis jamais caché, mais parce que je ne me permets pas de raconter quoi que ce soit sur les autres et que j'entends qu'ils fassent de même avec moi. »

La réaction de Tony Ciccone était à prévoir, bien que longtemps après il ait raconté qu'il n'avait pas été choqué par la révélation de l'homosexualité de son fils. Madonna et Christopher se réconcilièrent rapidement après la sortie de l'article. Ils ont l'habitude de dire en plaisantant que la découverte par leur père de l'homosexualité de son garçon venant juste après les images de sa fille se masturbant avec un crucifix avait dû lui faire l'effet d'une douche froide. « Ça a dû être un soulagement », s'exclament le frère et la sœur en riant.

Christopher Flynn, qui continuait à conforter l'originalité de Madonna, se rendait aussi parfaitement compte qu'elle ne perdait pas une seconde de vue son objectif d'être danseuse. Un des amis de Flynn rapporte : « Chris savait qu'elle possédait quelque chose que les autres, même plus talentueux qu'elle, ne possédaient pas – une sorte d'intrépidité plutôt rare chez une gamine si jeune. »

D'après Elsie Fortin, la grand-mère de Madonna, Christopher Flynn a toujours fait les commentaires les plus pertinents sur sa petite-fille. « Il la comprenait mieux que personne, se souvient Mrs Fortin Il disait que les articles consacrés à Madonna étaient tous décevants parce qu'ils la faisaient passer pour une dingue qui ne savait pas ce qu'elle disait, alors qu'en réalité c'était l'élève la plus intelligente et la plus assidue qu'il ait jamais eue. Elle ne ratait jamais un cours. Qu'il pleuve ou qu'il vente, Madonna était toujours là. »

Sous la férule de Flynn, Madonna prit graduellement conscience qu'elle était différente des autres filles de son âge, même si elle ne comprenait pas encore ce que ça signifiait ni ce qu'elle pouvait en faire. « Madonna me disait toujours qu'elle était submergée par la force de ses sentiments, raconte Kathy. Elle se plaignait toujours de ne pas être comprise par les gens, surtout quand elle était jeune. Il lui arrivait souvent de s'aliéner des gens, un garçon, un ami ou qui que ce soit. Elle les effrayait. Elle me demandait ce qu'elle devait faire parce qu'elle ne comprenait pas leur réaction. D'autres fois, elle le prenait de haut : "je n'ai pas besoin d'eux", ou bien elle s'effondrait en larmes. »

Christopher Flynn fut un des premiers homosexuels que rencontra Madonna à ne pas faire mystère de ses préférences. Madonna finit par lui parler de sa relation avec Kathy. Un des anciens amants de Flynn, qui l'accompagna pendant sa maladie et jusqu'à son décès du sida en 1990, se souvient du couple qu'ils formaient. À la fois sachant exactement ce qu'ils faisaient et disciplinés dans le travail, et en même temps excentriques et non-conformistes. Kathy pense que Madonna commença à mieux vivre sa famille quand elle réalisa que ses « priorités sentimentales se situaient ailleurs ». « Elle décréta qu'elle ne se sentait pas impliquée sentimentalement avec eux parce que son affection et ses priorités se portaient sur d'autres choses et d'autres personnes, explique Kathy. Elle ne fut plus jamais blessée par quoi que ce soit, ni en colère. À moins qu'elle ait appris à contrôler ses emportements et à canaliser son énergie pour s'améliorer. Entre Chris, ses cours de danse et moi (notre relation était encore très, très confidentielle) Madonna avait trouvé un champ où elle excellait. Elle avait du talent. Ses amis étaient devenus sa famille. »

Tout allant pour le mieux, Madonna commença à s'interroger sur sa sexualité. Depuis sa rencontre avec Kathy, elle partageait exclusivement son temps entre elle et ses cours de danse. Madonna avait laissé tomber ses anciens amis pour se consacrer à Kathy, puis, un jour, à la fin de sa première année, elle décida subitement de réintégrer leur univers. Elle voulait peut-être faire la démonstration de sa thèse, suivant laquelle il n'y avait ni homosexuels, ni hétéros, mais seulement des personnes sexuelles ou pas.

En mai 1976, Madonna estima qu'il était temps de perdre sa virginité. Russell Long, aujourd'hui entrepreneur du bâtiment à Detroit, se souvient de sa surprise quand Madonna commença à lui faire des avances. Il reste convaincu que la décision de Madonna de sortir avec lui n'était motivée ni par une quelconque attirance physique, encore moins par un coup de foudre, mais bien parce qu'il était un des rares garçons qui ne lui avait jamais manifesté le moindre intérêt. Curieusement, l'analyse de Russell recoupe celle de la plupart des autres hommes qui ont traversé la vie de la chanteuse. Ils étaient d'autant plus séduisants pour Madonna qu'ils paraissaient réticents à lui montrer de l'affection. Une fois conquis, elle se débarrassait d'eux et partait vers de nouvelles aventures.

Russell Long avait deux ans de plus que Madonna. Il avait le type du cow-boy Marlboro, cent pour cent américain, les cheveux longs et le sourire facile. Un superbe athlète, très attirant, qui néanmoins ne possèdait pas une énorme expérience avec les filles. Son aventure avec Madonna ne dura qu'une poignée de semaines. Ils faisaient l'amour sur la banquette arrière de la voiture de son père. Russell Long reconnaît, presque en s'excusant, qu'il n'a pas conservé beaucoup de souvenirs de Madonna. Vingt-cinq ans après les faits, tout ce dont il se souvienne c'est qu'elle était dominatrice, plus déterminée que sensuelle. « Le sexe pour Madonna, dit-il, c'était plus une fin en soi que quelque chose qui s'appellerait faire l'amour. »

Quand la rumeur commença à courir qu'elle sortait avec Long, elle ne fit rien pour la démentir. Au contraire, elle l'alimenta comme par fierté. « Elle s'occupait elle-même à l'époque de ses relations publiques, ajoute-t-il en riant. Moi je niais toute l'affaire, et elle, elle braillait partout que tout ce qu'on racontait était vrai ! » Kathy prit mal l'aventure de Madonna avec Russel. Elle la menaça de rompre. Finalement, Kathy décida que ça n'en valait pas la peine. « Madonna me raconta qu'elle avait décidé de coucher avec Russell avant même qu'ils ne sortent ensemble, raconte Kathy. Ça m'a fait vraiment mal à l'époque. J'étais furieuse. Mais on a continué à se voir. » Elle hausse les épaules. « C'était quelque chose qu'elle se devait de faire. J'ai essayé de comprendre. On avait une énorme pression sur les épaules. Madonna a réagi à sa façon, moi j'ai réagi à la mienne. Je n'ai jamais pensé à aller me dénicher un type et à sortir avec lui, simplement parce que Madonna l'avait fait. »

En fait, Kathy n'avait rien à craindre. Après la fin de l'histoire avec Russell et jusqu'à la fin des années de lycée, la ferveur romantique de Madonna n'eut d'yeux que pour Kathy.

Personne ne sait vraiment pourquoi Flynn confia son cours de danse de Rochester Hills à ses assistants pour aller enseigner à Ann Arbor où Madonna devait commencer sa première année de fac. Certains de ses amis jurent qu'il s'agit d'une pure coïncidence. D'autres affirment qu'il avait usé de son influence pour décrocher le poste afin de continuer à conduire la carrière de Madonna. Joachim Navarro, un ancien condisciple de Flynn au Ballet Arts de New York, assure que Chris était à ce point persuadé que Madonna deviendrait un jour une star qu'il ne voulait pas prendre le risque que n'importe qui lui apprenne n'importe quoi. « Pour moi, ça ne fait aucun doute, poursuit Navarro. Chris est entré à l'université du Michigan pour veiller sur elle. Il y serait resté si Madonna n'avait pas fait ses valises pour se tirer à New York. »

Coucher avec Flynn, selon un autre ami du danseur, ne s'imposait pas. La relation était solide, pas besoin de la cimenter davantage. Il y voit plutôt le besoin de Madonna de mettre du sexe dans toutes ses relations, tant amicales que professionnelles. Une façon de sceller intimement un engagement. La liaison entre Madonna et Flynn ne dura que quelques jours. Quand elle prit fin, ni l'un ni l'autre n'en reparlèrent plus jamais.

CHAPITRE 13

À la fin de sa dernière année de lycée, Madonna déposa, sur les conseils de Flynn, une demande de bourse pour aller étudier la danse à la Michigan School of Music, une université spécialisée dans les cours de musique. Au printemps 1976, elle obtint, avec un semestre d'avance, son diplôme de fin d'études et apprit que la bourse lui était accordée. Elle commencerait les cours à Ann Arbor dès le mois de septembre suivant. Malgré la perspective excitante de quitter enfin la maison, Madonna eut soudain quelques appréhensions à l'idée de se lancer dans de longues études. Elle était pressée de réussir. La danse classique demande des années de formation, beaucoup de travail et une discipline exemplaire.

Christopher Flynn était déjà sur place quand elle arriva à Ann Arbor en septembre. Il était encore là le jour de son premier cours pour lui soutenir le moral. Les danseuses sont en général très minces, portent des justaucorps noirs, des collants roses, les cheveux ramenés en chignon. Madonna avait l'air tout droit sortie d'un peep-show de Times Square. Coiffée à la punk, les cheveux courts teints en blond, les racines noires, elle portait des collants sans pied et une superposition de T-shirts lacérés retenus par des épingles à nourrice. Un de ses professeurs a gardé le souvenir d'une fille naturellement douée mais disposant d'un bagage technique plutôt limité. Elle était extraordinairement souple et possédait une grâce et un sens du rythme étonnants. « Quand je l'ai vue danser pour la première fois, raconte-t-il, j'ai tout de suite pensé qu'elle ferait une merveilleuse danseuse jazz ou moderne. Je lui en ai parlé mais, apparemment, elle ne voulait pas changer en cours de route. »

Le tournant essentiel ne devait se produire que plusieurs mois plus tard avec l'arrivée de Pearl Lang, grande danseuse et chorégraphe, invitée à Ann Arbor comme professeur associé. Pearl Lang avait eu l'honneur d'être danseuse étoile dans la compagnie de danse de Martha Graham. Elle avait eu le privilège de reprendre sept des grands rôles de la mythique Martha. En 1952, Lang créa sa propre compagnie, qui existe toujours et compte cinquante-neuf chorégraphies à son répertoire. La rencontre entre les deux femmes en 1976, à Ann Arbor, devait conduire quelque temps après à l'engagement de Madonna dans un des corps de ballet de Pearl Lang. La chorégraphe, qui a aujourd'hui quatre-vingts ans, a conservé toute la grâce d'une ballerine. Elle est belle et continue d'exercer son influence dans l'univers de la danse. Elle crée toutes les chorégraphies de ses ballets. Pearl Lang est mariée à l'acteur Joseph Wiseman, inoubliable Dr No dans le premier James Bond. Elle se souvient d'une « créature fluette, au nom peu courant et au caractère intrépide ».

« Une diplômée de la section danse d'Ann Arbor, Christine Dugan, une belle fille, une danseuse magnifique, suivait mes cours au studio que nous avions ouvert à New York avec Alvin Ailey, commence Miss Lang. Il se trouvait que le père de Christine était professeur de chinois à l'université du Michigan. Par son intermédiaire, la section danse m'a invitée en tant qu'artiste et chorégraphe pour le programme du diplôme de fin d'année. J'étais en résidence pour un an à Ann Arbor, mais j'avais posé un certain nombre de conditions pour me permettre de remplir mes engagements professionnels à New York. »

Pearl Lang promit de passer au moins six fois pendant l'année scolaire et d'assister au spectacle de fin d'année qui aurait lieu en mai. « Christine Dugan me remplaçait et assurait les cours pendant mes absences », précise-t-elle.

Madonna, élève de première année à l'époque, ne bénéficia

jamais de l'enseignement de Pearl Lang à Ann Arbor. Mais elle assistait régulièrement à ses cours en spectatrice avec Christopher Flynn. Pas un instant, elle n'imagina qu'elle danserait un jour pour Pearl Lang.

À son arrivée à Ann Arbor en 1976, Christopher Flynn s'installa d'abord dans un motel en dehors du campus en attendant de trouver un appartement. Un soir, Madonna lui rendit visite. Elle lui avoua qu'elle le trouvait très attirant, qu'elle l'adorait et qu'elle voulait faire l'amour avec lui. Flynn, d'après un de ses amis, développa trois mois après cette brève aventure une candidose, affection opportuniste du sida.

L'ami de Flynn, encore visiblement ému, se souvient du récit qu'il lui avait fait des événements de cette nuit-là, dans la chambre de son motel. « Il avait l'air vraiment épaté qu'un homme aussi franchement homosexuel que lui, qui n'avait aucun doute sur ses préférences sexuelles, puisse se retrouver excité par une femme. D'autant qu'il la considérait comme sa petite sœur ou quelqu'un de sa famille. La semaine qui a précédé sa mort, il a beaucoup parlé de Madonna et je crois qu'il était fier d'avoir eu une aventure avec elle. En fait, quand j'y repense, il était encore plus fier que ça n'ait rien changé à leur amitié. Ils sont restés très proches jusqu'à la fin. À force, on en avait marre d'entendre Chris se vanter d'avoir bandé pour elle. Moi j'y vois la preuve que cette fille avait vraiment quelque chose de spécial. Même à dix-huit ans, la sensualité de Madonna transcendait la frontière des genres. »

Cette première année à Ann Arbor fut pour Madonna une époque de grande solitude. Elle restait cantonnée dans sa chambre à étudier. Comme d'habitude, elle comptait plus sur elle-même que sur ses profs. Elle était curieuse de tout, se fiant à son instinct. Elle découvrit Ernest Hemingway et Francis Scott Fitzgerald, Rainer Maria Rilke dont elle apprit avec ravissement qu'il avait été l'amant de Marlene Dietrich. Elle dévora James Agee et Charles Bukowski, dont l'acharnement qu'il mettait à « se démolir » l'intriguait et l'amusait tout à la fois. Elle lut James Joyce, J. D. Salinger, D. H. Lawrence, Thomas Mann, Françoise Sagan et Marguerite Duras. Elle appréciait aussi Milan Kundera, Jack Kerouac, Kurt Vonnegut. Quand elle ne lisait pas dans sa chambre, elle descendait à la bibliothèque écouter les œuvres de Vivaldi, de Bach, de Pachelbel, de Haendel. Elle avait une prédilection pour la musique baroque. Elle aimait les qualités « féminines » de ces compositions.

Sous l'impulsion de Christopher Flynn, Madonna commença à s'intéresser aux arts plastiques. Elle découvrit Corot, James Brown et Francesco Clemente. Bien que jeune en la matière, elle manifestait pourtant des goûts affirmés. Elle décida ainsi qu'elle n'aimait pas le Picasso de certaines périodes. Elle rejetait pêle-mêle le cubisme, le modernisme et le post-modernisme. Elle admirait Jean-Michel Basquiat, jeune prodige dont elle appréciait le style direct et la simplicité. Il sera son amant quand elle s'installera à New York. Casse-cou, extravagant, généreux, Basquiat offrit un grand nombre de toiles à Madonna, qu'il reprit à l'automne 1983 quand elle avorta de l'enfant qu'elle attendait de lui. Elle n'en conservera qu'une, aujourd'hui accrochée dans la salle de bains des invités de son appartement de Central Park West.

Ses goûts en musique étaient plutôt conservateurs. Madonna aimait Ella Fitzgerald, Sarah Vaughan, les vieilles chansons de Sinatra et de Sam Cooke. Elle était en admiration devant les tubes de Joe Williams, B. B. King, Chaka Khan, Aretha Franklin. Chrissie Hynde, la chanteuse des Pretenders dans les années 70 et 80, lui servira de modèle. Elle voua très longtemps un culte à Debbie Harry, la chanteuse de Blondie.

Un soir, Chris Flynn l'invita au Blue Frogge, un bar près de l'université. Il trouvait que sa petite étudiante préférée passait trop de temps seule. Une ambiance plus décontractée lui délierait peut-être la langue et ils pourraient discuter de la qualité des cours et de ses premières impressions.

Steve Bray, un afro-américain bourré de talent, intelligent et séduisant, ce qui ne gâchait rien, était à l'époque batteur dans un petit groupe de blues rock qui se produisait dans les environs de Ann Arbor. Pour arrondir ses fins de mois, Steve était serveur au Blue Frogge. C'est là que Madonna le rencontra. De quatre ans son aîné, il devint rapidement son amant et leur liaison devait se poursuivre par intermittence tout au long de l'année universitaire. Madonna l'accompagnait de temps à autre quand il se produisait avec son groupe dans les motels ou les restaurants de la région. Il passait souvent au Howard Johnson. Mais Steve Bray n'avait pas évincé Kathy. Madonna continuait à lui consacrer tout son temps quand elle débarquait pour un week-end. Le reste du temps, Steve et Madonna passaient de longues heures en compagnie de Flynn. Ensemble, ils discutaient musique et danse, rêvaient à leurs projets. Madonna commença à se demander si elle n'allait pas quitter l'école. Elle voulait du concret. Selon Steve, Flynn l'encourageait à quitter l'université. Pour lui, il était absolument nécessaire qu'elle se confronte, à la réalité. Si elle ne franchissait pas ce cap, elle ne saurait jamais si elle possédait les atouts pour devenir une star.

Lorsque Flynn eut vent que Pearl Lang, qui dirigeait à l'époque l'American Dance Festival, arrivait à la Duke University, à Durham, en Caroline du Nord, il décida de mettre Madonna sur le coup. Pearl Lang devait organiser une série d'auditions durant l'été, à la fin de la session universitaire. Elle retiendrait les vingt meilleurs danseurs pour intégrer sa classe. Quand Flynn en parla à Madonna, elle n'hésita pas un seul instant. Flynn s'occupa de tout. Il se chargea de lui dégoter une chambre à la Duke University et lui paya son billet de bus pour Durham. Ce n'est qu'après s'être installée que Madonna rassembla tout son courage pour appeler son père et l'informer de la situation. Ce fut le premier d'une longue série de désaccords entre le père et la fille. Tony Ciccone lui fit clairement comprendre qu'il ne la soutiendrait pas financièrement.

Steve Bray, bien qu'artiste, avait le sens des réalités. Il savait que, tout comme lui, Madonna sacrifierait tout à sa carrière. Il était, certes, malheureux de la voir partir, mais il était assez intelligent pour comprendre qu'il la perdrait s'il cherchait à s'opposer à sa volonté. N'ayant pas les relations de Flynn dans le monde de la danse, il devait s'effacer. Il savait que sa petite amie avait du talent, une énergie folle, du sex-appeal, et surtout, à son grand désespoir, qu'elle n'avait jamais manifesté l'intention de chanter ou d'écrire des chansons. « Si quelqu'un avait l'"étoffe d'une star", dit Steve Bray, c'est bien Madonna, même à dix-huit ans. Elle était absolument irrésistible ! »

Ce ne sera pas la dernière fois que Madonna abandonnera en chemin un amant pour poursuivre ses objectifs. Elle a toujours nié avoir abandonné qui que ce soit, sentiment que partage Steve Bray : « Ses petits amis ont toujours reçu d'elle autant, sinon plus, qu'ils ne lui ont donné. »

Pour le moment, Bray n'était pas définitivement écarté mais pour ainsi dire simplement égaré. Madonna le formule peut-être mieux quand elle déclare : « On doit bouger si on veut réussir, et on ne peut pas emporter le monde entier avec soi. »

Musicien de talent, auteur compositeur, Steve Bray collabore encore aujourd'hui avec Madonna. En 1980, il débarqua à New York pour rejoindre le Breakfast Club, le groupe qu'elle avait monté avec Dan Gilroy, son petit ami de l'époque. Steve Bray les poussa à laisser tomber le hard rock. Ils commencèrent à composer et à jouer de la musique plus disco. Elle se sépara de Steve Bray quand elle commença à travailler pour Sire Record (filiale de la Warner) et Seymour Stein à l'enregistrement de son premier album *Madonna*, produit par Reggie Lucas. Steve Bray sera rappelé dès le second album *Like a Virgin* pour lui filer un petit coup de main dans ses compositions. Leur collaboration durera des années.

En juin 1976, Pearl Lang était en résidence à la Duke University. Les auditions étaient déjà commencées quand Madonna arriva. « Nous étions six derrière une longue table, raconte Miss Lang, à juger des qualités des danseurs pour repérer les plus prometteurs. » Vingt-cinq ans après, Pearl Lang se souvient toujours de la « fille brune et maigrichonne » qui était, suivant ses propres termes, “une danseuse absolument magnifique” ». D’où elle était, Lang ne pouvait voir son visage, mais elle savait d’ores et déjà qu’elle ferait partie des vingt danseurs retenus. Madonna fut sélectionnée à la fin de l’audition. Soudain, alors que tout le monde s’apprêtait à partir, cette même fille brune et maigrichonne s’avança précipitamment vers la table des juges.

« Elle était vraiment culottée, se souvient avec un sourire Pearl Lang. J’ai tout de suite reconnu la fille que j’avais remarquée pendant l’audition. Elle s’est dirigée directement sur moi. Elle m’a dit qu’elle venait de l’université de Ann Arbor et qu’elle avait déjà vu danser Pearl Lang avec ses étudiants. Ensuite, elle m’a regardée droit dans les yeux. Elle a déclaré qu’elle renoncerait à sa bourse si elle n’intégrait pas la classe de Pearl Lang. » Miss Lang sourit de nouveau.

« Je lui ai dit que j’étais Pearl Lang et qu’elle allait travailler avec moi tout l’été. »

Il circule différentes versions de cette histoire. Un autre candidat présent ce jour-là affirme que Madonna savait pertinemment qui était Pearl Lang et qu’elle avait fait semblant de ne pas la connaître pour se faire remarquer. « Elle avait l’air vraiment embarrassée quand je lui ai dit qui j’étais, poursuit Miss Lang. Elle a rougi, elle ne savait plus quoi dire. Franchement, elle n’avait pas besoin de faire ça, je l’avais déjà retenue, alors, où était le problème ? »

Madonna passa six semaines à la Duke University pour suivre l’enseignement de Pearl Lang. « Elle perfectionnait sa technique, ajoute Miss Lang, et elle travaillait avec moi dans ma classe de répertoire. Elle était formidable. Je l’ai fait danser dans un rondeau de Carl Philipp Emanuel Bach, très rapide. Elle l’a magnifiquement interprété. »

Lang se souvient qu’un samedi, après ce premier succès, Madonna s’est présentée en cours avec un sweater déchiré dans le dos et qui ne tenait plus que d’un seul côté. « Il était maintenu par une grosse épingle à nourrice, raconte Pearl

Lang. Je lui ai immédiatement demandé de se changer. J'avais peur que son partenaire se crève un œil avec cette maudite épingle. » Pearl Lang s'arrête un instant avant de poursuivre. « Mais c'était ça Madonna. Elle trouvait toujours quelque chose pour se faire remarquer, pour attirer l'attention. » Pearl Lang se souvient de ce qu'elle répondit après ce rappel à l'ordre. « Elle m'a dit que c'était plus fort qu'elle, qu'elle avait perdu sa mère très jeune et qu'elle faisait toujours des trucs extravagants pour qu'on s'occupe d'elle. » Pearl Lang hausse les épaules. « Qu'est-ce que je pouvais ajouter après ça ? »

Le lundi suivant, Madonna vint en cours un peu moins débraillée et demanda à parler à Pearl Lang en privé. « Elle alla droit au but, raconte Pearl Lang, et me demanda si je cherchais du monde pour ma compagnie à New York. Je lui répondis que ce n'était pas impossible. Mais je savais qu'elle n'avait pas d'argent. Je lui conseillais de retourner dans le Michigan. Comment ferait-elle pour vivre à New York, trouver un appartement, se nourrir ? Sa réponse fut du pur Madonna. Elle m'a dit de ne pas m'inquiéter, qu'elle saurait se débrouiller. »

À la fin de la session d'été à la Duke University, Pearl Lang retourna à New York où elle assurait, avec Alvin Ailey, la direction artistique de l'American Dance Center. En août 1978, à son arrivée à New York, Madonna se présenta en plein cours de Pearl Lang et annonça « Me voilà. J'ai réussi ! »

« Je crois que, quelque part au fond de moi, je n'en avais jamais douté une seconde, reconnaît Pearl Lang, même si j'étais un peu surprise de la voir débarquer. Cette année-là, on travaillait sur un morceau de Vivaldi et sur des chansons séfarades. Je faisais aussi la distribution de *I Never Saw Another Butterfly*, ballet conçu à partir de poèmes écrits par des enfants déportés et assassinés au camp de concentration de Terezin près de Prague, pendant la guerre. Il me fallait quelqu'un à l'air famélique, terriblement mince. Madonna était parfaite, elle était magnifique, absolument parfaite. Elle partit en tournée pendant un an avec moi, et joua ensuite le spectacle avec Joseph Papp pendant deux semaines au Public Theater. »

D'après Pearl Lang, Madonna restait très à l'écart des autres pendant la tournée. « C'était une fille étrange, poursuit-elle. Elle était très réservée, elle ne cherchait pas à se faire des amis dans la troupe. Je me souviens qu'elle passait ses appels longue distance le dimanche, quand c'est moins cher. Elle prenait une poignée de monnaie, s'asseyait en tailleur sur une chaise, le combiné coincé entre le menton et l'épaule. Elle devait appeler des amis ou sa famille. Je ne le lui ai jamais posé la question. De toute façon, elle ne parlait jamais d'elle. »

La vie imite l'art. À la fin de la tournée, Pearl Lang, qui trouvait Madonna de plus en plus maigre, s'inquiéta de ses moyens de subsistance. Elle prit contact avec un de ses amis qui dirigeait le Russian Tea Room, qui jouxtait Carnegie Hall. « Mon ami l'embaucha au vestiaire, raconte-t-elle. Je savais qu'il assurait à ses employés un repas par jour. Comme ça, au moins, elle ne mourrait pas de faim. »

À la fin de l'été, la compagnie de Lang se mit en quête d'une salle de répétition. Martha Graham proposa à Pearl Lang de lui prêter la sienne. « Et voilà pourquoi on croit que Madonna a dansé pour Martha Graham, continue Pearl Lang. Madonna n'a jamais dansé pour Martha. Le seul moment où elles ont pu se voir, c'est une ou deux fois, au début, quand on s'est installés chez Martha et qu'elle est venue voir si tout allait bien. Elles se sont peut-être rencontrées plus tard, quand Madonna est devenue célèbre. Mais, à l'époque, c'était moi son mentor. »

Pearl Lang travaillait toujours plus étroitement avec ceux qui avaient, selon elle, les qualités pour devenir de grands danseurs. C'était le cas de Madonna. « Certains danseurs me restent dans la tête, explique-t-elle. Chaque fois que je pense à un ballet, à un mouvement, j'y revois un de mes danseurs. Madonna a un dos splendide. Elle était inoubliable dans *La rosa en Flores*. C'est elle qui incarne le rôle. Elle s'impose tout bonnement à mon esprit. »

Quelques mois plus tard, Madonna demanda un nouvel entretien particulier à Pearl Lang. Elle souffrait du dos et se plaignit que la formation était bien plus dure qu'elle ne l'avait imaginé. « Évidemment que c'est dur, lui répondis-je, poursuit Pearl Lang. Et alors ? Personne n'a jamais prétendu que la danse, c'était facile ! » Madonna ne vint pas en cours le lendemain. Elle se montra de plus en plus rarement. Enfin, elle annonça qu'elle abandonnait la danse. Elle voulait devenir chanteuse de rock.

« J'appris plus tard que son petit ami du Michigan, un batteur, était arrivé à New York et qu'ils travaillaient ensemble, soupire Miss Lang. Elle a laissé tomber la danse alors qu'elle promettait beaucoup. » Pearl Lang continue à penser que Madonna aurait pu faire une grande carrière de danseuse. « Le problème, c'est qu'elle avait du mal à se soumettre à la discipline rigoureuse de la danse, un art qui exige une énorme volonté. Et ça depuis le début. »

Quand Pearl Lang revit Madonna, ce fut au cinéma dans le rôle d'Evita. « Elle était formidable, dit-elle. On comprend qu'elle ait pu quitter la danse pour interpréter un rôle comme ça. Madonna, c'est Eva Perón ! »

À gauche, Madonna à cinq ans, dans la robe de mariée de sa mère.
À droite, Madonna adolescente.

Les visages de l'adolescence : charmeuse, romantique, séductrice.

En 1985, *Like a Virgin*.

À gauche, glamour en Marilyn.
À droite, sexuelle par Jean-Paul Gaultier.

À gauche, sur scène durant le *Girlie Show*.
À droite, dans le clip de *Human Nature*.

À gauche, Eva Perón.
À droite, Madonna dans *Evita*, le film d'Alan Parker dans lequel elle incarne Eva Perón.

En haut, avec Sean Penn, son premier mari.
À gauche, avec Ingrid Casares, l'amante, l'amie, l'âme sœur.
À droite, avec Carlos Leon, le père de sa fille Loudes.

À gauche, Mr et Mrs Ritchie lors du baptême de leur fils Rocco le 21 décembre 2000.
À droite, Madonna visitant le château de Versailles en famille, le 28 juin 2001.

CHAPITRE 1

Quoi de plus risqué que de partir seule à la conquête d'une ville inconnue pour y devenir artiste. Projet stupéfiant pour une jeune fille de vingt ans qui misait davantage sur son charme que sur son talent, et moins sur sa formation que sur sa présence d'esprit. E. B. White a écrit que « personne ne devrait venir vivre à New York à moins de croire en sa bonne étoile ». Madonna avait plus que de la chance. Elle possédait une énergie et une détermination implacables.

À son arrivée à New York en 1978, Madonna n'était même pas sûre de vouloir devenir danseuse. « Quand j'étais petite, je rêvais d'être star de cinéma, a déclaré Madonna. Puis, j'ai voulu être chanteuse. Ensuite, je me suis mise à la danse et j'ai foncé là-dedans. En arrivant à New York, j'ai compris que, pour réussir, il ne fallait pas se disperser mais se concentrer sur un seul projet, ne travailler qu'un seul talent. Je devais aussi trouver des appuis pour me soutenir. Je ne connaissais personne ici, je n'y avais jamais mis les pieds. La seule chose dont j'étais sûre, c'était que tous mes problèmes disparaîtraient une fois que le public aurait appris mon existence. »

Quand Pearl Lang juge que Madonna n'avait pas la discipline suffisante pour devenir danseuse, elle se trompe. Ce qui manquait à Madonna, c'était la patience. Elle ne voulait pas s'enfermer dans les seules frontières de la danse. Pour elle, le talent était une chose acquise. Elle était disposée à emprunter le médium qui lui offrirait le plus de chance.

Dès son arrivée à New York, Madonna se retrouva mêlée à toute une faune de jeunes espoirs bourrés de talent promis à la gloire, mais aussi à toute une bande de rêveurs inconsistants, désespérés de réussir, qui sombreraient bientôt dans l'oubli. En tout cas, aucun futur has been. Certains connurent la gloire et moururent, comme tant de personnes dans l'entourage d'Andy Warhol, d'autres ne firent jamais rien, d'autres encore étaient déjà au sommet de leur art quand Madonna les rencontra. Talent ou pas, Madonna les écoutait indifféremment. Son esprit était un vrai ordinateur. Elle mémorisait les noms, les coordonnées, retenait les avis, les tuyaux, les tendances qui lui semblaient dignes d'intérêt puis jetait ce qui lui paraissait sans valeur. Certains témoins de l'époque se souviennent qu'elle s'imprégnait de tout, suçant chacun jusqu'à la moelle avant de passer à autre chose. Elle n'avait aucun scrupule à se glisser dans les conversations, qu'elle connaisse ou non les interlocuteurs. Elle avait le culot désarmant d'une enfant et la pudeur d'une stripteaseuse.

D'autres, qui fréquentèrent Madonna à la fin des années 70 et au début des années 80, l'accuseront plus tard d'avoir manqué de loyauté, de ne pas avoir tenu ses promesses, d'avoir laissé tout un tas de dettes, qu'il s'agisse d'heures de studio ou de factures de dentiste. D'autres encore soutiendront qu'il n'y avait pas de place pour le sentiment si elle voulait atteindre le but qu'elle s'était fixé. C'était avant tout une femme d'affaires. Elle avait un produit à vendre. Que le produit s'appelât Madonna ne la rendait pas moins accrocheuse. Le rythme effréné qu'elle s'imposait, courant les auditions après le boulot, lui fit souvent oublier les valeurs qu'on lui avait enseignées. Même si elle était restée foncièrement honnête, elle fit quelques entorses aux lois de l'amitié, arrachant des faveurs, rompant ses engagements. Elle quittait agents ou mentors sans la moindre hésitation, et même au mépris de ses sentiments, quand les promesses, qui reposaient souvent sur du vent, ne débouchaient pas sur du concret, des rendez-vous précis pour une audition, un calendrier sérieux et des échéances claires. Madonna a peut-être piétiné la sensibilité de ses proches, froissé la multitude d'amants qui se sont succédé dans son lit, mais elle a rarement menti. Pour elle, c'était gaspiller de l'énergie et du temps que d'inventer des histoires compliquées pour ménager les susceptibilités ou se donner le beau rôle. Elle consacrait chaque minute de sa vie à son objectif – devenir une star.

Au cours de ces années de galère new-yorkaise, la belle et sensuelle Madonna faisait l'amour quand elle en avait envie. Jamais par intérêt, comme elle l'a toujours affirmé. Quand les deux pouvaient se rejoindre, quand elle couchait avec quelqu'un qui pouvait lui être utile, eh bien tant mieux.

L'image de femme sexuellement libérée qu'elle commença à se forger à cette époque s'enracinait profondément dans son expérience personnelle. La détermination avec laquelle Madonna décida d'offrir au monde entier les détails de sa vie la plus intime trouvait probablement son origine dans le fait que sa mère, morte alors qu'elle avait cinq ans, n'avait partagé avec elle aucun secret de sa vie de femme. Voilà une star qui n'avait pas besoin de faire de come back parce qu'elle ne quittait jamais le devant de la scène. Quand elle sentait un déclin s'amorcer, qu'elle n'avait rien de neuf à proposer à son public, elle étendait ou restreignait ses activités : elle faisait un film ou tombait enceinte, se faisait de la publicité en focalisant l'attention sur ses préférences sexuelles du moment, Sandra, Sean, Ingrid, Rosie, Carlos ou le beau Warren.

Madonna avait compris dès ses débuts a New York que le secret du rock ne consistait plus à promettre une jeunesse éternelle à travers les rêves et les héros. Il fallait maintenant avoir une petite longueur d'avance sur l'époque, mêler les nouvelles tendances au courant dominant, être à l'écoute de chacun, rassurer les filles qui voulaient être rassurées, faire fantasmer les garçons qui voulaient fantasmer, faire rêver les hommes qui voulaient rêver, apporter aux femmes la nostalgie qu'elles attendaient. Les chansons et les concerts de Madonna proposent à chacun sa recette pour se libérer de sa culpabilité et se sentir bien dans sa peau.

On peut parfois se sentir bien sans jamais se sentir coupable.

Après avoir quitté l'appartement de Lionel Bishop à Manhattan Towers en septembre 1978, Madonna s'installa dans un sinistre studio, 242, Quatrième Rue East, au cœur d'East Village, quartier ravagé par la drogue. Tous les jours, elle rentrait de son travail, chez Dunkin'Donuts, sur la Cinquante-septième Rue West, avec la peur de se faire braquer ou violer sur le chemin du métro à son appartement. Madonna fut vite repérée par une bande de jeunes hispaniques. Avec ses tenues insolites et provocantes, elle dégageait une sexualité enfantine qui touchait tout le monde, quels que soient l'âge ou le sexe. Un soir, la bande de garçons la suivit jusqu'à chez elle, sifflant, gloussant et lui lançant toutes sortes de propositions en espagnol. Madonna attendit d'être devant son immeuble pour se retourner. Son regard se posa sur le plus grand. Beau, ténébreux, les cheveux longs, les pommettes hautes et larges, un éclat d'argent dans les yeux, l'adolescent tout en muscles lui rendit son regard sans ciller. Entre le « latin lover » de quinze ans et la fille de vingt ans de Bay City, une intruse dans ce coin majoritairement hispanique, l'attirance fut immédiate. Madonna, après ce bref échange, franchit lentement la porte et monta les escaliers jusqu'à son appartement. Cette nuit-là, vers dix heures, quelqu'un frappa à sa porte. Le jeune homme avait attendu que ses parents s'endorment pour se glisser hors de chez lui. Il voulait « tenter sa chance ». Madonna le fit entrer. Il avait apporté deux Percodans et un gramme de coke, la nouvelle drogue à la mode dans les boîtes branchées de Manhattan. Entre eux, ce fut immédiat, mais Madonna lui signifia clairement que ses cadeaux ne l'intéressaient pas. D'après ce garçon, aujourd'hui marié et père d'une petite fille, Madonna voulait bien prendre des risques, mais seulement si ça pouvait lui rapporter. « J'avais apporté de la came parce que je pensais qu'elle était dans ce genre d'histoires. Je m'était complètement gouré. Elle n'avait besoin de rien pour s'envoyer en l'air... à part moi. » Et ce qui devait arriver arriva. La rumeur de la bonne fortune de l'adolescent se répandit comme une traînée de poudre dans le voisinage. Ses parents, qui tenaient une « bodega » dans le quartier, finirent par apprendre ce que tout le monde savait déjà. Voyant cette histoire d'un très mauvais œil, ils allèrent voir Madonna et la menacèrent de porter plainte à la police pour détournement de mineur si elle ne déménageait pas.

Des années plus tard, Madonna pourra apprécier toute l'ironie de la situation quand elle verra se presser ces hordes d'adolescents qui constituent l'essentiel de son public, devant lesquels elle joue à guichet fermé. Dix mille corps vibrant à l'unisson, le regard tendu vers cette femme qui promet de satisfaire le moindre de leurs fantasmes. Elle n'a pas d'âge pour ses fans, pas plus qu'elle n'en avait pour son ado d'amant de l'East Village...

Peu de temps après la révélation de la scandaleuse amourette, Madonna se vit proposer par une de ses collègue du Dunkin'Donuts, elle aussi fraîchement débarquée du Midwest, de partager son appartement sur Morningside Drive dans l'Upper West Side. Une des colocataires déménageait parce qu'elle allait se marier Madonna sauta sur l'occasion sans se préoccuper du montant du loyer. Moins d'une semaine plus tard, elle rassemblait, une fois de plus, ses petites affaires, les fourrait dans un bus du Lower East Side pour rejoindre son nouveau domicile.

À la fin de 1979, Pearl Lang invita Madonna à une soirée dans son appartement sur Central Park West. Les invités formaient ce mélange éclectique, typiquement new-yorkais, d'artistes consacrés et de gens attendant leur heure. Madonna, en punk dépenaillée, traînait dans le salon, attrapant au passage des bribes de conversations érudites qui n'auraient pas été déplacées dans un film de Woody Allen. À vingt et un ans, Madonna, uniquement au service de son ambition, n'avait encore développé aucun complexe à aborder des sujets qu'elle ne connaissait pas. Sa curiosité et sa candeur charmaient le cynique et le blasé tandis que son attitude franche et directe intimidait le crédule et l'inquiet. Naïve, elle n'avait pas encore compris que la créativité, l'ambition et une libido assumée pouvaient effrayer chez une femme. Lors de cette soirée, Madonna fit la connaissance d'un jeune artiste touche-à-tout, Norris Burroughs. La rencontre s'avérera fructueuse. Il deviendra son amant, puis lui présentera Dan Gilroy, musicien en herbe qui lui apprendra à jouer de la guitare et l'incitera à écrire ses premières chansons.

Norris Burroughs avait eu vent de la soirée par l'un des habitués du défunt Max' Kansas City, une boîte de nuit-restaurant de Greenwich Village. D'après lui, Madonna se détachait nettement au milieu de ce groupe d'artistes bohèmes, de patrons de galerie d'art et d'intellectuels new-yorkais. « Elle portait un vieux sweat déchiré. Elle passait ses doigts dans les trous pendant qu'on papotait, raconte-t-il. Elle avait des yeux, des lèvres incroyables. J'étais fasciné par la façon qu'elle avait de s'exprimer avec tout son corps. Elle changeait curieusement d'accent selon son interlocuteur. Personne n'aurait pu se douter qu'elle venait de Detroit. » Burroughs se souvient qu'elle paraissait à la fois solide et vulnérable, ce qui la rendait particulièrement attachante. « Elle était tout le contraire d'une empotée. C'était quelqu'un d'original. Elle était vraiment débrouillarde, très dégourdie pour quelqu'un qui venait de débarquer à New York. Elle m'a dit qu'elle voulait être danseuse et qu'elle vivait comme une bohémienne. Elle ne connaissait personne à New York, ce qui ne lui faisait pas peur. Elle en voulait et elle était résolue à réussir à tout prix. »

Très mince, les joues caves, la mâchoire anguleuse, le maintien raide, les cheveux ras, d'intenses yeux verts, Norris Burroughs est né en juillet 1952. « Je suis cancer et dragon, explique-t-il. Je vis dans les châteaux de mon imaginaire. Je suis régi par les muses et l'inspiration. J'aime connaître des choses, je les absorbe, je les intègre à mes œuvres. Les gens doivent lire entre les lignes pour comprendre ce que j'essaie de leur transmettre. Dans l'idéal, l'artiste se confond avec son art quand il est vrai et qu'il fait mouche. » Si, pour Madonna,

Christopher Flynn fut le premier artiste qu'elle rencontra, Norris Burroughs fut son premier intellectuel.

Norris Burroughs est né à Harlem. Sa mère descendait d'une famille du Mayflower, son père était un acteur shakespearien afro-américain. À cinq ans, sa famille s'installa dans le nord du Bronx. Après un diplôme à la High School of Music and Art, pas loin de chez lui, il étudia la peinture, l'illustration et le dessin. Il suivit quelques temps les cours de la Parson School, à Manhattan. Il pense aujourd'hui que Madonna était non seulement attirée par lui physiquement mais aussi par la force créatrice qu'il pouvait lui communiquer. « On s'est plu tout de suite, dit-il. Elle me disait souvent "Amène par là ton splendide corps de Brando..." En fait, Madonna aimait tout ce qui était sensuel et qui comprenait la sensualité. Elle éprouvait une familiarité immédiate avec les artistes excentriques et bohèmes. À la fin des années 70 à New York, il régnait un certain romantisme. On avait soif de liberté. Les Beatles, les Stones, Janis Joplin, Jimi Hendrix étaient les héros du moment. Je me sentais à l'aise dans cet environnement romantique, sans doute à cause de ma famille. »

À l'époque de leur rencontre, Norris Burroughs était dans la mouvance des milieux d'avant-garde underground. Il travaillait avec Spin, un proche d'Andy Warhol. Spin et Burroughs tenaient une boutique dans Greenwich Village, la Tee Shirt Gallery, où ils vendaient des tee-shirts peints sur commande. Spin peut se vanter d'avoir travaillé avec Peter Max, Salvador Dali et Andy Warhol. « Notre idée, c'était de créer des pièces uniques, explique Burroughs. En fait, je raconte n'importe quoi. Quand je bosse, je choisis un sujet, un thème. De toute façon, un peintre a besoin de montrer son travail. C'est pour ça que je me suis branché avec Spin. »

La nuit de leur rencontre, Madonna suivit Norris dans son petit appartement de St-Marks Place, dans l'East Village. Il déménagera quelques semaines plus tard sur la Soixante et unième Rue, à l'angle de la Première Avenue. « On se voyait toujours chez moi, se souvient Norris. Je vivais seul tandis que chez elle, il y avait toujours plein de colocataires. On passait ensembles plusieurs jours, puis elle disparaissait plusieurs semaines. Elle rappelait, on se retrouvait et on faisait l'amour des nuits entières. »

Disposant de peu d'argent pour leurs loisirs, le couple allait souvent à l'église de Riverside, dans ce coin de Harlem qu'on appelle Sugar Hill. « Elle aimait tout ce qui était ancien, le gréco-romain par exemple, l'esthétique de l'Ancien Monde », raconte Norris. Selon lui, la fascination de Madonna pour le gothique et le baroque reposait moins sur des références religieuses que sur le mystère du rite qui s'y rattachait. « Elle parlait souvent de ses origines catholiques romaines et de la théâtralité de l'Église. Elle affirmait aussi que le catholicisme lui avait forgé le caractère. C'était vrai. Madonna est peu sensible au stress et elle sait garder son calme au milieu de la tempête. »

Madonna lui parlait aussi souvent de la mort de sa mère, épisode tragique qui lui avait permis de se construire tout au long d'une enfance difficile « un système de défense très élaboré » contre l'adversité. Norris Burroughs, comme Christopher Flynn ou Steve Bray, ne se montre pas du tout surpris par son succès. Il l'attribue pour une grande part à son extraordinaire charisme. « Je ne pense pas avoir jamais rencontré une personne qui croyait autant en elle que Madonna. Pour elle, la vie se résumait toute entière aux instincts primitifs et à la passion. Quand elle est devenue une star, les gens ont commencé à faire la fine bouche, trouvant qu'elle n'était ni très douée ni très belle. En tout cas, de près, elle est très impressionnante. Elle déborde d'énergie. On est immédiatement attiré vers elle. »

Mais Norris Burroughs se souvient aussi que Madonna pouvait devenir inflexible quand on se mettait en travers de sa route.

« Quand elle voulait faire quelque chose et que je m'y opposais, elle avait ce genre de regard qui voulait dire que, de toute façon, elle n'en ferait qu'à sa tête. »

Au cours d'une de ces disputes, Norris raconta à Madonna que son prof de guitare lui avait reproché d'être têtu.

« Elle a souri en entendant ça. Les gens lui reprochaient souvent la même chose. Elle n'y voyait aucune méchanceté. Pour elle, c'étaient les enfants gâtés qui étaient têtus. »

Norris Burroughs dément « avoir largué la star », malgré toutes les histoires qui ont couru en 1984 après la sortie de *Material Girl*. Il la laissa partir après quatre mois d'une liaison torride. « J'ai toujours admiré sa force de caractère, alors on ne s'est pas pris le chou très longtemps Madonna est quelqu'un de bien. Je n'ai jamais eu l'impression qu'elle m'utilisait ou qu'elle se servait de moi. Au contraire, elle a toujours été très correcte. »

En réalité, ils étaient l'un et l'autre trop égocentriques pour rechercher les compromis nécessaires. Il restèrent amis un temps après la fin de leur aventure.

Norris Burroughs se souvient particulièrement d'une nuit passée à faire l'amour, une nuit pleine de sensualité et de douceur. « C'était un moment très romantique. Nous nous sentions vraiment proches l'un de l'autre. Je ne me souviens pas des détails précis, dit-il, mais nous nous sommes réellement fondus l'un dans l'autre. »

Norris Burroughs vit Madonna pour la dernière fois en 1982, quand elle jouait au Ritz, un club Downtown sur Quatrième Avenue et Onzième Rue. « Elle commençait juste à percer. Je crois qu'elle venait de signer avec Sire Records, elle avait suffisamment de morceaux en boîte pour faire un trente centimètres. » Les retrouvailles furent brèves mais Burroughs eut la nette impression qu'elle était contente de le revoir. Elle évoqua leur merveilleuse nuit d'amour. « Je ne l'ai jamais revue. Je ne suis pas à l'aise à l'idée de reprendre contact. J'ai peur qu'elle croie que je veux lui demander quelque chose. Je préfère me souvenir des moments que nous avons passés ensemble, quand nous étions tous les deux en pleine galère. »

Malgré l'intensité de leur relation et l'immense admiration qu'il voue à Madonna, Norris Burroughs ne l'a jamais vraiment considérée comme sa petite amie. « Je ne pense pas que deux individualistes patentés puissent faire un couple, explique-t-il. Je ne me sentais aucun droit sur elle. Elle ne pensait qu'à sa carrière et à atteindre son but. Il était difficile de brider sa formidable énergie, ce côté “Je suis le centre de l’univers” qui était sa force et qui la poussait en avant. »

En 1989, la chance sourit à Norris Burroughs. À cette époque, la house music, née dans les milieux underground, faisait un tabac en Angleterre et en France. Margaret Thatcher, le Premier ministre britannique d’alors, l’interdit, la jugeant « immorale » et « contraire aux mœurs ». Burroughs traversa l’Atlantique avec son groupe de house, Craze, qui n’avait jamais percé aux États-Unis. « La house est née à Chicago dans les boîtes underground, explique Norris Burroughs. Ensuite, elle est rapidement devenue très populaire en Europe. Nous avons fait un beau succès en Angleterre et en France, juste au moment où Margaret Thatcher condamnait cette musique. J’ai reçu un accueil formidable en France, et puis je suis revenu à New York. Là, je n’étais plus personne. C’est aussi pour ça que je n’ai jamais repris contact avec Madonna. La célébrité est une illusion. Peu importe ce que vous avez à dire du moment que vous êtes célèbre. »

Norris Burroughs reconnaît que sa célébrité ne dura qu’un quart d’heure. Pour lui, Madonna est restée au sommet parce que c’est une « déesse ».

« Les déesses font des erreurs mais elles poursuivent leur chemin, ajoute-t-il. Je crois à l’énergie vitale. Qu’est-ce qui sépare les dieux des mortels ? Pourquoi Madonna a-t-elle cette étincelle divine qui la place au-dessus des autres ? En fait, nous avons besoin de donner un corps à nos idées, à notre énergie, en fabriquant des mythes. Elle est comme Jim Morrison. Les femmes se l’arrachaient, mais il n’a jamais cessé de se renouveler jusqu’à sa mort. Madonna continue de se renouveler. Elle est devenue un mythe. »

De même que Christopher Flynn avait perçu chez Madonna une sensibilité innée, Burroughs connut une femme qui, sans avoir baigné dans les classiques, avait su se forger ses propres goûts. « Elle aimait beaucoup le bouquin d’Hemingway *Paris est une fête*. Elle adorait tout ce qui parlait de la vie des artistes à Paris. Elle avait lu tout ce qu’elle pouvait sur Francis Scott et Zelda Fitzgerald, sur Picasso, Françoise Gilot, Gertrude Stein.

Toute cette bohème de l'artiste expatrié lui plaisait beaucoup. »

Selon Norris Burroughs, Madonna se sentait aussi proche de James Dean qui avait perdu sa mère quand il était enfant. « Elle le trouvait très beau, magnétique, affirme Norris. De façon générale, elle était attirée par les stars foudroyées, comme James Dean ou Jim Morrison, ces fusées de feu d'artifice qui éclatent dans le ciel et se désintègrent. »

Pour Burroughs, Madonna possédait toutes les qualités qui font les stars. C'est presque un cas d'école. « Quand notre histoire s'est terminée, raconte-t-il, je me suis dit qu'on se retrouverait bien un jour. »

Ce « jour », pour le couple, n'arriva jamais.

CHAPITRE 2

Madonna s'installa en septembre 1979 dans son nouvel appartement sur Morningside Drive, dans un de ces immeubles d'avant-guerre de Manhattan. Spacieux, il comprenait deux chambres, un salon avec une cheminée, des poutres apparentes, une cuisine pouvant accueillir une petite table. Elle était aux anges. La situation ne durerait pas plus de quelques mois, mais en attendant, Madonna s'y sentait en sécurité. C'était la première fois depuis son départ du Michigan. Restait un problème. Les cinquante dollars qu'elle gagnait par jour comme serveuse, travaillant huit heures, la plupart du temps debout, ne suffisaient pas à payer le loyer, la bouffe et ses déplacements. En faisant des heures supplémentaires ou en prenant un autre boulot le soir, la journée aurait été trop courte pour lui permettre de passer ses auditions ou de continuer ses cours. La solution lui fut offerte une fois de plus par Christopher Flynn. Son ancien prof de danse lui rappela, alors qu'ils s'entretenaient au téléphone, qu'elle avait posé nue pour les étudiants en arts plastiques de l'université du Michigan. Elle se vantait à l'époque, arguant que c'était un travail facile, que ça ne lui posait aucun problème de se mettre nue devant une salle bourrée d'étrangers, et qu'elle gagnait plus d'argent en une heure qu'en une semaine de petits boulots. « En fait, c'était comme si je n'étais pas là, disait-elle. Je pensais à tout sauf à l'idée que je me retrouvais nue devant un tas de gens qui me tiraient le portrait. »

Madonna avait calculé que poser pour un photographe ou une école de dessin à New York lui rapporterait plus en une heure que toute une journée de service. Elle trouva rapidement du travail par le téléphone arabe de la petite communauté des apprentis comédiens et chanteurs.

Elle débuta avec Bill Stone, un photographe dont les clichés étaient publiés dans *Life* et dans *Esquire*. Surtout connu pour ses nus sépia inspirés de Modigliani ou Botticelli, il essaya avec Madonna de travailler d'après Matisse. À son grand étonnement, son nouveau modèle manifesta une idée très précise de la façon dont elle voulait être photographiée. Le résultat fut une série de clichés représentant Madonna mi-androgyne mi-féminine, une combinaison de danseuse aux attitudes félines et de sex-symbol des années cinquante. Tous ceux qui virent les photos s'accordèrent pour trouver que Madonna avait su exprimer toute l'ambiguïté d'un érotisme qui s'adressait tant aux hommes qu'aux femmes, une sensualité jouant à la fois sur les instincts paternels et maternels.

Madonna posa ensuite pour Martin Schreiber qui, en 1980, enseignait à la New School de Manhattan. Il entendait rendre par ses travaux les nus plus accessibles, sinon plus acceptables par un large public, estimant que les années 1970 et 1980 étaient une période de puritanisme artistique. « Je voulais que les gens se sentent moins crispés à propos de leur corps, raconte Schreider. C'est au moins ce que je prétendais faire. » En février 1980, ses meilleurs étudiants purent braquer leurs objectifs sur un superbe modèle bien peu conventionnel qui avait répondu à une annonce parue dans une feuille du Village. Elle disait s'appeler Madonna et souhaitait être payée en argent liquide, ne disposant pas de compte en banque. Schreider, qui avait déjà publié *Bodyscapes* et *Last of a Breed* fut, de l'aveu général, conquis par son nouveau sujet. « Elle était beaucoup plus maigrichonne que maintenant, se souvient-il, et elle avait quelque chose de spécial, ça c'est certain. Elle n'avait pas le même genre de beauté qu'aujourd'hui. »

Madonna ne se comportait pas comme les autres modèles. Elle était complètement détendue, sans aucune inhibition.

Avant le début de la séance, elle bavardait avec les étudiants en sirotant un café drapée dans un drap blanc. Elle leur racontait qu'elle était venue à New York pour étudier la danse, mais qu'elle voulait maintenant devenir chanteuse. L'un de ces étudiants évoque sa première impression de la future star : « Elle me surprit par son énorme potentiel, mais il y avait aussi autre chose de très étonnant chez elle. Elle n'avait absolument aucune idée du monde réel. Sa personnalité était complètement contradictoire. D'un côté, il y avait cette fille incroyablement sexy ; de l'autre, il y avait cette caisse enregistreuse. Elle était consciente de son talent et elle n'était pas disposée à laisser quiconque partir sans payer. »

Pendant ces deux jours où Madonna posa, en plein mois de février 1980, dans un studio non chauffé, elle parut aussi peu craindre le froid que gênée par le regard de certains étudiants, moins préoccupés d'esthétique que de leurs fantasmes sexuels. Un des apprentis photographes se souvient d'une brève conversation qu'il eut avec le jeune modèle. Madonna lui raconta qu'elle n'avait jamais gagné autant d'argent de sa vie qu'avec Martin Schreiber. « J'ai eu la très nette impression, explique-t-il, qu'elle ne savait pas ce qu'elle allait manger d'un jour sur l'autre. Elle savait que la réussite dépendrait du temps qu'elle serait capable de supporter les privations. Étant moi-même catholique, je comprenais parfaitement ce cycle de la souffrance et de la récompense. »

Martin Schreiber photographiait les corps mais rarement les visages. Dans le cas de Madonna, il fit une exception. Sa série de nus avait plus de profondeur que toutes celles qu'il avait faites auparavant. Schreider avait réussi à la saisir exactement comme elle était à l'époque, à vif, effrontée et pourtant vulnérable, touchante de naïveté dans son ambition à fleur de peau. L'ensemble, publié ultérieurement sous le titre *The Last of the Madonna Nudes*, nous la montre comme une pauvre gamine, candide, affamée, douloureusement maigre, posant peut-être pour payer son loyer ou peut-être pour troubler ceux qui plus tard découvriraient ces portraits. « Son visage et sa physionomie me fascinaient, reconnaît Schreiber, peut-être plus que son corps. »

Le photographe et son modèle entamèrent une relation, même si Schreider fut d'emblée convaincu que Madonna était plus intéressée par ses contacts et les repas qu'il pouvait lui offrir qu'amoureuse.

En même temps qu'elle posait pour Martin Schreiber, Madonna travaillait aussi à l'Art Students League sur la Cinquante-septième Rue pour Lee Friedlander, autre photographe bien connu qui pratiquait et enseignait l'art du nu. Ses clichés finirent sur le bureau de la rédaction de *Playboy* bien après que Madonna devint célèbre. Les photographies de Madonna qui parurent dans *Penthouse* ont une histoire plus compliquée, qui s'acheva au tribunal.

Deux Texans, Herman et Susan Kulkens, qui affirmèrent plus tard connaître Madonna depuis son passage à Ann Arbor, firent eux aussi une série de nus de la chanteuse. À l'époque, ils achetèrent à Madonna, pour une somme modique, le droit « de vendre ou d'utiliser les photos comme bon leur semblerait ». Début juin 1995, ils envoyèrent vingt-deux photos à Bob Guccione de *Penthouse*. Lorsque Guccione annonça qu'il allait sortir un cahier spécial de dix-sept pages de nus de Madonna dans sa prochaine édition, Herman et Susan Kulkens attaquèrent le magazine, demandant deux millions de dollars de dommages et intérêts. Le couple affirmait n'avoir passé aucun marché avec l'éditeur. L'affaire passa devant le juge John Keenan de la Cour fédérale de Manhattan. Pour sa défense, Guccione allégua que le 21 juin, il avait, comme convenu, opéré un versement de vingt-cinq mille dollars, accompagné d'un courrier confirmant les termes de l'accord. Les Kulkens jurèrent sous serment avoir renvoyé le chèque sans l'encaisser. Pour toute réponse, Guccione, sûr de son bon droit, publia les photos dans *Penthouse*.

La réaction de Madonna à cette publication est particulièrement révélatrice. Un an avant la publication des photos de Madonna, *Penthouse* avait publié des nus de Vanessa Williams qui venait d'être couronnée Miss America. Les photos compromettantes coûtèrent son trône ainsi que de jolis tracas à la reine des Amériques ; tout comme la sortie du « calendrier érotique » avait en d'autres temps bouleversé Marilyn Monroe alors qu'elle était devenue une star. Madonna a souvent répété qu'elle était à l'abri de tout chantage, n'ayant jamais rien fait dont elle puisse avoir honte. La différence entre les réactions de Vanessa Williams et Marilyn Monroe et celles de Madonna en disent long sur le caractère de cette dernière. Alors que l'ancienne Miss America et Marilyn Monroe en appelèrent à la sympathie du public, Madonna se montra bien plus concernée par le fait qu'elle n'ait pu exercer aucun contrôle, tant esthétique que financier, sur les photographies. À aucun moment elle n'exprima le moindre regret pour avoir posé nue pendant ses années de galère à New York, alors qu'elle n'avait pas de quoi payer son loyer ni se nourrir convenablement. À l'époque, *Penthouse* écrivait : « qu'un seul cliché de sa magique jarretière avait plus de force que tous les "amendements sur l'égalité des droits des femmes" dressés en travers du prodigieux courant asexué du judéo-christianisme ».

Tout ce que Madonna a créé au cours de sa carrière s'inspire de sa vie, sa solitude, les mauvais traitements qu'elle a subis, les gens qui l'ont aimée puis qui l'ont quittée, ses conflits avec la religion. Elle n'a jamais raconté ces événements comme s'il s'agissait de quelqu'un d'autre, de même qu'elle n'a jamais rencontré de succès avec une chanson rendue immortelle par un autre chanteur. Elle est trop intelligente pour se soumettre à une comparaison. Quand d'autres chantent les mésaventures d'une fille née du mauvais côté qui finit par rencontrer l'homme qui la rendra heureuse, Madonna chante sur la rage d'être à la merci d'un petit ami ou de ses parents quand tout va mal, qui tentent d'abuser de la situation quand on se retrouve sans ressources. Elle a toujours clamé qu'elle préférait mourir plutôt que de tomber sous la coupe de qui que ce soit.

Madonna n'a jamais obéi qu'à ses propres lois. Le clip *Material Girl* est une parodie du film *Les hommes préfèrent les blondes*. Madonna y apparaissait en Marilyn Monroe, mais elle tenait à préciser qu'à part les cheveux blonds et les formes avantageuses, il n'y avait aucune ressemblance entre elles deux. Dans *Material Girl* Madonna portait la copie de la robe de Marilyn dans le film. Le couturier Bill Travilla, le créateur de la fameuse robe de Marilyn Monroe, qui dessina aussi les costumes de Knots Landing et de Dallas, n'a jamais été cité ni reçu le moindre argent de Madonna. Paraphrasant une de ses chansons, il s'exclame : « C'est bien la première fois que je me fais avoir, comme une vierge. »

Au début, Madonna reconnaissait que la comparaison que faisait le public entre elle et Marilyn ne lui était pas déplaisante : « Je le prenais comme un compliment. Elle était blonde, super sexy, etc. Puis ça a commencé à m'agacer. Personne n'aime être constamment confronté à quelqu'un d'autre. »

Après avoir jeté l'image de Marilyn aux orties, Madonna poursuit en énumérant les différences fondamentales qui existent entre elle et la star : « Je pense qu'elle n'avait pas conscience de ce qu'elle représentait, explique Madonna. Ce qui la rendait extrêmement vulnérable. Je me sens en phase avec ça. Moi aussi, il m'est arrivé de me sentir vulnérable, moi aussi, j'ai parfois souffert qu'on viole mon intimité. Mais j'étais déterminée à ne jamais me laisser foutre en l'air. Marilyn était une victime, moi pas. »

Sa métamorphose en Marilyn Monroe fut exemplaire de la façon que Madonna avait de travailler ses rôles mais aussi de n'en faire qu'à sa tête. Puisque Marilyn avait couché avec John Fitzgerald Kennedy, Madonna prit sur elle, pendant sa phase Monroe, d'avoir une aventure d'un soir, suivie d'intenses semaines de brûlantes conversations téléphoniques, avec John Kennedy Jr. Même si Jackie Kennedy n'avait pas manifesté sa profonde indignation pour cette passade, sermonnant son fils pour son « manque de discernement », il est peu probable que la rencontre ait un jour débouché sur une relation durable. L'un des anciens collègues de Mme Onassis chez Viking Books maison d'édition située à New York se souvient de l'embarras de l'ex-Première Dame : « Je pense que c'est depuis ce moment qu'elle commença à se demander si son fils ne démontrerait pas la même incapacité que son père à trouver le bonheur dans une liaison durable. Je ne crois pas que Mme Onassis ait réagi de cette façon parce qu'elle trouvait Madonna vulgaire. Je crois qu'elle avait peur que son fils, comme son père et son grand-père avant lui, ne manifeste de trop forts penchants pour les stars de Hollywood. C'est ce qui l'inquiétait le plus. Elle espérait qu'il finirait un jour par se ranger avec quelqu'un de leur milieu. »

Entamant une carrière marquée par les métamorphoses, Madonna entreprit de changer d'image dès le début de son séjour à New York. Cette fille à la physionomie délicate, arrivant de nulle part, laissant encore échapper quelques expressions du Midwest, réussit à se créer un look dans le vent, une version primitive du chic fauché. Déguisée en bohémienne urbaine, elle avait le don pour mélanger chemisiers en satin rose bonbon, dentelles, blousons de moto et chaînes. Par l'intermédiaire de Norris Burroughs et de quelques-unes de ses relations qui faisaient, pour ainsi dire, partie du mobilier de la Factory d'Andy Warhol, le loft immaculé qu'il occupait au 33, Union Square West dans Lower Manhattan, Madonna fit la connaissance de Futura 2000, Fab Five Freddy, Keith Haring, et de Jean-Michel Basquiat.

À première vue, Madonna collait parfaitement avec l'univers underground, sexuellement ambigu, ostensiblement choquant de Warhol. Mais Warhol, qui avait pourtant lui-même débuté modestement en Pennsylvanie, ne l'accepta jamais dans sa cour. Elle était à part, pas simplement parce qu'elle venait d'un petit bled ou qu'elle aurait eu moins de talent que les autres, mais parce qu'elle s'était construit des limites derrière lesquelles elle se retranchait pour survivre. À moins peut-être qu'il ait senti qu'elle avait plus de talent que la plupart de ses hôtes.

En 1983, Ed Steinberg, le réalisateur de *Everybody*, le premier clip de Madonna, tomba sur Madonna à une fête donnée chez Mr Chow, un restaurant chinois à la mode sur la Cinquante-septième Rue Est. Tina Chow, la femme du propriétaire des lieux, était une vieille amie de Andy Warhol. Elle devait être une des premières femmes victimes du sida. Sa mort devait faire prendre conscience à l'opinion que la maladie ne touchait pas que les drogués et les homosexuels.

Jean-Michel Basquiat était lui aussi de la fête. Âgé de vingt-trois ans à peine, c'était déjà un artiste réputé dont des collectionneurs comme Richard Gere ou Paul Simon se disputaient les toiles à plus de dix mille dollars. Madonna qui pourtant lui trouvait un visage familier ne se souvenait pas de l'avoir déjà rencontré du temps où elle traînait du côté de la Factory. À l'époque il ne se teignait pas encore en blond, pas plus qu'il ne se coiffait à la punk. Sa première impression de l'artiste né à Brooklyn d'un père Haïtien et d'une mère Portoricaine fut plutôt bonne. C'était exactement son genre d'homme. Ce n'est que plus tard, en échangeant quelques mots, qu'elle découvrit qu'ils avaient quelque chose d'autre en commun. Comme Madonna, Basquiat avait eu des relations tumultueuses avec son père. Comme elle, il avait quitté la maison à quinze ans pour aller conquérir la gloire. Comme elle, il n'avait jamais douté un seul instant, même lorsqu'il vivait dans la rue à New York, qu'il deviendrait un jour célèbre. Leur liaison fut brève et orageuse. Non seulement Madonna continuait à fréquenter d'autres hommes, mais elle supportait très mal de le voir sombrer de plus en plus dans les drogues dures. Deux mois après leur rencontre, Madonna avorta de l'enfant qu'elle portait de lui, c'est du moins ce qu'elle raconta à Basquiat. La rumeur prétendait, elle, que même Madonna ne savait pas qui était le père. Certains pensaient qu'il pouvait s'agir de Jellybean Benitez, le compositeur qui jouait des platines au Fun House, d'autres penchaient pour Mark Kamins, le DJ de la Danceteria. Comme le dit un ami de Madonna : « À l'époque, il y avait une infinité de pères possibles. »

Reste que Jean-Michel Basquiat pensait que l'enfant était de lui, et si l'on en croit un témoin qui a brièvement connu le couple à l'époque, il ne se serait jamais remis de l'avortement.

Kitty Romano*, une pétulante italienne de Brooklyn qui avait quelque temps traîné à la Factory dans l'espoir de décrocher un rôle dans un des films underground d'Andy Warhol, évoque cette époque avec nostalgie. Elle se souvient de Madonna comme étant quelqu'un d'« extrêmement drôle, d'une énergie débordante, mais aussi d'une incroyable naïveté ».

Kitty Romano* qui, à cette époque bénie des premiers Warhol, passait son temps à faire le ménage les lendemains de fête, nettoyait ses pinceaux et payait la bonne, n'en revient toujours pas, même des années après, que le grand réalisateur, le grand peintre, l'ait toujours considérée comme trop « ordinaire pour devenir star ».

Kitty esquisse un sourire. « Je n'étais pas assez ridiculement grosse pour jouer dans ses films, explique-t-elle. Mais j'étais sérieuse et Andy était suffisamment intelligent pour me garder dans les parages. Il savait qu'il pouvait compter sur moi, que je ne me saoulais pas, que je ne me droguais pas. Aucun risque que je perde les clés ou que j'oublie ce qu'il m'avait demandé de faire dans le loft. »

Pendant ces deux mois qu'elle passa dans l'entourage de Warhol, Kitty Romano se lia d'amitié avec Madonna : « Elle était si inexpérimentée, poursuit-elle, si jeune par certains côtés. Madonna était pratiquement la seule à ne pas se droguer. Elle ne manifestait vraiment aucune attirance pour l'autodestruction. »

Madonna n'était pas autodestructrice mais il arrivait qu'elle se néglige. Après plusieurs années passées à porter de lourdes boucles d'oreilles et à se teindre en blonde, ses lobes s'étaient déformés et elle commençait à perdre ses cheveux. Gagnant à peine assez d'argent pour vivre, elle finit par demander à Kitty Romano si elle connaissait quelqu'un qui pourrait lui arranger ça. Kitty connaissait un coiffeur qui travaillait à Bumble & Bumble, un salon sur la Cinquante-septième Rue West. Il donna à Madonna un traitement, lui fit un prix d'ami et lui proposa même de payer en six fois. Kitty Romano envoya aussi Madonna chez son médecin à Brooklyn, qui soigna les lobes et les perça à nouveau quand ils furent cicatrisés.

Kitty Romano explique que Madonna s'est rapprochée

d'elle parce qu'elles étaient toutes les deux du même âge, qu'elles étaient reléguées aux marges des habitués de la Factory, et qu'elles avaient l'une et l'autre un père italien, catholique pratiquant et très strict. « Je l'ai invitée un soir à dîner chez mes parents. La première chose que mon père lui a demandée c'est si son père savait où elle était et ce qu'elle faisait ici. »

Madonna fut peut-être étonnée par cette entrée en matière mais elle n'en montra rien « Elle répondit, avec la plus grande honnêteté, poursuit Kitty, que son père désapprouverait probablement sa vie new-yorkaise. Puis elle éclata de rire et ajouta qu'il lui pardonnerait et comprendrait quand elle serait devenue une star. »

En 1983, à l'époque où elle vivait le grand amour avec Basquiat, Madonna venait souvent pleurer chez Kitty quand il disparaissait des jours entiers. « Elle était persuadée qu'il y avait une autre fille. Il n'appelait plus. »

Kitty secoue la tête. « Je ne pense pas qu'il y avait quelqu'un d'autre. Quand il n'était pas avec Madonna c'est qu'il était inconscient ou parti dans je ne sais quel trip. L'ironie de l'histoire, c'est que Jean-Michel faisait plus attention à Madonna qu'à lui-même. Il ne voulait pas qu'elle découvre son problème avec la drogue. Elle finit bien entendu par l'apprendre et ce fut une des causes de la rupture. »

Warhol ne remarqua Madonna qu'au moment de son aventure avec Jean-Michel Basquiat. Elle jouit pour un temps du statut précaire de petite amie officielle. Andy Warhol s'obstinait à l'appeler « la fille que se tapait Basquiat » ou le plus souvent « cette fille au nom bizarre ».

Jean-Michel Basquiat mourut en 1989, six ans après leur rencontre, d'une overdose d'héroïne dans son loft. À l'époque, Madonna parla de sa mort comme « un acte artistique, nourri de doutes et de culpabilité, qui l'avait finalement emporté ». Elle confia à quelques amis qui pleuraient le disparu : « Je ne prends pas mon pied dans l'automutilation. » Quand Ingrid Casares connut de gros problèmes avec la drogue, Madonna refusa de la voir ou de lui adresser la parole jusqu'à ce qu'elle entre en cure de désintoxication.

La morale que s'est forgée Madonna est simple. Les gens qui l'ont vue chanter ou jouer s'imaginent qu'elle ne sait pas s'arrêter. La réalité est tout autre. La révolte chez Madonna est soumise à la discipline de fer qu'elle s'impose. Elle a besoin de tout maîtriser pour réussir. Elle s'autorise à faire ce qu'elle veut dans la mesure où ça ne l'empêche pas de se lever le matin pour aller travailler.

Après la mort de Basquiat, l'entourage de Warhol perdit de son charme. Elle se sentait traquée par la mort, abandonnée. Ceux qui la connaissaient peu avaient l'impression qu'elle portait tout le poids du monde sur ses épaules. Ses proches racontent qu'elle était épuisée comme une enfant qui a depuis longtemps laissé passer l'heure d'aller au lit. Elle était une des rares, dans ce milieu destructeur, à s'en être tirée. Quand elle parvint finalement à la gloire, à force de travail et de discipline, ce fut ce même instinct de conservation qui lui permit de rester au sommet.

Des années plus tard, bien qu'Andy Warhol n'ait jamais exalté son talent, ni prêté beaucoup d'attention à elle, Madonna décida de faire quelque chose qui s'inspirerait de son travail et de ses idées. Ce fut *In Bed with Madonna*, documentaire vérité, tourné sans scénario comme les films de Warhol dans les années 1970. Mais à la différence de Warhol qui utilisait sa caméra indiscrète pour espionner les dessous de la culture underground, transformant son public en voyeurs sous prétexte d'art, le travail de Madonna avec sa prétendue « caméra vérité » n'est qu'une longue quête narcissique. Quand les critiques émirent des doutes sur le côté improvisé, pris sur le vif de la vidéo déroulant le quotidien de la vie de la star, Madonna répondit : « C'est comme quand on va chez le psy, vous ne racontez pas tout, vous mentez, mais même lorsque vous mentez ce que vous dites est révélateur de votre personnalité. »

Quels que fussent ses défauts, Madonna confondit rarement commerce et art, pop et religion. Elle n'a jamais été du genre à prendre son micro pour sensibiliser le public à tout un tas de causes. Quand elle l'a fait, c'était toujours parce que ça la touchait de près. Lors de ses participations à des concerts pour la lutte contre le sida, elle parlait de la maladie en s'impliquant directement, citant le nom de ceux qu'elle avait aimés et qui avaient disparu plutôt que d'attirer l'attention sur les millions de personnes atteintes en Afrique pour qui les médicaments des grandes industries pharmaceutiques restent hors de prix. Même le cancer du sein reste lui aussi une affaire privée entre Madonna et sa mère ; jamais la star ne se servira de sa notoriété pour encourager les femmes à risques à pratiquer régulièrement une mammographie.

In Bed with Madonna était de bout en bout consacré à la seule gloire de Madonna que venait soutenir une distribution de proches, d'amis, de parents, d'autres artistes, tous venus jouer les faire-valoir. Le film montre les pires facettes de la chanteuse, on la voit dure, méchante, sans la moindre générosité. Le moment le plus burlesque, le plus surréaliste, intervient alors que Madonna commet l'erreur de vouloir jouer les vedettes engagées, militant pour ce qu'elle nomme son « intégrité d'artiste ». Dans le même genre, signalons quelques blasphèmes qui auront probablement plus choqué ses admirateurs croyants que ses appétits sexuels pour le saint noir du clip de *Like a Prayer*.

Alek Keshishian, caméra au poing, filmait chacun de ses gestes. Tous les soirs avant d'entrer en scène, Madonna rassemblait tout son petit monde pour prier. À Detroit, nous suivons Madonna suçant une pastille contre la toux, entourée de ses danseurs qui lèvent tous les mains pendant qu'elle implore Dieu de l'aider « à se transcender » parce qu'elle joue dans sa ville. À Toronto, toujours la pastille contre la toux en guise de rosaire, elle demande à Dieu de veiller à ce que les autorités n'interdisent pas sa scène de masturbation. La prière achevée, nous assistons à une embarrassante conversation entre Madonna et Freddy DeMann, son agent de l'époque, pendant laquelle il l'avertit que deux policiers de Toronto se tiennent prêts à l'arrêter au cas où elle ne renoncerait pas à sa chorégraphie mimant une scène de masturbation. Refusant catégoriquement de sacrifier son art ou de se plier à la censure, Madonna lui demande de notifier clairement sa position aux autorités. S'ils ne se « cassent » pas, elle est bien décidée à aller en prison. Obéissant, Freddy DeMann va trouver les deux bedonnants agents de la force publique et se lance dans une discussion des plus sérieuses sur les Droits de l'homme, la liberté de l'artiste. Madonna, ajoute-t-il, jouera la scène de masturbation malgré la menace d'être traînée hors de scène en plein milieu du spectacle.

C'est totalement surréaliste. Madonna semble persuadée que son public va gober cette métamorphose en militante des Droits de l'homme, prête à risquer la prison pour défendre sa liberté d'artiste. Nous sommes après tout en plein XXe siècle, une époque où une artiste de variété peut simuler une fellation avec une bouteille d'Evian, encourager deux homosexuels à s'embrasser goulûment devant la caméra, s'ébattre au lit avec toute l'équipe de *In Bed with Madonna*, alors pourquoi pas feindre de se toucher sur scène. C'est comique. Même les deux flics ne semblent pas comprendre la situation dans laquelle ils se sont fourrés. En réalité, ils paraissent surtout se préoccuper de ce que cette brève apparition dans les annales de Madonna leur vaudra de notoriété au réveillon ou dans les prochains barbecues entre copains.

En 1990, quand le clip de *Justify My Love* fut interdit d'antenne par MTV, ce fut Madonna, et non Jean-Baptiste Mondino, le réalisateur, qui tint à assumer l'entière responsabilité des moindres note, geste, insinuation ou évocation sexuels. Elle fut invitée dans plusieurs émissions pour défendre son œuvre. Elle arriva sur le plateau de *Nightline*, l'émission de Forrest Sawyer sur ABC, portant un sobre corsage blanc boutonné jusqu'au cou pour défendre ce qui pour elle relevait, encore et toujours, de sa « liberté d'artiste ».

Elle fut excellente lorsqu'elle se lança dans la comparaison de son travail avec celui du chanteur « anciennement connu sous le nom de Prince ». « Toutes ses chansons parlent de façon explicite de baise et personne ne trouve rien à redire. Lui, il peut tenir ce genre de propos parce que c'est un homme. Les rock stars hommes font tous étalage de ça, sans pour autant qu'on s'attaque à leurs compositions. J'y ai réfléchi et je me suis demandé pourquoi ils ne feraient pas avec moi comme avec Prince. »

Lors de son passage à l'*Arsenio Hall's Show*, quand Madonna aborda le thème de la fessée en référence à son titre *Hanky Panky* (tiré de l'album *I'm Breathless* inspiré du film *Dick Tracy*, dans lequel Madonna partageait la vedette avec Warren Beatty), Hall affirma que « Madonna avait franchi certaines limites ». Quand Hall lui demanda si la chanson exprimait ses propres sentiments sur la question, Madonna répondit : « Je n'aime pas les grosses fessées. Je préfère les petites, légèrement cuisantes. » Le sujet était arrivé sur le tapis à propos d'une réplique du film, quand Madonna, dans le rôle de Breathless Mahoney, exalte les vertus d'une bonne fessée et dit à Dick Tracy, alias Warren Beatty : « Tu ne sais pas si tu dois me battre ou m'embrasser. » La chanson revient sur le thème avec cette phrase : « J'en ai mal aux fesses rien que d'y penser. »

Le miracle avec Madonna, c'est que les scandales qu'elle a suscités ont toujours reçu l'absolution du public. À la différence des autres stars, Madonna n'a jamais sombré dans la drogue, elle se s'est jamais retrouvée à l'asile ou dans des chambres d'hôtel sordides, elle n'a jamais émis de chèque sans provision, elle n'est jamais sortie avec un partenaire marié, elle n'a jamais été surprise à se masturber dans un lieu public, elle n'a jamais porté d'arme prohibée.

Prudente rebelle, elle était la preuve pour celles qui voulaient suivre son exemple que l'on pouvait changer d'apparence sans pour autant être ce que l'on voulait paraître. Elle était aussi rassurante pour les parents, qui ne devaient voir dans ces métamorphoses que des enfantillages qui ne dureraient qu'un temps. Les rôles, pour Madonna, ont toujours été moins dangereux que les étiquettes. Elle peut ainsi changer d'avis, de style, d'image, de genre musical sans que ses fans se sentent pour autant obligés de la suivre dans chacune de ses marottes.

Le magazine *Time* du 27 mai 1985 fit sa une sur Madonna, prenant la défense de ces « ados emportés par la folie Madonna ». Le *Time* mettait en avant que « les fans de Madonna pourraient aussi bien être en train de piquer des enjoliveurs ou de se droguer. Au moins, sur scène, elle exhibe une sexualité asexuée où elle ne montre rien, si ce n'est une taille dénudée, pied de nez à la mode conventionnelle. La différence entre Madonna et les autres chanteuses qui émergèrent au milieu des années 1980, c'est que Madonna n'a jamais été un produit de MTV, ni d'aucun autre de ces médias superficiels, et qu'elle a toujours affiché une personnalité débordante et une grande indépendance. » Elle en donna d'autres exemples, y compris à son public.

Madonna n'a jamais craint la gloire. Perdre est son seul ennemi. Être obligée de repartir d'où elle vient, au propre comme au figuré. Lorsqu'elle débarqua à New York, elle refusa pendant quelque temps de dire d'où elle venait, comme si le simple fait d'en articuler le nom pouvait la ramener là-bas contre sa volonté.

CHAPITRE 3

Plusieurs mois après leur rupture, au printemps 1988, Madonna croisa Norris Burroughs dans la rue. La future star menait une vie tellement débridée à l'époque qu'il était impossible de savoir ce qu'elle devenait, où elle vivait et avec qui, si on la perdait de vue ne serait-ce qu'une journée. Depuis leur dernière rencontre, Madonna avait déménagé à deux reprises. Elle habitait maintenant Riverside Drive chez un prof de l'université de Columbia.

Norris Burroughs organisait tous les ans, le 1er mai, une « fête du sacre du printemps » avec un ami musicien, Dan Gilroy, un Irlandais plutôt original et raffiné, à mi-chemin entre Art Carney et James Cagney, et qui se trimballait partout avec un cure-dent planté dans la bouche. Dan Gilroy compose aujourd'hui des musiques pour la pub et vit au Texas avec l'actrice Shelley Duvall. « On nous avait prêté un loft, raconte Norris Burroughs, et on avait célébré le printemps en dansant et en déconnant comme des fous. »

C'est lors de cette soirée que Madonna rencontra Dan Gilroy qui ne fut pas, de prime abord, particulièrement impressionné par l'ex de son ami. Madonna jugea Gilroy mal élevé et prétentieux, lui la trouva déprimante et morne. La soirée s'avançant, ils finirent par se découvrir un sujet de conversation plus animé sur le rock & roll et l'état général de la musique. Dan et son frère, Ed, vivaient à l'époque dans une synagogue désaffectée du Queens qui leur servait aussi de studio de répétition et d'enregistrement. « Nous avions tous l'habitude d'aller traîner là-bas, où Dan et Ed nous faisaient écouter leurs derniers arrangements dont ils espéraient bien faire un disque », se souvient Norris Burroughs.

C'est Dan Gilroy qui donna à Madonna sa première guitare et qui lui apprit à jouer. « J'ai entendu les chansons qu'elle écrivait au début, poursuit Norris Burroughs. J'ai même chanté avec elle. Elle utilisait les cadences de base. Le rock, c'est facile si vous savez chanter et que vous connaissez trois accords. Pourtant elle avait quelque chose de spécial. » Il ajoute en souriant : « Quand elle était avec Dan, on continuait de s'embrasser de temps à autre, ici ou là, mais la plupart du temps, je l'aidais à bosser ses chansons. »

Norris Burroughs, qui n'a jamais été un inconditionnel de la musique de Madonna, comprend toutefois qu'elle soit si populaire. « C'est prenant, le rythme est entraînant et ça ne parle que de filles, de féminisme et de sexe. Au fond, ça colle exactement à l'énergie qu'elle dégage. »

Le 25 septembre 1979 eut lieu la première d'*Evita* au Broadway Theater avec Patti LuPone. Le spectacle devint immédiatement la coqueluche des New-Yorkais. Grâce à un ami qui connaissait quelqu'un du théâtre, Madonna put se glisser dans la salle après le lever du rideau. Elle resta dans le fond, et assista à la représentation. Elle était assez lucide pour savoir qu'elle n'aurait jamais la chance de jouer Evita sur la scène new-yorkaise, mais il lui suffit de voir la vie d'Eva Perón se dérouler devant ses yeux pour se convaincre qu'un jour elle connaîtrait, elle aussi, un succès et une renommée internationale

Pendant que le spectacle commençait sa longue carrière à Broadway, le réalisateur britannique Ken Russell cherchait à monter *Evita* au cinéma. Il avait d'abord pensé à Julie Covington, qui avait brillamment interprété le rôle à Londres. Celle-ci déclina la proposition. Il se tourna ensuite vers Barbra Streisand, qui refusa également. Il l'offrit alors à Liza Minnelli, qui accepta, le temps d'apprendre que Ken Russell n'obtiendrait pas le budget sur lequel il s'était engagé. Il faut dire qu'à la même époque Tim Rice, l'auteur des textes, faisait de son côté tout son possible pour imposer sa bonne amie Elaine Page, qui avait elle aussi interprété *Evita* à Londres. Ken Russelll se mit Tim Rice à dos en refusant de donner le rôle-titre à quelqu'un qui, disait-il, ressemblait à la princesse Margaret. Cette brouille avec un homme qui pesait d'un poids considérable dans la production ne fit en rien avancer les petites affaires du réalisateur. Ajoutez à cela que Ken Russelll sortait d'une série d'échecs retentissants, les pompeux *Lisztomania* et *Tommy*, deux fours noirs, *Au-delà du réel* et *Les Jours et les Nuits de China Blue*, et l'on comprendra qu'à ce moment de sa carrière le réalisateur représentait pour les producteurs un investissement à haut risque.

Pendant que Ken Russelll, au creux de la vague, voyait son projet tomber à l'eau, Madonna continuait, elle, à travailler la musique avec Dan Gilroy. Elle déclarera des années plus tard : « C'est amusant qu'*Evita* ait connu son apogée à Broadway au moment où j'écrivais ma première chanson. »

À partir du moment où elle rencontra Dan Gilroy, Madonna se consacra essentiellement à la musique. Dan Gilroy ne se contentait pas d'avoir pris la première place dans ses amours, il était aussi la personne qui, plus que toute autre, la poussait à travailler. Il l'encourageait à se mettre au synthétiseur et à passer un maximum d'auditions, ne serait-ce que pour acquérir de l'expérience et se rendre compte du niveau des autres. Une de ces auditions avait lieu dans une sombre salle de répétition de Broadway. Deux producteurs venus de France, Jean Van Lieu et Jean-Claude Pellerin, recrutaient des danseurs sachant chanter pour accompagner en tournée Patrick Hernandez qui s'était fait connaître dans le monde entier avec son tube *Born to Be Alive*, vendu à vingt-cinq millions d'exemplaires.

Patrick Hernandez est mi-espagnol, mi-italien. En Europe il est resté le « Mythe », celui qui a fait exploser tous les charts avec un seul tube. Calme et posé, les pieds sur terre, Patrick Hernandez, aujourd'hui âgé de cinquante-deux ans, vit retiré dans le sud de la France avec sa famille. Il est grand, costaud, le cheveux grisonnant en bataille. Il se souvient encore de cette audition et de ce petit bout de femme qui se détachait de la masse des mille cinq cents candidats. Une fois de plus, la chance souriait à Madonna. Elle aurait pu auditionner pour n'importe qui, mais là elle tombait sur une star de renommée mondiale qui se révéla, de plus, être un honnête homme. « À l'époque où je l'ai rencontrée à New York, Madonna courait après toutes les occasions, tout ce qui pouvait lui rapporter un peu d'argent pour s'en sortir », raconte-t-il. Il ajoute avec un haussement d'épaules : « Je suis un garçon gentil. Je n'ai jamais cherché à l'exploiter. J'ai simplement essayé de l'aider du mieux que je pouvais. »

Patrick Hernandez avait seize ans en 1965 quand ses parents l'envoyèrent apprendre l'anglais dans une petite cité balnéaire près de Canterbury, en Angleterre. Son père, pharmacien, et sa mère, comptable, espéraient que leur fils unique deviendrait professeur d'anglais. Patrick avait grandi dans une famille où la musique était très présente. Son père, qui jouait du banjo et de la mandoline, organisait tous les dimanches des petits concerts dans son salon. Dans cette morne ville anglaise, loin des siens et de Paris, Patrick n'avait pas grand-chose à faire sinon étudier et écouter de la musique. C'était le début des Beatles. Patrick fut subjugué par ce qu'il entendait et décida de se lancer dans la chanson. Comme Madonna, il n'avait jamais suivi d'enseignement musical. Il jouait d'instinct, à l'oreille. Il apprit tout seul la batterie, la basse, et commença à composer au piano et à la guitare. À la fin de ses études, il rentra en France et se fit une petite réputation en jouant pour des mariages et des soirées privées avec une succession de petits orchestres. En 74-75, il rejoignit des groupes plus professionnels et enregistra plusieurs disques qui ne se vendirent pas. En 1977, il monta son propre groupe Paris Palace Hôtel ou PPH, dont le succès fut aussi très limité. Une plaisanterie circula un temps dans Paris : PPH ou « Passera Pas l'Hiver ». Après quelques années de ce traitement, il décida qu'il était maintenant trop vieux pour le show-biz et partit dans le Périgord élever des veaux avec sa petite amie.

Bien que retiré à la campagne, Patrick Hernandez était toujours en relation avec le Belge Jean Van Lieu, brillant imprésario et producteur de disques. Jean Van Lieu, décédé en 2000 à soixante et un ans d'un cancer du poumon, a travaillé toute sa vie avec sa femme, Muriel. Ils essayèrent tous les deux de convaincre Patrick Hernandez de ne pas abandonner le métier. Un peu plus tard, quand Jean Van Lieu téléphona à son fermier de client pour lui dire qu'il avait plusieurs projets intéressants à lui proposer, Patrick Hernandez commençait déjà à se fatiguer de la campagne, des veaux et de la petite amie. Jean Van Lieu lui demanda de réfléchir. « Il pensait qu'on pourrait faire quelque chose ensemble », explique Patrick Hernandez.

Après de nombreuses conversations téléphoniques infructueuses, Jean Van Lieu finit par lui envoyer un télégramme lui demandant de venir le retrouver en Belgique. Patrick Hernandez quitta le Périgord et passa plusieurs mois dans la maison des Van Lieu. Ce furent les débuts d'une amitié qui dura jusqu'à la mort de Jean Van Lieu.

Jean Van Lieu était un producteur de disques audacieux qui avait la réputation de donner leur chance à des inconnus soit en leur permettant d'enregistrer leurs morceaux, soit en les faisant interpréter par des artistes connus. Il recevait de toute l'Europe des chansons écrites par de jeunes compositeurs. Il pensait faire un disque avec les meilleurs morceaux reçus interprétés par Patrick Hernandez. Pourtant, comme Patrick l'a récemment déclaré, « rétrospectivement, si Jean a fait une erreur, c'était de croire que je n'étais qu'un chanteur, et pas un compositeur ». Or, comme on s'en apercevra, Patrick Hernandez était les deux.

Au cours d'une séance d'enregistrement, alors qu'ils étaient en train de chercher le « son juste », Patrick Hernandez demanda à Jean Van Lieu s'il pouvait lui faire écouter un « petit air » qu'il avait composé sur sa guitare et dont il avait écrit les paroles en anglais. C'était *Born to Be Alive*.

Il s'était inspiré d'une chanson de Stephen Ball *Born to Be*

Wild. « Ça m'était venu comme ça, raconte-t-il. J'étais assis au coin du feu en train de grattouiller sur ma guitare. Je me suis mis à réfléchir à tous ces gens que je connais qui sont vivants mais qui ne vivent pas vraiment, qui mènent leur petite existence routinière, qui n'osent pas partir à l'aventure, la guitare sur l'épaule pour parcourir le monde, fumer du haschisch, rencontrer des gens nouveaux et vivre de nouvelles expériences. »

C'était en 1978, le disco avait conquis la planète avec *Saturday Night Fever*. Jean Van Lieu a tout de suite senti que *Born to Be Alive* ferait un tube si on l'arrangeait à la sauce disco. Résultat : un succès monstrueux qui est entré dans le livre *Guinness des Records*, c'est le troisième plus gros tube de tous les temps dans le hit parade américain. Heureusement pour Patrick Hernandez, Jean et Muriel Van Lieu, qui possédaient les droits d'exploitation, et Jean-Claude Pellerin, leur associé, qui possédait les droits d'édition, lui conseillèrent de garder les droits pour l'étranger et de les vendre pays par pays, en répartissant les profits en trois.

Muriel Van Lieu était enceinte de huit mois quand son mari lui confia l'organisation de l'audition à New York. Elle fit passer dans tous les journaux et magazines professionnels une annonce recherchant « des jeunes filles et garçons, danseurs et chanteurs, pour accompagner sur scène une vedette internationale ».

Grande, blonde, séduisante et très élégante, Muriel Van Lieu vient à Paris une fois par mois, depuis sa maison près de la frontière franco-belge, pour s'occuper de la gestion des droits d'auteur. Veuve depuis peu, elle se souvient parfaitement, il y a plus de vingt-deux ans, de sa première rencontre avec Madonna. « Mille cinq cents mômes se sont présentés à l'audition, raconte Muriel Van Lieu. On en retiendrait trente pour faire la tournée de Patrick aux États-Unis. Parmi ces trente, on en garderait vingt qui nous accompagneraient en Europe pour faire les télés. »

La production cherchait à former une troupe hétéroclite

composée de garçons et de filles de toutes tailles, de toutes races, blonds, bruns, maigres ou enveloppés. L'audition devait durer quatre jours et Muriel Van Lieu avait exigé que les candidats passent un par un sur scène, et non par petits paquets comme cela se pratique d'habitude. « Mon chorégraphe leur demandait d'abord d'improviser quelques pas, puis de danser le petit enchaînement qu'il avait préparé. Ils devaient, pour finir, chanter une chanson de leur choix, explique-t-elle. Je voulais des gens avec des looks, des styles différents, des gamins qui sortent de l'ordinaire. Je ne parlais pas bien anglais mais j'avais un traducteur pour discuter avec ceux qui m'intéressaient et me faire une idée de leur personnalité. »

Madonna passa le deuxième jour. « Nous étions trois à assister à l'audition : moi, le chorégraphe et mon manager, continue-t-elle. Quand Madonna est arrivée sur scène, j'ai reçu un choc. Je n'avais jamais vu quelqu'un comme ça. Elle était habillée en punk, tee-shirt déchiré, mèches de cheveux de toutes les longueurs. Une vraie rebelle. »

Patrick Hernandez se souvient lui-aussi de la première fois où il vit Madonna. « Nous lui avons demandé de danser sur des extraits de mon disque comme ça lui venait. Mon album n'était pas encore sorti aux États-Unis et personne ne connaissait ces chansons. »

Muriel Van Lieu poursuit. « Quand mon chorégraphe lui a demandé de nous montrer ce qu'elle savait faire, elle nous a mis KO. Elle était fantastique. Je continue de penser qu'elle se retient, elle se bride dans ses clips et ses spectacles, parce que je n'ai jamais vu une danseuse avec une technique pareille. En fait, mon chorégraphe ne savait plus où se mettre, il s'est précipité vers moi pour me murmurer à l'oreille : "Écoute, Muriel, je suis désolé, mais je ne pense pas que je vais lui demander de danser mon petit truc. Cette fille c'est du vrai caoutchouc. Je crois qu'on en a assez vu." »

Restait à entendre Madonna chanter. Muriel Van Lieu eut alors un premier aperçu du caractère de la star. Madonna refusa, arguant que les conditions n'étaient pas réunies pour démontrer qu'elle était la meilleure. « Je suis venue pour passer une audition de danse, déclara-t-elle à la surprise de Muriel. Pas pour chanter. Je ne chante pas. Je suis une danseuse, et vous avez vu de quoi je suis capable. Ça devrait vous suffire. » Muriel Van Lieu insista. Elle ne voulait pas faire d'exception, surtout devant les centaines d'autres candidats qui suivaient cet échange avec un mélange d'inquiétude et de curiosité. En même temps, elle n'avait pas envie de braquer Madonna et de prendre le risque de la voir partir. « Je lui ai dit de chanter n'importe quoi, un air qu'elle fredonnait sous la douche. L'accompagnateur se débrouillerait pour la suivre, raconte Muriel. » Madonna s'obstinait dans son refus. « Écoutez, dit-elle avec impatience, ne comptez pas sur moi pour me planter. Pour moi, la perfection, c'est primordial. »

La discussion dura encore de longues minutes, jusqu'à ce que Muriel Van Lieu persuade Madonna de chanter *Happy Birthday*. « Ce n'était pas le bout du monde, dit Muriel avec un haussement d'épaules. Mais même alors, quand elle s'est mise à chanter, elle a pris une voix sans expression avec un air qui voulait clairement dire "J'ai perdu un round, mais vous perdrez le combat !" Elle avait une jolie voix, agréable, rien d'extraordinaire, mais, au moins, j'étais sûre qu'elle pourrait pousser la note. »

Patrick Hernandez a gardé un autre souvenir de Madonna, qui ne concerne ni son talent ni l'impétuosité de son caractère. « Elle semblait plus triste et plus seule que les autres, dit-il, et ça semblait venir de loin. Elle n'avait pas l'air de craindre l'échec et de retomber dans la misère. On sentait qu'elle avait déjà établi ses priorités et que ça la rendait plus forte. Elle avait cette volonté de s'en sortir et d'être toujours la meilleure qui la mettait à des années-lumière de n'importe qui. »

Des années plus tard lui reviendront en mémoire ces paroles que Madonna prononça en Tunisie dans la limousine qui les amenaient de l'aéroport à l'hôtel. « Profite bien de ta place de numéro un, Patrick, lui dit-elle. Aujourd'hui, c'est ton tour, demain, ce sera le mien ! »

Patrick Hernandez n'y a vu, et n'y voit toujours, aucune agressivité. Elle savait tout simplement que ça arriverait.

Après une première sélection de cent candidats, cinquante avaient été retenus pour le quatrième et dernier jour des auditions. Jean-Claude Pellerin rejoignit Muriel Van Lieu pour boucler le casting. « Chaque candidat devait interpréter une chanson et un numéro de danse, explique Muriel Van Lieu. Jean-Claude Pellerin a vu Madonna, il l'a tout de suite trouvée exceptionnelle. Il fallait absolument que Jean, mon mari, la voie. » Elle l'appela et le pressa de venir les retrouver. « Jean est arrivé à toute vitesse, se souvient Muriel Van Lieu. Nous avons demandé à Madonna de danser. Quand il l'a vue, mon mari a compris pourquoi nous étions excités à ce point. Elle était absolument extraordinaire. Nous étions tous d'accord avec Jean, ce serait du gâchis de ne pas lui donner sa chance. Il voulait l'emmener à Paris et en faire une star. »

Le clip *Material Girl* commence dans une salle de projection. Un producteur fumant un gros cigare visionne les rushs d'une jeune comédienne, Madonna. « Elle est fantastique, s'extasie-t-il. Je savais bien que c'était une star ! » Son assistant ajoute : « Oui ! Ce sera une grande star ! » Le nabab tourne alors la tête et lâche d'une voix impatiente : « C'est une star, la plus grande star de l'univers, dès maintenant ! »

Dès le lendemain, Jean et Muriel Van Lieu, Jean-Claude Pellerin et sa femme, Danièle, et Patrick Hernandez invitèrent Madonna à déjeuner dans leur suite à l'hôtel *Pierre*. Ils lui proposèrent de l'emmener à Paris, de lui payer des cours de danse et de chant pour se perfectionner, de lui signer un contrat d'exclusivité. En un mot, de prendre sa carrière en main. « Nous lui avons dit, raconte Muriel Van Lieu, que nous étions tous convaincus qu'elle avait l'étoffe d'une star. »

Madonna accepta sans hésiter. Deux mois plus tard, tandis que Patrick Hernandez poursuivait sa tournée aux États-Unis, Madonna s'envola pour Paris avec Jean-Claude et Danièle Pellerin.

CHAPITRE 4

Non loin de l'Arc de Triomphe, à cheval entre le VIIIe et le XVIIe arrondissement de Paris, le parc Monceau est une oasis de verdure, de fleurs et d'arbres entourée d'une grille ouvragée en fer forgé noir doré à la feuille d'or. Danièle et Jean-Claude Pellerin habitaient dans ce quartier, rue de Courcelles, dans un hôtel particulier où ils occupaient un appartement de trois cents mètres carrés avec vue sur le parc qui servait de pied-à-terre à Patrick Hernandez quand il revenait de ses tournées en Europe, en Afrique du Nord et aux États-Unis. À son retour de New York, Danièle Pellerin n'eut qu'à se féliciter d'avoir choisi un appartement si grand. En plus de deux enfants, une femme de ménage, une cuisinière, une nurse, elle allait maintenant devoir héberger une personne de plus, une jeune femme qu'ils traiteraient comme un membre de la famille.

L'appartement enchanta Madonna. Elle n'avait jamais vu autant de cheminées. Le sol était recouvert de parquet. Les plafonds étaient hauts avec des moulures dont le motif central, en plâtre blanc, supportait un lustre diffusant une douce lumière. De larges portes-fenêtres s'ouvraient sur un petit jardin à l'arrière de l'immeuble. La chambre de Madonna donnait sur une fontaine où un chérubin de pierre crachait de l'eau dans un bassin de marbre.

Jean-Claude et Danièle Pellerin, tous les deux nés en Tunisie, avaient choisi des meubles de style moderne, tables verre et chrome, chaises métal et cuir, mais ils avaient ajouté beaucoup de touches de couleurs, avec des petits tapis, des vases en céramique, des objets d'artisanat rapportés d'Afrique du Nord. Le tout composait un appartement gai et lumineux. La chambre de Madonna comprenait une commode en osier, un futon et un miroir de la hauteur du mur, devant lequel elle faisait ses exercices et dansait tous les matins de six à huit heures.

Notons que Madonna ne fut pas la seule graine de star à habiter cet hôtel particulier de la rue de Courcelles. Le Professeur Jean Hamburger, éminent médecin et homme de lettres, et sa femme, la concertiste Annette Haas, y vécurent pendant plus de vingt ans avec leur fils, Michel, qui deviendra célèbre sous le nom de Michel Berger.

Dès son arrivée en août 1980, Madonna exprima clairement à Danièle Pellerin le souhait de continuer ses cours de danse. Elle insista pour que Danièle lui trouve une école convenable. Le problème, c'est que Jean-Claude Pellerin et Jean Van Lieu étaient déjà retournés aux États-Unis pour superviser la tournée américaine de Patrick Hernandez. Muriel Van Lieu, qui venait d'accoucher, était, de son côté, indisponible. Danièle Pellerin garantit à Madonna que, dès que son mari et Jean Van Lieu seraient rentrés, ils s'occuperaient d'elle et lui organiseraient un plan de carrière précis. En attendant, elle lui suggérait de partir à la découverte de la ville et d'apprendre le français avec un jeune étudiant qui viendrait deux fois par semaine.

Madonna vivait dans un magnifique appartement, elle était nourrie et recevait de l'argent pour couvrir ses dépenses personnelles. N'ayant rien à faire de ses journées, elle courait les marchés aux puces de Montreuil et de Saint-Ouen pour dénicher toutes sortes de tenues extravagantes et des bijoux de pacotille. Elle traînait aussi beaucoup gare du Nord, avec de jeunes Maghrébins et de jeunes Vietnamiens qui l'emmenaient faire des virées en moto. Elle les suivait dans de petits restos marocains, restait dehors des nuits entières, allait de bar en bar dans le quartier malfamé de Saint-Denis, avec ses prostituées et ses trafiquants de drogue. Elle se distrayait en attendant ses vrais débuts. Ce n'était pas vraiment le Paris brillant d'Hemingway, Gertrude Stein, Zelda et Scott Fitzgerald. Madonna faisait tout de même figure d'oiseau exotique auprès de ses nouveaux amis.

Il se produisit un soir un incident dans un bar digne du Paris des Apaches du début du siècle. Pierre Trenet tenait un bar près de la porte Saint-Denis. Madonna, raconte Pierre Trenet, est arrivée avec son petit ami du moment, un jeune Algérien récemment arrivé en France, qui vivait de petits boulots. Au cours de la soirée, Madonna montra un peu trop d'intérêt pour un autre jeune homme, Algérien lui aussi, qui se retrouva soudain un couteau sous la gorge. La bagarre entre les deux soupirants prit fin à l'arrivée de la police qui les embarqua au poste. « Elle n'avait pas d'argent. Je lui ai donné de quoi prendre un taxi, poursuit Pierre Trenet. Il était tard et elle était pas mal secouée. » Le lendemain soir Pierre Trenet fut très étonné de voir Madonna revenir avec son petit ami de la veille. « Elle portait des gants en dentelle sans doigts. Elle a fouillé dans un petit sac à main en perles et m'a rendu les sous que je lui avais avancés. »

Après quelques semaines, Jean-Claude Pellerin, Jean Van Lieu et Patrick Hernandez rentrèrent des États-Unis. Ils purent enfin concentrer leur attention sur leur jeune protégée américaine, dont ils espéraient faire la nouvelle Edith Piaf. Patrick Hernandez se souvient qu'elle était adorable et particulièrement méticuleuse. « Elle avait un petit carnet, raconte-t-il, sur lequel elle notait ses pensées, des brouillons de chansons. Elle noircissait des pages et des pages avec ses impressions de la vie parisienne. »

Mais Madonna se montrait aussi très réticente quand il s'agissait de faire ce que ses bienfaiteurs estimaient indispensable pour devenir une star. « Elle était très sauvage, très américaine, reprend Patrick Hernandez. Au début, nous avons essayé de la ménager. Il n'était pas question de la forcer à chanter ou à prendre des cours de musique. Nous pensions qu'en cédant à ses exigences de suivre ses cours de danse, elle finirait par faire ce que nous voulions, ce que nous avions prévu, c'est-à-dire, faire d'elle une vedette de la chanson. »

Muriel Van Lieu lui trouva un cours de danse aux Halles. Mais Madonna s'intéressa plus aux hippies débraillés et aux mendiants qui hantaient les lieux qu'à ses cours, d'un niveau médiocre. Elle passait des heures à regarder les cracheurs de feu, les acrobates et les mimes qui faisaient la manche sur le parvis. Puis Madonna se lassa vite des Halles. Un jour, elle rentra furibonde à la maison. « Apparemment, dit-elle à Danièle Pellerin, personne à Paris n'est foutu de m'apprendre ce que je recherche. »

Plus tard dans la soirée, Patrick Hernandez demanda à Madonna ce qu'elle voulait faire exactement. « Je veux être actrice et danseuse, répondit-t-elle, comme Juliet Prowse ou Ginger Rogers. Je refuse de devenir chanteuse. Je refuse de chanter ! »

Les deux producteurs français, alertés par cette déclaration, menacèrent de lui couper les vivres. Madonna avait signé un contrat par lequel elle leur confiait sa carrière en échange de leur concours professionnel et financier. Patrick Hernandez tenta une approche plus modérée pour essayer de la ramener à la raison. Il passa plusieurs soirées avec elle rue de Courcelles à écouter de la musique. « Je me souviens qu'une fois, dit-il, on s'est mis à chanter ensemble sur une chanson de Paul et Linda McCartney. Madonna chantait vraiment bien. Je lui ai dit, même si Linda n'a pas la voix de Barbra Streisand : “Tu vois, ma petite, tu chantes mieux que Linda”. »

À cette époque, Patrick Hernandez menait un train de vie de star. Il ne se déplaçait qu'en limousine avec chauffeur, les fans se bousculaient pour le toucher, lui arracher un autographe. Toutes les filles étaient à ses pieds, il vivait entouré d'une véritable cour. Madonna commença à réfléchir quand elle vit ce déferlement de luxe, ce qu'était la vie d'un chanteur à succès. « À l'époque, j'étais numéro un dans le monde entier, explique Patrick Hernandez. Madonna a réalisé ce que c'était qu'une star qui vendait des millions de disques. Elle a commencé à comprendre que ce n'était peut-être pas si idiot d'essayer de pousser la chansonnette. Je suis convaincu que c'est à partir de ce moment là, que c'est à cause de moi, et aussi parce qu'elle était bourrée de talent, qu'elle a décidé de se lancer à fond dans ce métier et d'aller aussi loin et aussi haut qu'elle le pourrait. »

Madonna accepta, sans réel enthousiasme, de prendre des cours de français, de musique et de chant. Seule condition : qu'elle continue ses cours de danse. Muriel Van Lieu lui dégota un cours de danse d'un niveau plus élevé. Le compromis ne dura que deux mois. Malgré le contrat qui la liait à ses producteurs et la sincérité avec laquelle Patrick Hernandez la soutenait, la presse française ne voulut voir en Madonna que la petite amie du roi du disco, et non la future vedette qu'on lui présentait. Lors d'un voyage de presse en Tunisie, alors qu'il posait pour un célèbre magazine, Patrick Hernandez demanda que l'on prenne aussi des photos de Madonna seule, pensant qu'elles pourraient lui être utiles pour sa future carrière. Il se faisait par ailleurs peu d'illusions sur la pérennité de sa liaison avec la future star, ni sur sa fidélité. « Disons simplement, déclare-t-il avec un petit sourire, qu'elle se démenait beaucoup et qu'elle avait un solide appétit. Tout ce que j'ai fait pour la former et l'aider, je l'ai fait par amitié, et pas parce qu'on sortait ensemble. »

Muriel Van Lieu rejoignit le couple à Sidi Bou Saïd, un port de plaisance où les mats blancs de centaines de voiliers s'alignent dans l'eau bleu saphir du bassin. Le paradis de l'homme riche. Européens et Arabes des États du Golfe venaient s'y prélasser au soleil et faire du bateau.

L'Organisation de Libération de la Palestine y avait aussi son quartier général, un monastère fortifié qui abrite la tombe de Sidi Bou Saïd, construit en haut d'une falaise. Muriel Van Lieu, Madonna et Patrick Hernandez résidaient au Abou Nawas, un luxueux hôtel du bord de mer. Là, autour de la piscine, Muriel découvrit une nouvelle facette de sa jeune protégée. « J'étais descendue pour donner un coup de main avec la presse, raconte Muriel Van Lieu. Tout le monde se pressait autour de Patrick, Madonna était ignorée. Je ne m'occupais pas vraiment de ce qu'elle faisait, quand tout d'un coup j'ai levé la tête. Et je l'ai vue. Elle était en haut du plongeoir, tout habillée. Elle a sauté dans la piscine. Quand elle est sortie de l'eau, son tee-shirt lui moulait les seins. Les photographes ne l'ont pas ratée. C'est ce qu'elle voulait. Madonna avait un farouche besoin d'exister et d'être au centre de l'attention. »

Quand Madonna rentra de Tunisie, elle recommença à se plaindre que les choses avançaient trop lentement. Elle était en Europe depuis pas mal de temps, et toujours aucune audition, pas de projet de disque. En fait, Jean Van Lieu n'avait pas non plus beaucoup de temps à lui consacrer. « En vérité, Madonna était quelqu'un d'assez patient, explique Muriel Van Lieu. Mais mon mari était trop débordé pour prendre le temps de lui façonner la carrière dont elle rêvait. »

La liaison entre Madonna et Patrick Hernandez s'étiolait, en grande partie à cause des fréquentes absences du chanteur. Il se produisait dans le monde entier, partait pour deux ou trois semaines et ne rentrait que quelques jours à Paris entre deux voyages. Bien sûr, Madonna appréciait la personnalité de Patrick et la façon dont il avait réussi. Bien sur, elle était toujours contente de le voir parce qu'ils passaient du bon temps ensemble. Mais, malgré cette vie facile et le cadre magnifique dont elle jouissait, Madonna commençait à se dire qu'elle perdait son temps à Paris. Elle déclara à Patrick que si un jour elle devait réussir, en tout cas comme elle l'entendait, ce n'était pas ici, en Europe, mais chez elle, aux États-Unis. Au fond, ni les Pellerin ni même Jean Van Lieu n'étaient décidés à la laisser partir. Ils avaient beaucoup investi sur elle et restaient convaincus qu'elle avait tous les talents et la force de travail nécessaires pour devenir une star.

Un soir, pour tenter d'apaiser les esprits, Patrick Hernandez invita tout le monde à dîner au restaurant à Bruxelles, à environ deux heures de route de Paris. « Nous sommes allés dans un quatre étoiles qui proposait ce genre de menus gastronomiques avec une bonne dizaine de plats, raconte-t-il. Je voulais lui faire goûter un peu de tout. Elle était assise à côté de moi et je jouais au prof. Au moment du foie gras, je lui ai expliqué que c'était meilleur avec un vin doux, sauternes, champagne ou porto. Elle n'avait jamais mangé de foie gras de sa vie. J'ai demandé au maître d'hôtel de nous apporter une bouteille de chaque pour qu'elle puisse choisir. J'étais vraiment comme le professeur Henry Higgins avec son Elsa Doolittle. Au cours du repas, elle commanda discrètement un Coca qu'elle posa à ses pieds. Elle prenait une bouchée, et, quand personne ne la regardait, elle s'envoyait une gorgée de Coca. »

Selon Hernandez, Madonna goûta au champagne, au porto et au sauternes, mais ne trouva pas ça bon. « Elle ne prenait jamais d'alcool ou de drogues. Elle faisait ses exercices, suivait ses cours de danse et détestait la nourriture trop riche. »

Noël approchait. Des guirlandes d'ampoules illuminaient les marronniers sur les Champs-Élysées. Les vitrines en fête des magasins scintillaient le long de l'avenue. Au parc Monceau, une fine couche de neige recouvrait les pelouses. Madonna avait décoré plusieurs sapins du parc avec des gens du quartier et ils avaient déposé de petits paquets cadeaux vides au pied des arbres. Mais Madonna se languissait des siens. Elle avait envie de passer Noël avec sa famille dans le Michigan. La veille du réveillon, Muriel et Jean Van Lieu invitèrent Madonna, Patrick Hernandez et les Pellerin à dîner chez Fauchon. Madonna semblait mal à l'aise et maussade. Les gens venaient trouver Patrick pour lui demander des autographes. Le maître d'hôtel leur apporta une bouteille de champagne avec les compliments de la maison. Comme souvent en ces circonstances, les invités prirent tout leur temps pour discuter et disséquer longuement le menu avant de faire leur choix. Cela sembla une éternité à Madonna. Alors que le premier plat venait à peine d'être servi, elle se leva brusquement de table. « Si c'est ça la carrière que vous me proposez, ça ne m'intéresse pas. Tout ce que vous savez faire, c'est parler et manger. Et je n'aime pas manger. Je dois faire attention à ma santé et à ma ligne. Je préfère franchement rentrer à New York et avoir à me battre pour manger que de me taper toutes les spécialités gastronomiques de Paris et Bruxelles réunis. » Sur ce, elle sauta dans un taxi et retourna rue de Courcelles.

Quand les autres arrivèrent à l'appartement, elle était parfaitement calme. Elle voulait passer Noël dans sa famille. Pouvaient-ils lui payer un aller-retour en avion ? Comme ça, ils seraient sûrs qu'elle reviendrait à Paris après les fêtes. « En vérité, nous étions tous d'accord. Il vallait mieux qu'elle s'en aille, reconnaît Muriel Van Lieu. Jean était trop pris avec Patrick. Nous pourrions toujours la recontacter à New York pour qu'elle revienne à Paris quand Jean aurait plus de temps. »

Madonna n'emporta que son journal et les vêtements qu'elle avait sur elle, abandonnant dans sa chambre tout ce que les Pellerin et les Van Lieu lui avaient acheté pendant son séjour.

Madonna ne revint pas rue de Courcelles. Et Patrick Hernandez n'eut plus jamais de ses nouvelles. « Des gens qui me connaissaient ont rencontré Madonna à New York ou à Londres, quand elle était déjà célèbre. À chaque fois, ils lui parlaient de moi. Elle me transmettait toujours ses amitiés, mais rien d'autre. »

En 1991 Madonna, en tournée en France, était l'invitée d'une émission sur TF1 pour faire la promotion de son spectacle. Les producteurs avaient envisagé de demander à Patrick Hernandez de venir chanter *Born to Be Alive*, mais aussi d'évoquer ses souvenirs avec Madonna quand elle était à Paris. Elle refusa net.

« De toute évidence, explique Patrick Hernandez, Madonna ne voulait pas se montrer avec moi. Ayant atteint son objectif, elle était résolue à ne souffrir de comparaison avec qui que ce soit, ni à apparaître comme une suiveuse. Elle ne devait rien à personne, surtout pas en musique... Il se peut aussi qu'elle me méprise complètement, trouvant que j'avais manqué d'ambition. Je n'avais pas, contrairement à elle, travaillé dur pour enchaîner les tubes. J'avais peut-être une image de *has been*. Je ne sais pas. Ou peut-être m'en voulait-elle pour l'avoir mise au disco, musique qu'elle rejetait complètement quand elle était à Paris et qui, en définitive, la rendit célèbre à New York. Ce qui m'a le plus surpris à ses débuts, c'est qu'elle chantait le même genre de chansons que celles que je me proposais de lui faire enregistrer et qu'elle refusait furieusement de chanter. Elle faisait de la variété et je pense que c'était ce qu'elle avait appris auprès de moi. Son attitude m'attriste. Je suis un garçon assez sensible, et des trucs comme ça, des gens qui oublient l'amitié et qui manquent de loyauté et de générosité, ça me perturbe profondément. Si elle avait voulu me voir en dehors des caméras, ça lui aurait pris quinze secondes de se procurer mon numéro de téléphone. Elle aurait pu appeler. »

Plusieurs mois après son départ de Paris, Madonna envoya la cassette de sa première chanson à Jean et Muriel Van Lieu. Ils répondirent par retour du courrier : « Fabuleux, écrivirent-ils. Superbe ! Fonce ! »

Selon Muriel Van Lieu, son mari lui a toujours dit, une fois Madonna célèbre, qu'il n'aurait jamais pu faire pour elle tout ce qu'elle avait réussi à faire toute seule aux États-Unis.

CHAPITRE 5

À son retour de Paris, en décembre 1980, Madonna alla passer Noël à Rochester Hills, chez son père. Rien n'avait changé. Sa belle-mère l'accueillit froidement et son père, qui lui en voulait toujours d'avoir abandonné ses études, la réprimanda. En fait, il y avait de subtiles différences, ce qui fit penser à Madonna qu'elle ne resterait pas longtemps dans cette maison où elle avait comploté depuis l'enfance pour s'échapper. Ses frères et ses sœurs gardaient prudemment leurs distances, comme si on les avait prévenus de ne pas s'approcher trop près, au cas où la révolte serait une maladie contagieuse.

Pendant sa courte visite, Madonna fut frappée par le langage codé utilisé par sa famille, des expressions qu'elle comprenait et qu'elle employait peut-être à l'époque où elle vivait sous le même toit que les autres. Elle se sentait maintenant étrangère, elle était cette orpheline qu'elle avait toujours été persuadée d'être depuis la mort de sa mère. Au deuxième jour, elle annonça qu'elle partait à Bay City voir sa grand-mère, avant de rentrer à New York. On se promit comme toujours de rester en contact. Alors que toute la famille l'embrassait, la serrait dans ses bras en manifestant son chagrin de la voir partir, Madonna éprouva le sentiment que c'était un soulagement pour tout le monde, y compris pour elle-même.

Elsie Fortin n'avait pas revu sa petite-fille préférée depuis plus de deux ans. En fait, depuis son départ de Ann Arbor pour New York. S'il y avait bien quelqu'un qui croyait en elle, c'était assurément Mrs Fortin. Raconter Paris à sa grand-mère, qui n'était jamais allée plus loin que Detroit, était un vrai régal pour Madonna. Elle en rajoutait, embellissant les particularités des Français, imitant leur accent quand ils parlaient anglais, se moquant du sérieux avec lequel ils parlaient de gastronomie.

« Madonna n'avait pas du tout changé, raconte Elsie Fortin. C'était la même Madonna, aussi débordante de vie, drôle, mais plus maigre, plus fragile physiquement, comme si elle ne mangeait pas à sa faim. » Il n'y avait aucun doute dans son esprit. Madonna était toujours aussi résolue à réussir.

Elle trouva chez sa petite-fille un air solitaire qu'elle ne lui connaissait pas auparavant. « Elle me faisait rire quand elle parlait des Français, poursuit-elle. Puis elle me disait à quel point c'était difficile de se retrouver dans un pays étranger dont on ne parle pas la langue et où on n'a aucun ami. Je pense qu'elle s'était sentie coupée du monde entier. Elle n'arrivait même pas à prendre son téléphone pour appeler des gens. »

Alors que Madonna s'apprêtait à rejoindre l'aéroport, Mrs Fortin, à qui Tony avait interdit de donner quoi que ce soit à sa fille tant qu'elle ne retournerait pas à l'école, lui glissa discrètement cinquante dollars dans la poche. « Je me gardai bien de le lui dire. »

Madonna rentra à New York avant le Nouvel An et, sans prévenir personne, se rendit directement à la synagogue désaffectée du Queens où vivaient Dan et Ed Gilroy. Quand Dan ouvrit la porte et découvrit Madonna sur le seuil, sans aucun bagage, tenant une branche de gui au-dessus de sa tête, il l'attira dans ses bras et l'embrassa longuement. Elle portait les cheveux châtains coupés à la garçonne, elle avait maigri, mais c'était la même fille déterminée qui l'avait brutalement quitté presque six mois auparavant. Avant même qu'elle ait enlevé sa veste en jean, elle lui annonça sans détour qu'elle voulait à nouveau vivre avec lui. Elle était revenue pour de bon, au moins jusqu'à ce qu'elle ait suffisamment appris pour voler de ses propres ailes. Dan était heureux de la revoir mais il savait que ça créerait des problèmes avec son frère. Ed craignait qu'elle ne jette le trouble dans le groupe. Dan, qui éprouvait encore des sentiments pour Madonna, parvint à convaincre son frère qu'elle reste avec eux. Elle pourrait s'exercer à la batterie, se perfectionner à la guitare pendant qu'ils étaient au travail. En échange, Ed Gilroy fit promettre à son frère qu'elle n'intègrerait pas le groupe sans l'accord de tous les membres. L'arrangement ne dura pas très longtemps.

Madonna se familiarisait avec la musique tout en écrivant des chansons. « Quand je suis revenue à New York, je me suis enfermée dans le studio de Dan et j'ai appris toute seule à jouer de la batterie, de la guitare, du piano, ce qui me permit de commencer à composer. C'était dingue, les chansons arrivaient toutes seules. Je ne voulais pas inscrire ma musique dans un courant rock. C'est d'ailleurs à cause de ça qu'on s'est séparés avec mon producteur de l'époque (Camille Barbone). J'étais très influencée par tout ces machins qui passaient à la radio et qu'on entendait partout, dans les rues, dans les boîtes. J'aimais danser dans les discothèques et j'adorais la musique qu'on y jouait. Ça secouait l'âme. Je me suis dis, pourquoi tu ne ferais pas des trucs comme ça ? Je voulais faire ce genre de musique qui me faisait vibrer en boîte. »

Souvent, après avoir joué toute la journée, quand Dan et Ed Gilroy dormaient déjà ou qu'ils répétaient avec leur groupe, Madonna se faisait une petite virée en ville. C'est à cette époque que, prenant le métro pour descendre à Manhattan, elle découvrit la scène new-yorkaise.

« Jusque-là, reconnaît Madonna, je ne savais même pas qu'il y avait une vie la nuit à downtown. »

En 1981, beaucoup de latinos traînaient autour de la Danceteria ou de My Father's Place. Madonna s'appropria rapidement leur look. Elle avait les bras couverts de bracelets, mettait des Adidas aux lacets de couleurs différentes, des survêtements rose, vert, jaune fluo, des casquettes en cuir. La mode était aussi de porter son surnom sur sa boucle de ceinture, ce qui faisait office de carte de visite. Madonna choisit de se faire appeler « Boy Toy », surnom souvent mal interprété, on pouvait comprendre qu'elle était elle-même un jouet, ou qu'elle était le jouet avec lequel les garçons aimaient s'amuser. En réalité, Madonna voulait signifier sa façon bien particulière de s'amuser avec les hommes, les prenant et les jetant après usage. « Je m'inventai mon propre style. Une combinaison de ragamuffin et de street wear portoricain », se souvient Madonna.

Les frères Gilroy ne furent guère surpris quand Madonna lança son offensive de charme pour les persuader de la prendre dans leur groupe. Ils reconnurent qu'elle avait un certain talent de compositeur (à condition de réécrire les partitions), que les paroles de ses chansons étaient émouvantes et se retenaient bien. Elle avait aussi fait de gros progrès à la batterie. Mais les avis restaient partagés à cause de son penchant à tout vouloir superviser, son besoin de tout diriger. Finalement, Dan Gilroy parvint à convaincre son frère de lui donner sa chance. Il accepta. Madonna ne tarda pas à prendre le pouvoir ; elle était celle qui les poussait à répéter des nuits entières, souvent jusqu'à l'aube, celle qui se moquait d'eux quand, épuisés, ils demandaient à faire une pause. Le groupe trouva un nom de circonstance : The Breakfast Club, à cause des petits déjeuners qu'ils prenaient, quand le jour se levait, dans un resto du coin après avoir joué toute la nuit. Madonna, qui tenait déjà la batterie et interprétait les chansons, s'intronisa l'agent du groupe. Sa ténacité et sa force de conviction leur valut bientôt de dégoter du boulot dans des boîtes comme UK, My Father's Place et Botany Talk House dans le Lower East Side. Madonna, que le public avait vite fait de remarquer, quittait souvent sa batterie pour venir chanter sur l'avant-scène. Le public, au grand désarroi des autres musiciens, finit par considérer que le Breakfast Club était son groupe.

Madonna continua à se battre pour obtenir de plus gros cachets et de meilleures conditions de travail. Elle passait souvent des journées entières au téléphone avec des producteurs ou des propriétaires de boîte pour décrocher des dates. Norris Burroughs se souvient qu'à l'époque, Dan et Ed Gilroy « n'étaient pas particulièrement pressés de devenir des stars ». « Ils avaient une tout autre idée de leur talent, poursuit-il. Ils avaient particulièrement conscience de leurs limites et des obstacles qu'ils allaient rencontrer en faisant ce nouveau pas en avant. Madonna, elle, était sur des charbons ardents. Elle était absolument convaincue qu'elle valait autant sinon mieux que certains chanteurs qui travaillaient dans des groupes qui marchaient beaucoup mieux que celui de Dan. »

Madonna finit pas admettre qu'aucun de ses compagnons n'appréciait ni ses méthodes de management, ni la manière dont elle les faisait répéter. Il était grand temps de déménager. C'est exactement ce qu'elle dit à Dan, sans excuse ni regret. Elle en ferait plus en montant son propre groupe qu'en gaspillant son énergie et son temps à convaincre les Breakfast Club qui persévéraient dans leur ornière. Dan Gilroy, qui supporta mal qu'elle les abandonne à l'époque, admet que Madonna est une « partenaire exigeante ». « Tous ceux qui ont travaillé avec elle seront d'accord pour reconnaître que cette fille a une énergie folle, qu'elle est très endurante. Elle tolère mal que les musiciens, l'ingénieur du son, ou qui que ce soit demande à faire une pause. Elle n'avait qu'une idée en tête, atteindre son objectif. Ça n'avait rien de personnel. »

Madonna retourna vivre dans le Lower East Side avec les nouveaux amis qu'elle s'était fait dans les clubs. Elle allait d'un loft abandonné à un autre, squattant un studio pour une nuit avant de ramasser toutes ses affaires et de partir s'installer chez des copains qui étaient en voyage.

Finalement elle dénicha, parmi toute la faune de musiciens qui hantaient les mêmes circuits, un batteur, Mike Monahan et un bassiste, Gary Burke. Ils fondèrent les Millionnaires, groupe qui, quelques semaines plus tard, devait s'appeler Emanon (palindrome de *No Name*), pour enfin devenir Emmy, surnom qui la suivrait pendant de nombreuses années. Le nouveau groupe jouait n'importe où, dans des sous-sols lugubres, des salles sordides (des endroits qui n'étaient pas sans ressembler à ceux dans lesquels elle tournait avec Dan Gilroy). Ils ne gagnaient pas suffisamment pour vivre. Mais ils semblaient être partout, et même quand ils ne se produisaient pas, Madonna continuait à se démener, harcelant les agents, les producteurs et les propriétaires de boîte de nuit pour qu'ils leur donnent une chance. Emmy ne tarda pas à rassembler un petit groupe de fans qui les suivaient de concert en concert. Les choses auraient continué ainsi si Monahan, le batteur, n'avait pas annoncé un jour qu'il raccrochait pour se marier. Il devait penser à l'avenir, ce qui signifiait trouver un boulot pour nourrir les siens.

Était-ce sa bonne étoile ou avait-elle senti venir le coup, toujours est-il que Madonna, quelques jours avant le départ de Monahan, avait appelé Steve Bray, son ex-petit ami à l'université du Michigan, pour ne pas perdre le contact et pour savoir ce qu'il devenait. À sa grande surprise, Steve Bray lui apprit qu'il commençait en avoir marre de jouer dans les petits restaurants de Ann Arbor et qu'il comptait monter à New York. Madonna était ravie. Elle lui répondit sans hésiter : « Ramène ton cul tout de suite parce que tu viens de trouver un boulot de batteur dans mon groupe ! »

Quelques jours plus tard, Madonna et Steve Bray avaient repris leurs vieilles habitudes. Non seulement ils travaillaient ensemble mais ils vivaient ensemble, dans de vieux studios désaffectés du Music Building, à l'angle de la Huitième Avenue et de la Trente-huitième Rue. Les murs étaient uniformément gris, parsemés de vieilles couvertures d'album dans des cadres bon marché. Le bâtiment comptait huit étages de lofts que se partageaient de minables studios d'enregistrement, des directeurs artistiques et des musiciens qui squattaient les couloirs et les bureaux inoccupés. L'appartement du parc Monceau était déjà loin dans sa mémoire, mais pas ce qu'elle avait appris auprès de Patrick Hernandez.

Résolue à faire de la musique sur laquelle les gens pourraient danser, elle écoutait inlassablement des titres des Turtles, de Garry Puckett ou de Bobby Sherman, jusqu'à ce qu'elle ait enfin trouvé sa sonorité idéale. Madonna se mit alors à emprunter à droite et à gauche, jusqu'à réunir l'argent nécessaire pour réaliser la maquette d'une chanson qu'elle avait écrite avec Steve Bray. L'enregistrement fut bientôt prêt.

Elle emmena la bande à la Danceteria, 31, Vingt et unième Rue West, et persuada Mark Kamins, l'un des disc-jockeys, de la passer en boucle. Ce fut le délire. Aussi inexpérimentée et naïve qu'elle fût, Madonna avait instinctivement compris qu'une bonne promotion passait par une sorte de suggestion subliminale, variation du réflexe pavlovien de conditionnement par la répétition. Alors que la musique explosait dans les haut-parleurs, Madonna dansait au centre de la piste, composant une chorégraphie sensuelle au son de sa propre voix. Le public ne la quittait pas des yeux. La musique et les déhanchés provocants de Madonna s'identifiaient parfaitement. Il ne fallut pas beaucoup de temps avant que le public réclame le disque et commence à imiter sa façon de danser.

Bien que Madonna se soit fortement inspirée de sa musique et qu'il n'ait pas reçu de ses nouvelles depuis l'épisode parisien, Patrick Hernandez n'exprime aucune amertume. « C'est étonnant, plaisante-t-il si longtemps après les faits. Quand les gens me parlent de la chance que j'ai eue de connaître Madonna avant qu'elle devienne Madonna, je les regarde ébahi. Honnêtement, je ne me considère pas du tout comme un veinard. Elle avait vraiment des comportements de gamine. Quand elle voulait quelque chose, soit elle faisait un caprice, soit elle vous la jouait faussement tendre pour obtenir ce qu'elle voulait. Exactement comme une petite fille avec son papa. »

Adam Alter, le patron de Gotham Music, disait sensiblement la même chose d'elle à l'époque où il devait la supporter à New York. Madonna, parce qu'elle avait perdu sa mère, se comportait comme si Dieu et le monde entier lui devaient compensation.

Quand Adam Alter, l'homme qui l'a propulsée vers le succès, qui l'a encouragée, qui l'a nourrie, a dû faire face à des difficultés financières après le départ de Madonna, elle s'est contentée de hausser les épaules. « Il croyait en moi, dit-elle, et il avait raison. Mais il n'était pas prêt à s'engager à fond. »

Et lorsque Camille Barbone, l'associée d'Adam Alter qui elle aussi avait pris soin de Madonna à ses débuts, jouant autant les nounous que les directrices artistiques, se laissa emporter par ses sentiments envers sa protégée, Madonna lui rappela sèchement qu'il y avait un temps pour jouer et un temps pour travailler.

haut qu'eut dû. Madonna avait [illegible] connu la musique [illegible] passait par une série de [illegible] subliminales [illegible] de [illegible] apparemment par les [illegible] Aguilera[1], [illegible] explosant dans les haut-parleurs. Madonna [illegible] de la page, composant [illegible] de sa propre [illegible]. [illegible] des [illegible], et les [illegible] dans le [illegible] parfaitement. [illegible] que et comme [illegible].

[illegible] Madonna [illegible] la [illegible] [illegible] Paris [illegible] Madonna [illegible] [illegible] Madonna [illegible] Elle [illegible] comme [illegible] [illegible]

[illegible] Non [illegible] Madonna [illegible] [illegible] Quand [illegible]

[illegible] Madonna [illegible] [illegible]

CHAPITRE 6

Adam Alter vit dans un appartement situé dans une petite maison en bois à Cornwall, New York, en compagnie d'un perroquet et de deux petits chiens. On se croirait chez un étudiant. Les trois pièces sont jonchées de papiers, de carnets de notes, de courrier non ouvert, de livres. Un monceau de vaisselle attend dans l'évier de la cuisine. Des vêtements sont jetés au hasard sur les fauteuils du salon. Les meubles, en bel acajou, dans le style des années cinquante, ont été trouvés dans une brocante, un grenier ou le garage d'un parent. Posés au hasard, ils donnent l'impression que le maître des lieux est seulement de passage dans la maison. Adam Alter, quarante-neuf ans, sosie presque parfait de John Malkovitch, travaille actuellement dans les services de la protection de l'enfance au tribunal du comté de Weschester. Il prépare une maîtrise au Hunter College de Manhattan.

Adam Alter a rencontré Camille Barbone en 1975. Il avait vingt-trois ans, elle vingt-six. À l'époque, il livrait des produits bio à des magasins d'alimentation diététique de New York et des environs. Métier qui ne le préparait en rien à entrer dans l'univers du rock. C'est donc vêtu d'un treillis et portant une queue-de-cheval qu'Adam Alter, « l'amoureux de la nature » comme il aime à se définir, fit son apparition dans le monde du show-business. « Je m'étais mis à l'horticulture, raconte-t-il, parce que ça m'intéressait vraiment. Je vivais alors sur la Troisième Avenue. Aimant la nature, je me sentais vraiment piégé à Manhattan. »

Adam Alter avait grandi dans l'univers de la musique. Son père, Lewis Alter, était un musicien de jazz, auteur de bon nombre de succès dont le célèbre instrumental *Side Street and Gotham*, d'où Adam Alter tirera le nom de sa firme, Gotham Music. Il passa son enfance à Manhattan, d'abord à Riverside Drive puis à Central Park West, avant de suivre ses parents sur Park Avenue. Il apprit le billard avec Henny Youngman et Milton Berle, qui faisaient pratiquement partie de la famille. « On peut dire que j'ai grandi dans un milieu privilégié, poursuit Adam. Ma mère, chanteuse d'opéra, a vécu de très beaux moments jusqu'à ma naissance. Puis ma sœur est arrivée. Elle était naine. Les temps étaient durs. Elle a souffert d'un cancer pendant quinze ans. On ne peut pas dire que c'était l'idéal. »

En fait, il reconnaît avoir toujours baigné dans une atmosphère musicale. Ses premiers pas dans l'industrie du disque, il les a faits avec un de ses amis producteur, Keith Allen. C'est lui qui devait le présenter à Camille Barbone. « Quand j'ai rencontré Camille, explique-t-il, j'étais un gros naïf, surtout en affaires. Camille avait de l'expérience. Elle avait travaillé chez CBS Records. Autant dire qu'elle se sentait sûre d'elle-même. Elle se donnait des airs de grand manitou. Moi, je ne connaissais que ce que j'avais appris avec mes parents. Tout ce qu'elle me racontait était parole d'Évangile. »

Ce n'était pas le meilleur moment pour se lancer dans les affaires. Au début des années 80, l'industrie du disque, qui s'était recentrée sur le rock, touchait le fond. Les investisseurs étaient rares. On ne gagnait pas suffisamment d'argent pour les attirer. De plus, la période était transitoire. La musique était en train de changer. Une nouvelle vague arrivait, qui allait tout balayer, mais dont personne ne pouvait prédire ce qu'elle serait. Avant de devenir l'associée d'Adam Alter, Camille Barbone commença par demander plusieurs milliers de dollars pour se dégager de son précédent engagement. Adam, qui avait peut-être hésité au début à s'associer avec elle, changea radicalement d'avis lorsqu'elle produisit l'album de Keith Richard, un ami de Camille depuis qu'elle avait travaillé avec les Rolling Stones à CBS. « Je lui ai donné l'argent pour se sortir d'affaire avec son ancien associé et nous avons créé Gotham Music. »

Adam, qui avait tout contre lui – peu d'assise financière, un entourage qui s'adonnait aux drogues dures – regrette aujourd'hui ne pas avoir écouté les avertissements de son père. « Mon père, raconte-t-il, voyait parfaitement ce qui se passait. Je comprends seulement maintenant ce qu'il me prédisait à l'époque. »

Gotham Music installa ses bureaux dans le Music Building. C'est là, en attendant l'ascenseur, qu'Adam Atler rencontra Madonna. Elle mâchait furieusement un chewing-gum, portait son habituel jean délavé et son éternel chemisier flottant à la taille. Ses cheveux noirs étaient ramenés sous un bob. Elle s'approcha de lui, un éclat moqueur dans ses grands yeux bleu-vert.

« Je portais des lunettes à la John Lennon, se souvient-il, vous voyez ces petites lunettes teintées toutes rondes. Elle m'aborda en me disant qu'elles étaient drôlement sympa et que j'étais vraiment le portrait craché de Lennon. » Madonna embraya immédiatement en racontant qu'elle squattait un des studios abandonnés et qu'elle cherchait un producteur qui voudrait bien lui prêter un local pour répéter et écouter la maquette qu'elle venait d'enregistrer.

« Elle était très jeune et franchement séduisante. Elle me demanda si je connaissais quelqu'un qui pourrait l'aider. Je n'hésitai pas une seconde. Je lui répondis que je pouvais essayer. Elle monta avec moi, ce ne fut pas long, nous étions au premier, pour que je la présente à Camille. » Adam entra dans le bureau avec Madonna sur ses talons. Alors qu'il s'apprêtait à faire les présentations, les deux filles éclatèrent de rire. « De toute évidence, Camille l'avait déjà croisée dans le hall et, pensant qu'il s'agissait d'un de ces vagabonds qui hantaient l'immeuble, elle l'avait plantée là. »

Madonna leur fit écouter sa maquette. Ils tombèrent d'accord pour penser que cette fille avait quelque chose de particulier. « On savait reconnaître ce qui était bon, poursuit Adam. Notre point faible (ce fut d'ailleurs la raison de notre dégringolade) c'est qu'on n'a pas su convaincre l'industrie du disque de miser sur Madonna. À ce moment-là, toute l'industrie du disque était mal en point. On a échoué. Deux ans plus tard, les mêmes compagnies achetaient tout ce qu'elles pouvaient. »

Des années plus tard, Adam Alter pense toujours que Madonna aurait pu être leur gros coup. Celle qui leur aurait permis de réussir. « Je ne me faisais pas d'illusions en pensant qu'elle resterait avec nous pour l'éternité, poursuit-il. Mais, à l'époque, elle aurait pu être notre marchepied. Ça, je l'avais immédiatement vu. »

Dans le contrat qui le liait à Camille Barbone, il était entendu que c'était lui qui devait assurer toutes les charges financières de la société. « J'étais le gars qui payait le loyer, les dépenses courantes et bien entendu le salaire de Camille. » Quand Madonna signa pour Gotham – c'était leur première cliente –, Adam Alter prit à son compte tous les frais de la future vedette. Il payait son loyer, ses courses, ses notes de dentiste et lui versait de l'argent de poche. Madonna avait aussi gratuitement à sa disposition le studio où elle venait travailler sur le synthétiseur de la boîte et sur un orgue Rhodes qu'il avait ramené de chez lui. Lors du dépôt de bilan de Gotham, Adam Alter offrit tous ces équipements au Staten Island College.

Pendant cette année où Adam continua à honorer les factures, Camille Barbone s'occupa exclusivement de la carrière de Madonna, au détriment de ses autres clients. La plupart du temps, Madonna suivait les conseils de Camille et travaillait à créer un rock léger. « Sa voix était probablement ce qu'elle avait de moins original, se souvient Adam. Curieusement, elle sonnait mieux à l'époque où elle bossait avec nous. Je pense que c'est son talent d'écriture, son enthousiasme, son appétit de travail qui l'ont conduite au succès. D'un point de vue strictement professionnel, elle avait une énergie extraordinaire. Elle n'était pas du genre à renoncer. Quand on fait quelque chose, qu'on le fait bien et qu'on s'acharne dessus, il n'y a aucune raison que ça ne marche pas. »

D'après Adam Alter, le problème vint de ce que Camille

Barbone n'était pas seulement sous le charme de Madonna en tant qu'artiste, mais qu'elle était aussi très attirée par elle physiquement.

Adam Alter estime que Camille dépassa les « limites de la convenance » dans son engagement professionnel avec Madonna. « Je ne sais pas si elles ont fini par coucher ensemble. » Il entretenait lui-même des liens très étroits avec les deux femmes. « Mon histoire avec Camille et Madonna fut de courte durée mais chaotique. En un sens, nous formions une famille. Je vivais comme un orphelin, Camille se sentait orpheline et Madonna s'était retrouvée toute seule dans une drôle de ville, explique Adam. Une famille, c'est ça. Nous passions beaucoup de temps ensemble. On s'engueulait. On se réconciliait. Ça ne dura qu'un an, mais c'était intense, effréné. Il se passa beaucoup de choses en peu de temps. »

Un soir Madonna fit clairement savoir à Camille Barbone que leur désaccord n'avait rien à voir avec ses penchants sexuels mais plutôt avec son besoin de liberté. En revenant de boîte, Madonna s'était mise à peloter une de ses amies sur le siège arrière de la voiture que conduisait Camille Barbone. La pauvre productrice anéantie jetait des regards furieux dans le rétroviseur en maudissant celle qui ne serait bientôt plus sa cliente. Selon Camille Barbone, Madonna et sa copine, avant de coucher avec un homme, le mettait souvent à l'épreuve en s'embrassant et en se caressant devant lui pour voir sa réaction. S'il rougissait ou paraissait embarrassé, elles laissaient tomber. Si au contraire, il semblait goûter ce type de relation, il obtenait leur blanc-seing.

Adam Alter confirme que Madonna fonctionnait à la séduction. C'était naturel chez elle. Elle avait toujours quelque chose à demander, de l'argent, des heures de studio. Elle avait parfois simplement besoin de quelqu'un quand elle se sentait seule. Adam Alter assure avoir toujours su garder ses distances avec Madonna. Ce ne fut pas le cas de Camille, qui n'éprouvait généralement aucun scrupule à mélanger les affaires et les sentiments. « Camille prit un appartement avec une autre de nos clientes, raconte Adam. Une excellente pianiste qui écrivait aussi des chansons. Quelqu'un de beaucoup plus authentique que Madonna. Camille ne s'encombrait pas de morale et mélangeait allègrement les affaires et le plaisir. Cette personne préféra finalement rompre tout lien avec Camille, trouvant que leur relation devenait incestueuse et terriblement contraignante. »

Adam Alter prêta son studio du Lower East Side à cette cliente pour l'éloigner de son associée, tandis que lui s'installait avec Camille. « On était fatigués de la ville, explique Adam. On loua une grande maison de style victorien au bord de l'eau, à Bayside dans le Queens. Nous avions chacun notre étage. On partait travailler le matin en voiture et on rentrait sagement le soir. »

Camille Barbone a une autre interprétation des faits, surtout en ce qui concerne son « inconvenance » avec Madonna. « Est-ce que Madonna est lesbienne ? demande-t-elle avec emphase. Je ne saurais le dire. Tout ce que je peux dire c'est que Madonna aime les belles femmes, et que, d'une façon générale, elle couche avec les gens qu'elle trouve beaux. »

Tout le temps que dura leur collaboration, Camille Barbone ne fut pas uniquement la directrice artistique et le mentor de Madonna, elle joua aussi le rôle de mère de substitution. « Elle se confiait à moi et me parlait de ses espoirs et de ses peurs les plus intimes, affirme Camille. Je m'occupais même de sa contraception. »

Camille Barbone insiste. Si l'une des deux cherchait à séduire l'autre, c'était bien Madonna. « Elle me provoquait en s'exposant nue devant moi. Elle transpirait beaucoup sur scène. Quand elle revenait en coulisses, elle se déshabillait et me tendait une serviette pour l'essuyer. »

En août 1981, alors que Madonna attendait de percer dans le show-biz, Camille Barbone lui proposa de rencontrer un de ses amis du Queens. Steve Lewicki, diplômé de cinéma de l'université de New York, faisait des films à la Jean-Luc Godard qu'il décrivait comme des œuvres « flottantes et primitives » et que ses détracteurs taxeront plus tard de pornographiques. Lewicki, disposant du maigre budget de vingt mille dollars, passa une annonce dans *Back Stage* pour dénicher la vedette féminine dont il rêvait : « une jeune femme inquiétante, ardente, dominatrice, débordant d'énergie, sachant danser et prête à travailler sans être payée ». Le film devait s'appeler *A Certain Sacrifice.* Camille Barbone montra l'annonce à Madonna et l'incita à poser sa candidature. Lewicki avait déjà reçu plus de trois cents réponses de jeunes apprenties actrices disposées à jouer gracieusement, quand Camille déposa sur son bureau une lettre de trois pages manuscrites de Madonna. « Cher Stephen, je suis née et j'ai grandi à Detroit dans le Michigan où j'ai commencé une carrière précoce et dévastatrice. À l'école primaire, je savais déjà que je voulais être nonne ou actrice de cinéma. Neuf mois passés dans un couvent m'ont à jamais guéri du premier mal. Au lycée, je suis devenue légèrement schizophrène, ne sachant pas si je devais jouer les vierges ou les mauvaises filles. Les deux avaient leur charme... » C'était signé : « Madonna Ciccone ».

Camille Barbone n'eut pas à attendre longtemps la réponse de Lewicki. Reposant la lettre et regardant une dernière fois la photo, il estima que cette Miss Ciccone serait parfaite pour le rôle. *A Certain Sacrifice* raconte l'histoire de Bruna, une jeune vagabonde, qui, comme la Susan de *Recherche Susan désespérément*, vit dans la rue à New York. Le parallèle s'arrête là. Bruna, qui a un bel appétit sexuel, vit avec trois esclaves sexuels, qu'elle ne quittera que lorsqu'elle rencontrera l'homme de sa vie. Le prince charmant finit par arriver, mais Bruna, qui s'apprête à le suivre, est violée. L'héroïne charge ses trois esclaves de la venger. Ils retrouvent le violeur, le tuent et boivent son sang. Notons parmi les scènes clés du film une danse orgiaque en compagnie de ses trois acolytes, le viol dans les toilettes d'une cafétéria, et le sacrifice rituel du violeur. Le tournage du film dura de septembre 1981 à juin 1982. Le 20 septembre 1981, alors que le film était déjà commencé,

Madonna signa avec Lewicki un accord par lequel elle renonçait à ses droits sur toute exploitation commerciale de sa prestation. Lewicki lui donna cent dollars pour payer son loyer. Quelques années plus tard, lorsque Madonna commençait à être célèbre, elle essaya d'empêcher Lewicki d'exploiter le film. Paul Schindler, l'avocat de Madonna, accusa Lewicki de vouloir tirer profit de la chance qu'il avait eue de capturer l'image de Madonna alors que celle-ci était encore inconnue. Dans une déclaration écrite sous serment dans laquelle Madonna demandait des dommages et intérêts à Stephen Lewicki, elle déclarait « avoir consenti à l'utilisation de ma voix et de mon image telles qu'elles apparaissaient dans le film, mais en aucune façon à l'utilisation de mon nom ». Le juge Ethel Danzig appela Lewicki à la barre et lui demanda pourquoi il ne pourrait pas distribuer le film sans que le nom de Madonna apparaisse. Lewicki assura que le film n'avait rien de pornographique et que de toute façon l'image de Madonna était loin d'être celle d'une « sainte ». Il parla du film comme étant « une œuvre d'avant-garde post punk du Lower East Side » et répéta que ce n'était « absolument pas porno... mais érotique ». In fine, Maître Paul Schindler renonça, faisant valoir que les efforts engagés pour interdire l'exploitation commerciale du film de Lewicki n'aboutiraient qu'à lui faire de la publicité et à faire monter les enchères au marché noir – c'est d'ailleurs ce qui se produisit. Le film fut diffusé en cassette vidéo au prix de quarante-neuf dollars quatre-vingt-quinze.

À la fin du tournage de *A Certain Sacrifice*, Gotham Music se trouvait dans une situation financière délicate. Le torchon brûlait entre Alter et Barbone et entre Barbone et Madonna. Les deux femmes fêtèrent ensemble leur anniversaire commun, le 16 août 1981. C'était l'une des dernières fois qu'elles passaient du temps toutes les deux. Camille Barbone célébrait ses trente-deux ans, Madonna ses vingt-trois ans.

Camille invita Madonna à manger des homards sur une plage de Long Island.

« Il y avait un magnifique coucher de soleil. Nous marchions le long de la plage. Nous n'avions jamais été aussi proches. Je lui disais qu'elle allait devenir une grande star. Ce soir-là, c'était comme si tout nous souriait. On pouvait faire n'importe quoi. Il n'y avait plus de limites. » À un moment, raconte Camille Barbone, Madonna se jeta dans ses bras et l'étreignit longuement avant de lui glisser : « Merci. Je t'aime. »

« Je lui dis, conclut Camille, qu'elle avait toujours occupé la première place dans mon cœur, que je vivais à travers elle, que je respirais à travers elle. Nous rentrâmes à New York en nous tenant enlacées. »

Même si Madonna est toujours indistinctement sortie avec des garçons ou des filles, sa sexualité reste un mystère. Des rumeurs ont couru sur des aventures qu'elle aurait eu avec certaines femmes célèbres, Sandra Bernhard ou Ingrid Casares par exemple. Dans le cas d'Ingrid Casares, Madonna alimenta la rumeur en vivant avec elle à Castille del Largo, sa maison de Hollywood, dont le précédent propriétaire n'était autre que Bugsy Siegel[1], le père du Las Vegas moderne. À l'époque où cette aventure est censée avoir eu lieu, c'est-à-dire en 1990, Madonna sortait d'une histoire avec un homme, Tony Ward, épisode qui s'était soldé par un avortement. Tony Ward, comme elle l'avait toujours fait avec ses anciens amants pour leur marquer son affection, apparaît dans le clip *Justify My Love*. Tout aussi ambiguë fut sa liaison avec l'actrice ouvertement homosexuelle, Sandra Bernhard. Liaison qui devait devenir publique lors du David Letterman's Show où elles étaient invitées toutes les deux. Le célèbre animateur, brandissant un magazine qui affirmait que la relation entre les deux femmes était loin d'être platonique, demanda à brûle-pourpoint :

« Qu'y a-t-il de vrai dans ce tissu de mensonges ?

— Nous étions à une fête, nous avons bu de la tequila. On a appris à se connaître un petit peu mieux », répondit Sandra Bernhard.

1. Célèbre membre de la mafia qui a créé la ville de Las Vegas en ouvrant des casinos en plein désert du Névada dans les années 50.

Letterman demanda alors à quoi elles passaient leur temps et s'il y avait une petite place pour lui.

« Seulement si vous changez de sexe, répliqua Madonna.

— On se retrouve souvent avec Jennifer Grey (la vedette de *Dirty Dancing*), mais la plupart du temps nous ne sommes que toutes les deux. On traîne beaucoup au Canal Bar ou au MK. »

Letterman précisa pour les spectateurs qu'il s'agissait de deux boîtes homosexuelles de Manhattan. Toutefois pour être bien certaine que tout le monde avait compris, Madonna s empressa d'ajouter :

« Et aussi au Cubby...

— Au Hole », intervint Sandra Bernhard en citant la boîte de lesbiennes la plus connue de New York.

Puis le badinage prit une autre tournure. « De toute façon, s'exclama Madonna, elle s'en fout de moi. Tout ce qu'elle veut c'est Sean.

— Je l'avoue, j'ai couché avec Sean Penn, lança brusquement Sandra Bernhard, et Madonna est meilleure que lui au lit ! »

Madonna n'a jamais évoqué ses autres aventures homosexuelles, moins spectaculaires il est vrai, quand elle était au collège, au lycée ou même lors de ses premières années new-yorkaises. S'il y a bien quelque chose qu'elle rejette, c'est de faire une distinction entre homosexuels et hétérosexuels. Pour elle, comme elle le répète souvent, il n'y a que des gens qui sont sexuels et d'autres qui ne le sont pas.

Il n'est peut-être pas absurde de penser que, pour Madonna, aimer une femme soit une compensation, à un autre niveau, de la perte de sa mère. Dans les deux interviews de Madonna faites par Carrie Fisher pour *Rolling Stone*, parues les 13 et 27 juin 1991, la journaliste aborde, parmi beaucoup d'autres sujets, cette question de la disparition de la mère.

« Quel est votre rapport à la mère ? » demande-t-elle.

Ce à quoi Madonna répond :

« Le problème c'est que je n'en ai pas eu, alors je suis toujours à la recherche de quelqu'un qui pourrait combler ce vide – sans jeu de mots. »

CHAPITRE 7

Quand leur association prit fin, Adam Alter était furieux, moins contre Madonna que contre Camille Barbone qui avait laissé ses sentiments personnels briser une amitié qui aurait pu être durable. « Camille s'est laissé complètement aveugler par l'attirance qu'elle éprouvait pour Madonna, raconte Adam Alter. Elle a oublié tout le reste, tout ce qui pouvait avoir une vraie valeur, comme l'amitié. Elle aurait dû être plus ferme avec Madonna, mais à l'évidence elle ne le pouvait pas. Ses sentiments pour elle l'ont poussée à me faire dépenser toujours plus d'argent. À la fin, Madonna est partie parce que j'ai refusé d'aller à la faillite, et Camille ne pouvait pas la financer sans moi. J'étais la vache à lait du groupe. »

Après le refus d'Adam Alter de s'endetter davantage pour renflouer Gotham Music, Madonna menaça de quitter Camille Barbone. « Camille ne m'a jamais expliqué ce qu'elle lui avait promis, et c'est comme ça que Madonna nous a plaqués. Elle comptait sur les engagements de Camille qui, pensait-elle, avaient mon aval, alors qu'en vérité, je ne savais rien des promesses financières qui lui avaient été faites. »

Tandis que l'intimité entre les deux femmes s'était développée au fil du temps, Adam Alter sentait que Madonna n'avait jamais vraiment pris le temps de le connaître. « J'étais avant tout l'homme qui avait l'argent, poursuit-il ; c'est Camille qui avait tout manigancé. Quand Madonna avait besoin de sous, elle allait voir maman Camille, qui la renvoyait à papa Adam.

Elle venait me voir, elle était toute douce, toute timide : "Adam, est-ce que tu pourrais me passer un peu d'argent ?" En plus de régler ses factures, je lui donnais cinquante dollars par semaine pour ses dépenses personnelles, et tout le temps de studio qu'elle voulait. Je ne lui ai jamais facturé ces heures-là. Du coup, je lui demandais des explications quand elle voulait une rallonge, ce qui me donnait, je suppose, encore plus des airs de papa. En fait, Camille c'était le gentil flic, et moi le méchant. D'une façon générale, Camille prenait mal tout ce que je faisais pour les aider, autant elle que Madonna. C'était une manipulatrice. Elle la tenait éloignée de moi dans l'espoir qu'elle finirait par partir avec elle. Bien évidemment, elle se trompait. »

Peu avant la rupture définitive, Adam Alter réussit à faire passer Madonna à l'Underground. Ce fut un énorme succès. Il décida de la présenter à ses parents. « On la surnommait Brat ou Emmy à l'époque, se souvient Adam Alter. J'ai parlé d'elle à mon père. Je lui ai dit à quel point je la trouvais narcissique. Mon père se montra rassurant. Il m'expliqua que, pour devenir une star, il fallait être monstrueusement narcissique, que c'était en quelque sorte une qualité. Il faut avoir une grande passion pour ce qu'on fait, c'est quelque chose qui sort de soi, quelque chose d'étincelant, une énergie ; et là, quoi qu'on fasse, on réussit. Pas de doute, Madonna avait cette qualité. »

La rencontre eut lieu chez les Alter, dans leur appartement de Park Avenue. Lewis Alter fut charmé par la jeune découverte de son fils. De son côté, Madonna fut très impressionnée par Lewis, fascinée d'apprendre que c'était une légende dans l'univers du jazz. Quelques mois plus tard, le père de Madonna, sa belle-mère et sa sœur, Paula, se rendirent à New York. Madonna présenta sa famille à Adam Alter et à Camille Barbone. « Elle était comme une petite fille, se souvient Adam Alter. On va faire ci, on va aller là. Elle était très fière de montrer à ses parents qu'il y avait finalement des gens qui croyaient en elle. C'était un couple charmant, légèrement désuet, c'est du moins l'impression qu'ils me donnèrent. Je me souviens aussi de sa sœur Paula. Elle ressemblait beaucoup à

Madonna, mais en plus grande. Ce qui m'a frappé, c'est qu'elle voulait être Madonna. Elle mourait d'envie de passer une audition et de chanter devant nous. »

En 1982, Gotham Music était au bord de la faillite. Il ne restait plus rien, à part quelques meubles et le matériel. « Tout de que le studio gagnait, affirme Adam Alter, servait à financer Madonna, alors qu'en principe c'est elle qui aurait dû contribuer au financement du studio. Le problème, c'est que j'étais un vrai père pour elle. Quand elle avait mal aux dents, je l'envoyais chez mon dentiste et c'est moi qui payais les factures. Elle n'a jamais proposé de me rembourser, même quand elle a commencé à gagner beaucoup d'argent. »

Comme si ça ne suffisait pas, Madonna annonça à Adam Alter et à Camille Barbone qu'elle et Steve Bray, qui vivait toujours avec elle, ne voulaient plus faire du pop-rock, précisément le style de musique que Camille leur demandait de travailler particulièrement. « On était sur le point de décrocher un accord pour un disque avec la Warner, explique Adam Alter. Mais, tout d'un coup, quand l'argent a commencé à se faire rare, ils ont laissé tomber. »

Adam Alter affirme avoir toujours en sa possession l'un des tout premiers masters de Madonna, qui n'est jamais sorti. « Celui-là, on le trouvait assez bon pour le lancer, poursuit-il. On aurait pu décrocher ce contrat si le type avec lequel on négociait n'avait pas subitement décidé de nous lâcher. »

Laissant les sentiments et la gratitude à la porte, Madonna alla trouver Camille Barbone au studio et lui annonça qu'elle ne souhaitait pas poursuivre leur collaboration. Au lieu de donner la vraie raison, à savoir qu'il n'y avait plus un sou dans les caisses, elle expliqua qu'elle et Steve avaient décidé de s'orienter vers des styles musicaux plus difficiles. Dans un accès de rage, Camille Barbone frappa violemment du poing contre le mur.

Juste après le départ de Madonna et la dissolution de Gotham Music, Adam Alter se démit le genou en faisant du karaté. Un de ses amis déménagea tout le matériel de Gotham dans un studio plus petit, dans le même immeuble. Adam Alter se remettait de son accident quand cet ami l'appela pour lui demander si Madonna pouvait utiliser le studio pendant ce temps-là. Adam Alter accepta. Quand il put remarcher, il découvrit que Camille Barbone avait systématiquement enlevé tout ce qui traînait dans le studio pouvant avoir un rapport avec Madonna. « Quand vous êtes dans un milieu de pervers et de magouilleurs, explique Adam Alter, c'est facile de se faire avoir. C'est d'ailleurs ce qui m'est arrivé. Tout ce délire m'est tombé dessus et je ne savais pas comment m'en sortir. » Il sourit. « C'est peut-être pour ça que je travaille pour la protection de l'enfance à Westchester. J'essaie de défendre les victimes. Mon combat maintenant, c'est ceux qui n'ont rien contre ceux qui ont tout. »

Les gens qui attendent que l'on soit loyal avec eux sont généralement loyaux avec les autres. Un observateur a dit de Madonna que « si vous la contrariez une fois, vous n'existez plus pour elle ». Adam Alter réfléchit à la situation inverse. « C'est une opportuniste, dit-il. Que sont devenus tous ceux qu'elle a blessés sur son chemin vers la gloire ? »

Quelques jours après s'être débarrassée de Camille Barbone et d'Adam Alter, Madonna retourna à la Danceteria pour voir son ami Mark Kamins. Elle lui raconta rapidement sa rupture avec Gotham Music et lui demanda d'écouter une maquette qu'elle avait faite. Mark Kamins était considéré comme le meilleur DJ New Wave et traquait les nouveaux talents pour Island Records, il venait juste de signer un obscur groupe irlandais du nom de U2. Il apporta la maquette chez Island, qui la refusa. Il fila directement à la Warner où il venait de terminer le dernier album de David Byrne. Il était devenu, à cette occasion, ami avec Michael Rosenblatt, responsable de Sire, un des labels de la Warner. Mark Kamins proposa à Michael Rosenblatt de s'arrêter à la Danceteria pour écouter l'enregistrement de Madonna et rencontrer la chanteuse, pariant que cela suffirait à le convaincre. Michael Rosenblatt invita Mark Kamins et Madonna à passer au Rockfeller Center, dans son bureau de la Warner, et écouta attentivement les quatre titres, dont *Everybody*. Selon lui, c'était bien mais pas extraordinaire. Il fut beaucoup plus impressionné par Madonna : « Elle irradiait quelque chose que je n'avais jamais vu auparavant, dit-il. C'était une star, j'en étais certain ! »

Il établit le contrat sur-le-champ. Madonna aurait une avance de 5 000 dollars plus les royalties, et 1 000 dollars pour chaque chanson qu'elle écrirait. Mais la signature de l'accord devait d'abord recevoir l'autorisation du président de Sire Records, Seymour Stein, qui se trouvait alors à l'hôpital après un double pontage. Le lendemain, Rosenblatt, Kamins et Madonna s'entassèrent dans un taxi et filèrent vers l'hôpital. Seymour Stein les reçut en petite tenue, un goutte-à-goutte au bras.

Dernier problème : Madonna avait promis à Steve Bray qu'il produirait ses disques. Et voilà qu'elle se retrouvait avec une dette envers Mark Kamins, qui comptait fermement endosser le rôle de producteur. Dans l'espoir de trouver un compromis avec Steve sans mettre son contrat en péril, elle lui offrit de travailler aux arrangements. Steve refusa. Il ne parla plus à Madonna pendant plusieurs années.

Chez Sire Records, ils avaient prévu de sortir le premier 45 tours de Madonna avec *Ain't No Big Deal* en face B et *Everybody* en face A. Mais ils n'aimaient pas *Ain't No Big Deal* ; ils décidèrent donc, à la dernière minute, de mettre *Everybody* sur les deux faces. Du jamais vu. La chanson fut catapultée au sommet des hit-parades des clubs.

Après ce premier succès, des journalistes demandèrent à Madonna si elle s'était servie des hommes pour se propulser « au sommet ». « Tous ces hommes sur lesquels j'ai soi-disant marché pour arriver au top, répondit Madonna, me reprendraient parce qu'ils m'aiment encore et que je les aime encore. »

On peut toutefois se demander si Steve Bray, Mark Karmins, Dan Gilroy, Adam Alter, ou n'importe quel autre « homme » de cette époque, seraient prêt à « reprendre Madonna » parce qu'ils « l'aiment » encore. Ce qui est sûr, c'est que pour *Physical Attraction*, qui suivit immédiatement *Everybody*, Madonna avait déjà trouvé un autre producteur, Reggie Lucas, également auteur de ce second succès. Sire donna ensuite son accord à la réalisation d'un album. Madonna changera une nouvelle fois de producteur pour l'album et prendra Nile Rodgers.

« Reggie Lucas ne connaissait que le R & B, expliquera Madonna. C'est un bon professionnel, sensible, très ouvert. Mais Nile [Rodgers] a travaillé avec énormément de musiciens différents. Je trouve tous ses disques sensationnels. Il a vraiment le sens de la pop. Il a fait du grand boulot avec Chic, Sister Sledge, et tous les autres. Il a travaillé avec beaucoup de chanteuses, comme Diana Ross. Et puis, on se ressemble. Il connaît bien la rue, on a traîné dans les mêmes clubs. Avant même de commencer à rencontrer des producteurs pour mon deuxième album, je savais que c'était lui que je voulais. »

Ces sentiments étaient apparemment réciproques. « À mon avis, dit Nile Rodgers, Madonna est une excellente chanteuse, elle a un talent inné de musicienne, c'est une artiste de premier plan. Si seulement tous ces beaux messieurs de la musique pouvaient un peu oublier l'image qu'elle traîne pour s'intéresser à ce qu'elle fait. J'espère qu'elle pourra surmonter tous ces racontars que propagent une bande de minables. Je crois que beaucoup de ces saloperies viennent des hommes. Son côté arrogant vient juste de ce qu'elle est accrocheuse, du fait qu'elle ne lâche pas le morceau. »

Au début, Madonna a dû batailler pour convaincre les dirigeants de sa maison de disques de la prendre au sérieux, de reconnaître qu'elle était autant une femme d'affaires qu'une chanteuse. « Je crois que les gens sont intimidés par les femmes qui se montrent incroyablement ambitieuses et combatives parce que c'est plus facile de négocier avec des filles qui ne le sont pas, déclara Madonna. Dans ma maison de disques, ils auraient peut-être préféré, au début, que je sois le genre de fille réservée, gentille, conciliante. Je ne sais pas. Quand on a fini par se mettre autour d'une table, je crois qu'ils ont été surpris, ils ne s'attendaient pas à ça. Ils ne pensaient pas que je pouvais être intelligente. J'aime maîtriser les choses, mais je ne suis pas un tyran. Je n'ai pas besoin de voir écrit sur mon album que tout est écrit, arrangé, produit, dirigé, interprété, et ainsi de suite, par Madonna. »

Son premier album, qui s'intitulait simplement *Madonna*, fut un grand succès, probablement moins pour ses qualités musicales que pour le sens inné de la chanteuse pour la provocation. Après la sortie du disque, Madonna enflamma la jeunesse du pays avec ses sous-vêtements en dentelle, ses chapelets en guise de bijoux, sa boucle Boy Toy, ses cheveux ébouriffés blonds aux racines noires. Mais il faudra attendre l'album suivant pour que la chanteuse, outre ses nombreuses métamorphoses, puisse adopter un style de musique plus personnel. Même après ce succès, il lui fallut encore un an avant de se faire connaître en dehors des pistes de danse. Une fois de plus, elle se fiera à son instinct en appelant Nile Rodgers, le producteur de David Bowie, pour réaliser son prochain album.

Son second album, *Like a Virgin* fit d'elle une star et conduit à la réalisation de son premier clip pour *Material Girl.* C'est alors que sa vie a définitivement basculé.

QUATRIÈME PARTIE

MATERIAL GIRL

CHAPITRE 1

Cis Coreman, productrice de cinéma, est aussi l'associée de son excellente et très vieille amie, Barbra Streisand, dans Barwood Productions. Elle rencontra Madonna avant qu'elle ne devienne célèbre, au cours d'un casting pour la Warner dont elle s'occupait à New York. La jeune inconnue lui fit grande impression. « Elle est arrivée en tenant un gros ghetto blaster à la main, se souvient Cis Coreman. Avec son tee-shirt et son jean déchiré, les cheveux retenus par une sorte de chiffon, elle était splendide. J'ai immédiatement pensé que ce serait une star. En fait, elle m'a rappelé Barbra jeune, à ses tout débuts. »

En discutant avec elle, Cis Coreman fut captivée par ce que Madonna lui racontait, comment elle avait tout quitté pour venir à New York où elle ne connaissait personne. « Cette détermination, cette personnalité électrisante et ce look fabuleux, poursuit Cis Coreman, c'est tout ça qui m'a donné la certitude qu'elle était extraordinaire. C'est très rare, mais parfois, en tant que directeur de casting, vous tombez sur ce genre de cas. Un jeune s'avance vers vous et vous savez que ce petit gars-là ira loin. J'étais persuadée que Madonna allait faire des étincelles. »

Cis Coreman trouva le personnage de Madonna assez intéressant pour envisager de faire un film inspiré de son histoire et de ses galères pour arriver au sommet. « Rusty Lemeron nous a écrit un projet, raconte Cis Coreman, mais malheureusement ça n'a jamais abouti. J'ai quand même envoyé le bout d'essai de

Madonna à Jon Peters, le compagnon de Barbra à l'époque, avec un mot lui expliquant que c'était de la graine de star et lui conseillant de la rencontrer. »

Elle en était tellement persuadée qu'elle demanda à son fils photographe, Richard Coreman, de descendre chez Madonna, dans le Lower East Side, pour prendre quelques photos d'elle. « C'était vraiment un quartier pourri. Richard ne comprenait pas comment elle ne s'était pas encore fait violer ou tuer. Il fallait vraiment qu'elle en veuille pour habiter un coin pareil. »

Quelques années plus tard, Jon Peters eut la délicatesse d'appeler Cis Coreman avant de proposer à Madonna un rôle dans *Vision Quest.* Dans ce film, réalisé en 1985 par Harold Baker pour la Warner, avec Matthew Modine en champion universitaire de lutte, Madonna chante *Crazy For You* et *Gambler* dans un night-club. Le film ne fut pas un succès inoubliable.

En février 1985, Madonna vendait le nombre époustouflant de soixante-quinze mille disques par jour. *Material Girl* était dix-huitième et *Crazy For You* ne cessait de grimper dans les charts. Ses clips, qui passaient en boucle sur MTV, étaient encensés par la critique.

Mais tout cela ne suffisait pas à Madonna. Elle était plus riche qu'elle ne l'avait jamais été, ce qui n'était pas trop difficile pour une fille qui avait débarqué à New York à peine six ans auparavant avec trente-cinq dollars en poche. Elle gagnait plus d'argent que son père, qui fut longtemps sa référence en matière de revenus. Mais elle n'avait pas encore atteint l'objectif qu'elle s'était fixé.

Elle évitait de penser à sa famille avec tendresse ou nostalgie. Il fallait également éviter de sombrer dans la rancœur, le ressentiment. Elle voulait pouvoir tirer profit de chaque moment, même difficile. Sa musique naissait de sa vie. Ses souvenirs douloureux composaient la matière de ses chansons. C'est ce que son public attendait. Elle apprit bientôt à considérer son passé avec détachement, comme s'il appartenait à quelqu'un d'autre. Elle ne s'autorisait pas le luxe de s'apitoyer sur elle-même. Sa souffrance s'adressait à ses fans. Elle voulait que chaque être humain, homme, femme, enfant, se sente responsable de cette pauvre orpheline qu'elle incarnait, et ne vive que pour la voir heureuse. Elle découvrit sa voix comme un écrivain découvre la musique et le rythme de ses mots. Elle trouva son style, sexy et agressif, dans sa propre expérience de redoutable séductrice. Elle jouait sur tous les tableaux. Elle était la petite fille meurtrie née du mauvais côté de la barrière qui suscitait la compassion de ses admirateurs. Mais elle était aussi une femme d'affaires féroce pour qui toute décision, tout choix de collaborateur ou d'agent devaient être mûrement réfléchis. Elle allait devenir la déesse sexe de la pop et elle apprenait à se comporter en personne sûre d'elle, sophistiquée, ne connaissant pas les problèmes d'argent. Il fallait qu'elle atteigne à la perfection. Et elle savait d'instinct qu'un seul faux pas pouvait tout compromettre.

À ce moment de sa carrière, elle n'était sûre que d'une seule chose : quoi qu'il arrive, elle avait trouvé la voie pour aller vers son public. Elle savait qu'au fond son image ne changerait jamais. Elle demeurerait pour toujours la petite orpheline qui s'était construit pas à pas son propre succès. Mais elle se sentait seule, elle avait besoin d'un allié, d'un partenaire pour la vie. En un mot, elle avait besoin d'un mari, pour le meilleur et pour le pire.

Madonna, habillée en Marilyn Monroe, se trouvait sur le plateau du clip *Material Girl* quand un jeune acteur ombrageux, tout de cuir vêtu, entra dans sa vie.

Formé à l'Actor Studio, Sean Penn était déjà considéré comme l'un des acteurs les plus talentueux et les plus prometteurs d'Hollywood. Né en 1960 de l'actrice Eileen Ryan et de Leo Penn, réalisateur de nombreux épisodes de *Colombo*, Sean Penn avait grandi dans la grande famille du cinéma. Il n'avait jamais eu à se battre pour se faire un nom. Le tout Hollywood faisait partie de l'entourage de ses parents. Petit, avec son frère Chris, il jouait, entre autres, avec Emilio Éstevez et Charlie Sheen, les fils de Martin Sheen[1]. Tous les quatre formeront plus tard avec Rob Lowe, Tom Cruise, Timothy

1. Martin Sheen a joué, entre autres, dans la *Ballade sauvage* de T. Mallick (1973) et dans *Apocalypse Now* de F. F. Coppola (1979).

Hutton, Matt Dillon et Andrew McCarthy le « *Brat Pack* », le clan des Jeunes Loups, un groupe de jeunes acteurs décidés à en découdre.

En 1979, Martin Sheen revint des Philippines avec ses deux fils. L'acteur avait été victime d'une crise cardiaque pendant le tournage d'*Apocalypse Now*. Emilio et Charlie, ses fils, avaient rapporté quelques accessoires du film. Ils entreprirent avec Chris et Sean Penn de tourner un film d'horreur en super-huit, basé sur une intrigue des plus faméliques et avec des trucages de bric et de broc. Martin Sheen, Eileen Ryan et Leo Penn s'amusèrent beaucoup à la projection, mais de l'avis général, ce coup d'essai manquait de souffle. Il n'empêche que Sean Penn choisit à partir de ce moment de suivre les traces de ses parents en devenant acteur. Il entra au *Repertory Theater* de Los Angeles et suivit les cours d'art dramatique de Peggy Fleury, une autre amie de la famille. Très vite, il décrocha de petits rôles à la télévision, dans la série très populaire *Barnaby Jones*, dans *Concrete Cowboys*, qui ne tint que sept semaines à l'antenne, du 7 février au 21 mars 1981, et enfin dans son premier téléfilm *The Killing of Randy Webster*.

En 1978, exactement au même moment que sa future femme, Sean Penn s'envola pour New York dans l'espoir de se faire un nom au théâtre. Mais à la différence de Madonna, il partait avec la bénédiction de ses parents et bénéficiait de solides relations. Il put ainsi obtenir une audition avec le metteur en scène Art Wolff qui montait *Heartland*, la nouvelle pièce de Kevin Heeland. Art Wolff estima d'emblée que Sean Penn avait le physique du rôle. La première répétition du jeune homme ne fut pas très convaincante, mais le metteur en scène s'obstina jusqu'à ce que l'acteur lui donne satisfaction. La pièce resta trois semaines à l'affiche à Broadway. Sean Penn, qui jouait à l'instinct, eut droit à des critiques dithyrambiques. Il rentra à Los Angeles, le moral au plus haut, sûr de son talent. Il décrocha son premier rôle au cinéma dans le film d'Harold Baker, *Taps*, avec Timothy Hutton. À la sortie du film, en 1981, l'acteur travaillait déjà sur un autre projet, *Fast Times at Ridgemont High*, qui racontait l'histoire d'un groupe d'étudiants bien décidés à perdre leur pucelage. C'est sur le plateau de *Fast Times* qu'il rencontra Pam, la sœur de Bruce Springsteen. Quelques semaines plus tard, ils étaient fiancés. Sean Penn fut bientôt comparé à un nouveau Marlon Brando. Pam Springsteen aurait peut-être pu envisager que le rapprochement ne s'arrête aux seuls talents d'acteur de son fiancé.

Sean Penn était plus préoccupé de sa carrière d'acteur que de fonder un foyer. Il déclara à l'époque : « À part le métier d'acteur, tout le reste, c'est simplement des trucs qu'on doit faire, dit Sean Penn en annonçant ses fiançailles avec Pam Springsteen. Je ne veux pas dire par là que je me marie pour faire l'expérience du mariage. Au fond, c'est aussi naturel que respirer. »

Ce qui n'est pas sans rappeler la déclaration de Madonna quelques années plus tard après que Sean Penn eut craché sur deux photographes pour « défendre sa femme » : « L'amour, dira-t-elle, c'est comme respirer. Vous n'avez qu'à vous laisser aller. »

Même s'ils n'étaient pas issus du même milieu, Sean Penn et Madonna avaient beaucoup de choses en commun. Ils s'identifiaient tous les deux à des acteurs mythiques des années 50 – James Dean pour Sean Penn, Marilyn pour Madonna. Ils s'étaient l'un comme l'autre inventé une enfance difficile, ce qui était manifestement exagéré. Madonna jouait les orphelines, Sean Penn jouait au loubard. Que Sean Penn soit, en réalité, le rejeton d'une famille de la bonne société de Hollywood ne laissa pas Madonna insensible. Elle fit en cela comme Tony Ciccone qui, des années auparavant, courtisa Madonna Fortin espérant avoir ses entrées dans la classe moyenne. Pour Madonna, la rencontre avec Sean Penn pouvait lui ouvrir les portes du Tout-Hollywood. En pleine ascension, elle se sentait un peu seule dans cet univers qu'elle découvrait. Il lui fallait quelqu'un pour la cautionner socialement. Elle avait vu Sean Penn dans *Taps*. Pour elle, c'était l'incarnation de James Dean, le genre d'acteur intellectuel torturé qu'elle admirait. « C'est un mélange de cow-boy poète et de mauvais garçon », dira-t-elle à un ami.

En 1983, Sean Penn interpréta dans le film de Richard Rosenthal, *Bad Boys*, le rôle d'un chef de bande qui apprend en prison que sa petite amie s'est fait violer par le chef d'une bande rivale. Sean Penn décida de ne *pas* faire ce que « n'importe quel autre acteur aurait fait, c'est à dire péter les plombs ». Au lieu de ça, il alla puiser au fond de lui-même et découvrit que, dans la vraie vie, il se serait effondré et aurait pleuré en apprenant une telle nouvelle. Cette interprétation impressionna les critiques, en particulier David Ansen, qui écrivit à l'époque dans *Newsweek* : « Il élève à peine la voix mais il domine le film comme il domine ses camarades taulards, il gagne votre sympathie sans même la rechercher. » Richard Rosenthal déclara que Sean Penn était « le jeune acteur de cinéma le plus talentueux aujourd'hui ».

En 1984, Sean Penn joua dans le film de Louis Malle, *Crackers*, un remake d'un film italien de 1956, *I Soliti ignoti* sur une bande d'escrocs prêteurs sur gage, sorti aux États-Unis sous le titre *Big Deal on Madonna Street*. Titre sans doute prophétique pour un film qui cependant ne marqua pas les esprits. Les critiques furent mauvaises et Sean Penn décida de revenir à la scène. Exit Pam Springsteen. Il se tailla un beau succès dans la pièce *Slab Boys* de Robert Allan Ackerman à Broadway. Il rentra à Los Angeles regonflé à bloc et décrocha dans la foulée un rôle dans le dernier film de Richard Benjamin, *Les Moissons du printemps*, où il interprétait un jeune homme de la campagne qui, en 1942, attend de partir pour la guerre. Sean Penn tomba amoureux de sa partenaire féminine, Elizabeth McGovern. Pendant le tournage, les esclandres se multiplièrent. Une fois, fou de jalousie, il se mit à secouer violemment la caravane d'Elizabeth en hurlant des obscénités parce qu'il avait appris qu'elle s'y trouvait avec un journaliste. La pauvre fille sortit éberluée, ne comprenant pas ce qui se passait. « Ce n'était pas tellement que Sean Penn craignait que sa petite amie parle à la presse, déclara un figurant. Il était surtout vert à l'idée qu'elle soit seule dans sa caravane avec un autre homme. »

Ses accès de colère et de rage irrépressibles suivaient la

même pente que son goût pour l'alcool, qui commençait à échapper à tout contrôle. Il acquit peu à peu la réputation d'être « difficile sur un plateau ». Il développa aussi une haine farouche envers la presse. Quand il acceptait une interview pour la promotion d'un film, s'il ne partait pas furibard au bout de cinq minutes, il gardait de longs silences au cours de l'entretien, imitant en cela Robert De Niro, une autre de ses idoles au cinéma.

En 1984, John Schlesinger dirigea Sean Penn dans *Le Jeu du faucon*, l'histoire de deux amis qui vendent des secrets d'État aux Russes. Malgré le grand respect que le réalisateur porte au talent de l'acteur, le tournage fut pour lui un véritable cauchemar. « Personne n'est à ce point talentueux qu'on doive accepter toute cette violence de merde », se lamenta Schlesinger.

En 1985, Sean Penn, alcoolique, coureur de jupons, insupportable avec les médias, qui avait fait les quatre cents coup à Hollywood avec ses copains du « *Brat Pack* », avait gagné la réputation d'être un acteur auquel on ne pouvait pas faire confiance. Il avait beau conserver l'estime de la critique, les réalisateurs se montraient de plus en plus réticents à le prendre dans un film. Il se bagarrait sur les plateaux, arrivait en retard ou traînait une telle gueule de bois qu'il était incapable de travailler.

James Foley, qui venait de terminer *Reckless* avec Aidan Quinn et Daryl Hannah, proposa à Sean Penn de jouer aux côtés de son frère Chris et de Christopher Walken et dans *Comme un chien enragé*, film d'une grande violence, et sans grand intérêt. James Foley connaissait Madonna, qu'il dirigera plus tard dans un de ses plus mauvais films, *Who's That Girl*. Il sera aussi l'auteur des clips de *Papa Don't Preach* et de la version européenne de *True Blue*, deux énormes succès. Ami intime de Sean Penn, il décida de lui présenter Madonna. Elle pourrait peut-être l'aider à se remettre sur les rails. Sean Penn, qui venait de rompre avec Elizabeth McGovern, se trouvait au creux de la vague. James Foley s'était peut-être aussi souvenu de ce commentaire que Sean Penn lui avait fait une fois au sujet de la chanteuse : « C'est moi, avait-il dit, c'est mon double féminin. »

Mary Lambert est une petite femme tranquille qui quitta un jour Helena, dans son Arkansas natal, pour aller étudier à la Rhode Island School of Design. Là-bas, elle se lia d'amitié avec David Byrne qui venait de créer les Talking Heads. Sous son influence, elle se découvrit une passion pour le rock et le cinéma. Elle partit de Rhode Island son diplôme de peinture en poche, avec un penchant pour Wim Wenders et Werner Herzog et l'ambition de faire des petits films d'auteur. Elle ne fera que deux longs métrages, *Siesta* en 1987 et *Pet Sematary* en 1989, avant de se spécialiser dans la réalisation de vidéoclips allant de *We'll Be Together Again Tonight* pour Sting à *Borderline* ou *Like A Prayer* pour Madonna. Mary Lambert dirigeait Madonna dans *Material Girl* quand James Foley l'appela pour lui demander si Sean Penn pouvait passer les voir sur le plateau. « J'étais en haut des marches, se souvient Madonna. J'attendais qu'on ait fini de régler les lumières. J'ai jeté un œil en bas et j'ai remarqué ce mec avec sa veste de cuir et ses lunettes de soleil qui restait dans un coin en me regardant. Je suis descendue, je me suis approchée et je lui ai dit salut, plutôt froidement. Puis le temps a passé, j'ai regardé à nouveau, il était toujours à la même place. Je me suis dit "Tiens, t'es encore là ?" »

Loin d'être découragé par la fraîcheur de l'accueil, Sean Penn était au contraire aux anges Il resta dans les parages et Madonna vint le retrouver à la fin de la journée de tournage. « Ça courait dans tous les sens, poursuit Madonna, on avait du mal à se comprendre, alors on se balançait des questions à brûle-pourpoint. À la fin, au moment où il allait partir, je lui ai dit : "Attends une minute, j'ai quelque chose pour toi." J'avais distribué des fleurs à tous les mecs sur le plateau, et je me suis souvenu qu'il me restait une rose, alors j'ai couru la chercher et je la lui ai donnée. »

À ce moment-là, elle a eu la vision qu'ils allaient tomber follement amoureux l'un de l'autre et se marier.

Au moment de sa rencontre avec Sean Penn, Madonna sortait d'une série d'aventures dont aucune ne devait aboutir. Elle avait fait la connaissance au printemps 1983 de John « Jellybean » Benitez, un musicien talentueux et ambitieux, de Spanish Harlem. Il officiait comme disc-jockey à la Fun House, le principal concurrent de la Danceteria. Madonna n'ignorait pas qu'il avait des relations dans le show-business et qu'il était le genre de personne à savoir où trouver les bons interlocuteurs et comment exploiter au mieux ses contacts. Jellybean embaucha un agent avec sa première paye à la Fun House pour faire sa publicité dans le milieu des clubs. On reconnaît à Jellybean Benitez le mérite d'avoir été l'un de ceux qui ont aidé Madonna à lancer sa carrière. Petit, à peine un mètre soixante-sept, les yeux noirs, les cheveux foncés tombant sur les épaules, c'est le portrait type du *latin lover* au sang chaud. Madonna, loin de s'effrayer de ses crises de jalousie continuelles, trouvait au contraire toute cette attention excitante. Jellybean Benitez a eu l'honneur et le privilège d'être l'un des trois ou quatre hommes que Madonna a vraiment aimés et même considérés comme candidats sérieux pour une relation durable. Ce n'était malheureusement pas le bon moment. Aucun des deux n'était disposé à sacrifier sa carrière à l'autre, à lui rester fidèle, et encore moins à avoir des enfants.

La monogamie n'ayant jamais été le point fort de Madonna, elle sortit aussi, pendant sa liaison avec Jellybean, avec Futura 2000, un des protégés d'Andy Warhol, avec Mark Kamins, le disc-jockey de la Danceteria, et avec Erica Bell, qui travaillait elle aussi à la Danceteria. Les deux femmes couchaient parfois ensemble mais c'étaient surtout de très bonnes amies. Elles le resteront de longues années.

Quand Sire Record décida ne pas inclure *Ain't No Big Deal* dans le premier album de la chanteuse, il fallut bien trouver un morceau pour le remplacer. Gros problème, Seymour Stein et Michael Rosenblatt, les dirigeants de Sire, ne pensaient pas réussir à convaincre Warner, la maison mère, de financer cette chanson additionnelle. En désespoir de cause, Michael Rosenblatt décida de faire appel à la personne la plus qualifiée pour « vendre » du Madonna, Madonna elle-même. Il la mit dans un avion pour Los Angeles et l'envoya plaider auprès de la Warner l'augmentation de son budget. Madonna réussit sa mission malgré le flottement du staff de la Warner quand elle pénétra dans la salle de réunion. Visiblement surpris, ils durent admettre qu'ils ne s'attendaient pas à trouver une jeune femme blonde et blanche de surcroît. Ils croyaient tous, d'après le timbre de sa voix et son style âpre et absolument sans complexe, qu'il s'agissait d'une Noire.

Mission accomplie pour Madonna qui rentra à New York avec accord et budget. Restait maintenant le problème le plus épineux : trouver dans les plus brefs délais un morceau qui s'accorde avec le reste de l'album. Encore une fois, Madonna avait la solution. Elle s'adressa à son petit ami Jellybean qui tira de son chapeau un titre qu'il avait produit : *Holiday.* Sire décida d'appeler l'album *Madonna.* Seymour Stein envisagea brièvement de l'appeler *Lucky Star*, titre d'une chanson de l'album que Madonna avait écrite pour Mark Kamins au moment de leur rupture. Mais la proposition ne fut pas retenue. Madonna dédia le disque à son père.

L'album *Madonna*, sorti en 1983, ne rencontra pas immédiatement le succès. Renouant avec sa vieille tactique qui consistait à aller faire la tournée des boîtes en dansant sensuellement sur sa propre musique, Madonna contribua largement à la lente mais constante progression de *Holiday* dans les charts. En 1984, *Lucky Star* et *Borderline* entrèrent au Top 10. Le clip de *Everybody* fit de brèves apparitions sur MTV sans vraiment convaincre, confirmant ainsi les prévisions de Seymour Stein qui n'avait jamais cru à son succès. Et il n'avait pas tort. Le clip était trop disco. Le clip suivant, *Burning Up*, qui mêlait des effets spéciaux surréalistes à un thème sadomasochiste, fit quant à lui exploser l'audience. Madonna, une chaîne autour du cou, déambule sur une route alors qu'un homme en décapotable tente de l'écraser. Ken Compton, un de ses amants, était au volant, apparition qui ne fit rien pour améliorer ses relations déjà tumultueuses avec Jellybean Benitez. Mais sa carrière prenait enfin son envol. En 1984, après la sortie du clip de *Lucky Star*, Madonna classa successivement quinze tubes au Top 5, battant ainsi les records d'Elvis Presley et des Beatles.

La liaison entre Madonna et Jellybean était émaillée d'avortements, de constantes infidélités et de scènes violentes où Madonna, hystérique, suppliait Jellybean de ne pas l'abandonner. Le couple passait plus de temps à se quitter et à se réconcilier qu'à essayer de construire une relation stable.

Lors d'une de ces réconciliations, Madonna se trouvait à Spokane, dans l'État de Washington, pour le tournage de *Vision Quest* dans lequel elle faisait une brève apparition Se sentant seule et malheureuse, elle appela Freddy DeMann, son nouvel agent à l'époque, pour lui demander de faire venir Jellybean. C'est au cours de cette visite que le couple décida de se fiancer. Sur un coup de tête, Madonna appela son père pour lui annoncer la nouvelle et lui dire qu'ils passeraient bientôt les voir.

Son apparition à Rochester Hills sema la consternation. Tony Ciccone, voyant sa fille arriver dans sa tenue brevetée de punk avec sa tignasse de mèches de toutes longueurs, lui demanda si, par hasard, elle ne portait pas « une sorte de déguisement ». Selon un des enfants Ciccone, Madonna et Jellybean paraissaient venir d'une autre planète. « Elle avait l'air sale, raconte ce témoin, et lui, c'était un avorton avec des cheveux longs et des yeux noirs un peu fous. Personne dans la famille ne comprenait vraiment ce qu'il y avait entre eux, à part qu'ils étaient tous les deux dans le show-business et qu'ils avaient l'air vraiment bizarre. »

Quand le couple rentra à New York, tout était déjà fini entre eux. Madonna mit les bouchées doubles pour achever son second album *Like a Virgin*. Sur le tournage du clip à Venise, Madonna se lia d'amitié avec Mary Lambert qui en assurait la direction. Elles découvrirent qu'elles avaient toutes deux été profondément marquées par le catholicisme. Le rapprochement sera particulièrement évident dans la vidéo de *Like a Prayer*, dans laquelle Mary Lambert mettra en scène Madonna dans un univers surchargé de références à l'iconographie catholique. La chanteuse, une fois encore et bien que sa nouvelle amie ait à peine dix ans de plus qu'elle, s'était trouvé une mère de substitution pour l'aider à surmonter son dernier échec sentimental.

Mary Lambert assurera dans la foulée la réalisation du clip de *Material Girl*, titre qui connut un énorme succès. Madonna était en passe de devenir une superstar.

En quittant le plateau de *Material Girl*, Sean Penn se rendit directement chez James Foley. Il tenait toujours dans sa main la rose que Madonna lui avait donnée. Ils s'assirent dans le salon et parlèrent de la chanteuse. Au cours de la conversation, Sean prit un recueil de citations et l'ouvrit au hasard. Elle a « l'innocence d'un enfant et l'esprit d'un homme », lut-il à haute voix. James Foley s'exclama : « C'est Madonna. À toi de la décrocher. »

Les rapports entre la mauvaise fille de la pop et le mauvais garçon du cinéma furent un temps romantiques. Ils croyaient tous les deux avoir trouvé la personne qu'ils avaient cherchée toute leur vie. Mais trop souvent la violence, l'alcool et les crises de jalousie les précipitèrent au bord de la rupture. Ce qui les maintenait ensemble, c'était l'intense attirance sexuelle qu'ils éprouvaient l'un pour l'autre. Madonna s'était habituée à faire l'amour sans s'investir sentimentalement. Avec Sean Penn, c'était différent. Paul Freeman se souvient que, pendant le tournage de *Shanghai Surprise*, le couple s'éclipsait dans leur caravane à chaque pause. « Dès qu'ils le pouvaient, ils faisaient l'amour, ce qui est normal pour un jeune couple. Par contrat, ils disposaient chacun d'une loge mais ils se servaient en général de celle de Madonna et la caravane était drôlement secouée. »

Mais, si tous les deux pensaient avoir trouvé le partenaire sexuel idéal, Sean Penn souffrait du fossé qui les séparait dès qu'ils parlaient métier. Il s'était fait la réputation d'être un acteur qui épouse son art sans se soucier de l'aspect commercial. Madonna, au contraire, était l'archétype du produit marketing. Sean détestait la publicité, Madonna l'adorait. Madonna croyait vraiment qu'ils étaient faits l'un pour l'autre, parce qu'ils étaient deux gamins iconoclastes, à la sensibilité à fleur de peau. « Nous avons tellement de points communs avec Sean que c'est presque mon frangin, confiera-t-elle à Paul Freeman sur le tournage de *Shanghai Surprise*. Nous avons le même caractère. »

CHAPITRE 2

1984, c'est l'année du tournage de *Recherche Susan désespérément*. C'est aussi le début de sa relation avec Sean Penn. De l'avis général, sa prestation dans le film est, avec sa performance dans *Evita*, sorti en 1996, une de ses meilleures apparitions à l'écran. Pendant le tournage, Madonna se vit proposer de jouer à Broadway dans *My One and Only*, offre qu'elle déclina parce qu'il fallait faire des claquettes, ce qu'elle n'avait jamais appris.

Recherche Susan désespérément est un film de femmes. Susan Seidelman en était la réalisatrice, Sarah Pillsbury et Midge Sanford les productrices, Leonora Barish en écrivit le scénario. Le rôle de Susan était à l'origine destiné à Diane Keaton qui, pour des raisons de calendrier, dut renoncer. Le personnage incarné par Madonna aurait en fait pu être inspiré par la vie qu'elle avait elle-même menée au début de son séjour newyorkais, lorsqu'elle menait une existence vagabonde, squattait les studios désaffectés du Music Building, faisait les poubelles ou vendait des hamburgers au Burger King. Madonna s'identifia tellement à son personnage qu'elle ne laissa à personne le soin de lui dire comment elle devait se coiffer ou se maquiller. Elle modifia le rôle jusqu'à ce qu'il se fonde en elle, avec sa propre alchimie et sa façon d'être. La presse réagit positivement et la rumeur commença à circuler dans le petit monde de Hollywood que Madonna était sur le point de réussir sa métamorphose de chanteuse en actrice, comme Barbra Streisand l'avait fait quelques années auparavant, à l'âge de vingt-huit ans, raflant non seulement un Oscar, mais un Emmy et un Grammy Award. Sur le plateau, tout le monde était impressionné par la rigueur et le talent de Madonna.

En 1975, Susan Seidelman étudiait le cinéma à l'université de New York dans les locaux du Washington Square quand elle rejoignit les rangs de l'AIVF (Association of Independent Video and Filmmakers). Créée en 1974 par John Culken, professeur à l'université de New York, et Ed Lynch, chef opérateur, l'AIVF était un surgeon du « syndicat des réalisateurs de films », association fondée par Jonas Mekas pour promouvoir le cinéma d'avant-garde. Sous la direction de Culken et Lynch, l'AIVF changea radicalement de cap, en décidant de se préoccuper des goûts et des attentes du public. L'AIVF prêta une oreille plus attentive aux exigences de Hollywood en matière de produit et d'orientation, et développa ses stratégies commerciales dans la distribution, le marketing et la publicité. L'AIVF était aussi une sorte de syndicat qui défendait les intérêts de ses membres, acteurs, réalisateurs ou scénaristes, réglementant les divers aspects de la profession. En 1985, l'AIVF fêtait son dixième anniversaire et comptait trois mille cinq cents adhérents, dont, parmi les plus célèbres, les frères Coen, John Sayles, Claudia Weill et Jim Jarmush.

Avant *Recherche Susan désespérément*, Susan Seidelman avait tourné *Smithereens*, film à petit budget racontant déjà l'histoire d'une fille qui traîne dans les milieux punk de l'East Village. Au moment de l'entrée en production de *Recherche Susan désespérément*, alors que Diane Keaton se retirait du projet, elle apprit par un ami que Madonna, qui venait de passer une audition pour un rôle qu'elle n'avait finalement pas réussi à décrocher, cherchait à faire du cinéma. Heureux hasard, Susan Seidelman vivait à l'époque à Broome Street, à deux pâtés de maisons de chez Madonna. Elle l'appela et la star sauta sur son vélo pour se rendre au domicile de la réalisatrice.

En 1985, l'année de la sortie de *Recherche Susan désespérément*, Madonna partit en tournée, vingt-huit dates à travers tout le pays dans le cadre du Virgin Tour. Lors de son passage à Detroit, Madonna profita de l'occasion pour présenter Sean Penn à ses parents. Tony Ciccone était aux anges. Il était soulagé d'apprendre que l'enfant prodigue allait enfin se marier. En fait, il était très impressionné par son futur gendre, qu'il admirait en tant qu'acteur. C'était la première fois qu'il affichait un certain optimisme depuis le départ de Madonna. Au fond, que sa fille soit célèbre et gagne des millions de dollars lui importait nettement moins que le fait qu'elle ait décidé de s'installer avec un homme. Elsie Fortin, qui elle aussi rencontra Sean Penn à cette occasion, ne pensait qu'au bonheur de sa petite-fille. Elle dira quelques années plus tard : « Madonna avait l'air amoureuse. Elle paraissait heureuse, c'est tout ce qui comptait. Ça aurait pu être un ouvrier, du moment que c'était un honnête homme et qu'il la traitait bien... »

Quelques semaines plus tard, alors que le *Virgin Tour* s'arrêtait à Los Angeles, ce fut au tour de Madonna d'être présentée aux parents de Sean. Eileen Ryan et Leo Penn étaient eux aussi ravis que leur fils ait enfin décidé de se caser. Madonna leur apparut comme une femme rigoureuse et déterminée dont ils espéraient qu'elle parviendrait à mettre un peu de plomb dans la tête de leur fils. Un acteur, voisin et ami des Penn à l'époque, se souvient de leur réaction : « Madonna ne buvait pas et ne se droguait pas, c'est d'abord ce qui frappa agréablement Eileen et Leo. Tout ce qu'elle avait fait auparavant – son passé, l'image qu'elle trimballait – ne les inquiétait pas du tout. C'était une chanteuse et ils connaissaient l'univers du show-business mieux que personne. Pour eux, c'était simplement une femme qui aimait leur fils et qui voulait se marier avec lui. Ils étaient d'accord à cent pour cent et vraiment confiants en l'avenir. »

Pour Madonna, tout paraissait aller comme sur des roulettes. Les fiançailles avec Sean Penn seraient bientôt officielles et le mariage suivrait rapidement.

En juin 1985, Sean Penn était en plein tournage de *Comme*

un chien enragé, un film particulièrement violent dirigé par son ami James Foley, quand les vieux démons de l'acteur parurent se réveiller. Sean Penn était non seulement agressif avec les gens de l'équipe mais aussi, à l'extérieur, avec les journalistes et les photographes qui ne le lâchaient pas d'une semelle. Il eut de violentes altercations avec la presse. Madonna vint le retrouver et le couple s'installa dans une petite auberge de Nashville dans le Tennessee. D'après le témoignage de la chanteuse, Sean se réveilla un matin avec un étrange regard : « Je lisais dans ses pensées, raconte-t-elle, et je lui balançai : "Vas-y lance-toi. Je dirai oui à tout." »

Sean Penn lui fit sa demande et Madonna accepta. Pour célébrer l'événement, ils partirent s'acheter des bonbons.

Quand la presse eut vent de l'événement, James Foley demanda au couple de donner une brève conférence de presse pour annoncer leur prochain mariage.

« Je regretterai un jour de m'être marié, prédit Sean Penn. Mais ça ne fait rien, tant qu'on peut continuer à jouer la comédie, c'est égal.

— De toute façon, répliqua Madonna, ça doit être terriblement ennuyeux d'être aimée à cent pour cent. »

En privé, Madonna confia à une amie que si un jour elle devait cesser d'être Mme Penn, elle continuerait quoi qu'il en soit « à être ce qu'elle avait toujours été ».

Décrire les semaines qui précédèrent le mariage et la noce elle-même, la violence qui suivit, l'ultime réconciliation puis enfin le divorce, sans mentionner la vulgarité et les excès auxquels se livra Sean Penn à l'égard de la presse tabloïd et de la lie du petit monde du show-biz, ce serait comme décrire la Première Guerre mondiale sans parler des tranchées.

La noce Madonna/Penn est probablement, si l'on excepte le bal en noir et blanc donné par Truman Capote en l'honneur de Katharine Graham, l'événement mondain de la décennie. En comparaison, Archie Bunkerr passe pour un petit rigolo et le mariage d'Elisabeth Taylor avec Larry Fortensky ressemble à une élégante bluette.

Le mariage approchant, il fallut bien enterrer la vie de jeune fille de Madonna. Ce fut Nancy Huant, la fiancée de Nile Rodgers, le producteur de la star, qui organisa la soirée dans son appartement du Upper East Side. Parmi les invitées, on trouvait entre autres Alannah Currie, la chanteuse des Thompson Twins et Mariel Hemingway et, du côté des garçons, six vieux copains de Madonna habillés en drag-queens. On lui offrit de la lingerie, une couette, des bijoux et un téléphone à paillettes... Deux jours plus tard, de retour en Californie, le couple parut jouer à celui qui se montrerait dans les fêtes les plus ringardes.

Madonna invita une dizaine d'amis au Tropicana, une boîte sordide située dans un quartier glauque de Hollywood, avec catch féminin et boue au programme. Pas maquillée, les cheveux attachés, le visage disparaissant derrière de grosses lunettes noires, la star s'enflammait pour les filles, qui se battaient en son honneur. De son côté, Sean Penn assistait à une soirée entre copains au cours de laquelle une stripteaseuse, Kitten Natividad, fit son numéro en dansant sur la chanson *Material Girl.* Elle se souvient que tout le monde s'amusait bien même s'ils avaient l'air « assez défoncés ». « Le clou, rapporte la jeune femme, ce fut quand un ami de Sean Penn, Harry Dean Stanton, se pointa légèrement en retard. »

Sean enfonça le visage de Harry entre les seins de la stripteaseuse en hurlant : « Regarde ce que tu as raté ! »

Peu de temps après, Madonna se fit voler sa bague de fiançailles dans une chambre d'hôtel de New York. Quelques semaines plus tard, ce fut au tour d'un bracelet en saphir que lui avait offert Sean. Une semaine avant le mariage, elle explosa sa Thunderbird blanche et rouge de 1956, autre cadeau de Sean, dans un accident de la circulation alors qu'elle était au téléphone. Il n'y eut pas de blessés, mais la voiture était bonne pour la casse.

Le 16 août 1985, le jour du vingt-septième anniversaire de Madonna, la veille du vingt-cinquième anniversaire de Sean Penn, le couple se maria dans la maison de plus de six millions et demi de dollars que Dan Unger, grand industriel ami de Leo et Eileen Penn, possédait à Malibu.

Alors que les paparazzi investissaient les buissons ou tournaient en hélicoptère au-dessus de la villa, Sean Penn eut, pour accueillir ses invités, des mots on ne peut plus de circonstance : « Bienvenus au remake d'*Apocalypse Now* », lança-t-il à la cantonade alors qu'une masse de curieux s'agglutinaient sur les falaises de Point Dume.

Des agents de sécurité en blazer bleu vérifiaient les invitations à l'entrée de la propriété. À l'intérieur de la maison, une batterie de gardes du corps surveillaient les alentours avec des jumelles à infrarouge pour prévenir la moindre intrusion. Un photographe italien qui avait réussi à se cacher dans les buissons aux premières lueurs de l'aube fut découvert et jeté dehors, délesté de son matériel.

Sean Penn, en Gianni Versace, arpentait furieusement la plage devant la maison en gesticulant. Il traça un énorme « FUCK OFF » sur le sable à l'adresse des hélicoptères chargés de journalistes. Un des invités se souvient qu'à un moment Madonna se précipita dehors, les larmes aux yeux, ses cheveux bouclés et sa robe de mariée en soie flottant dans la brise estivale. On était venu la prévenir que Sean Penn se trimballait avec un revolver. « Je veux descendre un de ces hélicoptères, hurla-t-il à celle qui allait devenir sa femme. Je veux le regarder tomber en flammes et voir tous ces salauds cramer dedans. » Madonna le supplia de lâcher son arme et de ne plus s'occuper de la presse.

« Elle était furieuse, ajoute ce témoin. Quand Sean a dit qu'il allait tirer, Madonna n'a pas hésité une seconde, elle était persuadée qu'il allait le faire. Elle a pris son visage entre les mains et elle lui a parlé très gentiment, comme une mère parle à un enfant. À un moment, il a essayé de se dégager et elle s'est penchée sur lui et a commencé à lui embrasser le front, le nez, les joues, le menton. Il a fini par se calmer. Madonna, sans un mot pour les témoins de la scène, a couru vers la maison pour finir de se préparer. Elle avait le revolver à la main. »

La robe de mariée de Madonna avait été dessinée par Marlene Stewart, la couturière qui avait créé ses costumes pour *Like a Virgin Tour*. C'était une robe bustier en tulle crème que Madonna décrivit comme « ayant un petit air années 50, quelque chose que Grace Kelly aurait pu porter à son mariage ». Madonna arborait un chapeau melon à voilette crème assortie à sa robe. Ses cheveux étaient ramenés en chignon sur sa nuque. Elle ne portait qu'une boucle d'oreille assez longue et un bracelet de perles ayant appartenu à sa grand-mère.

Parents des deux côtés, proches ou moins proches, relations professionnelles, les futurs époux avaient invité deux cent vingt personnes. Le père de Madonna, sa femme, les sept frères et sœurs ainsi que la grand-mère Elsie étaient venus. Andy Warhol, devenu subitement un fan de la chanteuse après l'avoir longtemps ignorée, avait fait le déplacement. Cher était évidemment de la partie, ainsi que Rosanna Arquette, la partenaire de Madonna dans *Recherche Susan désespérément.* Il y avait aussi Carrie Fisher, la future Mme Paul Simon, l'ex-mari de Shelley Duvall, elle-même future compagne de Dan Gilroy, l'amant de Madonna à l'époque glorieuse de la synagogue désaffectée du Queens. Le monde est petit. Christopher Walken, qui avait partagé l'affiche avec Sean Penn dans *Comme un chien enragé*, était lui aussi de la fête. L'acteur tiendrait, bien des années plus tard, alors que le couple avait déjà divorcé, le rôle de l'ange gardien dans le clip *Bad Girl.* Diane Keaton était présente. Détail amusant, elle sera la seule de son immeuble, lors de la rupture avec Sean Penn, à voter en faveur de l'installation de Madonna au San Remo sur Central Park West. Madonna finira, en janvier 1988, par acheter un appartement sur la même avenue, mais quelques pâtés de maisons plus loin, pour la bagatelle de 850 000 dollars.

On reconnaissait dans la foule Tom Cruise, les Sheen père et fils, et James Foley, l'ami qui sans lequel rien ne serait jamais arrivé puisque c'était lui qui avait présenté Madonna à Sean.

La cérémonie était digne d'un clip de Madonna, ou mieux, comme Sean Penn l'avait annoncé, d'*Apocalypse Now.* Les hélicoptères continuaient à tourner au-dessus des invités quand Madonna sortit de la maison au bras de son père. La foule s'était massée sur les pelouses, devant la plage, l'océan Pacifique en toile de fond. Le père et la fille échangèrent quelques mots en remontant l'allée :

« On ne se marie qu'une fois, Madonna, dit Tony.

— Croisons les doigts », répondit Madonna en se signant.

En arrivant à hauteur de Sean, encadré par Paula et James Foley, les deux témoins, Madonna embrassa son père sur la joue, lui murmurant : « Au revoir, papa. »

La cérémonie en elle-même, conduite par le juge de paix John Merrick, ne dura pas plus de cinq minutes. À cause du vacarme des hélicoptères, Madonna et Sean durent hurler leurs vœux pour être entendus. « Vous traverserez des moments de découragement, brailla le juge en retour, et vous vous interrogerez sur les motifs qui vous ont conduits là. Mais la foi et l'amour que vous vous portez mutuellement vous aideront à surmonter ces faiblesses passagères. »

Sean Penn souleva la voilette de Madonna et embrassa sa femme alors que retentissait le thème des *Chariots de feu*.

Malheureusement, ces « faiblesses passagères » allaient durer plus de deux ans, jusqu'à la rupture définitive.

Le repas de noces, commandé chez Spago, célèbre restaurant de Hollywood, se composait de raviolis de homard, d'agneau, d'espadon, et de pommes de terre à la crème et au caviar. Le vin était un pinot noir californien du vignoble de la Madonne. Michael Ochs, un ami de Madonna, grand collectionneur de disques devant l'éternel, concocta la musique d'ambiance. Airs d'opéra, dont quelques extraits de *Madame Butterfly* dans la version de Michael McLaren et une sélection des grands succès de Bing Crosby, Ella Fitzgerald, Cole Porter et Sarah Vaughan. À la fin du dîner, Madonna se leva de table pour découper le gâteau de mariage. Se tournant vers Cher, qui l'avait suivie, elle s'exclama : « Toi qui es déjà passée par là, je coupe une part ou je me tape tout le truc ? »

Après le repas et les photos de famille, les invités furent priés de gagner les courts de tennis transformés pour l'occasion en piste de danse. Le disc-jockey Terence Toy passa les plus grands tubes Motown ainsi qu'un grand choix de titres de Madonna. La fête se poursuivit jusqu'aux petites heures du matin.

Peu avant minuit, Madonna et Sean s'éclipsèrent avec une poignée d'intimes chez les Penn pour fêter les vingt-cinq ans de Sean. Quelques heures plus tard, le couple s'envolait pour Antigua où ils passèrent une courte lune de miel.

Quelques semaines après leur retour des îles, Madonna, qui supportait de plus en plus mal l'alcoolisme et les violentes colères de son mari, entama une thérapie.

Une de ses meilleures amies se souvient d'avoir été profondément choquée par la manière dont Sean Penn l'insultait. Madonna ne lui répondait jamais. Six semaines après son mariage, Madonna se confia à cette même amie. « Elle se posait toutes ces questions à cause de la thérapie, raconte cette femme. Elle n'était plus du tout certaine de le connaître. Elle ne savait plus si c'était lui qu'elle avait épousé ou l'image qu'elle s'en était faite. Elle commença sérieusement à se demander pourquoi elle s'était mariée, si tout ça n'avait pas été une illusion. »

Madonna essaya de convaincre son mari de l'accompagner à une de ses séances. Il refusa. Elle voulut l'obliger à se faire soigner. Nouveau refus. Ce n'est que plusieurs mois plus tard, à la suite d'une agression contre un photographe, que la justice le mit en demeure de suivre une thérapie.

CHAPITRE 3

Le 31 octobre, trois mois à peine après leur mariage, Madonna accepta, sous l'influence de Sean Penn, de jouer avec lui dans un film d'aventures dont l'action se situait dans la Chine des années 30. *Shanghai Surprise* était tiré d'un roman de Tony Kenrick, d'après un scénario de John Kohn. Jim Goddard, réalisateur de télévision qui avait eu son heure de gloire avec la série britannique *Reilly*, *Ace of Spies*, était derrière la caméra. George Harrison, ex-Beatle, patron de Handmade Films, en était le producteur exécutif. Il composa aussi la musique du film, dans lequel il fait une brève apparition en chanteur de cabaret. Christopher Ciccone, le frère de Madonna, faisait partie de l'équipe : il travailla sur les décors de certaines scènes et veilla sur les costumes et les coiffures de sa sœur. De l'avis général, Chris était un garçon charmant, très accessible, omniprésent auprès de sa sœur. Leurs relations étaient toujours affectueuses et attentionnées.

Jim Goddard, qui n'avait jamais fait de long métrage, comptait surtout sur la notoriété du couple Madonna/Penn pour assurer le succès commercial de son entreprise. Il espérait en tirer un maximum de pub. En réalité, il se fichait totalement de faire un bon film. Il voulait surtout faire un bon coup. Sean Penn, qui n'était pas né de la dernière pluie, fit, juste après la signature du contrat, une déclaration qui résumait parfaitement la philosophie de Jim Goddard sur ce projet : « Les gens viendront voir le film pour nous et pas parce que l'histoire est jolie, qu'il y a de beaux décors ou que le réalisateur est bon. »

L'acteur britannique Paul Freeman, célèbre pour ses rôles dans *Dark Room* et dans *Devil's Arithmetic* diffusés par la BBC et qui fit une apparition aux côtés de Juliette Binoche dans *Le Hussard sur le toit* sorti en 1995, affirme qu'à l'origine le film n'était pas si mauvais que ça : « Les producteurs jouèrent la carte médiatique depuis le début, raconte-t-il. Il fallait que la presse parle du film. Le fait d'avoir Sean Penn et Madonna dans la distribution leur tourna la tête. Ils ne pensèrent plus qu'à faire monter la sauce, se prêtant aux pires dérives de la presse à scandale pour créer l'événement. »

Avant d'arriver à Hong-Kong où le film devait être tourné, Sean Penn et Madonna firent une escale à Macao pour prendre quelques jours de repos et se remettre du décalage horaire. Ce qu'ils ignoraient, c'est que Jim Goddard et John Curran, l'un des producteurs, avaient vendu la mèche aux journaux pour faire un joli coup de pub avant même le premier jour de tournage. Le couple fut littéralement jeté en pâture aux paparazzi de tout poil. Ils ne pouvaient pas faire un pas sans buter sur un téléobjectif près à les mitrailler sur toutes les coutures. Ce qui devait arriver arriva. Sean Penn devint fou de rage et agressa violemment Leonel Borralho, un photographe italien qui en retour lui demandera un million de dollars de dommages et intérêts.

Ce fut le début d'un véritable complot d'une certaine presse pour pousser Sean Penn dans ses derniers retranchements. À cette époque, l'acteur était professionnellement au creux de la vague, et pour le moins soucieux de la réputation de sa femme. Or chaque fois qu'elle apparaissait à son bras, les journalistes la traitaient de tous les noms. Madonna passait le plus clair de son temps à essayer de contenir les réactions de son mari. C'était presque devenu un boulot à plein temps. Ce petit jeu dura pendant les deux mois du tournage. Madonna ne le reprenait jamais en public, ne se permettait pas la moindre remarque quand il répondait vertement aux journalistes qui l'insultaient. Au contraire, elle l'entraînait doucement à l'écart, un peu comme elle l'avait fait le jour du mariage, et essayait de le raisonner gentiment. « Ils connaissent son point faible et ils en profitent, expliqua-t-elle à toute l'équipe du film. Ils m'insultent pour le pousser à réagir. Comment vous réagiriez si on traitait votre femme comme ça ? »

Tout le monde se demandait à l'époque pourquoi on avait choisi Jim Goddard comme metteur en scène et pourquoi, maintenant qu'il avait fait la démonstration de sa totale incompétence, on ne le virait pas. Paul Freeman a une petite idée de la réponse. Pour lui le cinéma anglais est un milieu terriblement raciste, sexiste et imbu de lui-même. Pour ces gens, les plateaux de cinéma sont des « chasses gardées ». « Ce type, le metteur en scène, soutient Paul Freeman, était un de ces privilégiés, un de ces petits messieurs qui font la pluie et le beau temps, comme on dit. »

Le plus étonnant avec ce film, c'est qu'après deux mois d'épopée en Chine, un nombre record de procès et de bagarres avec la presse, un scénario ni fait ni à faire, une direction d'acteurs invisible, la promesse d'être éreinté par la critique et de faire un bide retentissant, il put être achevé et sortir en salle.

Longtemps après que le film eut disparu de l'affiche, lorsque l'on demanda à Madonna pourquoi elle avait accepté de participer à cette triste aventure, elle répondit : « C'était un super scénario. C'était excitant d'aller en Chine. C'était excitant de travailler avec mon mari. C'est un grand acteur. Mais il arrive parfois que les choses tournent mal. » Ce fut la seule et unique fois que Madonna reconnut publiquement qu'il y avait eu un problème, que rien, depuis le début de l'aventure, n'avait marché comme il fallait.

Mais Madonna avait peut-être une autre raison pour vouloir se lancer dans *Shanghai Surprise.* Elle avait toujours admiré Marlene Dietrich, imitant son style dans plusieurs de ses meilleurs clips, *Vogue* et *Open Your Heart* par exemple. Et puis la grande Marlene à la sexualité ambiguë n'avait-elle pas aussi tourné en 1932 dans *Shanghai Express*, film produit et dirigé par son mentor Josef von Sternberg ? Madonna, toujours très sensible aux coïncidences et aux destins parallèles se laissa donc tenter... Dans *Shanghai Express* Marlene Dietrich est Madeleine, une prostituée plus connue sous le nom de Shanghai

Lily. L'action se situe, comme le titre l'indique dans le *Shanghai Express*. Madeleine retrouve le capitaine Donald Harvey, chirurgien dans l'armée anglaise, un de ses anciens amants qui avait rompu avec elle parce qu'il la soupçonnait de le tromper. Il n'avait jamais voulu la croire quand elle lui assurait le contraire. Dans le même train voyage une autre demi-mondaine, Hui Fei, et son fiancé Chang, un respectable homme d'affaires, en fait un puissant seigneur de la guerre recherché par les autorités. Quand les rebelles arrêtent le train, Chang, qui voyageait jusque-là incognito, se découvre et prend les passagers en otage. Il menace de crever les yeux du capitaine Harvey si Madeleine ne devient pas sa maîtresse. La jeune femme accepte. À la fin, les otages recouvrent la liberté. Harvey demande à Madeleine pourquoi elle a accepté le chantage de Chang. Elle refuse de lui répondre, affirmant qu'elle avait ses propres raisons... Harvey se retrouve une nouvelle fois devant le même dilemme : doit-il croire Madeleine ? Cette fois, il répond par l'affirmative.

Dans *Shanghai Surprise* Madonna joue le rôle d'une missionnaire, Sean Penn le rôle d'un paumé alcoolique. Comme dans *Shanghai Express*, si on établit un parallèle entre les personnages, Madonna/Gloria Tatlock doit-elle croire Sean Penn/Clive Brook quand il affirme vouloir s'en sortir ?

Après la sortie du film, Madonna préféra rester évasive quand on lui demandait pourquoi Sean Penn, qui avait toujours eu d'excellentes critiques, avait accepté de travailler dans des conditions si épouvantables. Elle niait en tout cas, contrairement à la rumeur, que son mari se soit jamais laissé « aveugler par l'amour ». « On venait de se marier. Sean n'avait pas très envie de faire le film mais en même temps il ne voulait pas rester plusieurs mois sans me voir. »

Madonna jouait à contre-emploi le rôle de Gloria Tatlock, une jeune missionnaire qui embauche une épave ravagée par l'alcool, interprétée par Sean Penn, pour retrouver une cache d'opium censé servir à des fins médicales. Avant le début du tournage, Madonna accorda de nombreuses interviews où elle se disait proche de son personnage, femme d'une grande piété.

« Comme moi avec Sean, poursuit Madonna, Gloria tombe amoureuse d'un homme qui est radicalement différent d'elle. C'est en tout cas de cette façon que j'interprète l'attirance qui rapproche Gloria du personnage joué par mon mari. »

Il apparut dès le début que ni Madonna ni Sean Penn n'étaient taillés pour leur rôle. Celui de Sean Penn avait initialement été proposé à Harrison Ford et à Tom Selleck, deux acteurs d'âge mûr plus crédibles en baroudeur sur le retour. C'est après leur refus que l'idée germa dans la tête des producteurs d'engager le couple de jeunes mariés. Madonna, composant une Gloria Tatlock bien trop candide, ne possédait ni l'expérience ni l'envergure pour rendre toutes les nuances d'un personnage déterminé, courageux et entêté, qui sous certains aspects n'était pas sans rappeler l'inoubliable Katharine Hepburn dans *African Queen*. Autre déception, le couple, qui pourtant passait ses moindres moments de liberté à faire l'amour dans sa caravane, ne faisait rien passer à l'écran, aucune alchimie ne se produisit.

Paul Freeman, qui jouait le rôle de Walter Faraday, le méchant dans le film, arriva à Hong-Kong en cours de tournage. Il venait remplacer au pied levé Bernard Hill, précédemment engagé par la production. « C'est marrant, explique Freeman, j'ai commencé par prendre le contre-pied de Hill et j'ai perdu le premier round. Jim Goddard avait déjà commencé à travailler avec Hill et c'est lui qu'il voulait. En fait, c'est avec Sean que ça n'avait pas marché. Il reprochait à Hill de ne pas être le bon "gars" pour le rôle. Je pense qu'il avait raison. D'après Sean, Faraday n'était pas quelqu'un de dur, d'austère. On s'est bien entendus tous les deux, on n'a jamais eu le moindre problème. »

Pourtant le rôle de Walter Faraday était loin d'être une sinécure : « Je jouais déguisé, poursuit Paul Freeman. Mon personnage mourait dès le début du film. En fait, c'était une ruse. Il revenait sous les traits du missionnaire écossais qui ne quitte plus Madonna jusqu'à la fin du film. Mais les spectateurs l'ignoraient. Le suspense devait durer jusqu'à la dernière seconde, quand Faraday se faisait démasquer. »

Quand Freeman était arrivé sur le rôle, Jim Goddard n'avait pas encore décidé de ce qu'il ferait de son personnage : « Pour moi, poursuit Freeman, c'était un gros défi à relever. Je devais montrer sans montrer, ne pas trop en faire mais en faire juste assez. »

Paul Freeman prit sur lui de faire porter au personnage des verres de contact, des fausses dents et de rembourrer ses costumes. « Ce qui est toujours amusant à faire pour un comédien, poursuit-il. Mais le metteur en scène n'était pas à la hauteur. Il s'en foutait. Goddard, c'était un bon réalisateur pour la télévision. Pour un film comme ça il aurait fallu un gars débordant d'imagination et surtout qui savait diriger des stars. »

À un moment, Paul Freeman/Faraday enferme Sean Penn et Madonna dans une caisse et la balance dans les escaliers. « Ça avait l'air de les amuser, ajoute-t-il. De toute façon, ils ne se plaignaient jamais. J'étais soufflé par le travail de Sean. Il n'y eut qu'un seul incident pendant le tournage. Sean devait jouer une gueule de bois. Le problème c'est qu'il s'est complètement investi dans son rôle. Il a passé toute la nuit dehors à picoler. Le lendemain, il avait une vraie gueule de bois. Terrible. On n'a pas pu tourner. Ça s'est fait plus tard. »

En règle générale, Jim Goddard et une grande partie de l'équipe menaient la vie dure à Madonna. « Les allusions sexuelles et les sous-entendus fusaient dès qu'elle arrivait sur le plateau. Elle n'appréciait pas du tout et remettait fermement tout le monde à sa place, raconte Paul Freeman. Je crois qu'en réalité Jim Goddard était intimidé par Sean et Madonna. Il s'en sortait en balançant tout un tas de cochonneries et de vannes dégueulasses. C'était étonnant que Madonna ne lui en ait jamais collé une. Elle le vivait mal et elle s'emportait, mais à froid. Certaines fois, elle tournait simplement les talons en disant qu'elle en avait marre d'entendre des saloperies. »

Un collaborateur de George Harrison, qui travaillait à l'époque chez Handmade Films, affirme que Sean Penn essaya de faire virer Jim Goddard. Mais le film était déjà trop avancé et le budget trop entamé pour que l'on puisse changer de metteur en scène.

Madonna décrivit le tournage de *Shanghai Surprise* à la fois comme un « cauchemar infernal » et « une expérience très enrichissante ». Star incontestée de la pop, Madonna était une actrice débutante, qui plus est mariée à un grand acteur. Quand Penn s'arrêtait au milieu d'une scène pour lui expliquer comment faire et lui donner quelques conseils, Madonna l'écoutait sagement. Pour le reste de l'équipe, ces interruptions étaient une pure perte de temps.

La seule occasion qu'eut Madonna de se détendre sur le plateau, ce fut lors de la visite de la femme de Paul Freeman et de sa petite fille Lucy âgée de cinq ans. « Ma femme et ma fille firent un court séjour à Hong-Kong, raconte Paul Freeman. Madonna et Lucy restaient ensemble pendant des heures. Elles s'asseyaient par terre et jouaient à toutes sortes de jeux. Lucy avait emmené sa petite "Pony", une sorte de poupée Barbie avec une longue queue-de-cheval et une brosse. Elles passaient un temps fou à la peigner. J'avais l'impression que Madonna était soulagée d'échapper à l'hystérie ambiante. Elle se détendait avec cette enfant qui n'avait pas la plus petite idée de qui était cette dame.

Au milieu de l'hiver, toute l'équipe quitta Hong-Kong pour Londres où les dernières scènes du film devaient être tournées. Les rues étaient couvertes de neige et il faisait un froid de canard. Madonna et Sean Penn louèrent une maison à Holland Park. Les paparazzi se faisaient si pressants que le couple n'osait même plus ouvrir les volets.

On devait tourner une scène dans un hôpital de la banlieue de Londres. Quand toute l'équipe débarqua à six heures du matin, les paparazzi étaient déjà là, perchés sur les murs d'enceinte, le doigt sur le déclencheur, prêts à mitrailler. Le producteur fit tout arrêter et se dirigea tranquillement vers Sean Penn en lui exhibant le *Daily Mirror*, le *Daily World* et d'autres torchons de ce genre. « Regarde ce qu'ils racontent aujourd'hui sur toi et Madonna », dit-il.

Sean Penn entra dans une colère noire, pour le plus grand

plaisir des paparazzi. Il se rua finalement dans sa caravane où il resta enfermé plusieurs heures. Le tournage fut interrompu. Madonna, assise à ses côtés, essayait de le calmer. Quand elle revint, elle était hors d'elle. S'en prenant au producteur, elle l'accusa d'avoir sciemment provoqué l'incident pour que la presse parle du film.

Piètre consolation, tout le monde sur le tournage de *Shanghai Surprise*, acteurs et techniciens, s'accorda pour vanter la simplicité et la rigueur de Madonna. C'était une grande professionnelle qui travaillait plus dur que les autres. « On s'attend toujours à éprouver un choc quand on rencontre une star, explique Paul Freeman. Avec Madonna, j'ai d'abord été étonné par sa taille. Elle est plutôt petite. En fait, elle n'a rien de particulier. C'est quelqu'un de simple, de direct. J'ai aussi été frappé par le fait qu'elle et Sean ne se quittaient jamais. Ils étaient ensemble à chaque prise, à chaque scène. Elle se montrait très protectrice avec Sean. Ils étaient très tendres l'un avec l'autre. Madonna ne créait jamais de problèmes sur le plateau. Pas de fantaisies à la Marilyn Monroe. Elle était toujours à l'heure, et elle savait son texte. »

Début 1986, alors que Madonna achevait *Shanghai Surprise* à Londres, Robert Stigwood fut pressenti pour tourner *Evita*. Madonna eut plusieurs conversations téléphoniques avec Stigwood pour tenter d'avoir une option sur le rôle-titre. Elle renonça lorsque le metteur en scène lui dit son projet de ne tourner qu'une version filmée de la comédie musicale telle qu'elle avait été montée à Broadway. « Le rôle m'intéresse dans la mesure où il s'agit d'une fiction, d'une œuvre dramatique, expliquera Madonna. Je ferai peut-être une comédie musicale un jour, mais pour l'instant je ne me sens pas de jouer les chanteuses à l'écran. »

Le 6 mars, alors que *Shanghai Surprise* était en boîte, George Harrison convoqua une conférence de presse pour essayer d'adoucir le climat entre ses stars et une certaine presse. Paul Freeman fit remarquer à l'époque que c'était « peut-être un peu tard ». Aujourd'hui Paul Freeman persiste et signe : « Mon sentiment c'est que la production aurait dû organiser cette conférence de presse au début du tournage pour dissiper le malaise. Au lieu de ça, parce qu'ils avaient décidé de jouer la carte du scandale pour promouvoir le film, cette conférence de presse, ils ont préféré la faire à la fin. C'était tout bonnement absurde. »

George Harrison mâchait du chewing-gum en s'installant devant le parterre de journalistes. C'était la première fois que l'ancien Beatle donnait une conférence de presse depuis 1974. À la surprise générale, c'est lui qui répondit à l'avalanche de questions hostiles qui déferlaient sur Madonna et Sean Penn. George Harrison commença par admonester la presse sur la façon dont elle avait traité ses vedettes. D'après lui, c'était pire que tout ce qu'il avait pu subir même lors de la Beatlemania en Angleterre. « Pour moi, c'est plus facile que pour Sean, commença-t-il. À l'époque, j'avais à peu près son âge ; aujourd'hui j'ai grandi, je sais qui je suis et ce que je ressens. Vous ne m'aurez pas. J'ai appris à faire avec la presse. »

Quand on demanda à Madonna si elle se querellait souvent avec Sean Penn, George Harrison intervint avant qu'elle puisse répondre. « C'est quoi ces questions ? demanda-t-il au journaliste. Est-ce que vous vous engueulez avec votre femme ? »

Madonna en quittant la salle fera cette dernière remarque : « On n'est quand même pas ringards à ce point-là ? »

Le 6 mars, Sean Penn fit la couverture de *Vanity Fair*. Dans l'interview qu'il donna à l'écrivain David Wolcott, Sean Penn faisait cette confession : « Je préfère aller au bar qu'à la gym. J'aime boire et j'aime la bagarre. » Interrogé sur sa femme, il répondit : « Ni les baleines, ni une guerre nucléaire, ni la famine ne sont plus importantes pour moi. »

Ce qui ne l'empêchait pas de porter de sérieuses atteintes à son couple. En avril 1986, dans une boîte de Hollywood, David Wolinsky, le récent vainqueur du Grammy Award du meilleur auteur-compositeur et bon copain de Madonna, l'embrasse sur la joue. Sean Penn sort immédiatement de ses gonds. Il tombe sur Wolinsky à coups de poing, à coups de pied et essaie de le finir avec une chaise. Si Madonna pensait que son mari changerait un jour, l'épisode Wolinsky lui ôta ses dernières illusions. Il n'était pas possible ici de dire que c'était un paparazzi ou un journaliste qui les traquait. Sean Penn fut arrêté, condamné à 1 000 dollars d'amende pour trouble à l'ordre public et écopa de prison avec sursis. Un ami de Madonna qui avait assisté à la bagarre fera ce commentaire : « Il y avait déjà pas mal de tensions entre eux, mais pour Madonna ce fut vraiment un grand traumatisme. Peut-être le premier. Elle connaissait Wolinsky et le choc fut terrible. »

Un mois plus tard, le jour du Memorial Day, Sean Penn fut à nouveau arrêté pour conduite en état d'ivresse et franchissement de ligne blanche. Les charges furent réduites à « conduite dangereuse » mais il perdit le bénéfice du sursis. En août Madonna démentit les rumeurs d'un éventuel divorce : « J'aime Sean et je suis confiante pour l'avenir. »

En vérité, Madonna essayait désespérément de garder le moral pour sauver son mariage et pour se protéger. Mais il devenait de plus en plus difficile, après chaque nouvel accrochage, de ne pas sombrer dans l'angoisse qui la submergeait. Elle avait les mains qui tremblaient. Elle était pâle. Elle avait maigri. Ce n'était plus le Sean qu'elle avait connu, celui qu'elle aimait. Elle se tourna vers sa grand-mère, comme elle le faisait à chaque fois que ses forces l'abandonnaient. Elle raconta à Elsie Fortin que son mari avait de graves problèmes avec l'alcool et qu'elle était souvent la cible de ses délires d'ivrogne. Mrs Fortin recommanda à sa petite fille de rompre, de ne pas prolonger l'agonie de ce mariage raté.

Sur le plan professionnel, Madonna continuait à se démener. Plus les critiques de sa prestation dans *Shanghai Surprise* étaient mauvaises et plus elle se montrait résolue à prouver qu'elle était une bonne actrice. La seule différence, c'est que maintenant elle refuserait de tourner avec Sean. Elle éprouvait cependant de plus en plus de mal à se concentrer sur sa carrière. Elle se sentait complètement vidée. Les violences de Sean continuaient.

Nick Kamen, chanteur et ex-mannequin qui fut selon la rumeur l'amant de la star dans les derniers temps de son mariage avec Sean Penn, demanda à Madonna de lui écrire une chanson. Elle lui composera *Each Time You Break My Heart* et produira son album dans la foulée. Sean Penn fera irruption dans le studio d'enregistrement pour demander des explications à Nick Kamen sur la nature de ses relations avec sa femme. Dès lors les incidents se multiplièrent. En août 1986, Sean Penn et Madonna furent accostés par des paparazzi devant leur domicile de Central Park West. Sean Penn cracha sur le photographe Anthony Savignano, qui lui rendit la politesse. Sean Penn se rua sur le malheureux et sur son confrère, Vinnie Zuffante, qui s'était porté à son secours.

Sur la question de savoir si Madonna accepta de jouer dans la pièce de David Rabe *Goose and Tom-Tom* pour avoir le plaisir de donner la réplique à son mari ou pour tenter une dernière fois de sauver son mariage, les avis sont partagés. Des amis proches de la chanteuse affirment que c'est Sean Penn qui insista pour qu'elle accepte le rôle, ce qui les aiderait peut-être à recoller les morceaux.

Goose and Tom-Tom ne devait faire l'objet, conformément à l'engagement du Lincoln Center, que d'un certain nombre de représentations. Madonna y tenait le rôle de la petite amie du gangster, interprété par Sean Penn. La pièce de David Rabe, d'après certains commentateurs, allait lui servir de galop d'essai pour sa composition de Breathless Mahoney dans *Dick Tracy*, aux côtés de Warren Beatty.

dans [illegible] se sentit complètement vidée. Les [illegible] de son anéantissement.

Sick Rachid, étudiant en cinéma qui fut, selon le [illegible] de la [illegible] des années [illegible] un [illegible] Jean-Pierre Leaud [illegible] une caméra [illegible] Godard [illegible] produite [illegible] dans [illegible] son [illegible] dans la [illegible] qui [illegible] Nick [illegible] les années [illegible] Paul Simon [illegible] le film [illegible] Paul Simon [illegible] et [illegible] qui avait porté à son secours.

Sur la question de savoir [illegible] la pièce de David Rabe [illegible] l'accompagnait dans sa reprise [illegible] mais il [illegible] pour mettre en scène [illegible] abandonner les [illegible]

[illegible]

[illegible]

[illegible]

[illegible]

CHAPITRE 4

À l'automne 1986, peu après la dernière de *Goose and Tom-Tom*, Sean Penn et Madonna retournèrent en Californie où la jeune femme devait tourner dans le film *Boire et Déboires*. Mais Madonna se retira au dernier moment du projet quand le studio, revenant sur ses engagements, donna le rôle principal masculin à Bruce Willis alors qu'on lui avait promis un droit de regard sur le choix de son partenaire. Son rôle échut finalement à Kim Basinger. À cette même époque, Madonna, à travers sa propre société, Siren Film, envisageait une adaptation du film d'Agnès Varda de 1962 *Cléo de 5 à 7*. Par ailleurs, Diane Keaton et Joe Kelly, producteur de la Fox, essayaient de monter un remake de *L'Ange bleu* de Josef von Sternberg, film de 1930, avec Madonna dans le rôle immortalisé par Marlene Dietrich. Ces deux projets n'avançant pas, Madonna se mit à travailler sur les paroles d'une chanson pour le film de son mari *Comme un chien enragé*, Patrick Leonard composant la musique.

La chanson *Live to Tell* obtint un beau succès, contrairement au film qui passa inaperçu. Le clip, comme le film, fut réalisé par James Foley. Madonna, assise sur une chaise dans l'obscurité, en robe d'intérieur, chante dans un faisceau de lumière *Live to Tell*, les yeux moins bleus, plus gris, en harmonie avec la tristesse de son personnage. Tout de suite après, elle enchaîna sur un grand succès avec *Papa Don't Preach*.

Griffin Dunne, qui avait vu Madonna dans *Goose and Tom-Tom,* rêvait de travailler avec elle au cinéma. « Elle paraissait intouchable, dit-il. Quand elle sortait une cigarette, tout le monde se précipitait pour l'allumer. »

Les vœux de Griffin Dunne se réalisèrent en 1987 quand il obtint un rôle auprès de Madonna dans *Who's That Girl*, avec, une nouvelle fois, James Foley à la réalisation. Griffin Dunne éprouva beaucoup de difficultés à s'adapter à la manière de travailler de Madonna. « On fonctionnait de façons très différentes, raconte-t-il. Elle préfère la première prise et moi, à mon avis, ma meilleure se situe vers la quatrième. Elle m'a rendu fou, elle n'arrêtait pas de me dire “C'est bon, tu l'as”. C'est une fille qui remue beaucoup d'air. Sur le plateau, elle parlait tout le temps entre les prises. »

Who's That Girl devait marquer le grand retour de Madonna au cinéma après l'échec catastrophique de *Shanghai Surprise.* La star était sur la défensive quand James Foley lui présenta le projet. « Je lui ai dit que j'aimais bien le scénario, racontera-t-elle, mais qu'il y avait des endroits qu'il fallait retravailler. »

Madonna obtint un large droit de regard sur le film. Le scénario fut réécrit plusieurs fois avant qu'elle l'estime enfin conforme à ce qu'elle recherchait.

Who's That Girl est une comédie romantique, librement inspirée du merveilleux *L'Impossible Monsieur Bébé* de Howard Hawks, avec Katharine Hepburn en héritière fantasque et Cary Grant en paléontologue coincé. Dans *Who's That Girl*, Griffin Dunne joue le rôle d'un jeune avocat manquant totalement d'humour sur le point d'épouser une jeune fille de bonne famille. Son futur beau-père a commis un meurtre dont il a fait accuser Nikki Finn, interprétée par Madonna. La veille du mariage, il demande à son futur gendre d'emmener la jeune femme en liberté conditionnelle à la gare pour qu'elle disparaisse de sa vie. Arrive ce qui devait arriver : l'avocat coincé tombe follement amoureux d'elle.

L'interprétation de Madonna était loin d'être convaincante.

D'une part, à la différence de Mia Farrow dans *Broadway Danny Rose,* elle ne sut pas séduire le public avec sa voix nasillarde, ses allures de petite fille, ses mimiques effarouchées et ses colères de chipie. D'autre part, comme dans ses vidéos, elle fit de son personnage une fille qui prend sa revanche sur l'homme méchant qui ne cherche qu'à l'utiliser et à abuser d'elle.

Le film terminé, James Foley déclara que Madonna avait été « absolument parfaite ». « Elle a un talent naturel, affirma-t-il. Elle joue d'instinct, sans s'encombrer d'analyses. Elle nous a beaucoup aidés quand nous avons tourné dans les rues de New York et de Los Angeles. Dans un film, ce sont les vedettes qui donnent le ton à l'équipe. Il émanait d'elle une telle aisance, une telle dignité que ça se ressentait jusque chez le cuisinier. Elle était curieuse de tout, des lumières, des scripts, du nom de chacun. »

Le bon comportement de Madonna pendant le tournage ne changea malheureusement rien à l'accueil frisquet que reçut le film à sa sortie, même s'il se trouva un généreux critique pour la qualifier de « Jean Harlow des années 90 ».

En fait, la Warner avait préféré sortir le film sans organiser de projection de presse. Ce qui signifie en général que le film est mauvais et qu'il vaut mieux le mettre en exploitation avant que les critiques l'assassinent. Selon la liste publiée dans le *Los Angeles Times* en 1987, trente-huit films reçurent un traitement identique. En tête de liste : *Who's That Girl.*

Trois semaines avant la sortie du film prévue pour le 7 août 1987, loin d'être découragée par l'échec imminent de *Who's That Girl*, Madonna s'embarquait le 17 juillet 1987 pour une tournée mondiale. Freddy DeMann, son agent, connu dans le métier pour être l'homme qui accède aux moindres désirs de ses clients, eut une idée aussi brillante que désespérée pour essayer de sauver le film d'un désastre total. Il suggéra de baptiser la tournée à venir *Who's That Girl* et de consacrer

50 000 dollars à des encarts publicitaires de trois pages montrant les yeux de Madonna et ces simples mots « Who's That Girl ? »

Cette magnifique idée n'eut pas beaucoup d'effet sur le succès du film mais Madonna réalisa l'exploit de vendre en moins de six heures les cinquante et un mille billets du New York Giants Stadium. En fait, depuis 1985, elle ne se produisait plus que dans des salles d'au moins vingt mille personnes. C'était la gloire.

La chorégraphie du spectacle était signée par Jeffrey Hornaday, l'homme de *Flashdance*, film digne des meilleures comédies musicales de Broadway. Au cours du spectacle, Madonna chantait *Live To Tell*, immobile, un projecteur braqué sur elle — exactement comme dans le clip. En France, Madonna devait jouer au parc de Sceaux, près de Paris. Jacques Chirac, qui était alors Premier ministre et maire de Paris, était assailli de réclamations émanant des habitants de Sceaux et de personnalités politiques qui demandaient l'annulation du concert, redoutant la foule, le vandalisme, la dégradation du parc. Claude Chirac, âgée de vingt-sept ans à l'époque, était une grande fan de Madonna. Dans une récente interview, Claude Chirac explique que c'est elle qui a convaincu son père de passer outre les objections de certains de ses électeurs et d'autoriser le concert. « J'ai fait écouter un disque de Madonna à mon père, raconte Claude Chirac. Quand il a vu à quel point j'aimais cette musique et s'est rendu compte qu'elle avait vraiment beaucoup de talent, il s'est laissé fléchir. »

Après le concert qui réunit cent mille personnes, Madonna, en signe de reconnaissance, offrit en présence de Jacques Chirac un chèque d'environ six cent mille francs au profit d'une fondation pour la lutte contre le sida.

L'été 87 fut, comme en témoigne l'organisateur de concerts John Scher, « l'été des stades », ajoutant « Je n'avais jamais vu ça en dix-huit ans de métier. » Même sentiment pour Barry Bell, qui travaille à la billetterie chez Premier Talent, « ce fut la période des grandes tournées, les affaires tournaient à plein ».

Cet été-là, Madonna et David Bowie étaient sur les routes. Ils jouèrent tous les deux à guichets fermés au Giants Stadium dans le New Jersey.

Madonna a souvent été comparée et s'est elle-même souvent comparée à David Bowie. Si Madonna n'a jamais eu autant de succès auprès des critiques que David Bowie, elle a en revanche aligné plus de tubes. Tous deux ont érigé le style en contenu, jouant sur les métamorphoses de leur image et anticipant les tendances et les goûts de leur public. Madonna et David Bowie ont aussi tous les deux poursuivi une carrière cinématographique. Alors que David Bowie a toujours été distribué dans son emploi, dans des rôles d'androgyne étrange et inquiétant, Madonna s'est risquée dans des rôles plus variés, exigeant une palette et une technique dramatiques qui excédaient parfois ses capacités. Mais la comparaison entre les deux stars révèle aussi une inégalité dans le traitement que leur réservent les soi-disant gardiens de la morale, ceux qui s'érigent en protecteurs de la jeunesse.

Plusieurs clips de Madonna ont été interdits d'antenne sur MTV, dont récemment, en mars 2001, *What It Feels Like for a Girl*, réalisé par son mari Guy Ritchie, et tiré de l'album *Music*. Les patrons de MTV ont considéré que la vidéo mettait en scène une violence purement gratuite, pour preuve ces images où Madonna vole une voiture, met le feu à une station-service, braque un utilisateur de distributeur de billets, renverse des joueurs de hockey avant de se suicider en jetant sa voiture contre un poteau. Madonna a toujours affirmé qu'elle était la cible des moralisateurs de tout poil moins en raison du contenu de ses chansons ou de ses clips que parce qu'elle était une femme. « Quand David Bowie tourne des images violentes, ça ne pose apparemment aucun problème pour personne, déclara-t-elle. Quand Prince joue avec le sexe, tout le monde se tait. Il n'y a qu'avec moi que ça pose problème, moi et ma prétendue image. C'est comme ça que plusieurs de mes clips se sont fait censurer. »

Liz Smith, du *New York Post*, s'est élevée, dans un article du 21 mars 2001, contre la censure par MTV de *What It Feels Like for a Girl*. « J'ai vu la vidéo de Madonna, écrivait-elle, celle-là même qui a été interdite de façon absurde sur VH1 et MTV. (Alors à quand l'interdiction de *Jackass* sur MTV ?) Est-ce que j'ai été choquée ? Devinez. En tout cas, pas en raison de la violence des images. Il n'y a rien là-dedans que l'on n'ait vu cent fois dans n'importe quelle émission à des heures de grande écoute. Non, ce qui m'a choquée, c'est que le clip rate sa cible. Cette chanson est l'une des plus émouvantes, puissantes et abouties de Madonna, maladroitement servie par un frénétique remix dance. L'"ironie" que Madonna et son réalisateur de mari Guy Ritchie disaient avoir instillée dans le scénario ne passe pas la rampe. » En réponse à tous ces « moralistes », comme elle les appelle, ceux qui ne supportent pas qu'elle soit une femme, Madonna se contentera de citer un passage du Yi-king : « Ainsi, la musique aussi a le pouvoir de relâcher la tension à l'intérieur du cœur et de desserrer l'étreinte des émotions obscures. La joie du cœur se libère spontanément dans une explosion de chant, dans la danse et le mouvement cadencé du corps. Depuis des temps immémoriaux, le souffle créateur de l'invisible son qui transporte tous les cœurs et les fait battre à l'unisson a mystifié le genre humain. Les souverains ont fait usage de ce goût naturel pour la musique. La musique était une chose sérieuse et sacrée, conçue pour purifier les sentiments des hommes ; il revenait à la musique de glorifier la vertu des héros et ainsi bâtir un pont vers le monde de l'invisible. »

Il serait peut-être plus simple pour Madonna de reconnaître qu'elle s'est laissé trop souvent influencer par ses maris. Par Sean Penn au cinéma, directement ou indirectement, à travers son ami James Foley. Par Guy Ritchie aujourd'hui, qui de toute évidence est intervenu sans grande inspiration dans un domaine où Madonna a toujours excellé, mais seule.

En mai 1988, alors que son mariage avec Sean Penn battait de l'aile, que sa carrière cinématographique paraissait dans une impasse et que sa course après le rôle d'Evita était stoppée net, Madonna accepta de jouer dans la pièce de théâtre de David Mamet *Speed-the-plow*.

Speed the plough (« Garde la charrue ») est une phrase de la liturgie anglicane pour célébrer le travail des paysans. Une charrue est tirée au centre de l'église, les membres de la communauté l'entourent et demandent à Dieu de « garder la charrue et le laboureur, la ferme et le fermier ». Madonna, découvrant cette résonance religieuse, y vit bien entendu le signe qu'elle était « destinée » de toute éternité à jouer ce rôle. Poussant plus loin ses investigations, elle apprit aussi que *Speed the plough* était le titre d'une pièce de Thomas Morton de 1798, dans laquelle il créait le personnage de Mrs Grundy et le concept de « grundisme », symbole de la rigidité morale. Ainsi parée, Madonna se sentit en mesure d'affronter la dimension spirituelle de la pièce de David Mamet. Dès que le bruit courut que Madonna avait signé avec Mamet, il y eut une telle demande de billets qu'il fallut renoncer à jouer dans le petit théâtre du Lincoln Center et louer la grande salle du Royale Theater à Times Square. La pièce passait d'emblée dans la catégorie supérieure avant même le début des répétitions.

Madonna avait commencé à s'intéresser à la nouvelle pièce de David Mamet en août 1986 alors qu'elle jouait dans *Goose and Tom-Tom*. Gregory Mosher, qui avait déjà monté les treizes pièces précédentes de Mamet, devait la mettre en scène au Lincoln Center. Madonna le contacta pour lui demander le rôle de Karen. Ron Silver et Joe Mantegna, qui avaient joué dans le premier film de Mamet *Engrenages*, étaient pressentis pour interpréter les deux rôles masculins. Gregory Mosher refusa à l'époque de s'engager, promettant tout de même à Madonna qu'elle serait auditionnée pour ce rôle le moment venu.

Le personnage de Karen dans *Speed-the-plow*, bien que bref, sert de catalyseur à la pièce. Karen, qui prétend ne rien connaître au monde du cinéma pour mieux pouvoir placer un projet de film auprès d'un grand studio, est embauchée par le personnage de Ron Silver, un producteur de cinéma cynique. Tout au long de la pièce, Karen force les associés, Silver et

Mantegna, à se poser des questions sur la morale et l'éthique de l'industrie du cinéma. Après avoir couché avec le patron (Mantegna), ce qui met à l'épreuve l'amitié et la loyauté des deux hommes, elle se révèle de façon inattendue experte pour négocier un contrat en récompense de ses faveurs sexuelles.

Gregory Mosher, qui un temps pensa confier le rôle de Karen à Elizabeth Perkins, se ravisa après avoir auditionné Madonna en compagnie de l'auteur. Pour lui, Madonna était une professionnelle aguerrie. « C'est un roc, déclara-t-il au cours des représentations. Pendant la journée, elle intègre les modifications que nous apportons au fur et à mesure, et le soir, on les retouve sur scène. C'est du beau boulot. »

Madonna, dans ce rôle à contre-emploi, espérait gagner le respect de la critique, tout comme la chanteuse Cher qui avait décroché un oscar pour son rôle dans *Moonstruck*. Cher y interprétait une vieille fille italienne qui abandonnait son soupirant, Danny Aiello, pour se jeter dans une histoire d'amour des plus tumultueuses. Elle tombait éperdument amoureuse de Nicolas Cage en improbable boulanger et vivait toutes les affres de la passion.

Le soir de la première, Madonna fit livrer des fleurs à toute l'équipe du théâtre, y compris au concierge, pour les remercier de « la patience et de la compréhension dont ils avaient fait preuve avec une débutante ». Toujours pleine d'attention pour les gens qui travaillent avec elle, Madonna estime pourtant qu'il vaut généralement mieux « se conduire en tyran qu'être traité comme une mauviette et se faire marcher dessus », nous confie Patrick Leonard, proche collaborateur de la star.

Une seule exception pourtant, son amour des enfants. Elle « fond littéralement », dit son entourage, dès qu'elle est en contact avec eux. « Ce sont les seules personnes sur les intentions desquelles elle ne se pose pas de questions », rapporte un ami de Madonna. Ses détracteurs prétendent que son faible pour les gamins n'est jamais qu'une nouvelle manifestation de son narcissisme et qu'au fond elle ne rencontre en eux que sa propre nostalgie.

Pour le trentième anniversaire de Madonna, le 16 août 1988, une bande de jeunes admirateurs loua des places pour la représentation de *Speed-the-plow*. Ils avaient fait livrer des fleurs à leur idole en marque d'affection et de soutien. Mais Madonna, en arrivant sur Broadway, était bien décidée à mettre en veilleuse son statut légèrement vulgaire de rock-star pour se glisser dans son nouveau rôle de comédienne. Elle avait bien essayé d'expliquer à ses fans, dans ses déclarations à la presse, que leur présence dans la salle gênerait sa concentration et semblerait déplacée au public habituel des théâtres. Énorme malentendu. Pour eux, elle restait Madonna, et malheureusement Madonna les rejetait.

Quand elle sut que la salle serait remplie de groupies, Madonna demanda au théâtre qu'on les rembourse et qu'on les empêche d'entrer. Selon un collaborateur du Royale Theater, Madonna fit savoir qu'elle ne voulait pas « d'un groupe de mômes hurlants qui la perturberaient pendant la représentation ». Ses fans étaient accablés. Mais pire, plus insultant encore, un quart d'heure avant le lever de rideau, les fleurs qu'ils lui avaient fait parvenir étaient jetées par la fenêtre de sa loge. L'un des employés du théâtre témoigne : « C'était pathétique. Les mômes ramassaient toutes les fleurs, quelques-uns pleuraient, d'autres la maudissaient. Ce n'était pas joli à voir. »

Dans la pièce, Madonna était fagotée comme une petite secrétaire effacée, jupes démodées, chemisiers boutonnés jusqu'au cou, les cheveux maronnasses, une paire de lunettes sur le nez, exactement à l'opposé de la star resplendissante qui faisait la couverture de *Harper's Bazaar* en robe à pois de Christian Lacroix et qui parlait ainsi de son rôle dans la pièce de Mamet : « Karen est une héroïne sympathique et incomprise qui dit la vérité quel qu'en soit le prix. C'est le destin qui a mis cette pièce sur ma route. Je ne suis pas du genre à ramener mes personnages avec moi à la maison mais je suis très influencée par les rôles que je joue. » Déclaration qu'elle contredit immédiatement en ajoutant : « Cette fille était cassée et je me suis sentie cassée tout l'été. Je n'avais pas l'impression qu'elle avait vraiment un but, ou qu'elle savait où elle allait. Et puis, elle sort perdante à la fin de la pièce, elle n'était pas armée pour surmonter la situation où elle s'est mise. »

Madonna avoua qu'au fil des représentations elle perdait confiance en elle. « Je ne me sentais pas aussi couillue que d'habitude. J'étais devenue une perdante, c'est le mot juste. Ça conditionnait tout ce que je faisais parce que ça m'affligeait. »

Elle poursuit en expliquant qu'au début de sa carrière d'actrice, elle croyait que jouer, c'était se mettre dans la peau de quelqu'un d'autre. Elle était maintenant persuadée, en se fondant sur ce qu'elle qualifiait de plusieurs « expériences malheureuses », que jouer c'était en réalité être soi-même. « C'est être vrai avec soi, honnête, et c'est ce que je fais avec ma musique. »

Alors qu'elle jouait tous les soirs, Madonna continuait à travailler sur son album *Like a Prayer*. D'après elle, le ton du disque reflétait exactement cette atmosphère de défaite qu'elle avait vécue en s'immergeant dans le rôle de Karen. Les paroles et les musiques s'inspiraient des tragédies de sa propre vie, jusqu'alors enfouies dans son subconscient. « J'ai commencé par regarder en face la mort de ma mère, et le décès de certains de mes proches. J'y pensais non seulement quand je travaillais sur l'album, mais aussi tous les soirs, quand je jouais au théâtre. Je cherchais en moi tout ce qui m'avait traumatisée dans mon enfance, et même après, dans ma vie d'adulte. »

Dans la dernière scène de *Speed-the-plow,* Madonna devait tout en marchant exprimer l'angoisse et la peur qui étreignent le personnage. « Je m'asseyais dans ma loge toutes lumières éteintes en attendant ce moment, se souvient-elle, et je me forçais à penser à quelque chose de vraiment douloureux. Je faisais ça chaque soir pour me vider. Je me fixais des buts. Je me disais : "Ce soir je vais chercher à résoudre tel problème. Il faut que je me concentre dessus ou sur ce qui se passerait en cas de malheur." C'étaient des petits exercices psychologiques pour m'obliger à surmonter ma peur. »

À la fin des représentations, Madonna résumera son expérience de travail avec deux acteurs chevronnés dans des termes beaucoup plus familiers. Avec sa gourmandise habituelle pour le sexe, Madonna déclara que jouer avec Ron Silver et Joe Mantegna c'était comme « prendre un super pied ».

Un soir, Madonna fut prise d'un fou rire sur scène. Elle donnait la réplique à Joe Mantegna, son patron dans la pièce, quand elle commença à pouffer. Elle rit pendant plusieurs minutes à tel point que le public se demanda ce qui se passait. Madonna finit par recouvrer son calme puis, ajoutant un simple « Comme je vous disais », enchaîna le plus naturellement du monde.

Les dialogues de David Mamet ont une cadence presque musicale, un rythme propre qui exige un sens particulier du tempo. Joe Mantegna et Ron Silver s'en tiraient à merveille, rendant toutes les nuances de la prose de David Mamet. Madonna, malgré toute l'énergie dont on la sait capable en concert, ne parvint jamais à faire vivre le personnage de Karen à la scène. Les critiques furent presque unanimement féroces. On pourrait appliquer à sa prestation la repartie célèbre de George S. Kaufman, l'éminent critique des années 50 : « Je n'ai pas vu la pièce à son avantage. Le rideau était levé. » Clive Barnes écrira sur Madonna : « Elle n'est pas près d'illuminer Broadway », John Simon : « Elle a pourtant de quoi s'offrir des cours de théâtre. »

Dennis Cunningham, ancien critique dramatique sur WCBS-TV, a chroniqué plus de cinq cents pièces au cours de ses vingt-cinq années de carrière à la télévision. C'est un homme d'un naturel timide, réservé, peu porté à la polémique, surtout avec ses collègues, avec qui il a partagé tant de premières, ces moments où ils tiennent entre leurs mains le sort des acteurs, écrivains, metteurs en scène et directeurs de théâtre. Un diplôme de théâtre du Carnegie-Mellon en poche, une solide expérience de l'enseignement théâtral à l'université, Dennis Cunnigham voue un immense respect à son art. Il explosa donc littéralement de rage en découvrant la critique de Frank Rich du *New York Times*, seul papier favorable à Madonna. Frank Rich y disait avoir trouvé l'interprétation de Madonna « intelligente, [la comédienne] maîtrisant bien son jeu ».

« Cette femme ne sait pas bouger sur scène, répliqua Dennis

Cunningham. Elle bouge... comme si elle était télécommandée par une unité de contrôle à des centaines de kilomètres de là. Elle est incapable de donner du sens aux mots qu'elle prononce. Ce n'est pas une question d'opinion. Ce papier, c'est déraisonnable. Frank a perdu la tête. Il devrait s'excuser auprès de tous les acteurs dont il a pu critiquer l'interprétation. J'ai la colère du juste. Pensez seulement aux centaines d'actrices à New York qui auraient pu avoir ce rôle. On aurait pu prendre n'importe qui dans la salle, il l'aurait mieux joué qu'elle. »

Dennis Cunningham ne fait pas secret qu'il a été extrêmement choqué que Gregory Mosher, avec l'accord de l'auteur, ait pu confier le rôle de Karen à Madonna. Pour lui, ce n'était qu'une manière de remplir la salle.

« Elle est scandaleusement incompétente, fulminait-il. J'ai bien l'intention de demander des explications sur ce choix aberrant à Gregory Mosher et David Mamet. Le théâtre s'est vendu. Je n'ai jamais vu personne sur une scène de Broadway qui ne possédait au moins les rudiments du métier d'acteur. »

La réalité c'est que Madonna, malgré l'opprobre dont les critiques l'accablèrent, joua néanmoins tous les soirs au Royale Theater, attirant non seulement des fans et un public de curieux, mais nombre de stars comme Katharine Hepburn, Sylvester Stallone et Sigourney Weaver. Katharine Hepburn se montra particulièrement perplexe. Répondant à Jeffrey Lyons, le critique dramatique, fils de Leonard Lyons, le créateur de la célèbre chronique *L'Antre du lion* dans les années cinquante, elle déclara : « J'ai vu la nouvelle pièce de Mamet avec Madonna interprétant une prétendue actrice qui ne sait pas jouer. Elle était absolument convaincante ! »

Madonna reçut aussi le soutien de ses amis, Jennifer Grey, avec qui elle allait partager la vedette dans son prochain film *Gosses des bas-fonds*, Lindsay Law, le producteur exécutif du film, John McEnroe et sa femme Tatum O'Neal, ses frères, Anthony et Christopher Ciccone. Tous vinrent la voir jouer. Mais une personne était particulièrement assidue aux représentations : Sandra Bernhard qui passait à l'époque beaucoup de temps avec Madonna.

Madonna traversait alors une période extrêmement difficile de sa vie. Son mariage allait mal et, pour quelqu'un comme elle, c'était un échec personnel. L'attitude de la presse, qui voyait en chaque homme avec lequel elle apparaissait en public un nouvel amant, ne lui facilitait évidemment pas les choses. Il pouvait s'agir d'un simple ami, même si de temps à autre elle ne négligeait pas de se donner un peu de plaisir pour soulager sa solitude. C'est ainsi qu'on la vit beaucoup traîner dans tous ses repaires préférés du Lower East Side avec Simon F., une star de rock anglaise que lui avait présenté Freddy DeMann, son agent. Mais la presse commença bientôt à s'interroger sur ses relations avec Sandra Bernhard. Les deux femmes dînaient souvent ensemble après le théâtre, puis passaient la nuit chez Madonna, à la grande joie des paparazzi.

Elles s'étaient rencontrées six mois plus tôt alors que Madonna était venue dans les coulisses féliciter Sandra Bernhard qui faisait à ce moment-là un one-woman show. Sean Penn devait bientôt prendre le mors aux dents, accusant sa femme d'être la maîtresse de Sandra Bernhard. Madonna passera une nuit d'enfer attachée à une chaise après avoir été battue par son mari dans sa maison de Malibu. En mai 1989, peu de temps après que Madonna eut retiré sa plainte contre Sean Penn et renoncé à sa demande de divorce, elle et Sandra Bernhard se donnèrent en spectacle sur scène dans une soirée organisée à la Brooklyn Academy of Music au profit de la forêt tropicale. Les deux femmes, en soutiens-gorge pailletés et bermudas, chantèrent *I Got You Babe.* À un moment, au cours du numéro, alors qu'elles se tenaient tendrement enlacées, Madonna lança en direction de public « Ne croyez pas tout ce qu'on vous raconte », ce à quoi Sandra Bernhard répliqua « Mais si, au contraire, croyez-le ! »

Madonna s'était tournée vers Sandra Bernhard, peut-être moins par simple attirance sexuelle que par réaction contre les hommes en général. Il lui était difficile de parler avec ses petits amis occasionnels de l'alcoolisme et de la violence de son mari. Elle pouvait sans doute plus librement se confier à Sandra Bernhard. Elle avait peut-être aussi l'impression que les hommes lui en voulaient : ses ex new-yorkais, Jellybean Benitez, Dan Gilroy, Mark Kamins ou Tony Ward, peu disposés, malgré toutes ses déclarations fracassantes, à la « reprendre » ; les critiques de théâtre, en majorité des hommes, qui venaient de porter un coup très sérieux à sa carrière sur les planches ; ses associés, des hommes pour la plupart, qui ne voyaient en elle, après tout, qu'un produit extrêmement lucratif.

La liaison avec Sandra Bernhard pourrait bien avoir été aussi pour Madonna une façon de démontrer aux hommes qu'elle mettait en pratique ce qu'elle prêchait dans ses chansons et ses clips. Elle n'avait pas besoin d'eux pour exister et se sentir bien. Elle refusait d'être leur victime.

Madonna, blessée dans sa chair et dans son cœur par son mari, remontée contre son père, méfiante envers les hommes, adressait un message clair au monde. Au fond, peut-être que seule une femme, à ce moment-là de sa vie, était capable de lui offrir la tendresse et la paix dont elle avait besoin.

CHAPITRE 5

La veille de ce Thanksgiving 1988, Sean Penn réapparut subitement à l'appartement de Central Park West qu'il avait quitté trois jours plus tôt après une violente dispute. Madonna avait passé ces trois jours dans la crainte qu'il ne lui soit arrivé quelque chose. Mais quand il se montra enfin, la colère l'emporta sur le soulagement de le retrouver sain et sauf, et elle le ficha à la porte.

Sean Penn prit l'avion dès le lendemain pour Los Angeles. Il était furieux et se sentait terriblement humilié. Il l'inonda de coups de téléphone qu'elle refusa de prendre. Le 4 décembre, Madonna demanda officiellement le divorce, même si en privé elle confiait à ses proches qu'elle espérait lui « faire peur pour l'obliger à se faire soigner ».

Sean Penn reçut un choc en apprenant la nouvelle et sombra aussitôt dans la déprime. Il n'appela plus. Après deux jours de ce traitement, Madonna commença à paniquer. Elle manifesta auprès de ces mêmes proches sa crainte qu'il ne s'oppose pas au divorce.

Le troisième jour, Madonna décrocha son téléphone et appela Sean Penn en Californie. Cette fois-ci, ce fut lui qui refusa de répondre. Il avait en fait décidé de communiquer différemment. Il sortait avec ses amis, buvait, faisait la bringue avec le Tout-Hollywood. Inquiets pour son équilibre tant mental que physique, Timothy Hutton, Jan Michael Vincent et Dennis Hopper l'adjurèrent d'appeler New York pour essayer de tirer les choses au clair. Le 8 décembre, Sean Penn appela Madonna... qui refusa de le prendre. Il fallut que James Foley intervienne pour qu'elle accepte enfin de lui parler.

Le 11 décembre, le couple eut sa première conversation depuis deux semaines. Madonna reprocha à Sean son comportement. Les jours suivants, le ton devint plus chaleureux. Ils restaient de plus en plus longtemps au téléphone. Sean Penn commença à lui offrir des fleurs, des petits cadeaux. Il lui envoya même un télégramme chanté. Le messager poussa sa chansonnette puis conclut par ces mots : « Sean Penn aime énormément sa femme. »

Ils prirent bientôt les mesures qui d'après eux devaient sauver leur mariage. Sean Penn promit de prendre rendez-vous avec un conseiller matrimonial. Madonna promit de lui donner un enfant dans l'année. Le 16 décembre elle renonça officiellement à sa demande de divorce « sans préjudice », qu'elle pourrait relancer à n'importe quel moment dans l'État de Californie. Une semaine plus tard Madonna achetait pour trois millions de dollars la maison de Diane Keaton à Los Angeles, sur Roxbury Drive, et signait un contrat de dix millions de dollars avec Pepsi.

La maison de Madonna à Malibu a été décorée par son frère Christopher dans le même goût que son appartement de New York. Blanc, austère, lumineux, les sols recouverts de marbre, le mobilier et les tentures dans les tons ocre. Çà et là des objets anciens, art déco, chinois, français, de toutes origines.

Beaucoup de toiles aussi, dont une belle collection de Frida Kahlo que Madonna adorait pour son sens des couleurs, ses compositions mais surtout parce qu'elle s'identifiait à elle dont le mariage avec le célèbre peintre mexicain Diego Rivera avait été d'une rare violence. « J'établissais des parallèles, expliqua-t-elle un jour. En fait, elle était bancale physiquement et psychologiquement, moi pas. En revanche, elle était mariée à un homme exalté, passionné, qui la tourmentait. Même s'il l'aimait et la soutenait comme peintre, il y avait entre eux une sorte de concurrence. Il n'y avait pas beaucoup de femmes artistes à l'époque, et l'environnement latino-américain est plutôt machiste. C'était très dur pour elle de se forger une identité, de dépasser ça. Je me suis moi aussi, dans une certaine mesure, retrouvée confrontée à ce point de vue masculin du rôle de la femme dans un couple. Ce n'est pas un combat facile. Elle était très courageuse. Je l'admire et je me sens proche d'elle. »

Sous le regard torturé de Frida Kahlo, Sean Penn battit Madonna, l'attacha sur une chaise et l'abandonna à son sort, raconte-t-on. Elle resta ainsi neuf heures, jusqu'à ce qu'un membre de la maison, rentré tard ce soir-là, l'entendant appeler au secours, se précipite pour la libérer.

Le 28 décembre 1988, le shérif de Malibu reçut un appel signalant un incident chez les Penn. Sur place, la police fut accueillie par Madonna qui, suivant les propres termes d'un des officiers qui assista à la scène, était « en pleine crise d'hystérie. Ses vêtements étaient déchirés. Elle portait des entailles au visage et saignait. Son cou, ses bras, son dos, ses jambes étaient couverts de bleus ».

Madonna fit sa déposition et porta plainte contre son mari pour coups et blessures. Douze jours plus tard, convoquée devant le juge Lauren Weiss en charge de l'affaire, elle renonça à ses poursuites.

En fait, le revirement de Madonna n'a rien d'étonnant quand on sait que quatre-vingt-dix-huit pour cent des femmes battues par leur mari ou compagnon retirent leur plainte. Certaines poursuivent même leur relation avec leur tortionnaire jusqu'à l'issue fatale. D'après Elisabeth Peck, historienne et spécialiste de ces questions, le problème des violences conjugales fut posé pour la première fois dans les années 20. Les femmes, affirma-t-on à l'époque, continuaient à vivre avec leur bourreau parce qu'elles étaient « bêtes ou mentalement attardées ». Dans les années 40, on prétendit qu'il ne pouvait s'agir que de personnes à tendances masochistes qui aimaient subir des violences. Dans les années 70, on estimait que les femmes battues restaient avec leur mari parce qu'elles étaient isolées de leur famille, de leurs amis, de leurs voisins, qu'elles n'avaient pas les moyens socio-économiques de les quitter.

Elles étaient conditionnées par la répétition des violences à n'attendre de secours de personne.

Lenore Walker, autre spécialiste de la question, auteur de *La Femme battue*, explique qu'« une fois que la femme est entrée dans ce cycle de dépendance, ce qu'elle perçoit devient en quelque sorte sa réalité, elle sombre alors dans la passivité, la soumission, sans aucun moyen de s'en sortir ».

En apparence, Madonna ne correspondait pas au profil type de la femme battue. Elle était financièrement indépendante, elle n'avait pas d'enfant avec Sean Penn, elle aurait pu se réfugier dans une autre de ses maisons, elle avait à sa disposition toute une armée d'avocats, elle était entourée d'amis prêts à la soutenir moralement. À l'époque de ces violences, on ne peut pas même dire qu'elle soit restée avec son mari par amour, mais plutôt par entêtement, même si elle a proclamé, au moment où elle renonçait à divorcer, qu'ils étaient de « la même race ». « L'amour est toujours une bénédiction, concluait-elle. Même s'il vous brise le cœur. »

En réalité, Madonna, toujours farouchement déterminée à réussir tout ce qu'elle entreprenait, ne voulait pas reconnaître qu'elle avait commis une erreur en épousant Sean Penn. Se confiant à un prêtre de Los Angeles qui avait été officieusement son directeur de conscience, Madonna lui demanda si elle risquait l'excommunication en voulant divorcer, et ceci même si le mariage n'avait pas été célébré à l'église. Le prêtre lui répondit qu'il était toujours possible, en cas de mariage religieux, de demander son annulation au pape. En privé, cet ecclésiastique confiera à l'un de ses confrères que divorcer d'un homme qui « la bat était sans doute moins offensant pour Dieu que toutes ses autres cabrioles ». Madonna attendit d'être convaincue que la situation était vraiment désespérée pour prendre la décision en son âme et conscience d'en finir avec son mariage.

Le 9 janvier 1989, Sean Penn, sous l'emprise de l'alcool, fit une autre scène à propos de la « gouine » de sa femme, se référant à Sandra Bernhard qui partageait à ce moment-là la vie du couple dans la maison de la chanteuse à Malibu. La police intervint à nouveau pour ce qu'ils devaient qualifier de « problèmes domestiques ». Ils suggérèrent gentiment à Sean Penn de s'éloigner quelque temps, de s'installer chez des amis ou des proches jusqu'à ce que tout rentre dans l'ordre. Il obtempéra et partit chez ses parents, qui résidaient dans le coin. Le soir même, il s'introduisait par effraction chez sa femme et reprenait sa rengaine. Cette fois-ci, Madonna réussit à le calmer en demandant à Sandra Bernhard de partir.

Le lendemain, soit le 10 janvier, alors que Sean Penn était sorti faire un tour, Madonna appela ses avocats pour leur demander de relancer la procédure de divorce devant la cour de Santa Monica. « Je n'en peux plus. Sandra est partie, je ne sais pas comment m'en sortir toute seule. »

Elle fit changer les serrures et appela Eileen Ryan, la mère de Sean Penn, pour la mettre au courant de son intention.

Le dossier fut déposé le jour même, les avocats de Madonna rapportèrent la demande aux événements du 28 décembre. D'après la législation californienne, fondée sur le principe de la communauté, Sean Penn aurait pu demander et obtenir la moitié de toutes les sommes que Madonna avait gagnées pendant la durée du mariage, mais il refusa d'emporter quoi que ce soit. « Je m'en vais, dit-il, et je ne veux pas le moindre centime. Tu peux tout garder. »

Une fois divorcée, Madonna reconnut que l'échec de son mariage avec Sean Penn avait été la « plus grande faillite de sa vie » et qu'il était un des rares hommes qu'elle respectait encore. « Il avait des couilles », ajouta-t-elle.

Le 20 mars 1989, sortait l'album *Like a Prayer* dédié à sa mère, « qui m'a appris à prier ».

En avril 1989, Madonna commença le tournage de *Gosses des bas-fonds*, une adaptation pour la télévision de l'œuvre de Damon Runyon, *Bloodhounds of Broadway*. Tony Longo, qui tenait le rôle de Crunch Sweeney et fut brièvement l'amant de la star, n'eut pas à se plaindre de sa générosité. Madonna, qui le raccompagnait un jour chez lui, fut choquée de le voir vivre dans un coin pourri de Los Angeles. Sans qu'il n'ait rien demandé, elle insista pour lui avancer l'argent nécessaire à l'achat d'un autre appartement.

En 1990, peu de temps avant la sortie de *Gosses des bas-fonds*, Howard Brookner, réalisateur et scénariste du film, mourut du sida. Madonna en fut bouleversée. Howard Brookner s'ajoutait à la longue liste de ses amis fauchés par la maladie. Le mauvais accueil de la presse blessa plus Madonna dans son amitié pour le défunt que dans son amour-propre. Ce fut probablement une des rares fois dans sa carrière où elle ignora les critiques. Elle se mit aussitôt en quête d'un rôle au théâtre ou au cinéma, un projet sérieux qui lui permettrait d'évacuer son angoisse. Elle annonça peu de temps après qu'elle interpréterait une victime de la Shoah dans un film qui devait s'intituler *Triumph*. Les discussions n'aboutirent jamais.

Simple coïncidence ou subtil coup de pub, Madonna commença peu après à sortir avec Warren Beatty. L'acteur décida, contre l'avis de ses partenaires financiers, de lui confier le rôle de Breathless Mahoney dans son *Dick Tracy*. Elle dira de Breathless la même chose que pour Evita, à savoir qu'elle avait « travaillé le rôle toute sa vie ». « C'est une fille qui a peur, expliquera Madonna. Une séductrice mal dans sa peau. »

Warren Beatty et Stephen Sondheim étaient amis depuis une dizaine d'années. Stephen Sondheim avait écrit la musique de *Reds*, le film où Warren Beatty met en scène la vie de John Reed, ce journaliste américain qui avait couvert la Révolution russe et propagé dans ses écrits les idées du Parti communiste naissant. Warren Beatty et Stephen Sondheim travaillèrent en parfaite symbiose sur *Reds*. Les musiques collaient exactement aux images et aux intentions de l'acteur-réalisateur. Les choses se passèrent moins en douceur sur *Dick Tracy*.

Madonna trouva que les trois chansons que Stephen Sondheim avaient composées pour le film étaient trop difficiles à chanter. « Il écrit avec une sorte de frénésie chromatique, expliquera-t-elle. L'une des chansons, par exemple, ne comptait pas moins de cinq dièses. Une autre, plutôt dans le genre réaliste, était une espèce de slow triste, le truc qu'on chante dans un club enfumé à trois heures du matin devant une salle pratiquement vide. Un machin mélancolique au piano. »

La troisième chanson était d'humeur plus guillerette avec un tempo plus enlevé, assez rigolote, dans le style de *Diamonds Are a Girl's Best Friend.* Madonna interpréta *What Can You Lose* en duo avec Mandy Patinkin, son pianiste dans le film, qui avait joué *Sunday in the Park with George* à Broadway. Il avait aussi tenu le rôle du Che dans Evita à New York.

Dick Tracy ne connut pas le même succès que des films dans la même veine comme *Batman* ou *Superman.* Mais Madonna s'en tira avec des critiques acceptables, ce qui lui redonna du poil de la bête quant à son avenir au cinéma.

En 1990, Robert Stigwood essayait toujours de monter *Evita* au cinéma. Lors d'un déjeuner au Palazzo, un restaurant de Hollywood, avec Sid Bernstein, Alan Grubman et Freddie Gershon, l'ancien président de Stigwood Productions, le nom de Madonna revint à nouveau dans la discussion. Elle était peut-être la « seule actrice qui pouvait donner corps au projet ». Mais les demandes de Madonna en matière musicale et sa conception du film étaient pour le moins jugées excessives. Elle avait rencontré Andrew Lloyd Webber, l'auteur de la partition, et se l'était immédiatement mis à dos en exigeant que tout soit réécrit pour mieux coller à son image et s'adapter à son registre vocal plutôt limité. Comme Andrew Lloyd Webber le fit remarquer après la rencontre : « Madonna voulait qu'Evita soit revue et corrigée pour en faire du Madonna. » Madonna battit rapidement en retraite voyant que Webber possédait, à juste titre, un ego au moins aussi gros que le sien.

Mais malgré cet incident, Madonna continua à être la seule prétendante sérieuse pour le rôle. Les studios Disney décidèrent alors de se retirer du film. « Disney avait peur que les budgets ne soient pas tenus, explique Alan Grubman, l'avocat qui suivit l'affaire à l'époque. Ils se méfiaient des comédies musicales qui n'ont jamais été de gros succès au box-office. Ils étaient persuadés de ne jamais revoir leur argent. »

Ajoutons à cela que ni le film *Dick Tracy* ni la performance qu'y faisait Madonna dans le rôle de Breathless Mahoney n'avaient impressionné Disney. En fait, de l'avis des négociateurs, il s'agissait d'un problème que Madonna et Disney devaient résoudre directement entre eux. En clair, Madonna devait reconsidérer ses exigences financières à la baisse et offrir d'autres garanties qui auraient pu satisfaire ses commanditaires. Madonna refusa-t-elle ou ne parvint-elle pas à se faire entendre ? Toujours est-il que Disney abandonna le projet.

Après le retrait de Disney, le projet passa à la Paramount qui elle aussi s'inquiéta des coûts. L'un des dirigeants se souvient de leurs préventions à l'époque : « Si la profession avait vraiment cru que le film pouvait se faire à quinze millions de dollars, tout le monde se serait jeté dessus. Mais ça sentait le film à problèmes. Madonna est une professionnelle, mais c'est aussi une grosse star. Si le réalisateur se mettait à faire des concessions, on allait rapidement se retrouver avec un film dans les trente millions. » *Evita* coûta en définitive soixante millions de dollars.

Robert Stigwood sur la touche, Oliver Stone revint sur le devant de la scène. S'étant déjà grillé une première fois en 1988, Oliver Stone commença par approcher l'entourage de du président Carlos Menem pour décrocher l'autorisation de tourner en Argentine. Il embaucha ensuite Loretta Crawford, célèbre directrice de casting, et lui demanda de proposer à Madonna un million de dollars de cachet. De ce jour, Oliver Stone accumula les problèmes. Le président Menem refusa l'autorisation demandée. Andrew Lloyd Webber et Tim Rice se déclarèrent contre le choix de Madonna pour interpréter le rôle titre. C'était l'impasse. Oliver Stone laissa à nouveau tomber le projet quand les scénaristes de Hollywood se mirent en grève.

Après la sortie en 1991 de *In Bed with Madonna*, le documentaire d'Alek Keshishian sur le *Blond Ambition Tour*, et le petit succès d'estime rencontré par sa prestation dans *Dick Tracy*, Madonna commanda deux scénarios, l'un sur Frida Kahlo, l'autre sur Martha Graham, deux femmes qu'elle admirait profondément et avec lesquelles elle se sentait de grandes affinités. La rumeur courut à l'époque que Madonna était en discussions avec Jay McInerney pour jouer dans un one-woman show tiré de son roman *Toute ma vie*.

Pendant que Madonna négociait une option sur le bouquin de Jay McInerney, Penny Marshall lui proposa un petit rôle dans son film *Une équipe hors du commun*, avec Tom Hanks, Geena Davis et Rosie O'Donnell. L'histoire se passe pendant la Seconde Guerre mondiale et met en scène une équipe de base-ball féminin qui joue en remplacement de l'équipe masculine dont les membres sont à la guerre. Madonna est Mae Morabato, une jeune Italienne férocement patriote qui frappe de beaux coups, mâche du chewing-gum et danse le boogie-woogie dans les cantines militaires. Une fois de plus, Madonna affirma qu'elle était « née pour interpréter le rôle ». Dans une interview accordée en 1992 à Simon Banner du *Daily Mail*, Madonna proclama qu'il s'agissait d'un « film féministe ». Elle se contredit quelques minutes plus tard, raconte Simon Banner, en déclarant que ce n'était « pas très amusant de jouer avec toutes ces femmes qui cherchaient la lumière des sunlights. En vérité, j'aurais préféré avoir deux partenaires masculins. Je suis certaine que les deux autres filles pensaient la même chose même si elles n'ont rien dit ».

Les recettes du film s'élevèrent à cent quatre millions de dollars. Ce fut le succès de l'été 1992. Madonna, dont le rôle n'était pas sans rappeler celui qu'elle avait tenu dans *Recherche Susan désespérément*, reçut de bonnes critiques.

Il est aisé de comprendre pourquoi Madonna se croyait destinée à devenir une star du cinéma. Sur scène, elle débordait d'imagination, s'entourait de gens qui lui faisaient ses décors, lui dessinaient ses costumes. Elle dansait sur des chorégraphies originales et chantait des tubes entraînants dont les paroles allaient droit au cœur de ses fans. En se lançant dans le cinéma, Madonna fit l'erreur, non pas de prendre pour modèle Carole Lombard, Judy Holliday, Marilyn Monroe ou même Marlene Dietrich, mais de croire qu'elle pouvait jouer du même talent que dans ses clips. Or un clip ne dure que quatre minutes et demie, contre une heure et demie voire deux heures pour un film. *Open Your Heart* est sans doute une des vidéos les plus étonnantes. Madonna y incarne les fantasmes de tous les adolescents mâles et sans doute les désirs les plus secrets de tous les hommes en âge de procréer. Avec Jean-Baptiste Mondino à la réalisation, Pacal Lebège à la photo et Richard Sylbert au finish, qui s'était déjà taillé une jolie réputation avec *Carnal Knowledge*, le clip nous offre une Madonna en danseuse de peep-show. Elle s'expose sur une chaise devant une bande de voyeurs, de pervers en tout genre. Madonna s'y inspire une fois de plus de la belle Marlene et des cabarets glauques de l'Allemagne d'avant-guerre. Madonna y délivre son message préféré : celui de l'ascendance sexuelle des femmes sur les hommes, de leur supériorité. En quatre minutes, *Open Your Heart* nous raconte une histoire complexe comprenant plusieurs intrigues et plusieurs niveaux de lecture.

Paul Gambacinni, le Monsieur rock & roll de la BBC, estime que Vincent Canby du *New York Times* se trompe quand il reproche à Madonna de ne pas faire de bons films. Il oublie toutes ces compositions remarquables. « Quand on y pense, commente Paul Gambacinni, Walt Disney a obtenu la plupart des ses Oscars pour des films courts. Il n'y a rien de dégradant à faire de longs clips. C'est comme une nouvelle. Madonna est excellente quand il s'agit de marquer les esprits. Elle est moins bonne lorsqu'il faut incarner un personnage, en exprimer toute la substance. En clair, elle sait comme personne subjuguer avec des images chocs mais ne lui demandez pas comment elle fait parce qu'elle n'en a aucune idée. »

En 1992 et 1993, Madonna eut la mauvaise idée de donner une autre ampleur à ses clips érotiques en se lançant dans une trilogie sado-maso sur trois supports différents : un livre, une vidéo et un film.

En 1992 sort *Sex*, le livre sulfureux, en même temps que la vidéo et le disque *Erotica*, dont le succès pâtira de l'accueil pour le moins réservé fait au livre. La « déesse » s'est égarée, oubliant ce qu'elle était, ou plutôt ce qu'elle représentait aux yeux de son public.

Dans *Sex*, le photographe Steven Meisel dévoile une Madonna dans des positions nettement compromettantes en compagnie de partenaires des deux sexes, connus ou inconnus. Le livre fut mal reçu par les fans non seulement à cause de son contenu pornographique mais aussi parce qu'ils avaient l'impression d'avoir été trahis alors qu'elle franchissait allègrement la frontière entre humour et mauvais goût. D'autres trouvèrent en revanche qu'elle en avait promis plus qu'elle n'en donnait. Pour la première fois depuis ses débuts, Madonna paraissait céder à de basses considérations commerciales.

Et comme si ça ne suffisait pas, Madonna se lança dans l'aventure de *Body of Evidence*, film commis par Uli Edel, qui met à rude épreuve le sens du ridicule. Lors d'une projection au Colombus Circus de New York, Madonna fut littéralement jetée hors de la salle par les spectateurs qui la huèrent copieusement, sifflant, imitant des bruits d'animaux quand elle apparut à l'écran, s'envoyant scrupuleusement en l'air à grands renforts d'accessoires, menottes, cire chaude et verre brisé. Madonna était au creux de la vague.

Le film aurait au moins pu devenir un film culte. Mais ce ne fut pas le cas, sans doute, explique un des producteurs, à cause de la présence de Joe Mantegna et Willem Dafoe, deux acteurs confirmés, qui ne virent dans la présence de Madonna à l'affiche qu'une bonne occasion d'attirer les foules.

Le film portait le même titre que le best-seller de Patricia Cornwell, même si la production s'était engagée auprès de l'auteur à le changer en *Deadly Evidence*, ce qui évidemment ne fut jamais fait. L'occasion était trop belle de jouer sur les mots « *Body of Evidence* » puisque pour le coup le corps de Madonna devait se transformer en arme fatale. Certains pensèrent que le film s'inspirait en fait de *Sex*, des textes qui accompagnaient les photos, oubliant que Madonna n'aurait jamais écrit des dialogues aussi insipides. Réplique mémorable entre toutes, celle que jette à un moment Madonna à Willem Dafoe : « Est-ce que tu as déjà vu des animaux faire l'amour ? »

Au fond, la seule véritable question à propos de cette trilogie du sexe, c'est pourquoi Madonna, à ce moment de sa carrière, a-t-elle décidé de se lancer dans ce qui n'était ni plus ni moins qu'une entreprise érotique. Apparemment, il ne vint à l'idée de personne à l'époque d'accuser Madonna d'avoir voulu imiter Sharon Stone qui venait de se tailler un beau succès dans *Basic Instinct*, film sorti en 1992. *Basic Instinct* possédait une trame beaucoup plus solide que *Body of Evidence*, jouait moins ouvertement la carte du sexe pour le sexe, et Sharon Stone y donnait une interprétation de la nymphomane vénéneuse autrement plus convaincante, non sans une certaine profondeur et une bonne dose d'humour.

Dans le film, Madonna était Rebecca Carlson, une femme plutôt violente qui vivait dans une maison sur l'eau et réglait leur compte aux cardiaques avec ses acrobaties sexuelles. Il ne fait aucun doute que Madonna, après le clip de *Bad Girl* – une femme qui se servait de son corps comme d'une arme –, se soit sentie en mesure de reproduire dans *Body of Evidence* la même alchimie qui avait fait le succès du clip.

Chose curieuse, Madonna, avant de tourner le film de Uli Edel, avait toujours affirmé préférer les films mettant en scène la passion aux films violents. Elle s'était aussi fait le porte-parole des critiques européens qui jugeaient les Américains incapables de traiter du désir dans leurs films. « Il arrive toujours quelque chose, soutenait-elle à l'époque, ça devient violent, le couple se sépare. Je n'aime pas jouer dans des films violents. Je suis attirée par les rôles de femmes fortes, des rôles où la femme n'est pas traitée en victime. Tout ce que je fais doit être un hymne à la vie. »

Madonna passa aussi sous silence les vraies raisons pour lesquelles elle accepta de faire une exception avec *Body of Evidence*. Elle voulait donner la réplique à Dafoe et à Mantegna, deux acteurs qu'elle admirait. Mira Rostovo, la professeur de théâtre de Madonna, peu impressionnée par les considérations philosophiques de la chanteuse sur le métier d'acteur, donna une explication des plus simples à l'échec qu'elle venait d'essuyer : « Cette fille ne sera jamais une bonne comédienne. Elle est trop vulgaire et elle sait toujours tout sur tout. »

Le jeu de Madonna est outrageusement narcissique. S'il y a quelque chose de positif à retirer de ce film, c'est qu'il rappelle au spectateur qu'un bon jeu d'acteur ne laisse jamais entrevoir le travail du comédien. Dans *Body of Evidence*, le spectateur peut lire dans la tête de Madonna à chaque fois qu'elle sort une réplique. Ne disposant que de deux expressions pour tout le film – renfrognée ou au comble de la jouissance –, qu'elle soit habillée en petite fille modèle ou les seins à l'air et la main dans ses panties, en feignant systématiquement de se masturber. Elle dit son texte de la façon la plus fausse possible, forçant les spectateurs à tendre l'oreille pour entendre son maigre filet de voix qui tente de simuler les plus violentes explosions. En sortant de la projection de *Body of Evidence*, il n'y a qu'un commentaire obligeant à faire sur Madonna : elle aurait fait une merveilleuse actrice au temps du cinéma muet. Magnifique danseuse, Madonna se déplace avec beaucoup de grâce dans toutes les scènes qui se jouent à la verticale et avec beaucoup de science dans toutes celles qui se jouent à l'horizontale.

Après *Body of Evidence*, Madonna, au lieu de se retirer dans un couvent pour une âpre méditation, se lança dans de sérieuses négociations avec Abel Ferrara, le réalisateur de *Bad Lieutenant*, film dans lequel une religieuse se faisait violer sur l'autel. De toute évidence, cette scène à elle seule avait déterminé Madonna à approcher Ferrara pour qu'il lui taille un rôle à sa mesure. Mais les discussions ne débouchèrent sur rien. Pedro Almodovar parut un instant s'intéresser à Madonna pour la distribution d'un de ses films. Le choix ne paraissait pas absurde puisque Pedro Almodovar travaille généralement sur des personnages féminins singulièrement névrosés ou sexuellement déjantés. Le problème, d'après l'entourage du réalisateur espagnol, vint des autres acteurs et actrices de l'équipe. Ils s'opposèrent à la venue de Madonna, craignant que la qualité du film n'en pâtisse mais laissant aussi entendre que ni le public ni la critique ne voudraient prendre une telle production au sérieux. Un figurant argentin qui travailla sur *Evita* avant de tourner sous la direction d'Almodovar dira de la star : « Elle osait y aller avec sa voix au registre limité et ses maigres connaissances en matière de jeu, alors que nous, avec nos manuels et tout notre talent, on était paralysés. Elle me donnait l'impression d'une personne handicapée qui se bat contre l'adversité pour mener une vie normale. »

En 1993, Madonna parvint finalement à travailler pour Abel Ferrara, qui la dirigea dans *Snake Eyes*. Le résultat fut à nouveau décevant. « Il a complètement changé la fin au montage, expliqua Madonna après la sortie du film. Quand j'ai vu la version définitive, j'ai pleuré. C'était comme si j'avais reçu un coup de poing dans l'estomac. Si j'avais su que c'était sur ça que je travaillais, je n'aurais jamais fait ce film. »

À ce moment de son histoire, plus rien n'intéressait Madonna. Elle pouvait tout s'offrir sauf peut-être la seule chose qui lui manquait vraiment : être une actrice crédible. Elle avait trente-cinq ans, pas d'enfant, aucune perspective sentimentale qui aurait pu combler son désir d'être mère. Il y avait eu trop d'hommes, trop de femmes dans sa vie. Elle trouverait toujours des légions de volontaires pour passer la nuit avec elle mais personne, vu son passé, pour accepter de s'engager à long terme. Cette perspective désolante plus l'échec de son mariage l'amenaient à une constatation : il fallait qu'elle se prouve à elle-même qu'elle n'avait pas passé toutes ces années à se frayer un chemin vers la gloire, sacrifiant tout au passage, famille et amis, pour se retrouver seule. Elle avait subitement besoin d'exprimer ce qu'elle ressentait et elle ne trouvait personne à qui parler, à qui se confier.

En 1994, Madonna Louise Veronica Ciccone, la créature féline qui avait su se glisser dans la psyché de toute une génération de fans, avait déjà dépensé huit de ses neuf vies.

CINQUIÈME PARTIE :

BLOND AMBITION

CHAPITRE 1

« Elle ne parlait pas beaucoup », chante le Che, interprété par Antonio Banderas, à propos d'Eva Perón dans le film *Evita*, mais, ajoute-t-il, « ce qu'elle disait, elle le disait avec force ». Dans une autre chanson, le Che constate qu'Eva Perón représente la plus belle ascension sociale depuis Cendrillon.

Ces deux citations pourraient tout aussi bien s'appliquer à Madonna. La plupart des textes chantés soit par Madonna dans son rôle d'Eva Perón, soit par les autres personnages qui suivent son ascension, sont en fait du pur Madonna. La première fois qu'Eva Duarte rencontre Juan Perón, par exemple, lors d'un concert de charité en faveur des victimes du terrible tremblement de terre de San Juan, Madonna chante : « Je serai douce avec toi, étonnamment douce avec toi. » C'est exactement ce qu'aurait pu dire la star à Guy Ritchie après leur rencontre et durant la période tumultueuse pendant laquelle il résista à ses avances. Lors du même concert de charité, Eva tombe par hasard sur Magaldi, le chanteur de tango ringard qui l'avait sortie de Junin pour l'amener à la capitale.

« Tu n'as pas changé, dit-il en s'émerveillant.

— Toi non plus, réplique Eva en le considérant de la tête aux pieds. »

Le Français Darius Khondji avait été directeur de la photo sur le film *Delicatessen*. Bernardo Bertolucci, impressionné par son travail, l'avait engagé sur *Beauté volée*. Alan Parker, qui l'avait remarqué sur ces deux films, l'embaucha pour tourner *Evita*.

Pour Alan Parker, *Evita* était bien plus un opéra baroque qu'une simple comédie musicale. Darius Khondji décida d'emblée d'axer son travail sur la seule vie d'Eva Perón. Il s'agissait pour lui de restituer l'atmosphère dure sinon misérable du Buenos Aires de l'époque : « Je voulais quelque chose de cassé, à l'image de cette vie que nous racontions dans le film, expliquera-t-il. En fait, c'était quelqu'un de brisé. Il fallait donner un contour à tout ça... pas de belles images bien léchées mais quelque chose de plus cru, un certain minimalisme dans les éclairages. »

Darius Khondji, un peu comme le fera Madonna avant le tournage, entreprit d'intenses recherches sur Eva Perón. Il visionna des dizaines d'heures d'actualités, étudiant tout particulièrement les images du rassemblement des *descamisados* en 1951, ces ouvriers qui furent les principaux soutiens de Perón, pour créer sa lumière. Il analysa aussi les images de la grande manifestation de Buenos Aires, après l'arrestation de Juan Perón, qui rassembla plus d'un million de personnes pour demander à Evita de ne pas retirer sa candidature à la vice-présidence. C'est encore avec la même méticulosité que Darius Khondji décortiqua la scène au cours de laquelle Eva Perón devait finalement renoncer à sa candidature et l'annoncer à la foule depuis le balcon de la Casa Rosada : « Des projecteurs balayaient la foule, raconte-t-il. Je m'en suis servi pour le film. »

Darius Khondji décida, avec l'accord d'Alan Parker, d'éclairer Madonna dans le même style minimaliste et cru.

« Faire une exception pour Madonna afin qu'elle paraisse resplendissante aurait tué le film, explique-t-il. Pour éclairer Madonna sous son meilleur angle, j'aurais dû renoncer à l'atmosphère que je voulais imprimer au film.

Darius Khondji, sans se démonter, alla directement trouver la star pour discuter de ses options d'éclairage. Il l'avertit qu'elle ne serait probablement pas aussi bien éclairée que dans ses clips. Madonna, ce qui est tout à son honneur, accepta sans la moindre hésitation. Elle avait déjà travaillé avec Darius Khondji et respectait son travail. Dans son journal de tournage publié dans le *Vanity Fair*, Madonna raconte que Darius Khondji était sans doute la personne de l'équipe dont elle se sentait la plus proche. Elle adorait quand il était sur le plateau ou quand ils allaient prendre un verre ensemble après le boulot.

La chanson phare d'*Evita*, *Don't Cry for me Argentina*, avait été numéro un en Angleterre en 1977 dans l'interprétation de Julie Covington. En 1979, les Shadows en avait donné une version instrumentale avec cordes et harpe. Mais avec Madonna, les paroles paraissaient prendre une tout autre dimension pour les millions de personnes qui l'entendaient à nouveau. Certains passages pouvaient aussi bien s'appliquer à Madonna qu'à Eva dans leur ascension vers les sommets : « Gloire ou fortune n'avaient jamais été invitées à ma table... » Madonna fit un autre tube avec la chanson *You Must Love Me*, qu'Eva interprète pour répondre à ses détracteurs qui l'accusent de penser plus à elle-même qu'aux autres. La chanson, qui ne faisait aucune référence ni à Evita ni à l'Argentine, mena sa propre vie. Quand Magaldi chante *Beware of the City* à la jeune Eva Duarte, le public ne pouvait ignorer que ces paroles auraient pu s'adresser à la jeune Madonna quittant sa ville natale pour aller chercher la renommée à New York. Dans la même veine, *Another Suitcase in Another Hall*, dont Madonna fit aussi un succès en 1997, qui met en scène la vie nomade d'Evita à son arrivée à Buenos Aires, pourrait tout aussi bien s'appliquer à l'existence chaotique que mena la chanteuse à New York quand elle habitait dans des squats infestés de rats.

Dans le film, le Che chante *High Flying Adored* pour rappeler à Evita qu'elle fut : « un fantasme, une sainte et une fille des rues ». Madonna déclare : « J'avais tout accompli à vingt-six ans. » L'identification entre les deux femmes est alors totale. Madonna ayant effectivement rencontré son premier succès à vingt-six ans – soit six ans après son arrivée à New York.

Après trois mois de tournage éprouvants en Angleterre, en Argentine et en Hongrie, Madonna était de retour à Londres pour tourner les dernières scènes du film. Les caméras avaient été installées à l'intérieur la St-John Baptist Church, une église située dans une petite rue tranquille d'un quartier populaire, pas très loin d'un échangeur d'autoroute. Une poignée de curieux, bravant le froid londonien, se pressaient à l'extérieur du bâtiment autour des techniciens qui se réchauffaient comme ils pouvaient en buvant du café dans des gobelets en carton. À l'intérieur de l'église, une vingtaine de figurantes habillées en paysannes argentines, robes chatoyantes et foulard sur la tête, priaient silencieusement à genoux. Au-dessus de l'autel, une statue de la Vierge Marie, dorée à l'or fin, veillait derrière une barrière de cierges sur la foule des fidèles.

Madonna, le visage pâle et impassible, un petit chapeau sur la tête, était habillée d'un tailleur gris rehaussé de velours noir. Quand Alan Parker cria « Action », Madonna prit la tête, dans un silence impressionnant, d'une petite procession pour remonter de l'aile jusqu'à l'autel. Elle devait s'écrouler en arrivant devant la Vierge. Une clameur de surprise s'élèverait alors dans le silence des voûtes.

Alan Parker fit trente-deux prises de la même scène. Madonna était couverte de bleus. À chaque fois qu'elle tombait, elle faisait attention à ne pas casser le petit fétiche africain, le dieu de la Fertilité que lui avait offert le président Carlos Menem bien des mois auparavant, au début de cet incroyable périple cinématographique.

Ce fut une des scènes les plus difficiles à tourner mais aussi celle qui bouleversa le plus Madonna. À la fin du film, Madonna se sentit subitement triste à l'idée de quitter tous ces gens avec qui elle avait travaillé pendant des mois et qui avait fini par faire partie de sa famille. Dans la scène de la chute, le peuple apprenait qu'Eva Perón était irrémédiablement condamnée par la maladie. Madonna s'était totalement immergée dans le corps et l'âme de son personnage. En fait, cet état de langueur remontait bien avant son arrivée à Londres. Elle avait des nausées, des vertiges depuis qu'elle avait posé le pied en Argentine. Elle avait même failli s'évanouir au balcon de la Casa Rosada en plein play-back de *Don't Cry for Me Argentina*. S'accrochant fermement à la rambarde, elle avait attribué cette faiblesse passagère à Evita, ou tout du moins à son esprit, qui, comme elle l'avait déclaré à l'époque, « était entré dans [son] corps comme un missile, partant des pieds pour remonter [sa] colonne vertébrale avant de s'échapper par le bout de [ses] doigts, volant dans les airs en direction du peuple avant de regagner le paradis ».

« Je ne pouvais pas parler, avait-elle ajouté. J'étais à la fois très heureuse et très triste. Elle me hantait, elle me poussait à ressentir certains trucs. »

Lors du tournage qui eut lieu en Hongrie, les symptômes de Madonna s'étaient encore aggravés. Les nausées et les vertiges étaient devenus quotidiens. « C'était comme le mal de mer, expliquera-t-elle. Assez fort. On tournait en extérieur, on mangeait mal. Tout le monde se plaignait de maux d'estomac. J'ai pensé que je souffrais des mêmes troubles que les autres. »

Profitant de quelques jours de coupure à la fin de son séjour à Budapest, Madonna fit un crochet par New York pour aller consulter son médecin. Les résultats des analyses furent concluants. Elle n'avait jamais été en meilleure santé. Elle était enceinte de onze semaines.

Elle accusa d'abord le coup. Il lui arrivait souvent de ne pas avoir ses règles quand elle travaillait, probablement sous l'effet du stress, et la perspective d'être enceinte ne l'avait pas effleurée. Elle devait reconnaître un peu plus tard qu'elle n'avait rien fait non plus pour prendre ses précautions depuis l'échec des tentatives de fécondation artificielle à New York. « On aurait pu me mettre K.O. rien qu'en me soufflant dessus, racontera-t-elle. Ce n'était pas prévu que ça arrive à ce moment-là. J'étais déjà tellement occupée avec le film. Je ne voulais en rien compromettre le tournage. Et voilà que je me trouvais maintenant confrontée à une grossesse... C'était... comment dire ? Un sentiment du genre : "Mon Dieu, j'avais bien besoin de ça !" Mais je voulais un enfant depuis si longtemps. J'étais euphorique et en même temps très inquiète parce qu'il me restait encore quelques scènes de tango à interpréter qui risquaient de nuire au bébé. Tout le monde m'a soutenue. Au fond, j'avais bien préparé le travail qui me restait à faire et j'ai fini par me calmer. »

Alors qu'il restait encore six semaines de tournage, Madonna décida de mettre Alan Parker au courant. Il fut très heureux pour elle et l'assura immédiatement qu'il ferait tout ce qui était en son pouvoir pour lui faciliter la vie, les choses. Il fallait dès à présent prévoir de retailler certains costumes dans lesquels elle ne rentrerait bientôt plus. Alan Parker fut d'accord avec Madonna pour garder la nouvelle secrète le plus longtemps possible afin d'éviter tout nouveau déchaînement de la presse argentine. Seules les couturières, pour des raisons évidentes, et une partie de l'équipe furent mis au courant. Il fallait revoir le calendrier de certaines scènes.

Véritable miracle, la nouvelle ne transpira pas avant l'annonce officielle qu'en fit Liz Smith, avec l'autorisation de Madonna, le 7 avril 1996 dans les colonnes d'un journal de la profession. Madonna confirma l'information dont la presse britannique faisait ses choux gras depuis quelques jours seulement dix jours plus tard, le 17 avril. Alan Parker fit une déclaration affirmant que « toutes les dispositions avaient été prises pour lui assurer le plus grand confort et tenir les délais ». Il ajouta : « Madonna a été magnifique, d'un grand professionnalisme en donnant la meilleure interprétation de toute sa carrière. Je suis très heureux pour elle. »

Quand Madonna apprit qu'elle était enceinte, sa relation avec Carlos Leon durait déjà depuis un an et demi et semblait, du moins en surface, au beau fixe. Carlos Leon avait passé plusieurs week-ends à Londres pendant qu'elle enregistrait la bande originale du film. Il était aussi venu la voir à Buenos Aires où il avait fait de courts séjours. Ils se téléphonaient tous les jours quand ils restaient séparés trop longtemps. Pour Carlos Leon, il ne faisait aucun doute que l'enfant était de lui. Ses amis se souviennent qu'en apprenant la nouvelle, il était « au comble du bonheur ». D'origine cubaine, très proche de ses parents et de son frère aîné, il avait toujours grandi dans le respect de la famille. Il était fou de joie d'avoir un enfant de la femme qu'il chérissait.

Madonna avait toujours clamé qu'elle « aimait prendre l'ascendant sur les hommes ». Au début de leur relation, quand elle s'entraînait avec Carlos à la salle de gym ou dans son appartement de Central Park West, il la poussait jusqu'aux limites de sa résistance physique. Pour une femme qui avait l'habitude d'être autonome, ces deux heures d'exercices quotidiens ne semblaient pas la meilleure occasion pour nouer une histoire sentimentale. Mais Madonna se montrait particulièrement concentrée, disciplinée, obéissante. Carlos Leon avait affaire à une tout autre personne que celle que connaissaient ses fans ou les gens qui travaillaient avec elle. Elle se fiait totalement à lui. Elle le laissait diriger sans jamais jouer les stars exigeantes, capricieuses. Carlos Leon avait dédié sa vie à la condition physique, autant pour entretenir son corps que pour veiller sur celui de ses clients. Il n'avait pas l'air de se soucier qu'elle soit célèbre et riche. C'était l'amant idéal pour une femme qui manifestait le désir insatiable de se dépasser, d'aller de plus en plus haut, de plus en plus loin, de plus en plus fort. Madonna était heureuse en accomplissant son programme d'exercices : « Je suis toujours en train de courir dans tous les sens, dira-t-elle. Il n'y a que comme ça que je peux me détendre. Quand j'ai du temps libre, je fais de la gym. »

Tous ceux qui ont travaillé avec elle sur les plateaux de cinéma peuvent témoigner que quelle que soit l'heure à laquelle le tournage commence, même très tôt le matin, non seulement Madonna est toujours ponctuelle mais elle a déjà pratiqué deux bonnes heures d'entraînement physique. Ses proches estimèrent à l'époque qu'elle avait trouvé le compagnon idéal.

Lorsque Armando et Maria Leon arrivèrent de Cuba à New York avec leurs deux enfants, Armando Jr et Carlos, ce dernier n'était encore qu'un enfant. Doté d'un corps d'athlète, Carlos faisait dire à sa mère qu'il deviendrait un jour le « nouveau Arnold Schwarzenegger ». Maintenant qu'ils étaient en Amérique, Armando et Maria rêvaient de réussite pour leurs enfants. Après avoir finalement passé une maîtrise d'anglais, Armando père trouva un boulot d'employé dans une petite société de crédit puis grimpa rapidement les échelons pour en devenir le directeur. Maria avait toujours encouragé ses fils à faire du sport. En fait, aucun des deux ne se sentait attiré par les études. Armando Jr, qui recherchait la sécurité de l'emploi, entra au syndicat des portiers de New York. Il s'estima comblé quand il devint concierge dans un grand immeuble de l'Upper East Side. Carlos, quant à lui, avec son physique avantageux et ses dispositions athlétiques, n'eut aucun mal à répondre aux vœux de sa mère. Dès la fin du lycée, il intégra une salle de gym et se fit très rapidement une clientèle particulière. En 1994, à l'époque de sa rencontre avec Madonna, il gagnait très convenablement sa vie, plaisait aux filles et se retrouvait souvent dans des situations délicates avec ses clientes, des femmes plus âgées que lui ou des mannequins, loin d'être insensibles à ses charmes. Carlos Leon était heureux et fier de sa réussite dans le dur milieu des salles de sport ; il commençait à penser qu'il pourrait tenter sa chance comme acteur de cinéma.

Madonna, avec sa kyrielle d'amants des deux sexes, son mariage et son divorce à sensation avec Sean Penn, paraissait, à trente-cinq ans, être allée jusqu'au bout de ses rêves les plus fous. Mais elle n'avait toujours pas d'enfant. « J'ai besoin de quelque chose qui soit véritablement à moi, dira-t-elle une fois, quelque chose dont je puisse être fière. » Il y avait bien eu de nombreuses alertes pendant son mariage avec Sean Penn, mais, à son grand désespoir, aucune ne s'était concrétisée. Après son divorce, la presse commença à faire allusion à son « horloge biologique », parlant de son incapacité à donner la vie. Ces articles la blessèrent profondément. Elle s'inquiéta du fait qu'à trente-cinq ans elle n'avait toujours pas de relation stable, que le temps l'empêcherait bientôt de devenir mère. « J'avais l'impression que les gens se servaient de ça contre moi. "Regardez, elle ne peut pas avoir l'enfant qu'elle désire", des trucs comme ça... Dans les interviews, quand la question arrivait, je répondais : “Bien sûr que je veux un bébé, bientôt...” On avait l’impression que j’étais pressée par l’échéance alors qu’en réalité je ne faisais que répondre à la curiosité malsaine des gens qui m’interrogeaient. »

L’interview qu’elle donna à Norman Mailer est, sur ce point, d’une rare sincérité : « Quand vous êtes une personne incroyablement célèbre, vous ne pouvez faire quoi que ce soit qu’avec l’accord de tout le monde et dans un temps donné. Alors un jour vous avez besoin de disparaître, d’échapper au courant, de fuir l’opinion, de devenir grosse ou je ne sais quoi d’autre. »

Pour Madonna, avoir un bébé c’était quelque chose d’éternel, quelque chose que personne ne pourrait lui enlever. Elle soutenait qu’elle ne voulait pas avoir d’enfant sans père et élever, suivant ses propres termes, un « handicapé de la vie ». De nouveau pointait sous la rebelle qui ne vivait que pour choquer la petite-bourgeoise attachée aux bonnes vieilles valeurs catholiques. Pour Madonna, un enfant avait besoin de ses deux parents pour prendre un bon départ dans la vie. Elle voulait pour son enfant tout ce qu’elle n’avait pas eu.

En 1986, alors qu’elle jouait la pièce *Goose and Tom-Tom* au Lincoln Center avec Sean Penn, Oliver Stone travaillait à monter *Evita* au cinéma. Avec l’accord de Webber et Rice, il avait offert le rôle à Meryl Streep, qui avait brillamment passé son audition de chant. Elle renonça seulement quelques semaines avant le début du tournage arguant de son total épuisement. Oliver Stone proposa le rôle à Michelle Pfeiffer, qui quitta bientôt le projet en apprenant qu’elle était enceinte. En 1989, alors que son mariage avec Sean Penn était officiellement rompu, qu’elle sortait de son histoire avec Tony Ward, Madonna connut toute une série d’aventures avec des hommes parmi lesquels la star du basket Dennis Rodman. Celui-ci raconte dans son autobiographie *Bad As I Wanna Be* (« Aussi méchant que possible ») que Madonna l’inondait de fax du genre : « Rendez-vous dans trois semaines dans tel hôtel de Vegas pour me faire un enfant. »

Des années plus tard, Madonna, qui venait enfin de décrocher le rôle d'Eva Perón, attribuera en partie sa chance à la grossesse de Michelle Pfeiffer. Mais cette grossesse intriguait Madonna, Michelle Pfeiffer ayant adopté une petite fille, Claudia Rose, à peine un an avant qu'elle épouse le producteur de télévision David Kelley et tombe enceinte. Elle décida de suivre l'exemple de Michelle Pfeiffer, d'adopter elle aussi un enfant. Suivant des sources proches de la star, Madonna prit contact avec un avocat spécialisé et fit passer par son intermédiaire des annonces dans divers journaux européens et sud-américains : « Cherche mère désirant donner son enfant à adopter à une star de réputation internationale prête à payer le prix qui lui sera demandé. »

Mais en réalité ce que voulait Madonna, bien qu'elle affirmât être indifférente à la race de l'enfant, c'était un bébé bien à elle. Elle avait souffert toute sa vie du syndrome d'abandon. Elle envisageait la maternité à travers ce qu'elle avait vécu dans ses relations avec son père et sa belle-mère et son départ précoce de la maison. Autre versant du problème : la nature de ses relations avec les hommes. Elle avait toujours pris des petits amis ou des amants qui dépendaient financièrement d'elle. Son mari s'était déchargé sur elle de ses conflits intérieurs. Dans le couple qu'elle formait avec Carlos Leon, elle pensait imposer ses règles du jeu. Imaginez sa surprise quand il commença par refuser de renoncer à ses droits sur l'enfant Il acceptera finalement de ne pas exercer son droit de garde.

D'après l'avocat new-yorkais Raoul Felder, spécialisé dans les divorces et les problèmes de garde, ce genre d'accord où l'un des parents s'engage unilatéralement à ne pas exercer ses droits peut être facilement dénoncé : « Si Madonna meurt, explique-t-il, ou qu'elle devient impotente, physiquement ou mentalement, qu'elle n'est plus en mesure de remplir ses devoirs de mère, alors le père peut parfaitement demander à la justice de lui confier la garde de l'enfant. » Dans le cas de Madonna, maître Felder est d'accord pour considérer qu'il lui sera toujours possible de contourner un tel jugement. « Sauf en cas de mort, poursuit-il, il est difficile d'imaginer que Madonna manquera un jour de nounous ou de nurses pour s'occuper de l'enfant. »

Autre manière d'adapter la législation, l'accord financier passé entre la star et Carlos Leon qui garantit à Madonna que le père, bien qu'aimant, saura garder ses distances avec sa fille. D'après des sources proches du couple, Madonna, juste après l'accouchement, pratiqué par le docteur Paul Fleiss, le père de Heidi Fleiss, la « Madame Claude de Hollywood », insista pour que Carlos Leon et Lourdes subissent un test ADN. Elle voulait être certaine, après toute la publicité faite autour de ses multiples amants, que Carlos Leon était le père de l'enfant. Les tests ayant été positifs, Madonna lui aurait proposé un accord : une somme forfaitaire d'un million de dollars, à laquelle il faut ajouter une enveloppe d'au maximum cinq millions de dollars dans le cas où il voudrait se lancer dans une affaire, cette offre étant soumise à certaines conditions, dont la possibilité pour Madonna d'engranger un pourcentage des bénéfices si l'entreprise devient florissante.

Pour répondre aux allégations de la presse pour qui Carlos Leon n'était rien de plus dans la vie de la star qu'un donneur de sperme, Madonna déclara : « C'est comme ça que les médias aiment à me voir. Pour eux, je ne suis pas un être humain. Je n'ai pas de sentiments, et je me contrefiche de tout le monde. Je ne suis qu'ambitieuse, froide et calculatrice. C'est l'image que quelques malheureux se plaisent à me façonner. Ça ne me surprend pas... C'est une absurdité inventée par des gens qui ne savent rien. Je me sens incroyablement offensée. L'état de mes relations ou ce que je compte faire ne regarde personne. »

Mais la rumeur ne fit que s'amplifier avec l'interview accordée par Madonna à Alan Jackson et publiée à Londres dans le *Times Weekend Magazine* du 12 octobre 1996. Le journaliste fut frappé par l'absence totale de sentiments de la star lorsqu'elle parlait de Carlos Leon. Quand Alan Jackson lui demanda s'ils allaient se marier, Madonna répondit : « Je ne crois pas que le mariage soit une affaire de religion. C'est surtout une histoire d'argent. Il concerne les femmes incapables de se débrouiller financièrement et qui du coup deviennent la propriété d'un homme, s'engageant à l'aimer, l'honorer et lui obéir. Je ne vois dans le mariage qu'une institution sexiste, une façon de penser et de vivre sexiste. » Lorsque Alan Jackson lui fit remarquer qu'il n'y avait eu aucun impératif financier quand elle avait épousé Sean Penn, Madonna répliqua : « C'est vrai, mais j'étais plus jeune et je n'avais pas bien réfléchi à la situation. » Elle sourit et ajouta en soupirant : « Je pense que je n'y crois plus. Je vois mal la place que ça pourrait prendre dans ma vie. Si j'aime quelqu'un et que je veux vivre avec, ce ne sont pas un morceau de papier ou une quelconque cérémonie qui pourraient m'en empêcher. La réciproque est vraie... Le mariage c'est plus une demande de la société que la volonté de Dieu. »

Lourdes est très attachée à son père, à ses grands-parents paternels et à son oncle Armando Jr. Du coup, Madonna a tout fait pour que Carlos Leon ne soit pas absent de la vie de sa fille. Lourdes est aussi très proche de ses deux cousins, Anthony et Alexandra, respectivement âgés de six et quatre ans. En fait, elle paraît s'être parfaitement adaptée à sa double vie dans deux mondes extrêmement différents. Lorsqu'elle est avec sa mère, elle baigne dans le luxe, vit dans une grande maison blanche des beaux quartiers de Londres, entourée de nurses et de domestiques. Lorsqu'elle va voir son père à New York dans son modeste appartement, elle passe la plupart de son temps avec ses cousins ou ses grands-parents dans l'Upper West Side.

Quand Madonna est partie s'installer à Londres et est tombée amoureuse de Guy Ritchie, Carlos Leon s'est plaint de ne plus voir sa fille aussi souvent qu'il le désirait. Madonna lui a alors proposé de lui acheter une petite affaire dans la capitale anglaise pour qu'il se rapproche de Lourdes. La presse britannique a commencé à se répandre, parlant de problèmes entre Madonna et Guy Ritchie. Le fait est que Madonna était tiraillée entre l'envie de vivre avec l'homme qu'elle aimait et la nécessité de rester aux États-Unis pour le bien de sa fille. D'après certains membres de la famille de Carlos Leon,

Madonna avait décidé de revenir à New York ou au moins d'y passer plus de temps, avant qu'elle ne découvre qu'elle était enceinte de Guy Ritchie. Carlos Leon semble, jusqu'à maintenant, avoir accepté cette situation. Quand Madonna fut obligée de se rendre à New York pour la première de *Un couple presque parfait*, Carlos Leon vint à Londres pour rester avec Lourdes. Il fut aussi invité au mariage de Madonna et de Guy Ritchie en Écosse.

Carlos Leon a décroché quelques rôles ici ou là. Il a fait ses débuts dans la série de Don Johnson, *Nash Bridge*. On a pu le voir dans deux films où il faisait de brèves apparitions, *The Big Lebowski* et *Wishmaster 2 : Evil Never Dies* de Jack Sholder, sorti uniquement en vidéo.

Bien après qu'*Evita* a commencé sa longue carrière sur les scènes du monde entier, après la naissance de Rocco, le fils qu'elle a eu de Guy Ritchie, Madonna reste convaincue que sans son voyage à Buenos Aires et le petit dieu de la Fertilité en ébène que lui offrit le président Carlos Menem elle n'aurait jamais eu d'enfants. « *Evita*, c'était un vrai défi, raconte-t-elle. C'était une quête de moi-même, très éprouvante émotionnellement, qui a duré plusieurs années. Un apprentissage pendant lequel j'ai dû aller puiser au plus profond de mes ressources créatrices. C'était vraiment épuisant et très intimidant. Je ne m'étais jamais impliquée à ce point dans un projet. Depuis le début je me suis retrouvée plongée dans un autre monde – j'avais quitté l'ancien pour toujours. Plus encore, cet événement a totalement bouleversé ma vie et m'a apporté une énorme joie puisque juste après j'ai eu mes deux enfants. »

Une nouvelle fois, pour Madonna, il n'y avait aucun doute dans son esprit que tout ce qui lui était arrivé à partir du moment où elle s'était embarquée dans ce projet elle le devait à l'influence spirituelle d'Eva Perón.

CHAPITRE 2

Madonna remporta un Golden Globe pour *Evita* mais ne fut même pas nominée aux Oscars par l'Academy of Motion Picture Arts and Sciences, un affront qu'elle n'a toujours pas digéré. « L'Académie a eu la frousse, dit-elle simplement. Je n'étais pas assez politiquement correcte pour faire un speech sur les opprimés. Malheureusement pour moi, enfin dans mon idée, quand on vous donne un Oscar, c'est pour votre travail d'acteur. »

Un membre de l'Académie, un comédien de tout premier plan, adoré du public, qui a préféré garder l'anonymat, réagit en ces termes : « Madonna a parfaitement raison. On donne un Oscar pour récompenser la qualité d'une interprétation. Si c'est le cas, on vous le décerne. Elle n'était pas assez bonne dans ce film, c'est tout. »

Inébranlable, Madonna continua cependant à rechercher des rôles dont elle se sentait proche. Peu après la naissance de Lourdes, elle s'investit dans plusieurs projets de films dans le cadre de sa société de production Maverick Films. « Je m'intéresse au cinéma qui reste, a-t-elle déclaré, aux films de réalisateurs comme Martin Scorsese, pas à ces produits sans intérêt que Hollywood nous sert en ce moment. » Elle travailla à l'époque sur *Dino*, d'après un scénario de Martin Scorsese adapté de la pièce d'Oliver Mayor *Blade to the Heart*, ainsi que sur l'adaptation du roman de Jennifer Bell *Going Down*. Aucun d'eux ne dépassa jamais le stade des discussions. Après ces tentatives avortées, Madonna s'enthousiasma pour l'histoire de Libby Holman, une chanteuse réaliste des années 20/30, soupçonnée du meurtre de son mari, Zachary Smith Reynolds, l'héritier de la fortune des tabacs R.J. Reynolds. Libby Holman fut finalement acquittée lors d'un procès retentissant. La presse parla encore longtemps après son retrait de la vie publique de ses amours homosexuelles avec un certain nombre de femmes célèbres dont Tallulah Bankhead, Joséphine Baker ou Jeanne Eagels. Madonna se sentait, disait-elle, une « parenté » avec Libby Holman parce qu'elle avait, comme elle, subi « le ridicule et la honte » en réponse à un comportement non-conventionnel – en particulier sexuellement –, qu'elle aussi avait connu un « drame terrible » et qu'elle était animée de la même « passion ».

Après le projet sur Libby Holman, qui tomba à l'eau, Madonna s'intéressa au roman de Kristin McCloy, *Velocity*, l'histoire d'une jeune femme qui, après avoir perdu sa mère, revient chez elle pour renouer avec son père. « C'est ma vie, expliqua Madonna. En pleine tragédie, le personnage tombe amoureuse d'un homme qui ne lui convient pas du tout. Je me sens proche de ça, surtout quand la fille se plante avec ce mec et qu'à la fin, elle revient vers son père, ce que je trouve particulièrement émouvant. »

L'auteur, craignant que son intrigue ne suffise pas à séduire Madonna, s'était arrangée pour que la star sache qu'elle avait écrit son livre en gardant deux photos sous les yeux : celle du Dalaï Lama et celle de Madonna. Dernier projet, en juin 1999, Madonna envisagea de prendre une option sur le best-seller *Memoirs of a Geisha*. Elle s'habilla alors comme Hatsumomo, la protagoniste du livre. Cette année-là, Madonna interpréta une danse Kabuki en kimono rouge à la cérémonie des Grammy Awards et apparut en geisha dans son clip *Nothing Really Matters*. Elle renonça finalement à se lancer dans l'aventure quand la Columbia fit clairement savoir qu'elle ne voulait pas d'elle pour le rôle.

Pendant le tournage de *Un couple presque parfait*, Madonna se prit d'admiration et d'une passion presque filiale pour Lynn Redgrave, qui joue l'honorable mère anglaise de Rupert Everett, et commença à l'imiter en toute chose. Madonna, qui interprétait le rôle d'Abbey, un professeur de yoga, se mit à parler avec un étrange accent anglais qui donnait à son personnage un air terriblement affecté. D'après l'un des producteurs, Madonna vint un jour dire à Lynn Redgrave qu'elle était son « modèle » et qu'en conséquence, elle s'efforçait de parler un « anglais authentique ». Elle n'en fut pas particulièrement flattée surtout qu'elle ne comprenait absolument pas pourquoi Madonna trouvait nécessaire de parler comme ça. Lynn Redgrave, comme d'ailleurs le reste de l'équipe, ne se fit dès lors aucune illusion quant au sort que la critique réserverait au film.

« C'était un film à problèmes, explique le producteur. Et Madonna n'a sûrement pas arrangé les choses en prenant cet accent ridicule. Après tout, Abbey était une fille banale du sud de la Californie ! Le problème avec Madonna, c'est qu'elle a trop confiance en elle. Rien ne l'ébranle. Sans compter qu'elle apporte sur le plateau tout son stock de névroses et qu'elle finit par se foutre dedans toute seule. Madonna, c'est un perroquet ou un singe. Elle chope toutes les expressions et tous les accents. » Il réfléchit un instant. « Ce serait une excellente imitatrice de cabaret. Vraiment formidable. Comme actrice, c'est une catastrophe ambulante. »

Certaines personnes tiennent Madonna pour responsable de l'hospitalisation de John Schlesinger à la fin du tournage, hospitalisation qui l'empêcha d'assurer le montage final. « Il était à bout de force », poursuit notre producteur. Il paraît toutefois difficile de mettre sur le dos de Madonna le double pontage coronarien et le cancer de la prostate de John Schlesinger. Le réalisateur s'est avéré un parfait gentleman : « Les critiques ont mis son interprétation en cause, mais c'était moi le réalisateur, j'étais donc responsable du projet, explique-t-il, encore convalescent dans son appartement londonien de Kensington. C'est clair, j'ai échoué, même mes amis dans le métier ont commencé à prendre leurs distances. Mais de toute façon je ne pouvais pas gagner, parce que Madonna a une confiance quasi hypnotique en elle-même. »

Madonna s'en prit publiquement aux critiques qu'elle accusait de vouloir ruiner ses chances de devenir un jour actrice. « La musique, c'est la belle vie, a-t-elle déclaré après que le film s'est fait proprement démolir. Je prends beaucoup plus de risques en m'investissant dans le métier d'acteur. La belle vie, c'est continuer à faire de la musique, et puis c'est plus facile. C'est là où est ma place. J'écrirai des chansons aussi longtemps que j'aurai de l'inspiration. »

En fait, elle était accablée. L'âge, l'image qui lui collait à la peau, le désir de changer de cadre, d'amis, de voir d'autres visages, tout l'incitait à s'installer dans un autre pays. Mais la décision de s'établir à Londres n'était pas encore prise.

En 1995, Madonna reçut des menaces d'un homme qui disait vouloir lui trancher la gorge si elle refusait de l'épouser. L'homme, qui réussit à s'introduire dans la propriété, fut blessé à la jambe par un garde du corps de la star. Arrêté, traduit en justice, Robert Dewey Hoskins fut envoyé en prison d'où il continua à proférer ses menaces. En octobre 1996, peu après la naissance de Lourdes, les choses allaient de plus en plus mal entre Madonna et Carlos Leon. Dan Cortesi, qui assurait à l'époque la sécurité rapprochée de Madonna, se souvient que Carlos Leon se montrait particulièrement possessif. « Madonna sortait beaucoup avec Ingrid Casares, raconte Dan Cortesi. Carlos voyait la petite quand il voulait. En fait, ils se partageaient tous les trois la maison de Madonna à Los Feliz en Californie. Quand ils sont rentrés à New York, Madonna a continué à passer son temps avec Ingrid Casares et Rosie O'Donnell, mais cette fois sans Carlos. »

Al Pacino est un grand ami de Madonna, quelqu'un qu'elle admire et qu'elle aime profondément. Madonna et Lourdes allaient souvent voir Rosie O'Donnell dans sa maison dans le comté de Rockland, non loin de chez l'acteur où Madonna passait tous les jours avec sa fille. Carlos Leon n'était que trop conscient du fossé qui se creusait entre lui et sa compagne. Alors qu'il se sentait de plus en plus rejeté, son frère, Armando

Jr, n'avait de cesse de transformer la tristesse que ressentait Carlos en rancœur. À en croire Dan Cortesi, c'est d'ailleurs lui, ainsi que Liz Rosenberg, qui furent à l'origine de son licenciement.

À son retour de Californie, Madonna demanda à Liz Rosenberg de négocier pour Carlos un contrat de mannequin pour une campagne publicitaire de Versace. D'après Cortesi, l'affaire ne marcha pas comme Carlos l'espérait. Il reçut moins d'argent que prévu. Toujours selon Cortesi, quand Carlos commença à se plaindre d'avoir été floué, Madonna appela Rob Heraldson, son avocat californien, pour lui demander de verser plusieurs chèques à Carlos Leon, tirés sur le compte de Maverick. Dan Cortesi affirme qu'à quatre reprises, il porta à Carlos Leon une enveloppe contenant un chèque, comme il le faisait d'habitude pour Prodigy, Alanis Morissette et Candlebox, des artistes signés par Maverick. « Une fois, l'enveloppe était ouverte, déclare Dan Cortesi, et j'ai vu le montant du chèque pour Carlos. Il y en avait pour dix-huit mille dollars. »

Malgré la froideur qui s'était installée entre Carlos et Madonna, la star lui proposa de venir avec elle et Lourdes quand elle retourna à Los Angeles quelques semaines plus tard, en compagnie d'Ingrid Casares, Chris Ciccone, son frère, et l'amant de ce dernier. « Je dormais à poings fermés chez moi dans le Bronx, se souvient Dan Cortesi, quand le téléphone a sonné. C'était un photographe que je connaissais et qui travaillait pour l'agence LGI. Il était très excité. Il m'a dit qu'il avait un truc vraiment sérieux pour moi. Apparemment, un de ses potes photographes avait passé un accord avec Armando Jr, le grand frère de Carlos, pour lui acheter des photos de Lourdes et de Madonna au début, quand elle venait chez les Leon, retrouvait Carlos chez lui, se trimballait dans mon tape-cul. Il m'a dit qu'il comptait les revendre à *OK* ou à *Hello* et qu'il devait rencontrer Armando dans l'immeuble où il travaillait pour lui verser cinquante mille dollars en échange des clichés. »

Dan Cortesi est toujours mal à l'aise quand il évoque ces événements. Il se sentait tiraillé entre son amitié pour Carlos et son devoir. « Qu'est-ce que je dois faire maintenant ? C'est la première chose que je me suis dite. J'ai ensuite pensé que je ne devais pas en parler à Liz, ni même à Caresse, le manager de Madonna. J'ai donc décidé d'appeler Carlos. »

Dan Cortesi avait un code pour prendre contact avec Carlos. Il l'appelait sur son portable et laissait le message « 911 » ce qui signifiait que Carlos devait le rappeler dans les plus brefs délais. « Je me refaisais tout le scénario dans la tête, poursuit Dan Cortesi. J'étais certain que Carlos n'était au courant de rien, n'empêche que si je me trompais, j'entendais d'ici Armando lui dire, "vas-y frangin, prends l'oseille et tire-toi. De toute façon, elle ne veut pas se marier avec toi, alors qu'est-ce que ça change ?" »

Après avoir laissé plusieurs messages, Dan Cortesi finit enfin par avoir Carlos Leon en ligne. Selon lui, Carlos se montra choqué par cette histoire et prit immédiatement la défense de son frère, prétendant que le photographe avait tout inventé pour semer la pagaille. Il demanda à Dan Cortesi de lui laisser le temps de s'expliquer avec Armando avant d'informer qui que ce soit de cette histoire. Dan Cortesi accepta. Quelques heures plus tard, Carlos rappelait. Il avait parlé à Armando qui jurait ses grands dieux n'être au courant de rien. « Il m'a assuré qu'il s'occuperait de tout, ajoute Dan Cortesi, mais comment est-ce que je pouvais en être sûr à ce moment-là ? Ça me faisait mal au cœur. Je n'arrivais pas à croire que Carlos ait monté ce genre d'embrouille. Et même s'il n'y était pour rien, qu'est-ce qui me garantissait que ces photos n'allaient pas faire surface ? J'ai fait la seule chose qui me restait à faire, je suis allé voir Caresse. »

Les intrigues de palais qui se développent autour de Madonna valent bien Shakespeare. La paranoïa et les rivalités qui agitent son premier cercle d'amis et de collaborateurs sont sans doute identiques à ce que vit n'importe quelle star de dimension internationale. Dan Cortesi reste sincèrement convaincu que Liz Rosenberg est une loyale parmi les loyales, toujours fidèle et attentive. « Si jamais j'avais besoin de quelqu'un pour me protéger, dit-il, je voudrais que ce soit Liz Rosenberg. Elle est au courant quand un photographe a une liaison avec une femme mariée au Tibet. Elle sait ce que prend au petit déjeuner un paparazzi au Venezuela et avec qui. En même temps, elle a l'intelligence de favoriser l'un ou l'autre selon les circonstances. Quand Madonna se montre quelque part, Liz fait toujours en sorte qu'elle se tourne vers un ou deux photographes en particulier. »

Les photographies qu'Armando Jr était soupçonné de vouloir vendre ne furent jamais publiées, ni aux États-unis, ni ailleurs. Peu après avoir raconté toute cette histoire à Caresse Henry-Norman, qui la rapporta à Liz Rosenberg, Dan Cortesi essaya de joindre Madonna. Tous ses numéros personnels avaient été changés. Liz Rosenberg l'informa quelques jours plus tard qu'il était licencié. En avril 1997, Madonna et Carlos Leon se séparèrent. Deux semaines plus tard, Madonna décidait de quitter la Californie pour Londres, où elle allait s'installer. Elle loua une maison à Chelsea avec l'intention de partager son temps entre les États-Unis et l'Angleterre afin que Lourdes puisse voir son père régulièrement.

Dan Cortesi est maintenant portier dans un immeuble de Manhattan et travaille occasionnellement pour plusieurs rockstars de passage à New York.

À son arrivée à Londres, Madonna se mit tranquillement au travail avec le célèbre percussionniste Talwin Singh, l'un des chefs de file du courant mêlant musique traditionnelle indienne et techno. Il fera les arrangements de plusieurs titres de *Ray of Light*. Sans tambour ni trompette, sans presse ni publicité, Madonna investit Anokha, le studio d'enregistrement collectif fondé par Talwin Singh et destiné à de jeunes musiciens. En 1997, Madonna se lança à la conquête de Björk, espérant la signer chez Maverick. La chanteuse islandaise avait souvent été comparée à Madonna pour son goût des métamorphoses et son originalité. Madonna prenait pied dans le monde musical londonien et commençait à s'habituer à ce nouveau pays dans lequel elle avait décidé de passer six mois par an. Elle s'intéressait aussi de près à des projets de films en Grande-Bretagne. Après avoir terminé *Ray of Light*, elle engagea des pourparlers pour porter à l'écran *Blithe Spirit*, de Noel Coward, qu'elle avait l'intention de produire et d'interpréter, ainsi que *Quadrille*, du même auteur, dont elle annonça le tournage pour début 1998, à Londres et dans le sud de la France, sous la direction de Gavin Millar, le réalisateur de *Dream Child*. *Quadrille*, raconte l'histoire d'un aristocrate anglais qui quitte sa femme pour fuir en Provence avec la jeune épouse d'un industriel américain. La femme de l'aristocrate, rôle que s'était réservée Madonna, fait équipe avec l'industriel pour retrouver leurs époux respectifs. À mesure que leurs recherches avancent, ils développent un lien particulier.

En septembre 1997, lors d'un séjour de Madonna à Los Angeles, son vieil ami Alek Keshishian lui présenta Andy Bird, un rejeton de la classe moyenne britannique du Warwickshire. Andy Bird, grand, mince, les cheveux longs, disposait d'un solide sens de l'humour et ne touchait jamais à l'alcool ni à la drogue. Son expérience du show-business s'était limitée à faire la manche en chantant dans les rues de Londres. Il était venu à Hollywood pour s'essayer à une carrière d'acteur ou de scénariste. À l'époque de sa rencontre avec Madonna, c'était le gentil pique-assiette qui vivait chez les uns et les autres. Le courant passa immédiatement entre eux. À la surprise de tous, Madonna invita Andy Bird à s'installer chez elle à Los Angeles. Il la suivit à Londres quand elle regagna l'Angleterre. Madonna, bien décidée à faire de lui un chevalier servant présentable quand ils sortaient dans le monde, lui acheta une nouvelle garde-robe. Elle lui versa aussi une allocation hebdomadaire. Homme au foyer calme et amusant, il supervisait le personnel, s'occupait des courses, jouait avec Lourdes, et apportait à la star tendresse et réconfort à volonté. La liaison entre Andy Bird et Madonna durera quelques mois. La star rencontra les parents de son amant. Elle trouvait dans cette liaison apaisement et stabilité.

En 1998, quand Madonna est revenue à Los Angeles pour terminer son album *Ray of Light*, l'histoire touchait à son terme. Madonna commençait à s'ennuyer. Elle décida que sa liaison avec Andy Bird était terminée. Elle l'appela pour lui demander de quitter Chelsea. Se retrouvant sans un sou et sans travail, Andy Bird accepta avec reconnaissance la proposition de Madonna de lui payer le loyer d'un appartement pendant six mois et de lui donner 25 000 dollars pour s'établir.

Ray of Light était sur le point de sortir quand Madonna découvrit qu'elle était enceinte de deux mois. Dans son esprit, ce n'était pas le moment d'avoir un autre enfant et Andy Bird n'était pas l'homme de la situation. Elle lui annonça au cours d'une brève conversation téléphonique qu'elle avait l'intention d'avorter. Andy Bird, qui avait recommencé à faire la manche dans les environs de Trafalgar Square, n'eut pas vraiment son mot à dire.

Quelques jours plus tard, Madonna se faisait avorter avant de se remettre à la promotion de son nouveau disque. Selon une infirmière présente le jour de l'intervention, la star était bouleversée. « C'est un moment très pénible pour une femme, dit cette infirmière. Mais, à quarante ans, elle se posait nécessairement la question de savoir si elle pourrait ou non retomber enceinte. Ça ne fait aucun doute, Madonna voulait avoir un autre enfant. »

Après la naissance de Lourdes, Madonna aborda avec une étonnante sincérité le sujet de ses avortements au cours de ses premières années new-yorkaises. « On a toujours des regrets quand on doit prendre une telle décision, mais on doit en même temps se demander si ça correspond à son mode de vie : "Est-ce que je suis à un moment de ma vie où je serais capable d'être un bon parent ?" C'est une question sur laquelle il ne faut pas se tromper. J'imagine que beaucoup de femmes se retournent sur la façon dont elles ont été élevées en se disant : "Je refuse absolument de reproduire le même schéma." Il faut être prêt dans sa tête. Si vous ne l'êtes pas, vous ne rendez service à personne en ayant un enfant qui n'est pas désiré. »

Un tel pragmatisme n'empêche pas Madonna d'éprouver une profonde tristesse quand elle repense à ces moments-là. « Parfois je me dis que j'aurais pu avoir un gamin qui aurait maintenant cinq ou dix ans. Les choses arrivent quand elles doivent arriver. Et, si j'ai de nouveau l'occasion d'avoir un enfant et que j'y suis prête, je le ferai. C'est aussi simple que ça. »

On peut se demander pourquoi une femme comme Madonna, apparemment bien informée sur les choses du sexe, a connu autant de grossesses non désirées. Après tout, aujourd'hui, même la femme la moins au courant connaît l'existence de la pilule. La réalité, c'est que Madonna, dont la mère est morte d'un cancer du sein, est considérée comme une « personne à risque » : La prise de la pilule ou d'hormones féminines lui est interdite. De toute évidence, les autres moyens de contraception utilisés ou non par Madonna n'ont pas marché. Comme c'est le cas pour beaucoup de femmes se retrouvant dans une telle situation, l'avortement a été utilisé en dernier recours.

S'il pouvait subsister la moindre ambiguïté quant au message du clip de *Papa Don't Preach* et la position de Madonna sur l'avortement, il était dès lors évident qu'elle était en faveur de la liberté de choisir. Et si Madonna avait laissé entendre qu'il pouvait y avoir un certain flottement dans ses sentiment envers son père après la naissance de Lourdes, elle s'attacha à dissiper le malentendu en déclarant : « Il était peut-être borné et entêté, mais il a été un père merveilleux. J'aime vraiment cet homme ! »

Ce sentiment était peut-être réciproque mais Tony Ciccone n'allait pas l'admettre. Même s'il adorait Lourdes, il était contrarié que sa fille ait de nouveau défié les traditions en ayant un bébé sans être mariée et se soit séparée du père de son enfant. C'était une époque difficile dans la vie amoureuse de Madonna, et c'était aussi une période troublée et chaotique dans ses relations avec son père.

CHAPITRE 3

Au printemps 1998, douze ans après son mariage avec Sean Penn, Madonna fut invitée à déjeuner chez Sting dans sa propriété du Wiltshire. Trudie Styler, la femme de Sting, avait aussi invité le jeune réalisateur anglais Guy Ritchie, dont le récent *Lock, Stock and Two Smoking Barrels* avait fait sensation sur les écrans britanniques en renouvelant le genre du film policier. Trudie Styler, qui considérait Guy Ritchie comme un nouveau Quentin Tarantino, avait investi deux millions de livres dans la société de production SKA Films qu'il avait montée avec Mathew Vaughn, le fils de Robert Vaughn, l'inoubliable Napoleon Solo de la série télé *Des agents très spéciaux*. Le premier film de Guy Ritchie avait rapporté 18 millions de livres en Grande-Bretagne et Trudie Styler, récompensée de son choix, avait récupéré plus que sa mise.

Madonna, qui connaissait Sting depuis des années, était devenue une grande amie de Trudie Styler depuis qu'elle s'était installée à Londres, et lui avait fait clairement comprendre que ça ne lui déplairait pas qu'on lui présente un beau parti. Même si Trudie Styler nie avoir en quoi que ce soit arrangé le coup, elle ajoute que, lors de ce déjeuner, il s'était passé quelque chose : Guy Ritchie semblait intrigué et l'attirance de Madonna était manifeste. Guy Ritchie était pourtant loin de se douter que la petite blonde dont il entendait parler depuis sa jeunesse allait lui faire un siège acharné. Entre la poire et le fromage, Madonna confia à Trudie Styler que le courant était passé. Un peu comme lors de sa rencontre avec Sean Penn, elle ajouta « J'ai vu ma vie défiler en accéléré. Ce sera mon mari et le père de mon deuxième enfant. » Madonna racontera plus tard à un magazine britannique qu'elle avait été « complètement tourneboulée » quand elle avait vu Guy Ritchie pour la première fois. D'après Tanya Strecker, la petite amie du réalisateur à l'époque, la froideur de Guy Ritchie au cours du déjeuner ne fit qu'exciter l'intérêt de Madonna. « Il a gardé de son éducation aristocratique un certain flegme, et c'est ce qui, à l'évidence, a séduit Madonna, affirmera-t-elle. Elle n'a pas l'habitude d'être ignorée ou de susciter l'indifférence. » Tanya Strecker n'avait pas forcément tort.

Au fond, ce qui avait attiré Madonna vers Guy Ritchie, c'était qu'il était anglais à un moment où elle voulait refaire sa vie en Angleterre avec sa fille. Et, qui plus est, à la différence de la plupart de ses amants, qu'il semble immunisé contre ses charmes, manifestant une insensibilité aussi inattendue qu'étonnamment durable.

Madonna s'entêta et entreprit de s'informer sur la vie du réalisateur, un peu comme elle l'avait fait pour Eva Perón.

Guy Ritchie, niant ses origines, aimait à se présenter comme une petite frappe de l'East End, les quartiers populaires de Londres, et laissait entendre qu'il avait eu maille à partir avec la justice. De l'avis général, Guy Ritchie s'était fabriqué cette image pour mieux s'identifier avec le sujet de ses films mettant en scène toute une faune de truands. « J'ai vécu trente ans dans l'East End, affirmait Guy Ritchie. Du coup, je me suis retrouvé avec des tas d'emmerdes, et j'ai paumé pas mal de pognon aux cartes. »

Il prétendait aussi à l'époque que sa cicatrice sur la joue lui venait d'un coup de couteau reçu au cours d'une rixe dans un pub. D'autres versions disent qu'il se serait fait attaquer pour n'avoir pas honoré une dette de jeu de mille livres.

En vérité, Guy Stuart Ritchie, né en 1968 dans le Herefordshire, deux ans après sa sœur Tabitha, a été élevé dans le très chic quartier du West End de Londres. Il porte les prénoms de deux officiers des Seaforth Highlanders, morts au combat pendant la Seconde Guerre mondiale. Son grand-père paternel, le Major Stewart « Jack » Ritchie, avait reçu la Military Cross pour sa bravoure pendant la Première Guerre mondiale. Son père, John, sortait de l'école militaire de Sandhurst. Après avoir abandonné l'armée, il s'était lancé dans la publicité où il avait remporté un grand succès avec ses campagnes pour les cigares « Hamlet », très en vogue dans les années 70. Sa femme, Amber, la mère de Guy, avait été mannequin avant son mariage.

Guy Ritchie avait cinq ans, précisément l'âge de Madonna à la mort de sa mère, quand ses parents divorcèrent. Il fut alors trimballé de droite à gauche quelque temps, jusqu'à ce que sa mère se remarie avec Sir Michael Leighton, grand amateur de pêche et photographe animalier à ses heures. Il devint vite pour l'enfant un second père. Guy Ritchie vécut entouré de tendresse dans l'immense propriété de Shrewbury. Malheureusement, cette vie idyllique s'acheva lorsque Sir Michael Leighton et Lady Amber divorcèrent. L'enfant avait douze ans. Guy ne pardonnera jamais cette rupture à sa mère.

Juste après le divorce, l'enfant, qui souffrait de dyslexie, fut envoyé dans le Hampshire à Standbridge Earls, une institution des plus sélectes pour élèves en difficulté. Guy Ritchie s'en fit renvoyer pour des problèmes de drogue même si son père continue à affirmer que son fils avait été exclu de l'établissement pour avoir été surpris dans la chambre d'une fille. Peu de temps avant l'annonce du mariage de Guy Ritchie avec Madonna, Sir Michael Leighton fit ce commentaire : « Amber était une très belle femme, bien plus jolie que Madonna, mais notre mariage n'a pas marché, et je ne l'ai jamais revue depuis notre séparation. À mon sens, ce qui a plu à Madonna chez Guy, c'est ce manque qu'il porte en lui Ses parents étaient divorcés et il a rencontré beaucoup de problèmes à l'école. »

Les choses n'avançaient pas avec Guy Ritchie, et Madonna, qui commençait à désespérer de le revoir, demanda à Trudie Styler d'organiser une nouvelle rencontre. L'occasion était toute trouvée : Sting donnait une fête dans sa propriété pour le Guy Fawkes Day[1], conviant ses voisins à un grand barbecue suivi d'un feu d'artifice. Trudie Styler accéda à la demande de Madonna et invita Guy Ritchie tout en la prévenant qu'il sortait toujours avec Tania Strecker. Que ce fut vrai ou non, ou que cette relation n'ait pas été exclusive, toujours est-il que Guy Ritchie et Madonna ne se quittèrent pas de la soirée. Au lieu de passer la nuit chez les Sting comme prévu, Madonna leur confia Lourdes et fila à Londres avec Guy Ritchie.

Si Madonna avait espéré que son nouvel amant changerait quoi que ce soit dans ses habitudes, elle s'était trompée. Leur histoire durait déjà depuis quelques semaines et Guy Ritchie ne manifestait toujours pas l'intention de lier son destin au sien. Pas question pour lui d'accepter les somptueux cadeaux de la star ou d'envisager un jour être appelé « Mr Madonna ». La chanteuse n'en fut que plus résolue à le prendre dans ses filets. Ce furent des mois angoissants pour Madonna, pendant lesquels Guy Ritchie continuait de fréquenter d'autres femmes, y compris la belle Tania Strecker. D'après un ami, elle alla même jusqu'à demander à Guy Ritchie de lui confier un rôle dans son prochain film. « Il a refusé net, poursuit ce témoin. Il trouvait qu'elle n'était pas assez raffinée à son goût. » Un autre ami anglais raconte : « À l'époque, elle était montée en boucle sur le thème "Je-veux-Guy-Ritchie". Mais, comme elle ne voulait pas passer pour une mangeuse d'hommes, elle a décidé de la jouer simple et d'adopter un style naturel. »

Sa métamorphose britannique commençait. Madonna entreprit de devenir une Anglaise de la bonne société. Elle adoucit son look avec une coiffure aux ondulations préraphaélites tombant jusqu'aux épaules. Elle s'habillait dans le genre BCBG. Madonna s'attaqua enfin à son accent du MiddleWest pour s'essayer aux inflexions d'une cliente de chez Harrods, faisant siennes en passant quelques expressions typiquement britanniques.

Patsy Rodenburg est le plus éminent professeur de diction de toute l'Angleterre. Elle a travaillé avec la Royal Shakes-

---

1. Fête anglaise célébrée tous les 5 novembre en mémoire de Guy Fawkes qui, au XVIIe siècle, sous le régime de Cromwell, réduisit le Parlement de Londres en cendres.

peare Company et le Royal National Theater, où elle enseigne toujours. Elle a appris à des célébrités britanniques comme Judi Dench, Maggie Smith, Sir Ian McKellen et Ian Holm, à placer leur voix. Un ami intime de Trudie Styler affirme que Madonna a engagé Patsy Rodenburg pour l'aider à acquérir l'accent de la haute. Selon cette source, les cours avaient lieu une fois par semaine chez la chanteuse. Patsy Rodenburg, quant à elle, dément catégoriquement avoir eu Madonna pour élève.

Madonna se découvrit aussi, elle qui ne buvait pratiquement jamais d'alcool, un goût subit pour la Guinness quand elle apprit que Guy Ritchie avait l'habitude de descendre au pub s'envoyer quelques bières. « Madonna pensait qu'en faisant tout ça, il lui serait plus facile de le manœuvrer et de se le mettre dans la poche », poursuit l'ami de Trudie Styler.

Lady Amber Leighton, la mère de Guy Ritchie, prit assez mal ces tentatives de la star pour séduire son fils. Elle considérait, d'après un de ses amis, que Guy n'était pas suffisamment armé pour se défendre. « Pour Amber, ajoute-t-il, son fils était tombé sous la coupe dorée de Madonna avant même qu'il ait eu le temps de s'en apercevoir. Elle avait peur qu'il ne parvienne jamais à s'en dépêtrer. »

Un autre ami de Lady Amber Leighton, qui connut Guy enfant, considéra pour sa part qu'il ne s'agissait que d'une toquade passagère : « Guy s'est laissé éblouir par la vie pleine de paillettes de Madonna, comme un enfant fasciné par un numéro de cirque. »

Les amis de Guy Ritchie, tout comme les gens qui ont pu travailler avec lui, en donnent un autre portrait. Pour eux, c'est un homme qui voit loin et qui a bien l'intention de devenir un grand réalisateur. « Il aime les choses bien faites et il sait prendre son temps, raconte un vieil ami. Qu'il chasse le canard ou qu'il boive un coup avec ses potes, c'est un mec qui ne se la joue jamais. Il est parfaitement transparent. Chez lui, pas de zones d'ombre ou d'intentions obscures. »

Plus Guy Ritchie résistait, plus l'obsession de Madonna grandissait. Elle était littéralement mortifiée du peu d'intérêt qu'il lui manifestait. Ils se voyaient toujours suivant ses seules disponibilités. Il sortait avec d'autres femmes. Il arriva plus d'une fois à Madonna de l'appeler sur son portable et de s'entendre répondre qu'il était avec quelqu'un et qu'il ne pouvait pas lui parler. Enfin, quand il la retrouvait chez elle, Guy Ritchie refusait d'y passer la nuit. « Guy ne voulait vraiment pas prendre le risque de croiser Lourdes le matin, explique un autre ami, tant qu'il n'était pas sûr de ses sentiments pour Madonna. Mais il y a autre chose ; il refusait de renoncer à sa vie de célibataire. Il voulait continuer à fréquenter ses amis sans avoir à demander l'autorisation à qui que ce soit. » En fait Guy Ritchie supportait de plus en plus mal le caractère envahissant de Madonna. Il finit par cesser de l'appeler.

En mars 1999, Guy Ritchie lui fit passer le message, par l'intermédiaire de Trudie Styler, qu'il avait rompu avec Tania Strecker. Madonna en déduisit qu'il était mûr pour se ranger. Elle l'appela pour lui annoncer qu'elle partait en Italie faire la promotion du dernier single de *Ray of Light.* Guy Ritchie la rejoignit. Au lieu des deux trois jours prévus, ils passèrent deux semaines dans la péninsule. À leur retour en Angleterre, ils formaient un couple, mais un couple qui se disputait souvent. Ils avaient tous les deux un sacré caractère, et avaient été longtemps habitués à vivre et décider seuls.

Tout était prétexte à accrochage. Un rendez-vous oublié par Guy Ritchie, l'annulation d'un dîner lorsqu'il devait rester tard en salle de montage, la façon de manger de Guy, les postiches et les extensions capillaires de Madonna.

Pour certains, c'est précisément cette fermeté de caractère qui a séduit Madonna, pour d'autres, c'est qu'elle cherchait désespérément un ancrage dans ce pays étranger et Guy Ritchie était capable de le lui apporter. Des proches de Madonna pensent cyniquement qu'elle voulait un second enfant et qu'elle avait vu en lui le partenaire idéal. Longtemps avant de le rencontrer, Madonna avait souvent déclaré que Lourdes, ou Lola comme elle l'appelle, avait besoin « de se confronter ». « Je ne veux pas qu'elle devienne une enfant gâtée », dira-t-elle.

Toutes ces explications du rapprochement du couple contiennent sans doute une part de vérité. Madonna aspirait à la sécurité. Elle voulait se faire une place dans la bonne société anglaise. Elle voulait Guy Ritchie. Elle voulait un autre enfant.

En septembre 1999, leur liaison était à nouveau dans une impasse. Ils n'arrivaient pas à se mettre d'accord sur l'endroit où ils vivraient, ou du moins, à décider s'ils partageraient leur temps entre l'Angleterre et les États-Unis. Madonna s'était engagée envers Carlos Leon à passer une bonne partie de l'année en Amérique pour qu'il puisse voir Lourdes. Guy Ritchie, de son côté, refusait de s'absenter ne serait-ce que quelques semaines de Londres, où il avait sa maison de production, son avenir et ses amis. C'est à ce moment-là que Madonna proposa à Carlos Leon de venir s'installer à Londres et de lui donner de l'argent pour monter une affaire. Carlos Leon refusa. Sa vie était à New York ou à Hollywood, où il essayait toujours de devenir acteur.

Quand Madonna et Guy Ritchie se rendirent à New York pour la première d'*Un couple presque parfait*, Carlos Leon vint à Londres s'occuper de sa fille. Il prit alors conscience que l'installation de la star n'avait rien de provisoire. Lourdes s'était fait tout un tas d'amis et semblait parfaitement heureuse dans sa nouvelle école. Il aborda la question avec Madonna dès son retour d'Amérique : « Tu n'as pas oublié notre accord ? J'espère que tu vas tenir parole. » En réponse, la star l'assura que l'engagement n'était pas rompu et qu'elle travaillait à convaincre Guy Ritchie de vivre à cheval entre les États-Unis et la Grande-Bretagne.

Selon un ami de Guy Ritchie, ce problème était le principal point de discorde dans le couple : « Guy est trop jeune, expliqua-t-il. Il refuse de se faire acheter. Il refuse de se servir des relations de Madonna pour poursuivre sa carrière. Il a ses propres objectifs et il est particulièrement sûr de son talent. Hollywood ne l'intéresse tout simplement pas. »

CHAPITRE 4

« Dis-moi où tu habites, je te dirai qui tu es. » Les maisons que Madonna a achetées, vendues ou louées, que ce soit à Los Angeles, à Miami ou aujourd'hui à Londres, ne démontrent pas seulement le goût prononcé de Madonna pour tout ce qui sort des conventions, ce qui est étonnant, original et possède un certain esprit visionnaire, mais manifestent aussi son besoin permanent de changer de résidence. Manifestation d'une bougeotte endémique plutôt que métaphore d'une humeur capricieuse. Rares sont les gens, y compris chez les stars de cinéma, qui bouleversent aussi régulièrement leur cadre de vie. C'est comme si Madonna ne pouvait rester longtemps au même endroit, tout comme il lui est impossible de ne pas se renouveler dans sa carrière, attitude qui, rappelons-le, a largement contribué à son immense succès. Ce besoin de déménager constamment reflète dans sa vie privée cette perpétuelle effervescence qui l'a si bien servie dans sa vie publique

À Los Angeles, avant sa rencontre avec Guy Ritchie, et même encore peu de temps après qu'ils se soient ınstallés ensemble, Madonna a déménagé la bagatelle de six fois, passant de coins aussi bizarres que Los Feliz à Beverly Hills tout récemment, quartier non moins étrange quand on connaît la star.

Avant la rencontre avec Guy Ritchie et au début de leur relation, Madonna avait la réputation dans les milieux de l'immobilier londonien d'être « un vrai cauchemar ». Pendant les onze premiers mois de son installation à Londres, de 1999 à la moitié de l'année 2000, Madonna n'eut de cesse de visiter des propriétés, prendre des options sur des maisons ou même signer des promesses de vente pour toute une série de biens, de Bermondsey jusqu'à Highgate. Le problème de Madonna c'est que la rareté faisait flamber les prix. Elle se décida à un moment pour une maison de quatre étages à Chelsea, pas très loin de chez Rod Stewart, de Nicola Horlick et d'Adnan Khashoggi. Avant cette acquisition, elle louait une autre maison à Kensington, le quartier des millionnaires, pour environ 6 000 dollars par semaine. Chose curieuse, elle choisit son nouveau domicile dans le quartier le plus animé de Londres, au cœur du West End, à quelques pas des grandes boutiques de luxe.

Madonna acheta sa maison georgienne 10 millions de dollars sur le compte de sa société Chelsea Girl LLC, par l'intermédiaire de Mischcon de Reya, son avocat londonien, une semaine avant son mariage avec Guy Ritchie. La maison appartenait précédemment à un promoteur londonien, Robert Wallace, marié à l'héritière de Yates Wine Lodge. Robert Wallace l'avait achetée six mois plus tôt à James Kirkman, le richissime marchand de tableaux qui entretint longtemps des liens on ne peut plus lucratifs avec le peintre britannique Lucian Freud.

Le choix de l'emplacement est en lui-même intéressant. La maison donne directement sur une rue commerçante, à proximité des hordes de touristes qui traînent sur Oxford Street. L'intérieur est un véritable havre de paix, restauré dans le style du XVIIIe siècle, avec un ascenseur d'époque ainsi qu'un escalier en acajou. Il y a cinq living-rooms, une bibliothèque avec des boiseries, un bureau et un salon d'apparat. Chaque pièce possède une cheminée, les plafonds sont hauts et sculptés ; la salle à manger ouvre à l'arrière sur les jardins et elle est desservie par deux grandes cuisines. À cela il faut ajouter huit chambres, dont un appartement de maître avec sa penderie et sa salle de bains. Il y a deux chambres de bonne au-dessus du garage. Les autres domestiques logent à l'entresol.

En février 1999, Madonna, qui était toujours à la recherche d'une maison à Londres, mit en vente sa maison de Biscayne Bay, à Miami, pour 8,9 millions de dollars. La maison qui jouxte la Visacaya, un palais italien aujourd'hui converti en musée, a une superficie de 662 mètres carrés. Selon Alan Jacobson, qui mena la vente pour Wimbish-Riteway Inc, « Madonna lança la mode, chez les stars, de vendre leur propriété de South Beach. Michael Caine se débarrassa de sa villa peu de temps après, Cher liquida la sienne après l'avoir restaurée et Sylvester Stallone céda sa maison pour 16,2 millions de dollars. »

Madonna vendit cette maison en juin 2000 pour le prix de 7,5 millions de dollars à de mystérieux acheteurs, peut-être allemands. Larry Schatz, qui représentait Madonna pour cette vente déclare ignorer l'identité des nouveaux propriétaires. « La vente a été conclue, explique-t-il. C'est une affaire terminée. Je ne sais pas qui sont les acquéreurs ni ce qu'ils ont l'intention de faire. » Aux dernières nouvelles, il pourrait s'agir des Burgundians, un groupe de rock, deux garçons et deux filles, dont les bailleurs ont, pour des raisons inconnues, préféré rester dans l'ombre. Il n'y a pas vraiment de quoi en faire un film, ni même un clip. Pour Madonna, tout est bien qui finit bien.

En pleine incertitude quant aux intentions de Guy Ritchie, Madonna acheta, sans rien lui dire, la maison de Roxbury Drive à Beverly Hills, que Diane Keaton avait entièrement restaurée. La propriété située aux « flats », aux pieds des collines et au nord de Sunset Boulevard, fut dessinée par l'architecte Walter Neff. Au moment de l'achat, la maison, que Diane Keaton avait acquise quasiment en ruine, avait retrouvé sa splendeur d'antan, ses lignes épurées et sobres, tant à l'intérieur qu'à l'extérieur. Beaucoup furent surpris qu'une star comme Madonna vienne s'installer dans ce coin peut-être le moins en vue et le moins chic du quartier. La maison posait en outre des problèmes de sécurité. Dotée d'un tout petit jardin, elle donne pratiquement sur la rue par ses quatre côtés. Peu après l'installation de Madonna, raconte un agent immobilier de Beverly Hills, un voisin peu scrupuleux loua la fenêtre de son salon à un paparazzi. Mais Madonna pensait que la maison, avec son charme très « ancien monde », en tout cas suivant les critères américains, son côté à la fois modeste et excentrique, plairait à Guy Ritchie. Elle se trompait. En apprenant la nouvelle, Guy Ritchie, furieux, considéra qu'il s'agissait d'un cas de rupture.

En octobre 1999, Trudie Styler donna un dîner Chez Es Saada, un bistrot du Lower East Side, pour fêter la tournée américaine de son mari. Guy Ritchie était à Londres où il achevait la postproduction de *Snatch*, son second film. Madonna, habillée sobrement et extrêmement tendue, passa l'essentiel du repas, qui ne comptait qu'une douzaine de convives, à essayer de joindre Guy Ritchie sur son portable. Elle composait fébrilement son numéro toutes les cinq minutes. Une des invitées, préoccupée de la voir dans cet état, se pencha vers elle et lui murmura à l'oreille : « Laisse-le vivre un peu. Si tu l'étouffes trop il s'en ira. Les hommes n'aiment pas se sentir traqués. Donne-lui un peu d'air. »

Madonna resta un moment interdite. D'après cette femme, elle avait l'air complètement désemparée, vulnérable. « J'avais de la peine pour elle, poursuit-elle. Elle était inquiète comme une femme follement amoureuse. Elle n'arrêtait pas de répéter : "Je l'aime et j'ai peur qu'il me jette." Elle accepta finalement de poser son téléphone, puis ça devint une sorte de jeu entre nous. Elle levait les yeux vers moi comme une enfant et bredouillait : "Je peux maintenant ? Ça fait presque un quart d'heure." Je secouais la tête : "Non, attends encore. Essaie de tenir encore cinq minutes." »

En définitive, Madonna se rendit aux arguments de Guy Ritchie. Ils vivraient à Londres la plupart du temps. Mais Madonna garda sa maison de Beverly Hills où, après la naissance de leur fils, ils devaient passer de longs séjours en parfaite harmonie.

Lorsqu'elle revint à Londres, les rumeurs qui couraient dans la presse et certains commentaires d'amis ou de la famille de Guy Ritchie la poussèrent à faire une déclaration sur sa nouvelle vie. Elle expliqua qu'elle avait changé, rapportant, une fois de plus, son comportement rebelle au fait qu'elle avait perdu sa mère quand elle était enfant. En tombant amoureuse de Guy Ritchie, elle avait découvert la femme qu'elle avait toujours voulu être. Éludant la question de ses nombreuses aventures, Madonna ajouta : « C'étaient des excès de jeunesse. Quand j'ai épousé mon premier mari, j'étais très amoureuse et j'espérais que mon mariage durerait. Quand j'ai eu ma fille, ma relation avec Carlos Leon était sincère. Je croyais aussi que ça allait durer. »

Au cours de ces mois tumultueux, pendant que Madonna ne cessait de répéter à ses amis qu'elle voulait un autre enfant, Guy Ritchie, d'après les siens, ne prêtait au désir de sa compagne qu'une oreille pour le moins discrète. Quand elle lui annonça qu'elle était enceinte de lui – c'était après le dîner, dans la maison qu'ils louaient à Kensington, devant un bon feu –, Guy Ritchie prit la chose plutôt mal. Il claqua la porte et partit boire quelques verres dans un pub. « Puis il alla voir son père, raconte un de ses amis. Celui-ci lui dit : "Écoute, si l'enfant est de toi, si tu en as la certitude, alors tu dois rester à ses côtés." » Guy Ritchie rentra à la maison et dit à Madonna : « Si tu veux vraiment ce bébé, je suis d'accord. Je t'aime. »

En privé, John Ritchie et Lady Amber Leighton se montraient beaucoup plus réservés. Ils auraient préféré que leur fils reste concentré sur sa carrière et se marie avec une anglaise moins tapageuse. L'une des amies de Lady Amber Leighton rapporte : « Ils pensaient que Madonna avait fait exprès de tomber enceinte. Ce n'était plus une gamine qui ne sait pas prendre ses précautions. C'est exactement ce que son père lui a déclaré d'emblée. Personne dans la famille ne se réjouissait à cette perspective mais ce sont des gens honnêtes qui recommandèrent à leur fils de faire ce qu'il avait à faire. » Reste que Guy Ritchie n'était toujours pas décidé à se marier.

Une fois de plus, Madonna vivait les paroles d'un de ses tubes, *Papa Don't Preach.* Elle annonça franchement à Guy Ritchie et à sa famille qu'elle « garderait l'enfant ». Et il était parfaitement évident que Madonna voulait un père pour son enfant.

Des rumeurs coururent bientôt disant que c'était Madonna qui refusait de se marier avec Guy Ritchie. Les porte-parole et plusieurs amis de la chanteuse assurèrent aux journalistes que Madonna souhaitait garder son indépendance. Les amis de Guy Ritchie soutiennent que c'était lui au contraire qui se montrait réticent à régulariser la situation.

Quand Tony Ciccone apprit que Madonna était enceinte et qu'aucune date n'était encore fixée pour le mariage, il manifesta ouvertement son mécontentement, arguant que ce pourrait être un préjudice pour l'enfant à naître. Il critiqua aussi l'attitude de Madonna qui, en s'installant en Angleterre, risquait de couper Lourdes de son père. Tony, qui adorait sa petite-fille, était furieux. Il désespérait de voir un jour sa fille « installée ». Et il ne voulut rien entendre jusqu'à ce que Madonna l'assure de sa ferme intention d'épouser Guy Ritchie. Curieusement, ce fut Joan Ciccone qui délivra le communiqué de presse suivant : « Nous sommes très heureux que Lourdes ait un petit frère pour jouer avec elle. »

Ce furent finalement la naissance prématurée de Rocco et l'héroïsme dont fit preuve Madonna qui eurent raison des dernières réticences de Guy Ritchie.

Jeudi 10 août 2000, dans la soirée, Madonna était seule dans sa maison de Beverly Hills. Guy Ritchie était chez Brad Pitt, à peine à dix minutes en voiture. Brad Pitt, qui tournait à l'époque dans *Snatch*, avait organisé une partie de poker à laquelle il avait aussi invité l'acteur Vinnie Jones. Le couple n'avait eu jusqu'à maintenant aucune raison de s'inquiéter. La grossesse, qui arriverait à terme dans un mois, se passait à merveille. En fait, Madonna avait subi des examens complets trois jours auparavant au St-Joseph Good Samaritan Hospital, où on lui avait assuré que tout se déroulait le plus normalement du monde. Puis, subitement, aux environs de minuit, Madonna commença à saigner abondamment. Elle se précipita pour appeler son médecin qui, craignant que le placenta se soit détaché, envoya immédiatement une ambulance prendre sa patiente pour la conduire au Cedars-Sinai Medical Center, la meilleure maternité des États-Unis. Ironie du sort, à peine un mois plus tôt, le départ de Madonna, Lourdes et Guy Ritchie pour la Californie, avait soulevé un énorme scandale en Angleterre quand le couple avait confié à la presse qu'ils préféraient que le bébé naisse aux États-Unis. Elle déclara à plusieurs journaux que les hôpitaux américains étaient mieux équipés et plus sûrs. Une source au Cedars-Sinai, qui a souhaité garder l'anonymat, assure que la décision de Madonna leur a sûrement sauvé la vie à elle et à son enfant.

Madonna appela ensuite Guy Ritchie sur son portable pour l'avertir de la situation. L'ambulance arriva dans les minutes qui suivirent, presque en même temps que le futur père, mort d'inquiétude. Les brancardiers installèrent Madonna, et Guy Ritchie suivit l'ambulance dans sa voiture. Madonna fut directement emmenée aux urgences où l'attendaient son médecin et une équipe de spécialistes qui prirent en main la future mère. Guy Ritchie fit enregistrer Madonna sous le nom de Tabitha Leighton (Tabitha comme sa sœur et Leighton du nom du second mari de sa mère). Le diagnostic s'avéra exact : le placenta s'était détaché. Il fut immédiatement décidé de pratiquer une césarienne. L'enfant risquait de manquer de l'oxygène apporté par le placenta, la mère pouvait se vider de son sang. Guy Ritchie accompagna la civière sur le chemin de la salle d'opération, tenant la main de Madonna dans la sienne. « Sauvez mon bébé, sauvez simplement mon bébé », répétait-elle. Guy Ritchie resta constamment à ses côtés jusqu'à la fin de l'intervention.

Deux équipes de médecins entouraient Madonna. L'une qui s'occupait de délivrer le bébé, l'autre qui travaillait à endiguer l'hémorragie. Rocco John Ritchie naquit le 11 août 2000, à minuit cinquante-quatre, à peine une heure après les premiers saignements. Il pesait deux kilos et huit cent six grammes.

Madonna ne s'inquiétait que de la santé de son enfant. « Il va s'en tirer, pas vrai ? demandait-elle aux médecins. Dites-moi qu'il va s'en tirer. »

En salle de réveil l'état de Madonna fut jugé satisfaisant, même si elle avait perdu beaucoup de sang. Rocco fut placé en couveuse sous des lampes à ultraviolets. Il avait la jaunisse et présentait quelques troubles respiratoires. Madonna ne fut autorisée à voir son fils que douze heures plus tard. Elle le prit dans ses bras et dit, les larmes aux yeux, en l'embrassant sur la tête : « Ce petit mec, c'est mon petit miracle à moi. »

Un peu plus tard dans la journée, Ingrid Casares, enceinte à l'époque d'un mannequin allemand, emmena Lourdes voir sa maman et Guy Ritchie.

Le 25 août, le producteur de cinéma Eric Berg, un ami proche de Guy Ritchie, annonça à la presse que ce dernier épouserait Madonna avant Noël. Il ajouta que le couple partagerait son temps entre Londres et Los Angeles. « Guy et Madonna envisagent de garder un domicile à Londres, expliqua-t-il, et un autre à Los Angeles. Guy n'aspire qu'à mener une vraie vie de famille... Il est aux anges depuis la naissance de son fils. Le bonhomme est dans tous ses états. »

CHAPITRE 5

La naissance de Rocco et le prochain mariage de Madonna avec le père de son enfant s'étalaient dans la presse du monde entier. Ce que Madonna se garda bien de confier aux journalistes, c'est la réaction de Lourdes devant le prochain mariage de sa mère avec Guy Ritchie : « Pourquoi tu ne t'es pas mariée avec papa ? demandait-elle. Quand est-ce que je vais revoir mon papa ? » C'est sans doute pour cette raison que Madonna invita Carlos Leon à son mariage.

En septembre 2000, Tony et Joan Ciccone prirent l'avion de Detroit à Los Angeles pour voir leur petit-fils. Malgré l'annonce du mariage, Madonna et son père étaient toujours en froid. Quelques semaines plus tard, Tony Ciccone donna son sentiment sur les projets de mariage de sa fille et sur le bébé qui avait reçu le prénom d'un de ses frères. « Il est adorable, déclara-t-il. Nous sommes très heureux et soulagés que tout le monde se porte bien. Je suis aussi très heureux que ma fille épouse Guy Ritchie. J'espère seulement que tout se passera bien. »

En octobre, Tony et Joan Ciccone commencèrent à organiser leur voyage à Londres pour le mariage de leur fille. Ils voulaient profiter de l'occasion pour faire, au retour, un crochet en France et visiter le vignoble bordelais.

Pendant que la presse britannique faisait toutes sortes de spéculations sur la date et le lieu du mariage, les relations entre Madonna et son fiancé anglais restaient un mystère pour la plupart des observateurs qui les avaient connus seuls puis en couple. Chacun se demandait comment un jeune homme de trente et un ans, issu d'un milieu privilégié, qui commençait à peine sa carrière et qui était pratiquement inconnu pourrait être heureux avec une superstar de quarante-deux ans habituée à prendre en charge, exception faite de Warren Beatty, les hommes qui avaient partagé sa vie.

Dans la famille de Guy Ritchie, l'ambiance était plutôt morose. L'entourage de Lady Amber se montrait franchement pessimiste. « Je pense que Guy, emporté dans le tourbillon des préparatifs de la noce, n'a pas le temps de réaliser ce qui lui arrive », expliqua un proche. Même son de cloche chez un autre ami de Lady Amber : « Cette histoire finira mal quand Guy comprendra qu'il s'est fait manipuler par Madonna qui ne rêve que de jouer à la petite mère de famille anglaise. »

Une amie actrice de Madonna qui vit à New York n'était pas non plus particulièrement confiante en l'avenir. « Tant qu'elle cherchait à mettre la main dessus, elle était douce et attentionnée, mais on peut déjà prévoir que cette douceur ne durera pas. » Et un autre proche, qui assista au mariage, d'ajouter : « Je suis persuadé que ce mariage ne durera pas longtemps. Rocco était à peine né que Madonna se plaignait déjà qu'elle s'ennuyait à mourir. Elle m'a téléphoné de Los Angeles et m'a demandé en plaisantant “Quand est-ce qu'on fout un peu le bordel ?” »

Dans les coulisses, les jours précédant la cérémonie furent émaillés d'incidents entre Guy Ritchie et Madonna. De nombreux observateurs prédirent que, si le mariage finissait par avoir lieu, il ne tiendrait pas deux ans. Les bookmakers londoniens donnaient à trois contre un les chances que cette union dure cinq ans. « Chez eux, l'atmosphère était à couteaux tirés, rapporte un ami. Madonna s'énervait contre Lourdes et lui criait dessus. Guy s'absentait le plus souvent possible, il saisissait le moindre prétexte pour sortir. Ils se prenaient le bec sur tout et n'importe quoi. Ils étaient peut-être sous pression à cause de la famille qui allait bientôt débarquer ou le stress prénuptial, mais regardons les choses en face, personne n'était dupe. »

D'autres amis de Madonna préfèrent minimiser la situation. « Madonna a horreur de s'ennuyer. Elle s'est toujours engueulée avec les hommes qu'elle aimait. Madonna attend vraiment le mariage avec impatience. Ce sera son plus beau spectacle depuis des années ! » Un autre ajoute : « Le gros problème dans ce couple, c'est que Guy Ritchie n'est pas comme la plupart de ses prédécesseurs, ébloui par la richesse et la célébrité de Madonna. Il serait plutôt mal à l'aise à l'idée de mener le grand train de vie qu'elle lui réserve. »

La rumeur courut dans les semaines précédant la cérémonie que le mariage aurait lieu en Écosse. Le jeu des pronostics s'acheva avec la publication des bans dans la petite ville de Dornoch, dans le Sutherland. Miss Lesley Connor, officier d'état civil à Dornoch, révéla que, sur la liste des quatre mariages à venir, figurait celui de Guy Stuart Ritchie et Madonna Louise Ciccone pour le 22 décembre 2000. De même que la cérémonie nuptiale avec Sean Penn avait eu lieu le jour de l'anniversaire de la mariée, l'union Madonna/Guy Ritchie serait célébrée le jour des trente-deux ans du marié. Autre attention délicate, le couple avait choisi de s'unir en Écosse en mémoire du grand-père de Guy, le Major Stewart « Jack » Ritchie, qui combattit dans les Seaforth Highlanders et fut tué à Dunkerque pendant la Seconde Guerre mondiale. Quelques semaines avant le baptême du bébé et le mariage, Madonna se rendit au château de Skibo, où se déroulerait la cérémonie, pour mettre au point les détails avec la Révérende Susan Brown qui les marierait, avec Stuart Anderson, l'organiste de la cathédrale, ainsi qu'avec l'équipe de Skibo. Âgée de quarante-deux ans, la Révérende Susan Brown est la première femme en Grande-Bretagne à officier dans une cathédrale. Elle expliqua qu'elle avait été choisie pour unir le couple parce que la mariée étant divorcée et mère de deux enfants, aucun représentant de l'Église non-conformiste d'Écosse n'aurait accepté de s'en charger.

Skibo est un château du XIXe siècle situé sur un domaine de

3 000 hectares dans les Scottish Highlands, une région de forêts giboyeuses et de lochs. Il se situe à soixante-dix kilomètres au nord d'Inverness sur le territoire de la commune de Dornoch, petite bourgade de mille deux cents habitants. Le château en lui-même compte vingt et une chambres, onze autres demeures réparties sur le domaine permettent de disposer de vingt-six chambres supplémentaires. Le nom de Skibo vient de *Schyberbolle*, qui signifie « pays féerique de la paix ». C'est l'un des lieux de villégiature préféré de la jet-set. En 1898, lorsqu'il quitta les États-Unis pour revenir s'installer dans son Écosse natale, le créateur de trust de l'acier de Pittsburg, Andrew Carnegie, acheta le château de Skibo en ruine pour s'y établir de façon définitive. Il décida d'y édifier un château entièrement nouveau, avec tours, tourelles, de larges fenêtres, une immense salle de bal, un grand escalier en marbre de Sicile et une piscine intérieure. Après la mort d'Andrew Carnegie en 1919, le château fut conservé par ses héritiers jusqu'à sa vente en 1990 pour 6,5 millions de livres à Peter de Savary, un homme d'affaires qui voulait le rénover pour l'exploiter commercialement. Peter de Savary investit environ 17 millions de livres en quatre ans pour restaurer l'ensemble de la propriété. Boiseries de chêne, colonnes de marbre, lustres, sièges et canapés recouverts de chintz, lits à baldaquin lui donnent un certain charme désuet. Le domaine est aussi doté d'un parcours de golf. Il faut au minimum compter 750 dollars la nuit. Les frais du mariage, que Madonna assuma en totalité, s'élevèrent à 1,7 million de dollars environ. Sa robe de mariée, dessinée par Stella McCartney, la fille de Paul McCartney, styliste chez Chloé, coûta à elle seule plus de 30 000 dollars, et les fleurs, roses rouges et lis blancs, 75 000 dollars.

La cérémonie de mariage fut décrite par un proche comme un « pot-pourri religieux : catholicisme pour Madonna, protestantisme pour Guy Ritchie et bouddhisme pour Dieu sait quelle raison ».

Quatre jours avant la cérémonie proprement dite, le couple quitta Kensington dans une Mercedes gris métallisé avec Lourdes, Rocco et deux nurses. Une seconde voiture suivait avec les bagages et le reste de l'entourage : gardes du corps, coiffeur, et un agent de sécurité armé veillant sur les diamants prêtés par Harry Winston. Ils descendirent d'un Falcon 2000, qui avait décollé de la base de Northolt dans le Middlesex, au son de la cornemuse de Clum Spud Fraser interprétant *Scotland The Brave* et une version pour le moins originale de *Like a Virgin*. Lourdes sortit de l'avion aux anges, pendant qu'une des nurses emmenait Rocco dans un couffin. Jim Heddle, qui dirigeait les forces de police, avait clairement fait savoir que Madonna se chargeait de sa protection personnelle. « En principe, nous ne sommes responsables que de la sécurité du public, a-t-il dit. Mais, vu qu'il s'agit d'une énorme star, nous devons être en mesure de faire face à toute éventualité. »

Seuls la famille et quelques intimes furent hébergés au château. Sting, Trudie Styler et leurs enfants, Mickey, seize ans, Jake, quinze ans, Coco, neuf ans et Giacomo, quatre ans, arrivèrent parmi les premiers. Stella McCartney et Gwyneth Paltrow débarquèrent ensemble au château dans la Range Rover noire aux vitres tintées qui faisait la navette entre Skibo et le petit aéroport local. Donatella Versace, Mathew Vaughn seraient aussi logés sur place, tout comme la famille de Guy Ritchie et les parents de Madonna, Tony et Joan, son frère Christopher, sa sœur Melanie, et son mari, Joe Henry.

Dans *Evita*, Madonna est fantastique lorsqu'elle incarne Eva Perón au balcon de la Casa Rosada devant la foule de ses admirateurs. Des clones d'Evita hurlent à son adresse : « Regarde-moi, Sainte Eva, fais de moi celle que tu préfères, souris-moi, dis-moi que je suis celle que tu aimes le plus. »

Le jour du baptême, Madonna se tenait aux côtés de Guy Ritchie qui portait dans ses bras Rocco, enveloppé dans une robe de baptême de soie crème ayant coûté la bagatelle de 15 000 dollars, dessinée par Donatella Versace. L'enfant était apparu devant les photographes avec un petit manteau en fourrure et un bonnet assorti en lapin blanc qui lui cachait le visage.

Kay McDonald, réceptionniste à Dornoch, fut frappée ce jour-là par la ressemblance de Madonna avec Eva Perón. « Je me souviens du film, dit-elle. C'était la même. » Vêtue d'un long manteau ample en soie blanc cassé, un voile noir sur ses cheveux ramenés en arrière dans un chignon, des boucles d'oreilles anciennes en cristal, Madonna agita timidement la main, souriant doucement aux habitants de Dornoch qui l'acclamaient devant la cathédrale.

La Casa Rosada, la maison rose, résidence officielle du président argentin, est ainsi appelée parce qu'elle est en pierre rose. La cathédrale de Dornoch, datant du XIIIe siècle, où fut baptisé Rocco le 20 décembre 2000, dresse ses tours roses parmi les brumes tourbillonnantes qui flottent sur les collines alentour. « C'était une cérémonie très simple, racontera le Père Benedict Seed, présent ce jour-là en simple spectateur. L'enfant était très calme, il n'a pas pleuré. Son père, en revanche, submergé par l'émotion, ne put retenir quelques larmes. »

Tony Ciccone pleura également, sans doute parce qu'il était soulagé d'avoir retrouvé sa fille. Le père de Guy, John Ritchie, soixante-douze ans, avait lui aussi les yeux humides. Il se tenait à côté de sa seconde femme, Shireen, et de son beau-fils, Oliver, vingt et un ans. Gwyneth Paltrow semblait bouleversée. « C'était très émouvant », dira Jean-Baptiste Mondino, qui sera chargé par Madonna de faire les photos du mariage.

Trudie Styler, la marraine de Rocco, lut un interminable cantique. Sting chanta l'*Ave Maria*. Guy Oseary, l'associé de Madonna dans Mad Guy Films, Mad Guy Television et Maverick Records, était le parrain de l'enfant. Madonna, Guy Ritchie, Guy Oseary et Trudie Styler, le bébé dans les bras, s'avancèrent vers les fonts baptismaux.

La cérémonie, qui dura une demi-heure, fut conduite par la Révérende Susan Brown. Rupert Everett n'arriva qu'à la fin du baptême, en jean et veste de cuir. Son avion, parti d'Inverness, avait pris du retard à cause d'un épais brouillard sur Dornoch. « Madonna a eu un petit coup de blues en pensant à sa mère, déclara-t-il le lendemain. Elle aurait aimé qu'elle soit là. »

Comme le veut la tradition, la Révérende Susan Brown prit Rocco John Ritchie dans ses bras et le promena dans l'église en signe d'accueil dans la maison de Dieu.

Le 22 décembre, l'après-midi du mariage, Guy Ritchie partit chasser le canard avec ses deux témoins. Madonna, de son côté, s'essaya au tir au pigeon d'argile, se promena dans la campagne, fit quelques exercices de yoga et assista à une démonstration de fauconnerie en compagnie de Gwyneth Paltrow, Stella McCartney et Trudie Styler depuis les fenêtres du château.

La gamine de Bay City avait fait un sacré bout de chemin pour arriver jusqu'à Dornoch.

Ce même jour, à dix-huit heures trente, dans le grand hall du château illuminé par des centaines de bougies, Madonna Louise Ciccone et Guy Ritchie furent unis par les liens du mariage. Lourdes, quatre ans, sans chaussures, drapée d'une longue robe ivoire à manches courtes, également créée par Stella McCartney, conduisit la procession, jetant des poignées de pétales de roses rouges sortis d'un panier. Le futur marié portait un blazer vert vif sur un kilt écossais du clan des Hunting Mackintosh, bleu et vert, fait par la Scotch House de Grande-Bretagne, avec une large ceinture qui reprenait le motif du tartan de la famille de Guy. Ses boutons de manchette en diamant étaient un cadeau de sa future femme. Rocco John Ritchie, dans les bras de sa nurse, portait un kilt assorti. Les deux témoins de Guy étaient Mathew Vaughn, son associé, et Piers Adam, propriétaire d'une boîte de nuit à Londres. Madonna avait choisi comme témoin Stella McCartney, qui portait une de ses propres créations, un ensemble pantalon gris et beige.

Madonna s'avança au bras de son père. Lourdes, Gwyneth Paltrow et Donatella Versace la suivirent au son de la cornemuse jouant *Highland Cathedral* en guise de marche nuptiale. La pianiste Katia Labèque se joignit à l'organiste de la cathédrale pour interpréter *Nessun Dorma* ainsi que la *Toccata* et la fugue en ré mineur de Jean-Sébastien Bach, qui accompagnèrent le service religieux.

Madonna et Guy Ritchie jurèrent, entre autres, de se chérir, de se respecter et de fonder une famille heureuse. La Révérende Susan Brown ajouta que « seuls l'amour qu'ils se portent et l'amour qu'ils portent à leurs enfants les aideraient à surmonter les obstacles et que chaque instant serait un nouveau défi à relever ». À la fin de la cérémonie, Susan Brown offrit à Madonna et à Guy Ritchie deux rouleaux de papier toilette, gages d'un mariage doux, long et résistant.

Lors de son précédent mariage avec Sean Penn, Madonna s'était donné un look des années 50. Cette fois-ci, sa robe à corset en soie ivoire évoquait le XIXe siècle, avec sa longue traîne et son immense voile orné de dentelles et broderies qui lui couvrait le visage et tombait en cascade jusqu'à la pointe de ses chaussures Jymmy Choo. Elle portait un diadème en diamant, prêté par Asprey et Garrard de Londres, plusieurs bracelets de perles et de diamants, de chez Adler de Londres, et son cou s'ornait d'une croix en diamant de vingt-sept carats, mesurant 6,5 cm, dessinée par Ronald Winston de la House of Harry Winston à New York. L'alliance de Madonna, en platine sertie de petits diamants, et celle de Guy, en platine massif, avaient toutes deux été créées par Stephen Webster.

Lors de son union avec Sean Penn, Madonna avait déclaré qu'elle voulait « quelque chose dans l'esprit des années 50, quelque chose qu'aurait pu porter Grace Kelly à son mariage ». Elle avait ceint son front d'un diadème en diamant dessiné par Cartier que la princesse Grace avait lors du mariage de sa fille Caroline avec Philippe Junot.

Pour éviter tout remake malheureux d'*Apocalypse Now*, Madonna avait cette fois-ci soigneusement tenu à l'écart la presse, les télévisions, les photographes ainsi que les curieux. Tout ce petit monde fit le pied de grue pendant plus de dix heures dans un froid glacial devant la propriété pour essayer d'entr'apercevoir la star et ses célèbres invités. La sécurité était assurée par plus de soixante-dix hommes, auxquels il faut ajouter les quinze gardes du corps de Madonna.

Madonna afficha, pendant toute la cérémonie, un large sourire. Un ami de Guy Ritchie remarqua qu'elle semblait « fière ». Elle lança traditionnellement son bouquet dans la foule. C'est Lourdes qui l'attrapa.

Les invités se rassemblèrent dans la grande salle du château pour le vin d'honneur puis passèrent dans la salle à manger à boiseries de chêne pour le dîner. Madonna, qui s'était absentée quelques minutes, revint dans un ensemble Jean-Paul Gaultier. De grands feux crépitaient dans les cheminées en pierre. Il y avait au menu de la panse de brebis farcie, le plat national écossais, des fruits de mer, du saumon, du bœuf d'Aberdeen Angus, des pommes de terres sautées et du chou rouge, le tout arrosé de champagne et de beaujolais. Un groupe folklorique écossais anima le dîner, régalant les invités d'un concert de cuillères. Pour le dessert, un chef londonien était venu spécialement préparer des profiteroles caramélisées. Sting et Trudie Styler avaient offert le gâteau de mariage en forme de piano, en chocolat et massepain, reposant sur des pieds en bois façonnés par un menuisier. C'était une réalisation de Harry Gow de Culloden qui avait aussi fait le gâteau de baptême de Rocco, glacé de blanc avec le nom de l'enfant en sucre citron.

L'ambiance était familiale. Lourdes courait dans tous les sens avec les autres enfants. Au milieu du repas, Mathew Vaughn lut les télégrammes des invités qui n'avaient pu être de la fête, Luciano Pavarotti, Yvon Hamard, Rosie O'Donnell, Elton John, le Dalaï Lama – dont l'invitation avait alimenté la rumeur d'une cérémonie de mariage bouddhiste –, Brad Pitt, Jennifer Aniston.

Après le dîner, les convives descendirent danser au sous-sol. Madonna s'était encore changée, elle portait maintenant un ensemble pantalon ivoire dessiné par Donatella Versace. Le DJ venu de Miami, Tracy Young, un ami d'Ingrid Casares, passa un mix de chansons de Madonna et de Sting.

À l'aube, les jeunes mariés se retirèrent dans la suite nuptiale, l'ancienne chambre à coucher d'Andrew Carnegie. Plus tard dans la journée, entourés de Tony et Joan Ciccone, John et Shireen Ritchie et Lady Amber Leighton, Madonna et Guy Ritchie plantèrent un petit chêne. Ils promirent de venir le revoir chaque année.

Toute Madonna qu'elle était, elle ne put obtenir de la direction de rester à Skibo pour Noël. Le château était réservé par des gens qui arrivaient d'Abu Dhabi. Les jeunes mariés, Lourdes, Rocco et leurs nurses passèrent le réveillon chez les Sting dans leur propriété du Wiltshire. Les deux couples firent un saut au pub du village pour boire une bière, reprenant en cœur les chants de Noël.

La boucle était bouclée. Madonna et Guy Ritchie terminaient le week-end là où tout avait commencé deux ans auparavant, dans le Wiltshire, en Angleterre, le nouveau pays de Madonna.

CHAPITRE 6

Abordant le vingt et unième siècle, Madonna, une fois de plus, fait figure de pionnière en matière de communication. Elle a perçu intuitivement qu'il était désormais déplacé de vendre son mariage à des tabloïds. Tournant le dos à ces pratiques dont Catherine Zeta-Jones et Michael Douglas firent leurs choux gras en étalant devant le monde entier leur histoire d'amour, la naissance de leur fils et leur union, elle comprit d'elle-même que la seule façon d'obtenir de la presse qu'elle traite son mariage comme elle le souhaitait, c'était de l'entourer du plus grand secret. C'était là pour Madonna le seul moyen d'atteindre cette nouvelle notoriété empreinte de dignité et de retenue à laquelle elle aspirait depuis son arrivée en Angleterre. La presse internationale traiterait le sujet avec pudeur et les photos des paparazzi seraient remplacées par des images plus conventionnelles et parfaitement maîtrisées. Elle captiva l'attention des médias avec son image de femme respectable aussi efficacement qu'elle les avait subjugués quelques années plus tôt avec ses provocations sexuelles.

Madonna obtint autant, sinon plus, de publicité en écartant les médias de l'événement que lors de son mariage avec Sean Penn, qui vira en gigantesque cirque.

En 1985, Madonna recherchait toute la publicité possible, peu importait qu'elle soit bonne ou mauvaise. En 1998, lors de sa rencontre avec Guy Ritchie, Madonna, nouvelle venue en Grande-Bretagne, décida de jouer la carte de la respectabilité.

Elle ne fut pas longtemps dupe de la réputation de mauvais garçon issu des milieux populaires que Guy Ritchie essayait de s'octroyer. Elle vit rapidement que c'était un fils de bonne famille, ce qui pouvait lui donner l'occasion de pénétrer dans les meilleurs milieux de la société britannique.

Alors qu'elle était enceinte, Madonna entreprit de démontrer à Guy Ritchie que le luxe qu'il exécrait n'était pas incompatible avec le travail artistique et la reconnaissance du public. L'un et l'autre s'efforçaient de nier leurs origines, ce qui, au fond, les rapprochait. En fait, Guy Ritchie n'était pas mécontent de choquer sa famille en se mariant en dessous de sa condition, avec une femme issue d'un milieu modeste. De son côté, Madonna revivait, dans une certaine mesure, les résistances qu'avaient connues son père lors de son mariage avec Madonna Fortin.

Il est amusant de constater qu'autant Sean Penn que Guy Ritchie aiment à jouer les mauvais garçons, prétendant être d'origine modeste. Seule différence, Sean Penn n'hésitait pas à jouer des poings ou à sortir son revolver pour tirer sur des hélicoptères alors que Guy Ritchie, sans doute plus conscient de son rang qu'il n'y paraît, préfère, lui, tirer des canards à quelques heures de son mariage. En fait, Madonna, Sean Penn et Guy Ritchie semblent sortis du même moule. Madonna n'hésita pas, elle non plus, au début de sa carrière, à maquiller ses origines pour jouer les rebelles.

Curieusement, dans les semaines qui suivirent le mariage, la rumeur, alimentée par des amis du réalisateur, courut que Guy Ritchie n'avait pas trente-deux mais trente-huit ans. Un proche de Lady Amber Leighton dément catégoriquement. « C'est faux. Je pense que la rumeur est née dans l'entourage de Madonna. Elle est plus sensible qu'on ne le croit à la différence d'âge. Elle n'hésitera pas à réécrire l'histoire de Guy comme elle l'a déjà fait pour sa propre vie. Lady Amber est une femme qui a les pieds sur terre. Peu lui importe l'âge qu'on lui attribue. Mais cette rumeur farfelue qui vieillit son fils pour préserver l'ego de Madonna l'a beaucoup choquée. »

Quelle différence entre la Madonna qui se promène nonchalamment dans le parc de Skibo avant son mariage, se livrant de bonne grâce au tir au pigeon, bavardant sur la terrasse avec ses nouvelles meilleures amies, Gwyneth Paltrow et Trudie Styler, contemplant les brumes sur les collines écossaises, et la Madonna qui tomba folle amoureuse qu'était Sean Penn à l'époque, la femme qui se rendit célèbre en faisant des films douteux et en aguichant son public bardée de chaînes et portant des bustiers de cuir noir ?

Est-ce l'amour qui est à l'origine de cette métamorphose ? La maturité ? À moins que ce ne soit le goût prononcé de Madonna pour les changements radicaux.

Si Frida Kahlo, l'artiste torturée, bafouée par son mari, fut autrefois son héroïne, si Eva Perón, la femme qui réalisa tous ses rêves malgré l'adversité, fut ensuite son idole, Madonna, à quarante-deux ans, s'est forgé une nouvelle conception de la femme idéale. Un mélange de Mia Farrow, la mère nourricière et l'actrice, et de Trudie Styler, la femme adorée par sa rock-star de mari qui mène sa propre carrière, a quatre adorables enfants et a le bon sens de considérer l'argent non pas comme l'origine de tous les maux mais comme l'origine de tous les biens, le meilleur moyen d'être libre et de vivre heureux.

Madonna semble aujourd'hui revenir aux valeurs traditionnelles de la famille, de l'amour conjugal et de la religion. Mais est-ce bien sûr ? À quelqu'un qui lui demandait récemment si elle s'était assagie et si elle renonçait définitivement aux provocations qui avaient fait sa gloire, elle répondit : « On ne sait jamais. Il ne faut jamais dire jamais. »

ÉPILOGUE

En avril 2001, le *Figaro Madame* me demanda un nouvel article sur Madonna, dans le cadre cette fois-ci de sa tournée *Drowned World Tour* qui devait passer en Europe au début de l'été. Je demandai une interview à la star puis les mois passèrent sans que je reçoive de nouvelles.

Le 26 juin 2001, Madonna arriva à Paris pour le premier de ses quatre concerts parisiens. Madonna refusait toute interview à la presse pendant son séjour dans la Ville lumière. Certains journalistes français avaient été en fait invités à venir à Barcelone, précédente étape de la tournée, pour découvrir le nouveau spectacle et assister, en compagnie de leurs confrères espagnols, à la conférence de presse de bienvenue.

Lorsque Madonna posa le pied dans la capitale française, les journaux débordaient d'articles sur elle et son *Drowned World Tour.* La presse s'extasiait sur les cent tonnes de matériel de scène de la star, transportés des États-Unis par deux 747. Certains articles revenaient en détail sur les chansons qu'elle interprèterait au cours du spectacle, les décors et les costumes de la tournée. D'autres étaient largement consacrés à Mirwais et saluaient sa contribution au succès de *Music.* Quelques journalistes évoquèrent la visite de Madonna au camp de concentration d'Oranienburg-Sachsenhausen, lors de son passage à Berlin, revenant sur l'article du *Bild* et sur les photos de la star, toute habillée de noir, posant à l'entrée du camp.

La salle était surchauffée quand Madonna arriva sur scène,

émergeant du sol. Elle portait des bottines noires agrémentées de chaînes, un kilt – en hommage à son nouveau mari –, un T-shirt noir sur lequel on pouvait lire *mother* sur le devant et *fucker* dans le dos, clin d'œil en direction de ses fans qui craignaient peut-être que sa nouvelle vie d'épouse et de mère lui ait fait perdre son sens de la provocation. Les muscles saillants, les cheveux aux racines noires flottant librement autour de son visage, un bandeau blanc au bras droit, elle exhibait fièrement un bracelet de diamants au poignet et son alliance en or.

Il faisait affreusement chaud. Madonna paraissait épuisée, accablée par la chaleur. « Ce serait pas mal que les Français se mettent à l'air conditionné, lança-t-elle à un moment en prenant un vague accent du Sud. »

À quarante-deux ans, Madonna faisait preuve d'une étonnante résistance. De nombreux jeunes s'évanouissaient dans le public et devaient être évacués par le service de sécurité. La ferveur des fans ne se démentit jamais, même après une heure quarante de spectacle. À la fin du concert, je me retrouvai dans ma voiture, prisonnière d'un monstrueux embouteillage. Les autoradios hurlaient des chansons de Madonna, ça klaxonnait dans tous les sens. C'était étonnant de voir tant d'enthousiasme même après huit ans d'absence et malgré une prestation plutôt minimaliste où chaque seconde était comptée.

Le 25 juin, en compagnie de son mari, Guy Ritchie, de ses deux enfants, Lourdes et Rocco, Madonna arriva au Crillon. Pour Rocco, âgé de dix mois, lové dans les bras de son père dans le grand hall de marbre, c'était sa première visite. C'était un bébé souriant, avenant, paraissant déjà poser pour la horde de photographes qui était venus pour accueillir sa mère. Guy Ritchie ne semblait pas plus que son fils impressionné par cette foule et suivait consciencieusement sa « petite » femme. « Monsieur Madonna » était tout à son rôle de père. Il tendit la main à Lourdes avant de se diriger vers les ascenseurs pour gagner leur suite à 10 000 dollars la nuit. Madonna s'arrêta un instant pour questionner le directeur et s'assurer que toutes les mesures de sécurité avaient été prises. Elle voulait dormir en paix sans risquer d'être dérangée par des admirateurs qui essaieraient de s'introduire dans l'hôtel ou resteraient toute la nuit devant ses fenêtres.

Cette tournée était un moment pivot dans la carrière de Madonna. La critique et ses fans l'attendaient de pied ferme, se demandant si sa toute nouvelle vie de femme rangée n'avait pas émoussé son talent et sa force de séduction. Ils ne furent pas déçus. Madonna, comme toujours, se montra à la hauteur, démontrant à son public qu'elle était la première d'entre les stars. Ses admirateurs furent comblés. Non, la femme assagie savait encore enflammer les passions.

Demandez à deux personnes ce qu'elles pensent de Madonna et vous aurez cinq avis différents. L'heure du concert approchant et Madonna ayant décidé de ne donner aucune interview, les langues se délièrent sur les antennes, les journalistes lançaient toutes sortes de débats dans la presse, à la radio, à la télévision. Qui est Madonna ? Certains revenaient sur la question de sa sexualité, affirmant qu'elle était homosexuelle et que ce n'était qu'à cause de son fervent catholicisme qu'elle avait multiplié les amants ou qu'elle s'était mariée par deux fois. D'autres, prenant l'exact contre-pied, affirmaient qu'elle était simplement telle qu'elle s'offrait à son public, une femme libérée qui faisait ce qu'elle voulait quand elle voulait. Les plus cyniques répondirent que sa sexualité comptait moins que sa farouche détermination et le soin rigoureux qu'elle mettait à atteindre ses buts professionnels et financiers. Un couple de fans fit remarquer que personne n'avait encore jamais vu une photographie de sa robe de mariée.

Ce qui me frappa le plus après avoir assisté au spectacle, c'est qu'en vingt ans de carrière et de vie publique Madonna restait toujours aussi secrète. Ses aspirations profondes ainsi que sa véritable personnalité demeuraient un mystère tant pour la presse que pour ses admirateurs. Reste que, lors de cette dernière tournée, elle parut se livrer plus que jamais auparavant. Non qu'elle répondît aux questions que tout le monde se posait, mais parce qu'elle fit la puissante démonstration de ce que pouvaient être ses priorités à ce moment précis de sa vie.

Rien dans son spectacle n'est laissé au hasard. Le *Drowned World Tour* est, par omission, la plus autobiographique des tournées de la star. Madonna nous raconte qui elle est, ou du moins ce qu'elle veut que l'on croie qu'elle est devenue. Le message est clair même si certaines choses n'ont pas changé : son angoisse devant la mort de sa mère ; l'ambiguïté de ses relations avec son père. À un moment, Madonna interprète *Frozen* sur des images de son visage en décomposition, rouge de sang, les yeux injectés, alors qu'un spectre passe derrière elle. Un peu plus tard, chantonnant sur l'air de *Davy Crockett*, elle parle de son père et de cannibalisme, avant de se tourner vers le public et de lui demander à brûle-pourpoint : « Lequel d'entre vous n'a pas grandi dans une famille à problèmes ? »

Les vieux démons et les fantômes sont toujours là mais ils sont maintenant apprivoisés, parfaitement maîtrisés. Mêlant images, extraits de son répertoire, bribes de chorégraphie et subtils clins d'œil, Madonna cherche de toute évidence à rappeler à son public pourquoi il a fait d'elle la première des déesses. Elle attend de nous que nous soyons, plus que jamais, comblés par Madonna, cette bête de scène qui nous offre son spectacle, contre monnaie sonnante et trébuchante, une heure quarante minutes de pure énergie, sans cette fois-ci nous donner l'illusion qu'elle nous ouvre les replis les plus secrets de son être ou qu'elle nous introduit dans les méandres de sa sexualité et de ses sentiments.

Depuis les décors noirs inspirés du *Metropolis* de Fritz Lang se compliquant d'une sexualité trouble, jusqu'aux chœurs en imperméables et masques à gaz, ressemblant à des insectes extraterrestres, Madonna affirme sa maturité, sa sophistication, délaissant le criard pour devenir plus subtile. Dans le passé, son magnétisme naissait de sa capacité à entrer en contact avec son public, à le convaincre que les spectacles auxquels il assistait pouvaient lui ouvrir, et à lui seul, les portes de son intimité Aujourd'hui, elle ne nous délivre que ce qu'il faut de sordide et de vulgarité, quelques *fuck you* et deux ou trois *motherfuckers* pour donner le change. Les thèmes sadomasochistes et les références à la religion sont maintenant traités avec une certaine finesse. Oublié, le crucifix qui fut un temps l'emblème de sa provocation ; aujourd'hui ce sont des images de baptêmes de nouveau-nés dans les rivières d'Amérique du Sud, des rites indiens, le mur des Lamentations. Si elle continue à nous assurer de son éternel balancement entre le plaisir et de la douleur, c'est aujourd'hui avec des partenaires qui boivent au goulot et crachent sur le public, des danseurs nus qui se dressent inlassablement sur leurs pointes, une fille décharnée déguisée en insecte qui se fait démolir et étrangler par un autre danseur insecte, le corps secoué de spasmes, les jambes et les bras s'agitant en une macabre danse de la mort, c'est encore Madonna elle-même menacée par un samouraï qui tient son sabre au-dessus de sa tête.

Pour Madonna, l'acte sexuel est toujours capricieux et violent. Elle y applique cette objectivité et cette distance qui nous oblige à considérer qu'elle ne s'y livre que pour nous, et non pour satisfaire ses seuls appétits. Madonna, l'icône éclectique de la pop, semble à l'évidence avoir réglé les débats intérieurs sur Dieu et l'Église qui l'ont tourmentée depuis les débuts de sa carrière il y a dix-huit ans. Qu'elle soit habillée en geisha, en superwoman ou qu'elle chante pendant que sont projetés dans son dos des dessins animés pornos, qu'elle porte son T-shirt *American Pie* ou qu'elle passe quelques mesures de *Don't Cry for Me Argentina*, Madonna multiplie les clins d'œil pour s'assurer que nous n'avons rien oublié. Elle nous fait un raccourci de ses multiples incarnations, de sa longue quête d'une image, sans doute pour mieux nous signifier qu'elle n'en changera plus, que les métamorphoses ne sont plus nécessaires pour capter l'attention de ses fans. Elle ne bougera plus. Elle a réussi. Elle est installée dans nos cœurs. Elle n'a plus à se tuer au travail, sept jours sur sept, vingt-quatre heures sur vingt-quatre. Sa carrière est maintenant sur ses rails, elle peut se permettre de séparer sa vie privée de sa vie publique. Mais nous faisons toujours partie de son monde. Elle continue à nous faire partager une certaine nostalgie de cette carrière qu'après tout nous avons menée ensemble. Même si aujourd'hui elle n'a plus besoin de nous pour survivre, pour justifier son existence, qu'elle peut se passer de notre amour sans faille et de notre assentiment. Nous n'avons plus qu'à nous réjouir pour elle. Elle a maintenant ses enfants et un nouveau mari.

Ce n'est pas par hasard qu'elle est restée pendant huit ans sans faire de scène, ce n'est pas un hasard si aujourd'hui à l'occasion de son retour elle a choisi de nous faire un rapide récapitulatif de toutes les phases par lesquelles elle est passée. La différence entre la Madonna d'aujourd'hui et celle qu'elle était hier, c'est ce fossé qui s'est créé entre elle et son public. Confiante, elle espère que ses fans comprendront qu'elle a durement gagné ce droit à prendre de la distance et à se reposer enfin. D'où lui vient cette confiance ? Mais de son prodigieux instinct de survie !

En cette nuit de juin 2001, les lumières s'éteignent sur Bercy, la scène regagne l'obscurité, le spectacle est fini. Il n'y aura pas eu de rappels, de trépignements, de discours. Madonna est partie mais son souvenir demeure...

Sources

L'abréviation N/A signifie que la personne n'a pas souhaité apparaître sous son nom. Un astérisque signale l'emploi d'un pseudonyme.

AVANT-PROPOS

Vanity Fair, mars 1998.
Rencontre de l'auteur avec Madonna à Buenos Aires.
Interview à Los Angeles du prêtre catholique.
Interview N/A d'un ami de Madonna à New York.
Razon de mi vida, biographie d'Eva Perón.

PREMIÈRE PARTIE : DON'T CRY FOR ME ARGENTINA

Chapitre 1 :
Première Magazine, septembre 1996.
Film Review, février 1997.
Vanity Fair, novembre 1996.
Daily Mail, 1er novembre 1995.

Chapitre 2 :
Interview N/A d'officiels argentins.
Vanity Fair, journal de Madonna, novembre 1996.
Interview N/A de l'auteur à Buenos Aires.

Chapitre 3 :
Interview N/A de l'auteur à Buenos Aires.
Interview de Marikena Monti.
Interview de Andres di Tella.

Interview N/A de José Camaro*.
Vanity Fair, journal de Madonna, novembre 1996.
Interview N/A de Consuela Stamos*.

Chapitre 4 :
Vanity Fair, journal de Madonna, novembre 1996.
Interview du Président Carlos Menem.
Interview N/A de diverses personnalités de l'entourage du Président Menem.

DEUXIÈME PARTIE : WHO'S THAT GIRL

Chapitre 1 :
Interview N/A de Lionel Bishop*.
Bay City Times, 8 août 1996.
Interview à Bay City de Timothy Sullivan.
Interviews N/A d'habitants de Bay City.

Chapitre 2 :
Interview de Michelle Campau.
Interview d'Elsie Fortin.
Bay City Times, 29 novembre 1984.
Interview de Tracey Horne.
Interviews N/A d'habitants de Bay City.
Interview de Roy "Jay" Crete.
Interviews d'amis de Madonna Fortin Ciccone.

Chapitre 3 :
Mail on Sunday, 3 janvier 1988.
Unauthorized Madonna, Christopher Andersen, Signet, 1991.
Interview de Tony et Joan Ciccone dans leur propriété de Sutters Bay.
Time, 27 mai 1985.
Interviews de Elsie Fortin, de voisins et d'amis de la famille Ciccone à Bay City et Rochester Hills.
Interviews N/A de membres de la famille Fortin.
Interviews N/A de parents résidant à Bay City.

Chapitre 4 :
Cosmopolitan, octobre 1985.
Unauthorized Madonna, Christopher Andersen, Signet, 1991.
Interviews N/A d'anciens professeurs de Madonna.
Rolling Stone, printemps-été 1989.
La Psychanalyse des enfants, Melanie Klein, PUF, 1991.

Chapitre 5 :
La Psychanalyse des enfants, Melanie Klein, PUF, 1991.
Interview de Claude Delay Tubiana.
Interview de John Schlesinger.
« *Confession of a Catholic Girl* » Betsey Johnston, Interview, mai 1989.
Interview de Rupert Everett.
Interview d'Elsie Fortin.
Interviews N/A de plusieurs invités à la fête de Sting.
Vanity Fair, avril 1991.
Record, mars 1985.
Interviews N/A de membres de la famille Fortin.
Interview d'Elsie Fortin.
Interview de Don Davis.
Don't Let Death Ruin Your Life, Jill Brook, Dutton, 2001.

Chapitre 6 :
Interview de Pat McPherson.
Interviews N/A d'anciens voisins des Ciccone à Pontiac et à Bay City.
Interview d'Anita Harris.
Interview de Michelle Fine.
New York Times, 3 mars 2001.
Show and Tell, John Lahr, Overlook Press, 2001.
Unauthorized Madonna, Christopher Andersen, Signet, 1991.
Madonna, Robert Mathew-Walker, Sidgwick and Jackson, 1989.
La Psychanalyse des enfants, Melanie Klein, PUF, 1991.
OK Magazine, 5 janvier 2000.

Chapitre 7 :
In Bed With Madonna, vidéo.
Interview de Joan Ciccone.
Interviews N/A de voisins des Ciccone.
Interviews N/A de voisins des Ciccone et des enfants Ciccone.
Bay City Times, 3 avril 1998.

Chapitre 8 :
Interviews N/A de voisins des Ciccone.
New York Post, 2 décembre 2000.
Unauthorized Madonna, Christopher Andersen, Signet, 1991.
The Advocate, 15 février 2000.
Interviews N/A de voisins des Ciccone.
Rolling Stone, 13 juin 1991.
Interview N/A d'un enseignant.
Interviews N/A de voisins des Ciccone.

Chapitre 9 :
Unauthorized Madonna, Christopher Andersen, Signet, 1991.

Interviews N/A d'amis des Ciccone.
Interview N/A d'un enfant Ciccone.
Interviews N/A de voisins des Ciccone.
"Confession of a Catholic Girl", Betsey Johnston, Interview, mai 1989.
The Sun, 3 novembre 1986.
Interview N/A d'une religieuse de St Andrew.

Chapitre 10 :
Interview de Mère Dolores.
Interview du Père Gary Siebert.
Interview de Paul Gambacinni.

Chapitre 11 :
Interviews N/A de frères et sœurs et d'amis.
Madonna Companion, Allan Metz et Carol Benson, Schirmer Books, 1999.
Time, 25 mai 1985.
Interview N/A de Carl Townsend*.
Source N/A de l'auteur provenant d'un collaborateur et ami de Madonna.
Interview N/A de Kathy*.

Chapitre 12 :
Interview N/A de Kathy*.
Madonna in Her Own Words, Mick St Michael, Omnibus Press, 1999.
Unauthorized Madonna, Christopher Andersen, Signet, 1991

Chapitre 13 :
Interview de Pearl Lang.
Unauthorized Madonna, Christopher Andersen, Signet, 1991.
Cosmopolitan, juillet 1987.

TROISIÈME PARTIE : LUCKY STAR

Chapitre 1 :
Interview de Norris Burroughs.

Chapitre 2 :
Unauthorized Madonna, Christopher Andersen, Signet, 1991.
USA Today, 9 juillet 1985.
Daily News, 10 juillet 1985.
Daily News, 9 juillet 1985.
Penthouse, septembre 1987.
Rolling Stone, 10 septembre 1987.
New York Post, 30 mars 1985.
Madonna in Her Own Words, Mick St Michael, Omnibus Press, 1999.
Interview N/A de Kitty Romano*.
Vanity Fair, octobre 1992.

Empire Magazine, 1990.

Chapitre 3 :
Interview de Norris Burroughs.
Interview de Patrick Hernandez.
Interview de Muriel Van Lieu.

Chapitre 4 :
Interview de Patrick Hernandez et Muriel Van Lieu.
Interview de Pierre Trenet.

Chapitre 5 :
Interview N/A de proches de Madonna.
Unauthorized Madonna, Christopher Andersen, Signet, 1991.
Madonna, Robert Mathew-Walker, Sidgwick and Jackson, 1989.
Interview d'Adam Alter.

Chapitre 6 :
Interview d'Adam Alter.
The Sun, 14 juillet 1988.
Daily News Magazine, 29 septembre 1985.
Daily Mirror, 19 janvier 1989.
Sunday Mirror, 11 février 2001.

Chapitre 7 :
Interview d'Adam Alter.
Spin, mai 1985.
Record, mars 1985.

QUATRIÈME PARTIE : MATERIAL GIRL

Chapitre 1 :
Interview de Cis Coreman.
Cosmopolitan, septembre 1987.
Madonna, Robert Mathew-Walker, Sidgwick and Jackson, 1989.
Cosmopolitan, septembre 1987.
Unauthorized Madonna, Christopher Andersen, Signet, 1991.

Chapitre 2 :
Madonna, Robert Mathew-Walker, Sidgwick and Jackson, 1989.
Unauthorized Madonna, Christopher Andersen, Signet, 1991.
Interview N/A d'une personne invitée au mariage.
Interview N/A d'un ami.

Chapitre 3 :
Interview de Paul Freeman.
USA Today, 7 mars 1986.
People, 14 décembre 1987.

Chapitre 4 :
American Film, juillet 1987.
Interview de Claude Chirac.
Interview, décembre 1985.
Daily News, 24 avril 1988.
Harpers Bazaar, mai 1988.
« *Confession of a Catholic Girl* », Betsey Johnston, *Interview*, mai 1989.

Chapitre 5 :
People, 14 décembre 1987.
Unauthorized Madonna, Christopher Andersen, Signet, 1991.
Rolling Stone, 23 mars 1989.
« *Confession of a Catholic Girl* », Betsey Johnston, *Interview*, mai 1989.
Today, 11 juin 1990.
Daily Mail, 21 mai 1991.
Mail on Sunday, 14 juin 1992.
Interview de Paul Gambacinni.
Daily Mail, 15 décembre 1992.

CINQUIÈME PARTIE : BLOND AMBITION

Chapitre 1 :
Eye, octobre-novembre 1996.
Vanity Fair, journal de Madonna, novembre 1996.
Interview de Dan Cortesi.
The Guardian, 17 mai 1996.
Vanity Fair, mars 1998.
Vanity Fair, avril 1991.
Daily Mail, 13 mai 1993.
Interview de Raoul Felder.
Madonna : The Style Book, Debbie Voller, Chris Charles Worth, Omnibus Press, 1999.
Daily News, 5 février 2000.
Film Review, février 1997.

Chapitre 2 :
Interview de John Schlesinger.
Sunday Mirror, 11 février 2000.

Chapitre 3 :
Interviews N/A d'amis de Lady Amber Leigton, Guy Ritchie, John Ritchie, Madonna, Sting et Trudie Styler.
The Globe, 2 janvier 2001.
OK Magazine, 5 janvier 2000.

Chapitre 4 :
The Star, 27 juin 2000.
The Globe, 16 mai 2000.
Interview N/A de plusieurs invités.
The National Enquirer, 16 mai 2000.
Interviews N/A d'amis des familles Leighton et Ritchie.
The Toronto Sun, 25 août 2000.

Chapitre 5 :
Interviews N/A à Londres et New York.
OK Magazine, 5 janvier 2000.
Daily Standard, 14 décembre 2000.

Chapitre 6 :
Daily News, 27 février 2000.

Remerciements

L'une des choses les plus désagréables quand on se lance dans la biographie non autorisée d'une star c'est de se lever tous les matins pendant plus d'un an pour aller interviewer des gens qui, pour la plupart, vont à tout prix essayer de vous éviter. L'entreprise est d'emblée décourageante, mais lorsque l'auteur parvient enfin à dénicher quelques proches, amis, parents ou associés qui acceptent de parler, grande est la récompense. Et si ces proches, ces amis, ces parents parlent à cœur ouvert de leurs sentiments, de l'admiration qu'ils éprouvent, il devient alors possible pour l'auteur de faire un portrait objectif de la star et de raconter sa vie en toute impartialité. En ce qui concerne cette biographie, alors que je conserve encore sur mon front les stigmates de toutes ces heures passées à me cogner la tête contre les murs, je dois aussi reconnaître la chance qui fut la mienne de pouvoir recueillir les témoignages extraordinaires des personnes les plus proches de Madonna. Je remercie Tony et Joan Ciccone pour leur hospitalité et la chaleur de leur accueil quand je suis passée les voir dans leur propriété du Michigan. Merci aussi à Elsie Fortin, qui porte à la plus célèbre de ses petits-enfants un amour sans faille. Merci à Patrick Hernandez et à Muriel Van Lieu de m'avoir reçue dans un moment si difficile de leur vie, peu de temps après la mort prématurée de Jean Van Lieu. Beaucoup de personnes que j'ai interviewées pour ce livre n'ont consenti à parler qu'à la condition que je change leur nom ou que je ne les cite pas.

C'est ce que j'ai fait. Ma profonde gratitude va à tous ceux, anonymes ou pas, qui ont accepté, non sans un certain courage, de me rencontrer. Qu'ils soient remerciés de leur généreuse contribution, des connaissances qu'ils ont bien voulu partager avec moi.

Ma reconnaissance va aussi à Carol Dickey pour l'aide inestimable qu'elle m'a apportée dans l'organisation des sources et du matériel bibliographique ; à Tom Freeman et à Mary Troach pour les recherches qu'ils ont accomplies des deux côtés de l'Atlantique ; à Jacques Blache qui a mis à ma disposition son savoir-faire et sa connaissance du secteur de l'industrie musicale ; à Boris Hoffman pour sa gentillesse ; à Chris Dickey pour la compréhension dont il a fait preuve dans certaines prises d'otages ; à John Baxter pour l'humour avec lequel il aborde le cinéma et parle de ses stars ; à Mike Nolan qui m'a fait découvrir Bay City. Mes pensées vont également à Thierry Billard, dont l'idée est devenue réalité, et à Danièle Mazingarbe, Marie-Claire Pauwels, Roberto Cerea et Franck di Paolo. Des remerciements tout particuliers à Marjorie Braman et Leslie Engle, qui m'ont permis de mener ce projet à son terme. Enfin un grand merci à mes amis qui sont aussi ma famille : Barbara Gordon, Dmitri Nabokov, Robert Nathan, Howard Schreiber, Charlotte Rampling, Jean-Noël Tassez, Brigitte Jessen, John Michel et Heather Keller – vous savez à quel point je vous apprécie et vous estime.

C'est une grande chance d'avoir un éditeur qui soit à la fois brillant *et* drôle. J'ai eu le bonheur de tomber sur Diane Reverand, mon éditrice et amie, qui y a toujours cru en dépit de la difficulté du projet. L'équipe éditoriale de Flammarion n'a pas ménagé ses efforts pour interroger le texte, peaufiner la traduction et établir l'iconographie. Tous mes remerciements à Patrice Hoffmann et à Olivia de Dieuleveult. Merci aussi à Tom Wallace, qui m'a si souvent remise en selle.

Il ne suffit pas de lâcher prise, il faut savoir aller de l'avant...

INDEX

Crédits photos

P. 1 :
À gauche, Madonna à cinq ans, dans la robe de mariée de sa mère.
© D.R.
À droite, Madonna adolescente.
© Gamma

P. 2 :
À gauche, l'adolescente charmeuse.
© Gamma
À droite, l'adolescente romantique.
© Gamma
En bas, la séductrice.
© Gamma

P. 3 :
Like a Virgin.
© Sipa Press

P. 4 :
À gauche, glamour en Marilyn.
© Sipa Press
À droite, sexuelle par Jean-Paul Gaultier.
© Sipa Press

P. 5 :
À gauche, sur scène durant le *Girlie Show*.
© Sipa Press
À droite, dans le Clip de *Human Nature*.
© Getty Images

P. 6 :
À gauche, Eva Perón.
© Sipa Press
À droite, Madonna dans *Evita*, d'Alan Parker.
© Sipa Press

P. 7 :
En haut, avec Sean Penn, son premier mari.
© Sipa Press
À gauche, avec Ingrid Casares, l'âme sœur.
© Sipa Press
À droite, avec Carlos Leon, le père de sa fille Lourdes.
© Sipa Press

P. 8 :
À gauche, Mr et Mrs Ritchie lors du baptême de leur fils Rocco.
© Sipa Press
À droite, Madonna visitant le château de Versailles en famille.
© Sipa Press

TABLE